天津社会科学院建院四十周年精品文库

社会变迁中的家庭

家庭社会学

潘允康 著

天津社会科学院出版社

图书在版编目（C I P）数据

社会变迁中的家庭 ： 家庭社会学 / 潘允康著. -- 天津 ： 天津社会科学院出版社, 2019.6（2021.5 重印）
（天津社会科学院建院四十周年精品文库 / 靳方华主编）
ISBN 978-7-5563-0550-6

Ⅰ. ①社… Ⅱ. ①潘… Ⅲ. ①家庭社会学—研究—中国 Ⅳ. ①D669.1

中国版本图书馆 CIP 数据核字(2019)第 102234 号

社会变迁中的家庭 ： 家庭社会学
SHEHUI BIANQIANZHONG DE JIATING: JIATING SHEHUIXUE

出版发行：天津社会科学院出版社
出 版 人：张博
地　　址：天津市南开区迎水道 7 号
邮　　编：300191
电话/传真：（022）23360165（总编室）
（022）23075303（发行科）
网　　址：www.tass-tj.org.cn
印　　刷：永清县晔盛亚胶印有限公司

开　　本：880×1230　毫米　1/32
印　　张：14.375
字　　数：328千字
版　　次：2019 年 6 月第 1 版　2021 年 5 月第 2 次印刷
定　　价：78.00 元

总 序

《天津社会科学院建院四十周年精品文库》收录了天津社会科学院建院以来的部分精品学术著作和研究成果，即将陆续付梓。该文库的出版是天津社会科学院建院 40 年来优秀科研成果的集中展示，是对 40 年来不懈奋斗的领导和学者们的诚挚敬意，也是对当今接续奋斗的社科院人的热忱激励。作为天津市规模最大、门类最全的哲学社会科学专业研究机构，40 年来，天津社会科学院在众多学科涌现了杨柳桥、吕万和、卞慧新、黎干、孙振、王昌定、王辉、温克勤、罗澍伟、潘允康、周路、包永江、荣长海、张景荣等一大批国内外知名的专家学者，在哲学伦理学、法学理论、历史文化、经济社会等诸多领域贡献了一大批思想深邃、引领学界的研究成果，为繁荣发展中国哲学社会科学做出了突出贡献。借撰写文库序言的机会，谈几点感受。

我们正处在繁荣发展哲学社会科学的新时代。习近平总书记指出，当代中国正经历着我国历史上最为广泛而深刻的社会变革，也正在进行着人类历史上最为宏大而独特的实践创新。这种前无古人的伟大实践，必将给理论创造、学术繁荣提供强大动力和广阔空间。这是一个需要理论而且一定能够产生理论的时代，这是一个需要思想而且一定能够产生思想的时代。改革开放以来，中国共产党团结带领全国各族人民开辟了中国特色社会主义道路，在理论、制度和文化上，形成一系列创新的思想理论、发展理念和实践方略，为人类文明做出了突出贡献。天津社会科学院的发展伴随着改革开放的历史进程，从建院以来的初创奠基、探索前进、改革发展到如今的创新竞进，从站上新起点到迈入新时代，40年风雨同舟，40年披荆斩棘，40年砥砺奋进，全体社会科学工作者用忠诚、担当绘就了一幅气势恢宏的历史画卷，谱写了一曲不问浮华的奋斗赞歌。新时代，新召唤，哲学社会科学正面临着空前丰富的素材与题材、空前复杂的命题与试题、空前广阔的机遇与空间，时代是出卷人，人民是阅卷人，我们是答卷人，在这个繁荣发展哲学社会科学的新时代，只有坚持以习近平新时代中国特色社会主义思想为指导，聆听新时代的声音，立足新时代的特点，回应新时代的呼唤，认真研究解决重大而紧迫的问题，才能真正把握住历史脉络、找到发展规律，推动理论创新，推进咨政建言，提升服务社会的品质。

新时代的哲学社会科学必须毫不动摇地坚持以马克思主义为指导。当今世界，各种思想观念、思维方式、意识形态的交流和碰撞越来越频繁、越来越激烈，给意识形态带来许多新问题、新挑战。以什么样的世界观、方法论来审视世界、引领未来，是哲学社会科学的根源问题。马克思主义是科学的思想体系，是人类思想史上最重要的成果，它揭示了人类社会发展的本质和规律，是科学的世界观和方法论，是我们认识世界、改造世界的强大思想武器。我国革命、建设和改革实践反复证明：中国特色社会主义需要马克思主义，坚持以发展着的马克思主义为指导，是我们事业沿着正确方向胜利前进的根本保证。当今中国，坚持马克思主义就是要不断深入学习贯彻习近平新时代中国特色社会主义思想。建设具有中国特色、中国风格、中国气派的哲学社会科学，必须坚持马克思主义指导地位，运用马克思主义观察时代、解读时代、引领时代，真正搞懂面临的时代课题。坚持马克思主义指导地位，需要不断推进实践基础上的理论创新，及时回答时代之问、人民之问，不断开辟马克思主义发展新境界；需要我们用马克思主义的思想武器，提升文化"软实力"和社会主义核心价值观体系建设，用强大的思想武器构筑意识形态领域的钢铁长城；需要我们加强主流意识形态的吸引力、凝聚力，提高主流意识形态的控制力和引导力，同新自由主义、历史虚无主义等各类不良社会思潮和意识形态领域的敌对势力做斗争。

哲学社会科学研究应该"以人民为中心"。与时代同步伐，与人民共命运，关注和回答人民需要的问题，是社会科学工作的生机与活力所在。"大学之道，在明明德，在亲民，在止于至善。"中国特色社会主义的成功经验蕴含着人民群众丰富实践创造的宝贵经验，为理论工作者的学术创新提供了丰厚土壤和研究样本。以人民为中心，需要我们"引时代明德、为人民立言"，牢固树立为人民做学问的思想，切实承担起以文化人、以文育人、以文培元的重要使命；需要我们认真汲取优秀历史文化中的合理元素，挖掘阐释其中符合时代精神、具有普遍意义的思想精华，为振兴中国学术尽心尽力；需要我们坚持理论与实践相结合，坚持问题导向，善于从实践中提炼经验做法，善于运用哲学观点和社会理论，回答和解决当前面临的矛盾和问题；需要我们唱响主旋律，凝聚正能量，不断巩固人民群众团结奋斗的共同思想基础；需要我们坚持从国家和区域发展的实际出发，聚焦高质量发展要求，努力在中华民族伟大复兴和"五个现代化天津"建设中，服务大局，展现作为；需要我们坚持平实务实，聚焦人民群众所思所想所盼，用通俗易懂的语言，有针对性地解疑释惑，积极回应群众关切，推进马克思主义思想大众化，始终贯彻理论创新“来自人民、为了人民、贴近人民”的鲜明品格。

哲学社会科学研究要强调精品意识。对社会科学研究成果而言，质量就是生命。大学之大，不在大楼，而在大师；大家之大，不在派头，而在作品。如何锻造学术精品，需要我们以扎根本土、深植时代为基础，在观念和手段结合上、内容和形式融合上进行深度创新，提高作品的思想高度、文化内涵、学术价值。当前，哲学社会科学研究的重要任务是立足中国特色社会主义伟大实践，提出具有自主性、独创性的理论观点，构建中国特色学科体系、学术体系、话语体系，这是产生学术精品的源泉和保障。社科工作者应该围绕“三个体系”建设，深入生活、扎根人民，树立正确的历史观与文化观，拿出真正经得起考验的精品佳作，凭本事说话，靠品质取胜。社会科学研究是一项苦差事，需要勤于思考、甘于清贫、淡泊名利，不畏浮云遮望眼，专心致志地锻造精品。如果不把心思和精力放在创作精品上，只想着追名逐利、走捷径、搞速成，成不了大师、成不了大家。以精品奉献人民，需要耐得住寂寞，经得起诱惑，守得住底线，立志做大学问，做真学问，同浮躁之风、弄虚作假、学术不端划清界限，在学术积累上下功夫，在守正创新上下功夫，不断增强学术积累和创新能力，拿出更多高质量、高水平的科研成果。

藉此为序。向被收入文库的作者和作品致敬！向接续奋斗 40 年的天津社会科学院人致敬！向为文库的出版付出辛勤努力的同志们致谢！也衷心希望更多的专家学者立时代潮头、通古今变化、发思想先声、引时代明德、为人民立言，不断涌现出更多的精品佳作、名家大师，不断推进全国一流社科院建设迈上新台阶。

靳方华

2019 年 3 月 17 日

目　录

序　一 …………………………………………………………… (1)
序　二 …………………………………………………………… (3)
序　三 …………………………………………………………… (5)
导言:20 世纪末世界性的"家庭危机" ……………………………… (7)
一、20 世纪——社会急剧变迁的时代…………………………… (9)
二、世界性的"家庭大变动" ………………………………… (11)

第一章　家庭社会学研究 ……………………………………… (20)
第一节　社会进化论影响下的家庭社会学研究 …………… (21)
第二节　对 19 世纪资本主义现实批判中的家庭社会学研究…… …………………………………………………………… (25)
第三节　19 世纪末到 20 世纪上半叶家庭社会学的形成与发展 …………………………………………………………… (27)
一、芝加哥学派关于家庭问题的实证研究 ……………… (28)
二、社会学流派理论的形成和家庭社会学研究 ………… (29)
三、社会研究方法在家庭社会学中的应用 ……………… (35)

第四节 20世纪下半叶家庭社会学研究的成熟和蓬勃发展 …………………………………………………………………………… (42)
一、家庭社会学的研究视角 …………………………………… (42)
二、家庭社会学研究的蓬勃发展 ……………………………… (45)
第五节 中国的家庭社会学 ………………………………………… (48)

第二章 家庭与社会 ………………………………………………… **(53)**
第一节 家庭的理论界说 …………………………………………… (54)
一、家庭的内涵 ………………………………………………… (54)
二、“家”与“户”的联系和区别 ……………………………… (57)
第二节 家庭是社会的细胞 ………………………………………… (58)
一、家庭是社会的窗口 ………………………………………… (59)
二、家庭是个人和社会联系的纽带 …………………………… (60)
第三节 社会学视角中的家庭 ……………………………………… (62)
一、家庭是人类最早的社会关系之一 ………………………… (62)
二、家庭是基本的社会群体 …………………………………… (65)
三、家庭是普遍的社会制度 …………………………………… (66)
四、家庭是个历史范畴 ………………………………………… (71)

第三章 婚姻——男女结成夫妻的行为 ………………………… **(75)**
第一节 婚姻的本质——婚姻是社会行为 ………………………… (75)
一、婚姻是男女结成夫妻关系的一种制度性安排 ……… (76)
二、婚姻是一种社会行为 ……………………………………… (81)
第二节 婚姻的基本准则和要件 …………………………………… (83)

一、婚姻的基本准则 …………………………………………（83）
二、婚姻的主观条件和客观条件 ……………………………（84）
三、婚龄的变化和婚龄差 ……………………………………（90）
四、婚姻的成立 ………………………………………………（98）
五、婚礼——向社会宣告婚姻成立的仪式 …………………（102）

第四章　择偶自由与自由择偶 ………………………………（109）
第一节　从择偶不自由到择偶自由 …………………………（109）
一、人类婚姻史上纷纭的不自由择偶形式 …………………（109）
二、"同意婚"的提出与确立 …………………………………（112）
三、世纪之交的"包办买卖婚姻" ……………………………（113）
四、婚姻媒介与择偶自由 ……………………………………（124）
五、爱情与择偶自由 …………………………………………（130）
六、交换行为与择偶自由 ……………………………………（139）
第二节　从择偶自由走向自由择偶 …………………………（145）
一、择偶标准的综合性是择偶难之一 ………………………（146）
二、择偶标准的多因素影响是择偶难之二 …………………（147）
三、择偶标准的变动性是择偶难之三 ………………………（150）
四、爱情成为择偶的首要标准是择偶难之四 ………………（151）
五、交换价值的存在是择偶难之五 …………………………（151）
六、择偶的机遇有限是择偶难之六 …………………………（152）

第五章　离婚现象的理性思考 ………………………………（153）
第一节　离婚是对死亡婚姻的认定 …………………………（153）

第二节 现代离婚的主要特点和规律 …………………… (154)
一、不可避免的离婚率增长 …………………………… (154)
二、离婚率和再婚率同步增长 ………………………… (156)
三、妇女在离婚中的主动地位 ………………………… (157)
四、感情破裂成为离婚的主要原因 …………………… (158)
五、离婚不离德 ………………………………………… (159)
第三节 产生离婚的现代社会因素 ……………………… (161)
一、社会生活的变迁 …………………………………… (161)
二、家庭功能的改变和家庭地位的变化 ……………… (161)
三、妇女地位的提高 …………………………………… (162)
四、对浪漫爱情的注重 ………………………………… (162)
五、宗教影响力的衰落 ………………………………… (163)
六、法律对于离婚限制的放宽 ………………………… (163)
第四节 离婚率升高是否标志社会道德水准下降——理性思考之一 ……………………………………………… (163)
第五节 离婚现象的否定之否定(辩证统一的历史观)——理性思考之二 ………………………………………… (166)
第六节 离婚现象中的个人行为与社会行为(辩证统一的社会观)——理性思考之三 …………………………… (172)
一、离婚与婚姻个人行为 ……………………………… (172)
二、离婚与婚姻社会行为 ……………………………… (178)
三、在个人行为和社会行为的矛盾统一中认识离婚 …… (180)

第六章　家庭关系与家庭结构 …………………………………… (183)
第一节　家庭关系 ……………………………………………… (184)
一、家庭关系是一种特殊的社会关系 ………………………… (184)
二、家庭关系影响因素的多元性、复杂性 …………………… (187)
三、影响家庭关系的外部因素 ………………………………… (190)
四、封建社会中国家庭关系的特点 …………………………… (191)
五、纵向式的中国家庭关系及转移 …………………………… (194)
第二节　家庭结构 ……………………………………………… (200)
一、家庭类型的划分方法……………………………………… (200)
二、家庭的小型化趋势 ………………………………………… (204)
三、家庭的核心化趋势 ………………………………………… (210)
四、逝去的"天伦之乐" ……………………………………… (216)
五、家庭生命周期的自我调节 ………………………………… (231)
六、住房与家庭结构的改变 …………………………………… (236)

第七章　"性"——现代夫妻关系的调节剂 ……………………… (248)
第一节　传统性文化中的社会问题 …………………………… (248)
一、"性禁锢"导致了"性愚昧" …………………………… (249)
二、"性解放"带来了"性泛滥" …………………………… (253)
第二节　"性"——家庭中夫妻关系的调节剂与失衡剂 … (258)
一、性生活——家庭的不可分割物 …………………………… (259)
二、从"妇女热线"中得到的启示 …………………………… (261)
三、中国两万例性调查的报告 ………………………………… (262)
第三节　性观念的革命和性行为的科学化价 ………………… (270)

一、性观念的否定之否定 …………………………………… (270)
二、性爱——身体健康的保健治疗功能 ……………………… (274)
三、建立规范化和科学化的两性生活 ………………………… (276)

第八章　女性解放的新焦点 …………………………………… (284)
第一节　工作下岗,婚姻不能“下岗” ………………………… (285)
一、令人瞩目的女性“下岗”问题 …………………………… (285)
二、婚姻也有“下岗”吗? ………………………………………… (287)
三、大邱庄妇女回家激起的风波 …………………………… (289)
四、一百个女人有一百种选择 ……………………………… (294)
五、“双肩挑”的联想 ……………………………………………… (296)
第二节　坚持男女平等的基本国策 …………………………… (298)
一、男女平等的社会现阶段思考 …………………………… (298)
二、坚持妇女发展与进步的方向 …………………………… (301)
三、为实现妇女的发展与进步奠定基础 …………………… (303)
四、妇女发展与进步应有阶段性特点 ……………………… (304)
五、殊途同归 ……………………………………………………… (305)

第九章　人口生产再生产中的若干启示 ……………………… (311)
第一节　家庭中的生育问题 …………………………………… (312)
一、巨大的人口基数 ……………………………………………… (313)
二、低人口素质 …………………………………………………… (316)
三、生育中的“逆淘汰” ………………………………………… (318)
四、人口性别比例失调 …………………………………………… (320)

五、人口问题的社会反思 …………………………………… (323)
第二节　新时期的家庭教育问题 ……………………………… (327)
一、几则新闻报道的启示 …………………………………… (328)
二、从人的社会化角度看家庭教育中的问题 ……………… (330)
三、家庭教育的社会思考 …………………………………… (338)
四、家庭教育的时代要求 …………………………………… (342)

第十章　家庭面对人口老龄化问题 ………………………… (348)
第一节　人口老龄化 ………………………………………… (348)
第二节　家庭养老模式面临的挑战 ………………………… (350)
一、多子女养老模式的衰落 ………………………………… (350)
二、家庭结构和观念的改变 ………………………………… (352)
三、家庭养老模式中的实际生活问题 ……………………… (355)
第三节　养老模式的社会选择 ……………………………… (357)
一、社会养老的补充地位 …………………………………… (359)
二、家庭养老的主体地位 …………………………………… (361)
第四节　艰难的老年婚姻 …………………………………… (364)
一、老年人婚姻现状 ………………………………………… (364)
二、老年人再婚的必然性 …………………………………… (366)
三、甜蜜的事业,艰难的处境 ……………………………… (369)

第十一章　家庭伦理道德的现实思考 ……………………… (373)
第一节　家庭伦理和社会伦理 ……………………………… (373)
一、家庭伦理 ………………………………………………… (374)

二、家庭伦理和社会伦理 …………………………… (374)
第二节 家庭伦理的批判与继承 …………………… (380)
一、家庭伦理与家庭生活 …………………………… (380)
二、家庭伦理的批判与继承 ………………………… (381)

第十二章 家庭生活方式及变迁 ……………………… (387)
第一节 生活方式与家庭生活方式 ………………… (387)
第二节 现代家庭消费生活方式 …………………… (389)
一、由复合的生产单位向单一的消费单位转变 ………… (389)
二、由“温饱型”家庭向“小康型”家庭转变 ………… (393)
三、由物质消费向文化消费转变 …………………… (394)
四、由保守型消费向超前型消费转变 ……………… (394)
第三节 现代家庭闲暇生活方式 …………………… (396)
一、闲暇时间是一种宝贵的社会财富 ……………… (396)
二、闲暇时间需求的增长 …………………………… (399)
三、闲暇生活面面观 ………………………………… (402)
第四节 现代化的家庭管理 ………………………… (407)
一、家庭管理和家政 ………………………………… (408)
二、现代家庭管理的社会化原则 …………………… (408)

第十三章 家庭的未来 ………………………………… (412)
第一节 家庭与工业化、现代化 …………………… (413)
一、“家本位”与“人本位” ………………………… (413)
二、中国“家本位”的主要特点 …………………… (414)

三、"家本位"对中国工业化、现代化的影响 …………… (417)
四、现代社会对"家本位"的再认识 …………………… (427)
第二节　家庭的未来 …………………………………… (429)

主要参考书目 ……………………………………… (436)
后　记 ………………………………………………… (439)

序 一

我以欣喜的心情祝贺潘允康先生的新著《社会变迁中的家庭——家庭社会学》公开出版问世。

1986年2月,当潘允康的第一部《家庭社会学》由重庆出版社出版时,我曾经为该书作序,指出它是我国社会学恢复以来,家庭社会学研究的成果之一,它既可作为大学社会学系本科生的教材,也可以作为理论工作者、实际工作者和对社会学有兴趣者的自学参考读物。从那本书出版以来已经16年过去了,此间,由于中国的改革开放使中国的社会生活发生了很大变化,婚姻家庭领域出现了许多前所未有的新问题,为家庭社会学研究构筑了新舞台,提供了新资料,提出了新任务。2001年4月28日,我国颁布了新的《中华人民共和国婚姻法》,是这一变化的重要标志和为适应新的婚姻家庭生活需要所提供的法律保障和依据。实践呼唤理论,理论在实践中发展。多年来潘允康一直坚持家庭社会学研究,自他的第一部《家庭社会学》出版以来,他又先后主编和撰写了专著《中国城市婚姻与家庭》《当代中国家庭大变动》《社会学者对社会的警告》,撰写了《现代家庭生活方式》,组织翻译了美国社会学家J.罗斯·埃什尔曼的《家庭导论》。他所撰写的《中国家族之变迁》一书也由日本东京岩波书店以日文形式在日本公开出版发行。多年来，潘允康坚持理论与实践相结合的原则，在婚姻家庭领域做了许多调查研究，积累了大量的第一手资料，并撰写了多篇调查报告和论文，在此基础上他又写成新著《社会变迁中的家庭——家庭社会学》，和上一本相比，这部著作的主要特点是：

1. 用新资料反映了20世纪末21世纪初世界与中国婚姻家庭的变化，特别是反映改革开放以来中国家庭所面临的新情况和新问题。

2. 进一步将社会学理论运用于婚姻家庭研究，构建了新的家庭社会学理论框架，是一部理论与实践相结合的著作。

3. 如果说1986年出版的《家庭社会学》是一部教材体系，以知识带理论，在阐述家庭社会学知识体系时，连带有关家庭社会学的理论研究，那么，这部《社会变迁中的家庭——家庭社会学》则是理论著作体系，以理论带知识，是在关于家庭社会学的理论研究和著述中，介绍家庭社会学知识。因此，我认为这部著作更成熟，更有特色。

自1979年我国社会学研究恢复以来，许多人在婚姻家庭领域做了大量的研究，发表了许多文章，出版了许多著作，但从家庭社会学这样一个社会学分支学科理论体系上阐述问题的还比较少，该书在此方面填补了空白，在从理论上研究大量现实婚姻家庭问题的基础上描述和构建了家庭社会学体系与框架，是难能可贵的。这部著作不仅是对婚姻家庭有兴趣的理论工作者和实际工作者的良师益友，也可作大学社会学系的本科教材。希望广大读者都来关心婚姻家庭问题，普及家庭社会学知识，为建设好文明社会细胞——家庭，实现“家家和睦，人人相爱”的新局面而努力。

雷洁琼

2001年10月25日

序　二

从20世纪80年代初期进行天津市千户居民问卷调查开始，我就和允康共事，那时就得知他从事家庭社会学研究，并作为项目负责人之一，参与了全国五城市家庭调查。他撰写的第一部《家庭社会学》于1986年问世，由他主编和撰写的《中国城市婚姻与家庭》一书又于1987年出版，可谓出手不凡，出手得卢。多年来，他在婚姻家庭领域进行了大量调查，著述颇丰。新著《社会变迁中的家庭——家庭社会学》，无疑是他多年潜心研究和不断积累的结晶，是集其研究大成之作，是一部专门社会学的力作。

我以为这部著作的主要特点，一是理论性强。作者在第一章开宗明义地对家庭社会学研究做了全面的历史的阐述，对社会学流派理论和家庭社会学，对社会学各种方法在家庭社会学的应用，对当代家庭社会学研究的成果与发展，条分缕析，言之成理，给人们提供了系统的知识。作者运用社会学理论，从家庭社会学的视角，对家庭、婚姻、家庭关系、家庭结构、家庭生育、家庭教育、家庭伦理、家庭生活方式以及家庭面对人口老龄化等，都做了深入剖析，构建了新的家庭社会学框架。二是时代性强。20世纪是社会急剧变迁的时代，出现了世界性的家庭大变动。作者从不同的角度分析了家庭变动的趋势，分析了从择偶自由到自由择偶,家庭类型的多元化,家庭功能的弱化,进而揭示家庭变迁的规律。三是实证性强。多年来作者主持和参与了大量的社会调查,用大量资料反映了20世纪末21世纪初世界与中国婚姻家庭的变化,尤其是反映了改革开放以来中国家庭所面临的新情况和新问题,提供了大量实证研究依据。

改革开放以来,我国社会结构转型、经济体制转轨、社会变迁进入了最快速、最深刻、最广泛的时期,家庭作为人类社会的基本单元,家庭制度的变迁不能不受社会变迁的影响。尤其是延续两千多年以家庭为单位的小农经济,在我国现代化进程中的积淀不可忽视。上海市一项调查显示,该市有43.8%的男性和37.4%的女性认同"男主外女主内"的传统模式,支持率居然比十年前分别上升了9.2和6.3个百分点(见《文汇报》2001年11月19日)。中国"家本位"的基本特征是什么?"家本位"在中国现代化进程中的影响等,作者在最后一章虽有论述,但是"家本位"和"官本位"的关系,"家本位"成为现代化障碍的可能性等,看来尚有待于进一步深入研究。

王　辉
2001年11月20日

序 三

婚姻家庭永远是人们关注的一个重要问题。伴随着经济、科技的快速发展和社会的急剧变革,作为社会的细胞的家庭,它的存在形式、功能、结构、内部关系等发生了什么变化,以及未来又是怎样的呢?这些不仅是学者、社会工作者,也是每一个公民感兴趣的问题。《社会变迁中的家庭——家庭社会学》一书就是对上述种种问题做出了科学的描述、解释和预测。从该书的切入点和全书不难看出作者是站在相当的高度,具有开阔的视野来研究婚姻家庭问题的。而且在很多方面,都有细致的观察,做到了宏观与微观相结合,这点是难能可贵的。

该书对有关家庭理论以及家庭实际情况的演变脉络也展现得比较清楚,除了因果影响还注意于发展过程,这很有助于人们用发展的观点,从相互的比较当中,动态与静态相结合地认识婚姻家庭问题。

该书还从深层次上把家庭社会学的概念、范畴有机地串联起来,形成具有特色的家庭社会学理论体系,在家庭社会学理论体系建设方面做出自己的贡献。

该书是作者继 1986 年重庆出版社出版的《家庭社会学》之后又一部力作。作者不断地拓宽自己社会学理论领域,深入地进行了多项婚姻家庭方面的追踪调查,发表了不少婚姻家庭方面的著作和文章。这本家庭社会学新著和我国社会学恢复以来有些家庭婚姻研究方面优秀著作一样,是我国家庭社会学研究建设发展里程中的一项重要成果。

该书既是一部专著,又可作为大学本科和研究生的教材。该书的出版无疑将会促进家庭社会学研究的开展,对家庭社会学学科建设,抑或历史、经济、法学等相关学科的交叉发展,以及实际工作产生积极影响,为要获得家庭与婚姻系统知识的读者提供了一本好的读物。相信广大读者和我一样期待着这本著作的出版。

苏 驼

2001 年 11 月 19 日

导言:20 世纪末世界性的“家庭危机”

家庭组织源远流长,在人类社会发展的历史长河中,它一直是人们营生的基本社会群体,是人类社会生活的最为普遍的组织形式之一。

人自呱呱坠地就生活在各自的家庭之中,从牙牙学语,到蹒跚试步,惟赖父母,不能离开家庭一日;在家庭中和父母兄弟姐妹共处,接受教育和启迪,相互间耳濡目染,潜移默化,逐渐长大成人,走入社会,到了一定的年龄要寻找配偶,组织自己的新家庭,生儿育女,繁衍后代,重复自己父母做过的事情,即使到了垂暮之年,他们也大多希望和老伴及子女相依为命,得到扶助、赡养和慰藉,以获得生活上的保障和精神上的安宁。自人类社会出现以来,社会组织和形态发生了巨大的改变,只有家庭还保持它的基本形态和内核。然而在今天,人们的家庭遇到了前所未有的“麻烦”和问题,引起了人们的深思,特别是从社会学角度进行的理性思考。

“连总统都没能解决好家庭问题”,这是世人对美国家庭的议论。美国总统克林顿连任两届总统,而且创造了美国社会近十年的经济增长和繁荣的奇迹,被誉为美国历史上颇有影响的年轻有为的总统。然而,就是这样一位总统,却一度面临被弹劾的窘境,原因是家庭问题。婚外恋和婚外性行为被披露,并因此导致做伪证、干扰司法等问题,使他被共和党议员穷追猛打,处于十分被动的地位,成为美国历史上少有的差点被弹劾掉的总统。人们从一位总统对妻子和家庭的不忠,想到了全美国家庭,乃至整个西方社会的家庭。

在世界上,中国是一个在家庭上最具传统,人们也最重视家庭的国家之一。还在20世纪中叶,当西方国家面临着以高离婚率为标志的普遍的家庭危机时,中国还在以低离婚率和高稳定家庭自诩。然而,今天的事实再也不能令人掉以轻心了。20世纪90年代,中国社会面对家庭的急剧变化,开始修改旧婚姻法和制定新婚姻法,以适应世纪末婚姻家庭的需要。一些人主张在新婚姻法中增加有关"夫妻忠诚"的条款,把惩治所谓"第三者"也列入婚姻法中,而且要求严格离婚理由。另一些人则反对这种主张,认为如果这样,则意味着用政府和法律来干预人们的私生活,是从1980年婚姻法,甚至是从1950年婚姻法上倒退,法律只能用来调整人们的行为,不能用来调整人们的思想,所谓"夫妻忠诚"的条款是不能写进法律,写进去也是无法操作的。在这里我们不就上述争论做是非判断,而是首先肯定一个事实:中国的家庭也在遇到"麻烦",而且是不小的"麻烦"。家庭冲突和矛盾增加、夫妻不和、"第三者"乘虚而入、离婚者大大增加已经是世人有目共睹的事实。人们在想,中国的家庭也面临解体和崩溃的危险吗?这对于千百年主张"白头到老""从一而终"的中国人来说,简直不可思议。其实,我们今天面临的家庭问题不只是离婚问题,还有许多其他问题,在我们较为系统阐述这些问题时,首先应从我们的时代和社会变迁引起家庭变化谈起。

一、20 世纪——社会急剧变迁的时代

在人类社会历史上,20 世纪将以多事和急剧变迁的特征而载入史册。300 年前爆发的那场资本主义的工业革命,摧毁了古老的农业社会,创造了新的文明和一个丰富多彩的世界。资本主义社会的进程并不平坦,它的繁荣和“危机”几乎是同时到来,交错出现的,特别是 20 世纪上半叶,它的总危机导致两次世界大战,为此让数千万人丧失生命,世界遭受巨大破坏。然而,这些并没有使世界崩溃走向灭亡,反而出现了 20 世纪下半叶的奇迹般的繁荣。有人说,当今社会是个暗流涌起、急剧变革的社会,也是一个充满希望的社会。

美国未来学家阿尔温·托夫勒称当今世界正在迎接第三次浪潮。他认为第一次浪潮是所谓农业革命,历时数千年;第二次浪潮是工业革命,至今不过三百年;第三次浪潮可能只要几十年。第二次浪潮,创建了第二次浪潮的文明,是一个丰富多彩的社会制度,涉及人类生活的各个方面,并把一切事物集中组织起来,形成世界有史以来最有力量,最有向心力,最有扩张性的社会制度。而今天一个新的浪潮——第三次浪潮汹涌而来,如果我们细心谛听,我们就能听到,这个新的浪潮已经在海岸近处鼓起雷鸣般的涛声①。这是令人振奋的,然而也是令人苦恼的。美国社会预测学家约翰·奈斯比特称这个时期是“两个时代交替时期”,我们可以“感受到周围在动荡”,然而“有时候令人感到痛苦、感到不稳定”②。我们应当怎样称呼这个时期,是“后工业时期”,还是

① 参见[美]阿尔温·托夫勒,朱志焱等译:《第三次浪潮》,生活·读书·新知三联书店 1983 年版,第 3—5 页。

② 参见[美]约翰·奈斯比特《大趋势》,中国社会科学出版社 1984 年版,第 1 页。

“信息时代”,或者是“第三次浪潮”？无论怎样称呼,一个明显的事实是:在这一时期社会正面临着全面的无情的改革,社会“从工业社会到信息社会”“从强迫技术向高技术与高情感平衡”;“从一国经济向世界经济”,正在实现“从向组织机构求助到自助”“从非此即彼的选择到多种多样的选择”;“新的社会规范出现了”“新的心理心境出现了”“新的价值观念和价值判断出现了”“新的社会思潮和潮流出现了”,整个世界都在巨变,世界上的所有事物都在这场变动中经历变革与考验,适应新时代的潮流,改变自身,并做出自己的选择。

20 世纪下半叶以来,许多新观念、新事物的孕育、生存以及发展,其速率均是前所未有的。在过去的那些个世纪,一种观念、一种新事物的形成往往要以数十年计。而现在,一种观念、一种事物的出现,简直要以月、日来计算。当人们还在思考有关信息和后工业时代的含义时,知识经济时代的概念出现了。曾几何时,“知识经济”似乎还只是一个涉嫌生造、又嫌生硬的词汇,而今,它却已成为稍领风气之先的人们津津乐道的话题,虽说其内涵与外延远未论定。早在二十年前,极富预见的未来学家们就已经预见到,在传统经济模式之后,一种新的经济模式将在 20 世纪末和 21 世纪初出现。尽管这些学者们使用的概念不尽相同,但基本思路却大体一致,那就是在人类农业、工业两次经济革命之后,又一次新的经济革命很快就会到来,而这次革命并不是在土地或工厂里实现的,而几乎是在大脑里实现的,其核心是知识。如果说农业革命是第一次经济革命,工业革命是第二次经济革命的话,这次革命可称为第三次革命。知识经济这第三次经济革命带给人类的影响将是全面和深远的。对于政府来说,如果不能及时制定出适应这次革命的政策,抢占科技革命和知识经济时代的制高点,它所治理的国家是否能在未来稳健地立于世界民族之林就有问题了;对于企业来说,如果不能调整、改造、拓展,以适应这次革命,它就有些命运难测;对于个人来说,观念、能力等诸种素质如果不能适应这次革命的要求,他也就有些前途未卜。总之,知识经济时代的到来能引起大到国家、政府,小到企业、个人的震动。换句话说,经济基础的变化能引起整个社会的变化。家庭作为社会的细胞,作为社会经济基础和上层建筑的综合表现,不能不因此而发生改变。我们面临的事实是当今全世界的家庭正在发生的多方面的天翻地覆的变化。

二、世界性的“家庭大变动”

一些人断言,在当前的社会动荡和变革之中,人们正面临着一场世界性的“家庭危机”。他们用“家庭崩溃”“离析”“衰落”“瓦解”“消失”“被困”或是“处在麻烦之中”之类的词汇来形容这一危机。甚至有人断言到下一个世纪,家庭将不复存在。一些人列举了“家庭危机”的具体表现是“离婚率大大提高了”“家庭分解,日趋单一化,核心化”“以妇女为户主的单亲家庭的大量增加”“婚外情增多,未婚同居,未婚先孕者增加”“非婚生婴儿增加”“老人无人赡养、照顾”“儿童无人照顾、抚养”“家庭主妇突然出走”“夫妇间冲突加刷、家庭暴力增加”“生育率持续降低”“各种试婚短期同居现象出现”“自杀现象增多”等。从南到北,从东到西,从第一、第二到第三世界,到处都笼罩着所谓“家庭危机”的阴云。

在美国,从 20 世纪 70 年代开始出现了比较严重的家庭问题。正如前副总统蒙代尔著文中写的:“美国的家庭受到的压力越来越大,这些压力是青少年的犯罪的增加;在过去 30 年里私生子增加一倍以上;

它杀成为年轻人死亡的主要原因;每年至少有20万儿童受到其父母和监护人的虐待”[1]。美国前总统卡特也承认美国家庭陷入困境。他认为,表明家庭崩溃的迹象是:当前2/5的婚姻是以离婚而告终,1/8的儿童是非婚生育的,1/6的儿童生活在只有父亲或母亲的家庭里。卡特曾把“重建美国家庭”作为自己竞选总统的纲领之一。他入主白宫后,特聘请了白宫家庭问题顾问。他要求白宫工作人员要负起家庭责任。他对白宫人员说,尽管你们的工作很忙,但不要忘记自己作为父亲、母亲和一个家庭成员的责任。你们要规规矩矩地结婚,不要做现在流行的那种未婚同居的事情。近二十年来,在美国“家庭”已经成为“冲突”的代名词,它和美国许多爆炸性的问题,如流产、同性恋权利等相联系着。由美国著名家庭社会学家撰写和编著的《变迁中的家庭》一书,披露了美国家庭危机的一些情况:若以当时的结婚为准,那么差不多一半的婚姻是将要以离婚而告终。根据美国人口普查局提供的数字,未婚同居的夫妇数量已经达到156万,是1970年的3倍,单身户大量增加,在1980年已经有近23%的家庭是单身户[2]。从20世纪70年代起,美国的这种情况一直持续了近30年。

前苏联,虽然在披露社会问题方面一向谨慎保守,但对社会存在的婚姻家庭问题却毫不掩饰,自20世纪80年代以来对此有过大量的报道。《社会学和社会学研究》1983年4月号刊登前苏联社会学家P.维克多的文章认为,自20世纪70年代以来,前苏联作为一种社会结构的家庭经历了深刻、多方面的变化。新型的现代家庭和旧式的传统家庭

---

① 参见[美]《今日心理学》,1977年5月号。

② 参见潘允康《现代家庭生活方式》,天津人民出版社1989年版,第3页。

的主要区别在于:它们的组成形式是不同的;夫妻之间和亲子之间的关系有重大区别;将他们结合起来的纽带也不再是相同的了。家庭变得更加不稳定,孩子的数目减少了。他认为,离婚问题是当时前苏联婚姻家庭的首要问题。专门的社会调查显示,每 3 对夫妇结婚就有 1 对夫妇离婚。1940 年,前苏联全国有 205600 对夫妇离异,1981 年则增至 927500 对。这种倾向到今天还在发展。20 世纪 80 年代初期,前苏联的单亲家庭曾以每年 45 万到 50 万的数量增长。前苏联《文学报》1985 年 8 月 17 日刊登了哲学博学士瑟先科的文章,题为《婚姻为什么破裂》,文章写道:20 世纪是社会大变革时期,随着妇女在社会和家庭中地位的变化,在家庭婚姻方面也在进行一场不大不小的革命。前苏联家庭社会学专家哈尔切夫也著文提供了这一方面情况。他说:在四分之一世纪里(1940—1965 年)人均实际收入增加了 1.5 倍,将近 2.67 亿人改善了住房条件,然而婚姻家庭关系却变坏了,离婚和只有一个家长的相对数、非婚出生率、家庭子女的平均数、新生婴儿中不可逆畸形百分率、青少年越轨行为情况都恶化了。近十几年来,随着前苏联的解体,经济状况不好,社会动荡,人们的心情浮躁,在婚姻家庭领域中的问题也越来越多。

不仅美国、前苏联有“家庭危机”,其他国家也是如此。北欧是世界上离婚率最高的地区,西欧也不落后。进入 20 世纪 80 年代的法国,离婚现象越来越普遍。有关统计资料表明,法国每 4 对夫妇中就有 1 对多以离婚而终。1981 年时分手的夫妇只占 23.8%,到 1983 年就上升到 27%,有将近 85 万名年龄不到 18 岁的孩子的父母离婚,占总数的 5.9%。法国一位社会学家认为,这种结果使社会付出了沉重的代价,不但造成孩子们在物质生活上的艰难和困苦,而且打破了孩子们在心理和情感上的平衡,产生了一系列家庭问题。据《法兰西晚报》报道,法国每年要发生数以万计的家庭事故,使法国保持了欧洲国家家庭事故的最高记录。为数众多的家庭事故的受害者中有一半是 14 岁以下的儿童。孩子无人照顾,难免在家中乱摸乱动、攀高跳低,有的触了电,有的被火烧伤,有的从阳台上掉下来,有的煤气中毒,有的玩危险玩具时被炸伤,还有的跟狗玩被狗咬死。据"法国保险新闻资料中心"统计,家庭事故造成的死亡,比工伤事故造成的死亡还多一倍,每年损失达 50 亿法郎①。

在联邦德国,越来越不稳定的人和人的关系,是当代社会政策方面的问题。据新华社报道,司法部部长恩格尔哈德在该部发表的新闻公报中抱怨,居民离婚的日益增加,而结婚生孩子的越来越少。他认为,这是一种"令人忧虑的倾向"。据司法部宣布的数字,1965 年离婚的夫妇是 58728 对,1983 年增加到 121370 对,结婚登记却从 1965 年的 492128 对,减少到 1983 年的 369628 对。同时期出生的婴儿从 1044328 人下降到 621173 人②。

在保加利亚,由于夫妻在家庭中的职能和家庭与社会关系的变化,离婚数量明显增多,尽管保加利亚是一个离婚率居中等的国家,但根据近年来有关统计数字,在离婚的绝对数字和相对数字的增长方面,都已向高离婚率国家靠拢。

在亚洲,日本也出现了"家庭动荡"。它的主要问题是"自杀问题""离婚问题""老年人问题""家庭中主妇突然出走""家庭内暴力""子

---

① 参见《新观察》1986 年第 1 期。

② 参见《国外社会学》1986 年第 6 期。

女教育问题”等。以自杀为例,从 20 世纪 80 年代以来,日本中年男子自杀人数迅速增加,据统计,1983 年日本中老年男子中任管理职务的男子自杀人数占新增加自杀人数的 70% ,1/3 的人是由于经济问题而自杀。日本职工的负债是社会问题之一,一些职工家庭在无法偿还沉重债务的逼迫下,便以“集体自杀”或“妻离子散”的形式宣告崩溃[①]。

在东南亚,虽然移民背景、文化差异、社会的发展与西方社会有所不同,但离婚率猛增的事实已经发生。在香港出版的《亚洲周刊》曾载文指出:现代社会的男女在家庭中的作用发生了变化,使得婚姻的本质也开始改变,这就导致了离婚率的增加,东南亚家庭也已到了崩溃的边缘。

总之,从 20 世纪 80 年代开始的世界性的家庭变革与“危机”是今天人们能眼见的事实。我们可以把它们概括为以下十个方面:

(1)家庭小型化趋势。所谓家庭小型化包括家庭规模小型化和模式小型化两个方面的含义。规模小型化是指家庭平均人口数量减少,发达国家家庭平均人口都已降到 3 口人以下。模式小型化是指世代同堂的传统大家庭已经越来越少,只有两代人,一对夫妻和他们未婚子女组成的标准的核心小家庭已经成为现代家庭的主体。20 世纪 90 年代以来,在我国一种新的只有夫妻二人组成,不要子女的“丁克家庭”出现了,还有持“独身主义”不结婚的单身户,以及由于婚姻破裂产生的单亲家庭等,都加速了家庭小型化过程。

(2)家庭多样化趋势。所谓多样化趋势是指家庭正在向多种多样的模式发展。核心家庭尽管是当代占统治地位的家庭,但种种迹象表

① 参见《光明日报》1984 年 4 月 22 日。

明，家庭正在从核心家庭基础上继续变化，比如向“单身户”“单亲制家庭”方向转化。许多以前没有过的“反常家庭”——“畸形家庭”出现了，如“未婚同居”“试婚”“同性恋婚姻”等。美国两位精神病专家凯拉姆·恩斯敏格和特纳对芝加哥一个贫困的黑人区的家庭进行调查，发现有86种以上各种不同的成人间结合的关系，包括“母亲—祖母”家庭，“母亲—姑母”家庭，“母亲—继父”家庭，以及“母亲—其他人”家庭等。据此有人断言，家庭将长期没有一个单一的形式，而是高度多样化的家庭模式。现代人将不再生活在统一的家庭形式中，而是沿着个人的爱好，或者“已经习惯了的轨道”，在新制度下度过他们的一生。

(3)家庭不稳定，离婚率增高。传统家庭崇尚“白头到老”“从一而终”，把家庭稳定作为理想和追求。现代社会的发展，使这些原则受到挑战。今天，许多人已不再追求形式上的“稳定”和“从一而终”，而是把对“家庭生活质量”的追求放在首位，为了追求“高质量”的家庭，不惜离婚、出走、未婚同居等，打破原有的家庭，重新组建新的家庭或所谓同居式“准家庭”(非法律意义上的家庭)。

(4)由“义务”型向“情感”型转变。传统家庭是重“义务”、轻“情感”的，结婚成家是为了过日子，生孩子，无所谓情感和爱情，为了“义务”可以把“情感”压到最低的程度，甚至不要情感，有“床上夫妻床下客”之说。现代家庭则重“情感”轻“义务”，浪漫主义的爱情成为衡量婚姻家庭质量的首要标准，是婚姻和家庭的第一要素。一些人为了“感情”可以把“义务”压到最低的程度上，有“合不来就散”之说，只为个人，无视婚姻家庭义务，从以家庭利益为重到以个人利益为重。

(5)由“亲子”型向“夫妻”型转变。在家庭中有两种最基本的家庭关系，夫妻关系和亲子关系。夫妻关系是姻亲，是横向关系。亲子关系是血亲,是纵向家庭关系。在传统家庭关系中,亲子关系重于夫妻关系,血亲重于姻亲,家庭靠纵向支撑,而不是靠横向维持,为了亲子义务,可以牺牲夫妻感情。今天恰恰相反,在家庭中夫妻关系越来越重要,并超过了亲子关系,家庭靠横向维持,而不是靠纵向支撑,家庭关系的重点已由亲子转向夫妻关系,为了夫妻情感和浪漫的生活,可能牺牲亲子利益和关系。在一些西方国家,有人把家庭中的孩子称为家庭中的“第三者”就是生动的说明和写照。

(6)“婚姻”“性行为”“生育行为”三者分离。以往人们结婚,由婚姻关系取得了合法的性权利和性关系,性关系囿于家庭之中,夫妻之间的性生活更多是为生育目的,导致生育后果。今天性行为比较多地超越了婚姻范围,各种婚前性行为、婚外性行为越来越多,未婚同居行为增多,非婚生婴儿增多都是表现。在家庭中性生活和性行为也越来越脱离生育的目的,甚至完全与生育无关。性生活这种以往在家庭内外不能启齿、不能言表的事情今天已经变为能公开谈论、公开追求的事情,成为家庭和夫妻生活质量的重要标准。在“婚姻”“性行为”和“生育行为”关系的问题上能集中反映现代人的道德意识的变化,也反映出今天作为社会与家庭调节器的现代道德规范具有了多义性、非确定性和灵活性。传统规范对家庭和婚姻的约束力已大大减弱。

(7)由重生育到轻生育。传统家庭是重视生育的,以多子多福为价值观念,以传宗接代为本。现代家庭的价值观念由重视下一代,转为重视自身,用“享乐主义”代替“多子多福”。在今天的家庭中,多子不仅失去了其传统的价值,而且会降低现有家庭的生活质量。因此人们崇尚少生育,甚至主张不生育。

(8)由家庭关系的“不平等、不民主”型向“平等、民主”型转变。

在传统的婚姻家庭关系中,人与人之间关系是不平等的,夫妻不平等,丈夫支配妻子;亲子不平等,老子支配儿子;兄弟不平等,长兄为先;嫡庶不平等,嫡系支配旁系;家庭成员不平等,家长支配一切。现代社会的发展,使家庭向着平等、民主的方向发展,具体表现为夫妻平等,亲子平等,家庭中一切成员平等。特别是夫妻之间,不仅在经济地位上日益平等,而且在家庭经济管理、家务劳动、子女教育、两性生活及家庭生活的一切方面都在逐步得到平等的发言权和支配权。今天女性也能像男性一样参与社会生活,接受教育和劳动就业,地位发生了很大变化。

(9)生活方式现代化趋势。所谓生活方式现代化,是指用现代化科学手段组织、决策、指导、协调、研究和实施家庭生活的一切方面。它包括科学地组织、安排和管理家庭经济、家务劳动、家庭饮食、家庭物质、家庭环境、家庭安全、家庭娱乐及家庭精神生活等,是家庭管理思想、手段和工具的现代化。今天,随着家庭由温饱型向小康型过渡,家庭生活越来越现代化了。

(10)由"封闭型"变为"开放型",由"紧密型"变为"松散型"。传统家庭是封闭的,社会的主要功能都集中在家庭之中,家庭自给自足,关系密切,家庭成员之间相互依赖性强,很少对外交往,内向而血缘观念重,排外及排他性强。现代社会的发展使家庭由封闭型变为开放型,家庭中原有的部分功能转向社会,为社会所代替,家庭成员广泛走入社会,劳动就业和社会其他成员交往。其结果是家庭和社会之间的交流频繁,关系密切,家庭关系松弛,婚姻血缘关系被发达的业缘关系所取代,血亲观念日益淡薄,家庭成员间的依赖性低,具有较大的相互独立性和个性,家庭组织也变得松散了。

在我们列举了世界性的家庭变动,归纳了这些变动的规律和趋势之后,我们可以认为世纪之交家庭的变化是巨大的,也是不以人的意志为转移的。我们可以把这些变化概括为现代“家庭危机”。中国作为世界大家庭的一员,有自己悠久的文明史和家庭传统,当它开始跨入实现现代化的伟大行列时,其经济基础和上层建筑都发生了很大变化,也引起了婚姻家庭的震荡和改变。中国自 1979 年实行改革开放的政策,与世界各国开展了广泛的交流与合作,不仅有经济方面的,也有文化和思想方面的。中国的家庭也受到世界家庭的影响和冲击,出现了一些和其他国家相同的情况,比如离婚率明显上升,家庭规模急剧缩小,婚前怀孕、未婚同居、未婚生育、婚外恋现象增加,传统的老年人赡养模式开始动摇,“第三者”插足他人家庭引起了婚姻纠纷案件等。然而,中国的文化传统根深蒂固,今天也不会瞬间改变和消失,它对中国社会还会有深入和长远的影响。这种影响既有正面的,也有负面的。从正面上说,它能够帮助中国家庭坚持自己家庭传统中的优良方面,抵制现代家庭变迁中的消极方面,比如坚持家庭赡养老人等。消极的方面则是延缓中国家庭的现代化进程。比如根据近年来各方面的社会调查资料证实,我国部分农村地区迄今还存在严重的包办、买卖婚姻现象,还没有实现婚姻的自由和自主。婚姻家庭的质量也不高,结婚就是生孩子,绑在一起过日子,这和封建主义影响有关。总之,今天的中国家庭变化呈现了较为复杂的情况,既有现代的,也有传统的,既有西方的,也有东方的,就在我们谈论城市中热门的“情人现象”时,在农村还有人在包办买卖婚姻中挣扎。无论如何,在社会变迁的背景中研究和思考家庭问题是十分重要的,这就是研究家庭的社会学视角——家庭社会学。

第一章 家庭社会学研究

在人类社会的文明史上,家庭组织存在了数千年,人类对家庭的思考和研究也有了几千年,然而关于家庭社会学的研究只有150年左右的历史。

家庭和每一个人息息相关,正如我国古代的《诗经》上所说的:"无父何怙,无母何恃。""父兮生我,母兮鞠我。拊我畜我,长我育我。顾我复我,出我复我。"人一出生就离不开家庭,离不开父母,家庭是被社会和大众关注的话题,更是社会思想家所关注的热点。

中国古代最伟大的思想家之一孔子就认为,如果每个人都能"循规蹈矩",做一名像样的家庭成员,则幸福和繁荣就会充满人间。他还认为家庭关系和伦理是整个社会关系和伦理的基础,应当扩展到社会中来,比如说主仆之间合乎体统的关系应该和父亲与子女之间的关系一样。儒家经典《大学》中提出了"修身,齐家,治国,平天下"的逻辑思想,把个人、家庭和社会紧密地联系起来。儒家把人与人之间的关系称为人伦,包括"五伦",即君臣、父子、夫妇、兄弟、朋友,"五伦"中的三伦都是家庭关系,也是家庭与社会的关系。

西方国家的圣经《旧约全书》中的《出埃及记》《申命记》《传道书》《诗篇》和《箴言》中都有过关于家庭和家庭思想的描述和阐述,比如都主张人应该服从家庭。古摩西法律和罗马法都有家庭的系统论述和规定，古罗马历史学家塔西斯特的著作就描写了野蛮人的家庭，雅典人的演说、荷马的史诗也都对家庭做过描述。

无论如何，人类文明家庭延续了几千年，人类对家庭的研究也有几千年的历史，但对家庭的社会学研究是从 19 世纪中叶才开始的。1838 年，孔德在他的主要著作《实证哲学教程》第 4 卷出版之际，提出了建立社会学独立学科的要求，社会学产生了。作为社会学的分支学科——家庭社会学，也产生并发展了起来。由于受到达尔文生物进化论的影响，刚开始的家庭研究比较偏重在有关家庭史和家庭起源方面。到 19 世纪后半叶才开始了对现实家庭问题的研究，形成了一些比较成熟的家庭社会学理论，今天家庭社会学在世界各个国家已经十分普及和发达。

第一节　社会进化论影响下的家庭社会学研究

早期的家庭社会学研究受达尔文的生物进化论影响较深。社会达尔文理论在 19 世纪的欧洲和北美十分流行，其主要的代表人物有 H. 斯宾塞、J. J. 巴霍芬、H. S. 梅因和 L. H. 摩尔根等。社会达尔文主义者的基本主张是：由于生物进化链是由一系列的阶段构成的，所以文化方面也具有同步的进程。他们试图把进化发展的思想运用于社会形态和制度中，并因此而形成了关于家庭和婚姻的进化图式，他们对文明人与原始人的家庭进行对比分析，多数人认为现代人的家庭是一夫一妻制，而原始人的家庭以多偶为特征。他们讨论的话题是人类社会最初是乱婚还是一夫一妻，人类社会在父权之前有没有母权时期。社会达尔文主义者称人类历史是由低级向高级不断发展的历史。

恩格斯说:“家庭史的研究是从 1861 年,即巴霍芬的《母权论》出版的那一年开始的。”[①]瑞士法学家巴霍芬认为,人类在更严格的两性关系前是“杂婚”,他提出母权家庭在先的思想,认为历史上曾有过妇女统治社会的母系社会阶段。他对母权家庭如何转变为父权家庭做了宗教式的神秘解释,在他看来,并不是人们的现实生活条件的发展,而是这些条件在人们头脑中的宗教反映,引起男女两性相互的社会地位的历史性的变化。巴霍芬的继承人是麦克伦南,1865 年麦克伦南发表了《原始婚姻》一书,他也认为人类曾经历过乱婚阶段,并且认为母权家庭先于父权家庭存在,原因在于外婚制部落和内婚制部落的对立。梅因持有不同的观点,1861 年他出版了《古代法》一书,认为父权制是家庭的最初形式,母系社会在历史上纯属子虚乌有,在上古社会,就是以男子在家庭中的主导地位的原则来组织的。当时的男子享有最高的权力,他掌握着妻子、子女和奴隶的生死大权,随着罗马法律制度的变化,男性权威渐趋衰落,于是人们摆脱了其父亲的控制而获得了日益增加的自由。梅因提出了家庭成员“从地位到契约”的重要思想。他认为在原始社会中,血缘关系规定了组织中基本准则,在这种血缘关系占主导地位的社会中,群体关系和传统就决定了人们的权利和义务。后来,随着城市化运动的发展,血缘关系的纽带松弛了。这种差别最明显地表现在:古代社会的单元是家庭,而现代社会则是个体[②]。

“摩尔根是第一个具有专门知识而想给人类的史前史建立一个确

① 《马克思恩格斯选集》第四卷,人民出版社 1972 年版,第 5 页。

② 参见[美]马克·赫特尔,宋践、李茹等译《变动中的家庭——跨文化的透视》,浙江人民出版社 1988 年版,第 14 页

定系统的人"[①]。摩尔根是一位美国人类学家，他和欧洲那些书斋式的进化论者不同，他曾在易洛魁族人和其他的美洲印第安人团体中进行实地考察，并用这些实地考察资料来证明自己的观点。他出版了《古代社会》一书，把整个人类社会进步的历史划分为三个主要阶段：蒙昧时代、野蛮时代和文明时代，每个阶段都以人类借以获得生存的不同发明为特征，技术、政权、血缘和家庭模式以及其他制度的发展可以通过这些阶段描述出来，是蒙昧时代渔业的发展、火的使用和弓箭的发明；野蛮时代是陶器烧制和动物畜养、玉蜀黍和其他植物的栽培、铁矿冶炼和使用铁器工具；文明阶段开始于语言文字的发明。他认为人类的家庭是一个历史范畴，是运动的变化的，是从较低阶段向较高阶段发展。人类家庭曾经经历了从母系氏族过渡到父系氏族，从母权社会过渡到父权社会，从群婚时代过渡到个体婚时代，其相应的家庭形式为："血缘家庭"和"普那路亚家庭"（群婚的两种形式）、"对偶家庭"和"一夫一妻制家庭"（个体婚的两种形式）。摩尔根在解释家庭进化和演变的原因时说："人类进步的一切伟大时代，是和生存资源扩充的各时代多少直接相符合的。"[②]

马克思和恩格斯对于摩尔根的研究给予了很高评价。马克思于1881年5月到1882年2月间研读了《古代社会》，并做了十分详细的摘录，他不仅高度概括了摩尔根的主要论点和材料，而且附带阐述了自己的观点。例如，针对摩尔根所说的家庭是一个能动的要素，它从来不是静止不动的，而是随社会的发展，从较低形式进化到较高形式，马克

① 《马克思恩格斯选集》第四卷，人民出版社1972年版，第17页。

② 参见马克思《摩尔根〈古代社会〉一书摘要》，第4页。

思补充说:同样,政治的、法律的、宗教的、哲学的体系,一般都是如此。恩格斯在评论摩尔根的贡献时说:“这个重新发现,对于原始历史所具有的意义,正如达尔文进化理论对于生物学和马克思的剩余价值理论对于政治经济学的意义一样。它使摩尔根得以首次绘出家庭史的略图;这一略图,在目前已知的资料所容许的限度内,至少把典型的发展阶段大体上初步确定下来。”①恩格斯又运用摩尔根《古代社会》一书提供的资料写成了不朽的著作《家庭、私有制和国家的起源》,从作为文明社会细胞的家庭,揭开了文明社会内部发展着的对立和矛盾,阐述了私有制、国家的起源和整个文明社会发展的历史,具有十分重要的意义。

19 世纪中叶,人们对家庭史方面研究的兴趣除去和西方国家的工业化和城市化进程有关外,也和知识上的革命有关。当时围绕着进化论的争论席卷整个欧洲,它导致了在人类的本质和地位问题上的争论,家庭制度也受到这种知识革命的冲击。另外,在西方殖民主义和帝国主义的扩张中,西方人从其他地区和民族中了解了各种不同的文化制度和生活方式,发现人类竟然存在如此繁多的家庭制度,无论从种类上还是相互差异上,都超出了人类的想像力。因此人们判定原始的家庭和今天的家庭一定不是一个样,有关家庭和家庭发展史的研究也就成了热门。关于家庭史的研究热持续了将近半个世纪,到 19 世纪末就冷了下来,一方面人们在研究中逐步感觉到他们援引的资料并不可靠,这些资料大多属于很少受过社会科学训练的旅行者和传教士所提供的道听途说,他们掌握的古代历史资料也缺乏可信性。从现实研究和收集资料的角度说,一些历史资料会迅速遗失,而且可能永远消失,因为那

① 《马克思恩格斯选集》第四卷,人民出版社 1972 年版,第 14 页。

些残存的原始人正在从现代人那里不断接受新的工具和新的观念，他们的原始文化将发生质的变化而不能复原。另外，新陈代谢、生老病死的规律，人们也不能抗拒，比如在许多美国印第安人部落中，操着存在几千年语言的最后老妪已经衰朽不堪以致神志不清；曾参加过围捕野牛的最后长老不久就会死去，再从他们那里获取原始资料的可能性和机会越来越少了。因此，人们对家庭的研究开始从对家庭史的兴趣转为对家庭现实问题的兴趣。

第二节 对19世纪资本主义现实批判中的家庭社会学研究

19世纪的欧洲，社会经历着深刻而巨大的变革。一方面资本主义的工业革命带来了生产力的巨大增长，另一方面亲属、乡村、社区和宗教方面的旧的社会秩序正在被抛弃，旧的政治制度受到工业主义和革命的民主政治这两股潮流的冲击，这种迅速彻底的变迁对家庭产生了特殊的影响。贫困、童工、遗弃、卖淫、私生子和虐待妇女等现象戏剧性地激增，这在那些新兴的工业城市尤为明显。在这样的社会背景下，开始了对现实社会批判的家庭社会学研究。

德国社会学家里尔以观察和询问所得到的现实资料为依据，提出了家庭由于启蒙运动、自由主义、平均主义和工业发展而引起的危机和解体状态。他主张进行“保守”的社会改革，以便通过改革重建“稳定”的家庭的家长权威结构。

法国的矿业工程师和社会改革家F.勒普莱受社会学创始人孔德的影响，研究了家长制血统家庭，他同意孔德将家庭描绘成保守的社会连续性的基本社会单位的理论。勒普莱和他的追随者在半个世纪里从事着艰苦的研究工作,对家庭及家庭与社区的关系进行了孜孜不倦的研究,特别是对家庭实证方面的研究。他创造了一整套收集资料的方法,包括社会调查、研究访问、家计问卷、参与观察、个案—历史方法等,并对三百多个工人家庭进行了调查和对比分析,而这些家庭是从欧洲各国和亚洲部分地区进行抽样得到的,具有一定的代表性。有的人说勒普莱是应用科学方法实证研究家庭的先驱。勒普莱的代表作是《欧洲劳工》。这部书注重家庭形式的探讨,力求论证任何社会的基本特征都受制于这个社会中家庭的类型,家庭是否具有高度的稳定性,是否接受传统约束并为个人提供保障等特征是划分家庭类型的依据。他认为在法国世俗主义和个人主义是破坏传统和社区的基本因素,它们切断了传统与家庭的纽带关系。勒普莱在家庭结构研究方面的贡献是他提出了三种家庭结构的基本类型,即"父权或扩大的家庭""不稳定或核心家庭""主干家庭",并把家庭结构和社会形态与变迁联系起来。在勒普莱看来,以上各种类型的家庭是同社区中其他种类的制度相辅相成的。他所探讨的重点是把家庭和社区中其他部分如宗教、政府、教育和经济连接起来的纽带,他把对家庭的分析同对它所赖以存在的社区的分析密切结合起来,是一种独特的社会学研究视角,在社会学界有很大影响。但勒普莱属于保守的社会改革家,而和他同时代的马克思、恩格斯属于激进的社会改革家。

马克思、恩格斯也有关于对资本主义社会的现实的家庭问题的研究。在马克思、恩格斯的著作里,我们不仅能看到对家庭史研究的有关成果,而且有对于现实家庭问题的论述。他们曾考察了由于工业和垄断资本主义的产生而引起的家庭关系的变化,认为这种新的经济制度迫使工作从家庭中分离出去,以小块土地和小本生意为主的家庭经营逐渐消失了，男子成为工厂中的挣工资者，工厂中的老板是他们的依赖，而他们又成为妻子和孩子的依赖。而那些最穷和不幸的妇女、孩子还得忍受剥削，为了那点有限的工资，作为附加劳动力到工厂和矿山干活。他们认为推翻资本主义，建立社会主义和共产主义的新秩序，才能实现男女和家庭关系的平等。

R. A. 尼斯比特曾对勒普莱和马克思的研究进行了比较，他认为两个人对于历史的制度性的成分的探讨都是富有创见的，但他们之间有很大的差别。对于马克思来说，主要的制度是社会阶级，而勒普莱认为是亲属关系：不同的社会结构取决于组成它的不同的家庭类型。马克思憎恶私有财产，勒普莱宣称它是社会秩序和自由不可或缺的基础。马克思认为宗教对于理解人类行为来说是多余的东西，是麻醉人们的鸦片，而勒普莱认为宗教对于人们的心理和道德生活正如家庭对于社会组织而言是不可缺少的。对于马克思来说，农业社会的图景是一种痴人说梦般的幻想，它是对人类思想的一种反动，而勒普莱对工业社会深恶痛绝，明显地表现出对农业社会的向往——它是安全的乐土，反之，城市社会必须摧毁。马克思是个社会主义者，而勒普莱认为社会主义，连带着大众民主政治、世俗主义和平均主义统统应该铲除，他把这看成是他所处时代的罪恶——它们是社会退步的标志①。

第三节　19 世纪末到 20 世纪上半叶家庭社会学的形成与发展

作为社会学的一个分支学科，家庭社会学是和社会学的发展同步

① 参见[美]马克·赫特尔，宋践、李茹等译《变动中的家庭——跨文化的透视》，浙江人民出版社 1988 版，第 23 页。

的。19 世纪末到 20 世纪上半叶,家庭社会学作为一个独立的学科出现了,成熟了,其主要标志是社会学理论和方法在家庭研究领域中的运用,从而产生了家庭社会学理论和方法。

一、芝加哥学派关于家庭问题的实证研究

美国的芝加哥学派在美国社会学史,乃至世界社会学史上都占有很重要的地位。其主要代表人物如 R. E. 帕克、E. W. 伯吉斯、E. F. 佛雷泽、L. 沃斯和 W. I. 托马斯等。他们从社会现实出发,把变迁中的城市和社区作为天然实验室,以社会问题为对象,开展社会学研究,创造了社会学中的独立学派和风格,在社会学界有较大影响。他们在对家庭问题的研究中也充分体现了本学派的风格,他们的基本观点是:我们不仅要了解家庭,而且要明了城市化和工业化的发展所导致的后果,现有的问题亟待我们去解决,而家庭也等待着我们去巩固①。

19 世纪末到 20 世纪初,美国社会学家的兴趣从进化的研究转向了对社会问题和社会改革的探讨,对家庭的研究也是如此。工业化和城市化的过程所产生的后果对家庭也产生了影响,芝加哥学派对家庭研究的重心已从家庭制度理论转向具体的家庭及成员状况——私生子、卖淫、虐待子女以及其他方面的弊端。这些问题的原因被看作是从无政府主义制度和城市体制产生的恶果。他们中有的人认为传统的生活模式正在被邪恶的城市化力量所破坏,社会的解体不期而至,家庭也深受其害。以社会学家 W. F. 奥格本的观点为例。他关注的重点就是城市化和工业化而导致家庭功能的丧失。在他的著述里,列举了社会

① 参见《美国社会学杂志》1975 年第 5 期。

变迁引起的美国家庭的八大变化:第一,日趋增长的离婚率;第二,生育控制的广泛普及和家庭规模的缩小;第三,丈夫和父亲权威的下降;第四,日益增加的非婚姻性交;第五,妻子为薪金而工作的人数增加;第六,家庭成员的个人主义和自由的增强;第七,政府日益代替家庭的保护功能;第八,婚姻和家庭中宗教行为的减少。奥格本还认为上述变化,不仅和工业化、城市化的过程有关,也和现代社会中的发现和发明有关,换句话说和科学技术的进步有关,这些都会使美国家庭的经济、教育、娱乐、宗教和保护功能削弱,致使美国的现代家庭迥异于早期的令人满意的、舒适的美国家庭。

二、社会学流派理论的形成和家庭社会学研究

到20世纪中叶,家庭社会学研究趋于成熟了。它的主要标志是各种社会学流派理论形成,并被运用到家庭研究领域之中。这些社会学流派理论主要有:“结构功能理论”“社会冲突理论”“符号互动理论”“社会交换理论”“发展理论”等。

1.结构功能理论和家庭社会学

结构功能理论有时也称为功能分析,在社会学中曾是一个重要的,甚至居于统治地位的理论流派。在家庭领域,它被广泛使用,用来分析各种家庭关系(夫妻关系、亲子关系和其他家庭关系),并分析家庭在广阔的社会生活领域中所承担的各种职能(诸如生育、教育、宗教和职业等)。

结构功能理论认为,作为一种社会结构的家庭是社会的生活单位,是社会关系和社会组织典型。尽管“结构”和“功能”的概念可以分开讨论,但它们也互相联系和互相包容。可以这样循环论证,社会结构是

社会的单位，执行和表现着一种或多种功能，另一方面，功能也能说明和影响社会结构。就家庭来说，在世界的范围内，其结构有千差万别，比如说一个家庭中有一个妻子或几个妻子，新婚夫妇和双亲住在一起或离开双亲去建立新住所，家庭中的事务是由丈夫决定、妻子决定或共同决定，家庭继承权归长子或众子平分等，都有很大差别。人类学家、社会学家从不同角度对家庭结构实行分类，有不同的家庭结构名称，诸如“核心的”“主干的”“一夫多妻的”“家长制的”“舅权的”“双系的”“长嗣继承的”“外婚制”“包办婚姻”“血亲家庭”等都表现了不同家庭制度中的一些特殊家庭结构。这些不同的家庭承担着相同的功能或不同的功能。对于个人来说，家庭的功能是提供一些人的基本需求，是人的本来归宿，教育人的社会化和解除人的紧张和压力。对于整个社会来说，家庭的功能是人的再生产、人的社会化、接受社会规范和社会价值以及控制人的各种行为。塔尔科特·帕森斯和罗伯特·贝尔斯认为家庭有两个基本的不能忽视的功能：第一，孩子的生育、初级社会化，以及使他们能真正成为社会的一员；第二，使社会成年人的性格具有稳定性[①]。从结构功能理论出发研究家庭，产生了家庭社会学研究的特殊视角。

2. 社会冲突理论和家庭社会学

冲突理论的假设来源于一系列假定的看法，即许多不平等的资源分配引起了统治者和被统治者之间的巨大冲突，被统治者开始意识到他们的集体利益，并日益怀疑现存的正统模式。主要矛盾是不平等，从

① 参见[美]塔尔科特·帕森斯、罗伯特·贝尔斯《家庭社会化和互动过程》，纽约自由出版社 1955 年版，第 16—17 页。

而使他们广泛地加入到公开反对统治集团的斗争中来,以促使社会发生巨大的变化,使资源再分配。社会学界认为经典的冲突理论是由马克思首先提出的,他假设了经济组织,特别是私有财产,是阶级斗争和革命的根源。刘易斯·科瑟认为冲突理论可能是功能理论的特殊形式。达伦多夫针对在西方社会学中一度占主要地位的结构功能主义片面强调共识、秩序和均衡的倾向,指出要更多地关注社会现实生活中的变迁、冲突和强制方面,与其把冲突看成是“坏事”,看成是对社会制度、人类关系的破坏,不如说冲突是一切制度和关系存在的条件。

冲突理论者认为,压迫者和被压迫者之间的冲突不仅存在于经济和职业领域,而且也存在于家庭之中,诸如丈夫对妻子的统治,家长对子女的统治。从冲突模式的本质上看,家庭不是如某些功能主义认为的那样,处在等级模式之中。功能主义者认为家庭是青年人最初实现社会化的地方,而冲突理论认为这是虚构的,青年人的观念不是靠教,而是来源于两性差异和“自然”的等级。功能主义者把家庭看成是“永恒的生活场所”,在家庭中从一代人到另一代人,富的总是富,穷的总是穷。冲突理论认为这恰恰保留和促进了不平等,在这点上,家庭带来的不平等超过了它的功绩。功能主义认为孤立的核心家庭的存在是资本主义社会变迁的结果,冲突论认为分裂是成员追求独立和感情需求的结果。功能论者认为现代家庭是平静的,被动的,是和其他社会单位平衡的部分。冲突论者则认为家庭组织蕴含着潜能和事实上的冲突。在社会、家庭和人际关系中的冲突是不可避免的,它带来了变迁①。

---

① 参见[美]J.罗斯·埃什尔曼,潘允康等译《家庭导论》,中国社会科学出版社1991年版,第60页。

3. 符号互动理论与家庭社会学

符号互动论来源于心理学或社会心理学。所谓符号互动论是使用一些特殊或不同的标记为指标去研究团体生活和人的生存行为。它有两个主要方面的问题,这两方面的中心都与家庭有关,它们是:社会化与个性。第一方面——社会化——集中在人如何才能使行为、思想和感情社会化,并使之成为内在的人格。第二方面——人格化——集中在使态度、价值和行为内在人格化。

把符号互动论运用到家庭研究中,便形成了一种社会心理学研究方法。社会学家 E. W. 伯吉斯称家庭是一个"人的相互作用的单位",它是充满生命力,多功能或者说是个确定的过程。符号互动论在研究家庭时注重家庭互动的不同模式,如求婚、蜜月期、抚育子女、离婚和分居、老年人的角色等。使用符号互动去解释人类生存和社会化中的相互作用,能起到解释关系、探明意义以及其他一些作用。比如用相互作用方法论研究家庭就能形成如下假设:

婚姻家庭研究离不开它自身的性质,我们不能从研究非人类或类人猿去推断人的行为、人的相互作用或一些社会组织。

…… ……

婚姻、家庭及其组合只能在社会背景条件和它们存在的社会中才能被认识。只有在社会中才有所谓语言、概念和规范性的行为。

…… ……

人类生育的婴儿是既非社会性的,也非反社会性的,但如果他们不与其他人来往,不在和其他人交往中学习,就不知道什么是好,什么是坏,也不知道应该怎样做。

……　……

一个社会的人的存在既是被动的也是主动的，他或她既能传达某种信息，也能理解某种意义，就是说，一个人不仅能对客观刺激做出反应，而且能识别和解释它们。独立的个体之间能互相影响，能扮演不同的角色，能对信号刺激做出反应。①

符号互动论者对于家庭的研究做出过方法论方面的贡献，这些方法包括社会调查、访问和问卷表以及参与观察法。

4. 社会交换理论与家庭社会学

社会交换理论认为在社会中一定的交换随时随地都在发生。人在付出工作、礼物、卡片、情感或思想时总是期望得到某种回报。经济领域发生的交换往往是制度化的、先定的，是一种十分精确的交换。社会领域中的交换虽然不像经济领域中的交换那样制度化，那般精确，但普遍存在是无疑的。人期望在社会行为中得到回报，得到的回报越多，人们重复某种行为的可能性越大，积极性越高。人与人之间新的合作开始是因为他们期望得到回报，而旧的联合还在继续是因为他们正在得到回报。当我们从其他人那里得到了报答和酬谢，我们就应该予以回报。社会交换理论是以乔治·霍曼斯和皮特·布劳为代表的。霍曼斯被公认为是社会交换理论的创始者，他表达了行为心理主义者的观点，或者说坚持心理还原理论和增强作用理论，理论的焦点集中在实际行为报答或惩罚，被其他人的行为所决定。霍曼斯认为，就像动物那样，人对于刺激的反应，源于需求、报答和奢望，在交换关系中期望行为能

① 参见［美］J. 罗斯·埃什尔曼，潘允康等译《家庭导论》，中国社会科学出版社 1991 年版，第 63 页。

得到相当的回报(合理分配理论)。布劳和霍曼斯的不同在于他表达了一系列符号互动理论。他认为交换不能解释所有实际的个性行为,交换更多表现为主观和解释性的,就像相互作用那样,交换是两者之间形成的某种过程,并非在任何个体之间都存在,或者是由于什么外部因素的作用。当人们想得到某些酬报,那么他们的选择和决定就会被社会各个方面,诸如朋友和亲戚的影响所决定。人通过概念、定义、价值、反映和符号对于刺激做出主观反应。作为一种推论是把行为的结果解释为一种人的功能,这种人是相互作用的象征,拥有社会自我,能担任社会角色①。

社会学家和婚姻问题专家曾列举了大量的例子说明婚姻和家庭中的交换行为。比如在包办婚姻中,劳动力、彩礼和新娘的价格是恰当的婚姻中最常见的交换。在一般的婚姻行为中,“权威和权力”“夫妻关系”“配偶的选择”“亲属关系”“性模式”“亲子冲突”和其他都可以进行交换。美国的金斯利·戴维斯发现,在美国黑人男性和白人女性的结合率远远超过黑人女性和白人男性的结合率,他认为这是黑人男性用较高的社会地位去换取白人女性“较高”的人种地位的结果。

5. 发展理论和家庭社会学

起源于20世纪30年代的发展理论主张用动态的观点、发展的观点去研究社会各种现象,包括研究家庭。希尔和汉森讨论了发展理论的一些特点,指出它并不是一个精确的、专门的理论框架,而是一个想跨越几种方法综合其共同点,并使之成为一个统一体的框架。比如它

---

① 参见[美]J. 罗斯·埃什尔曼,潘允康等译《家庭导论》,中国社会科学出版社1991年版,第66—67页。

从农村社会学者那里借来了家庭生命周期的概念，从儿童心理学者和人类发展专家那里引来了发展需求和任务的概念，从社会学家的著作中采集了关于家庭的综合概念，从结构—功能和符号互动理论中借用了年龄和性角色、多元典型、功能决定条件和一些有关家庭作为一种互动组织的概念。

无论如何，发展理论还是有自己的特点，就是动态研究的特点。发展理论试图解释家庭现象中社会—制度的、互动—合作的和独立—个性变化的东西。它在很大程度上兼顾了宏观和微观分析之两个方面。它在解释各个时期不同的家庭典型及其相互作用的同时，解释了不同时期家庭的变迁。这种从时间角度分析家庭的主要概念被称之为家庭生命周期。有关家庭生命周期的研究在今天十分热门，具有生命力。

三、社会研究方法在家庭社会学中的应用

各种社会研究方法在家庭社会学研究中得到广泛而深入的运用，是家庭社会学形成的又一重要标志，这些社会研究方法主要有：历史的方法、类比的方法、区位学的方法、观察的方法、个案的方法、社会调查的方法、统计的方法等。应当指出，还在社会学和家庭社会学形成初期，这些方法中的有些方法就已经被一些人用过，而到了19世纪末20世纪初以来，它才被研究者广泛而成熟地运用于家庭社会学研究。

1. 用历史的方法研究家庭

历史资料是过去所发生的事情的记录。用历史的方法研究家庭，就是应用科学的态度和方法对历史遗留下来的各种文献和有关资料进行考证，以了解不同历史时期不同家庭的状况，了解现在的家庭和过去的家庭的联系与区别。这是一种间接的观察方法，是由今及古的历史

“透视法”和从个别到一般的历史“复原法”，它多被用来研究家庭史，因为历史上家庭的兴替和演化是今天的研究者不能直接看到的。

19 世纪和 20 世纪用历史的方法研究家庭大致分为两个方面：一是从宗教的和其他民间传说、民歌、民俗中寻找原始状态的痕迹，另一方面则从现代仍然存在的原始民族的状况来研究。

瑞士法学家巴霍芬从埃斯库罗斯的戏剧《奥列斯特》三部曲中分析出“没落的母权制跟发生于英雄时代并获得胜利的父权制之间的斗争”的有名的例子，被恩格斯称为是巴霍芬“全书中最精彩最好的地方之一”。19 世纪以来，一些民俗学者采用了一个新的方法，他们用野蛮人的现状同古希腊神话相比较，来理解神话的含义，这样对神话的研究有了更多的现实的基础，如人们对荷马史诗《伊里亚特》《奥德赛》及欧洲中世纪有名的史诗《尼伯龙根之歌》所做的那样。我国古代的史料和民间传说、民歌等也能反映人类社会史初期的婚姻家庭形态，如纳西族史料《创世纪》写道：“除了利恩六兄弟，天下再没有男的，除了利恩六姐妹，世上再没有女的。兄弟找不到妻子，找上了自己的姐妹；姐妹找不到丈夫，找上了自己的兄弟。兄弟姐妹成夫妇，兄弟姐妹相匹配。”这首民谣反映了在原始时代，曾经有过兄弟姐妹杂婚的家庭状况。另据苗族的一首“古歌”中记载，哥哥向妹妹建议：“处处无人烟，我们兄妹来成亲。”妹妹说：“哥哥说话不是人，不是人来是畜生。”这反映了人类近亲结婚正在被否定，正在向排除兄弟姐妹婚姻的伙婚制家庭发展。可以认为从神话、传说、民歌中研究远古的家庭形式，是科学的方法之一，正如拉法格所说的：神话既不是骗子的谎话，也不是无谓的想象的产物，它们不如说是人类思想的朴素的自发的形式之一。只有当我们猜中了这些神话对于原始人和他们许多世纪以来丧失掉了的那种意义的时候,我们才能理解人类的童年。

用历史的方法研究家庭还可以从现代仍然存在的原始民族的状况来研究,这是人类学经常使用的方法。例如摩尔根研究了易洛魁人遗留的亲属制度后指出:家庭是个能动的要素,是从低级阶段向高级阶段变动着的。“反之,亲属制度却是被动的;它只不过是一个长久的时期把家庭逐渐发生的进步记录下来,并且只是在家庭已经急剧变化了的时候,它才发生急剧的变化。”①摩尔根根据现有的亲属制度推断人类古代婚姻家庭的各种形式,得到了恩格斯的充分肯定。恩格斯说:“我们也可以根据历史上所留传下来的亲属制度同样确实地断定,曾经存在过一种与这个制度相适应的也已绝迹的家庭形式。”②

2. 用类比的方法研究家庭

所谓类比的方法,是说我们观察到两类事物在许多属性上都相同,便推出它们在其他属性上也相同。科学已经证明,黑猩猩、猕猴等是人类的近亲,它们和人类有很多共同属性。于是一些人便通过观察和研究黑猩猩等“家庭”和“家庭制度”去研究早期人类的家庭和家庭制度。

比如英国的学者珍妮 · 古多尔对非洲森林中的黑猩猩进行了专门研究,她和黑猩猩在一起生活了 20 年,她发现黑猩猩在两性关系上彼此并没有什么“妒忌的感情”,性交是随便的、杂乱的。因而可以推断,人类婚姻史初期也有杂乱的性交时期,即血亲杂交时期。

相反,日本的学者在猕猴很多的太平洋岛屿上发现,猕猴每年有一次青春交配期,在这个时期,母子是分开的,从未发生过性的关系。一

① 《马克思恩格斯选集》第四卷,人民出版社 1972 年版,第 25 页。

② 《马克思恩格斯选集》第四卷,人民出版社 1972 年版,第 26 页。

个英国乡村教师在非洲研究猿猴,发现一种长臂猿的“家庭制度”,是猿猴中的唯一“小家庭制度”,其子女稍大,就被赶到另一棵树上去筑巢,母子间也没有性关系。于是这些学者得出结论:连猿猴都有“乱伦禁忌”,何况人呢? 在原始人中最先有的文化就是乱伦禁忌,杂交状态在人类中是不可能存在的。

从以上研究我们可以看出用类比的方法推论可靠性不大,所以人们常用它来建立各种家庭研究假说,以期得到进一步证明。

3. 用区位学方法研究家庭

区位学原是生物学的一个部门,它是研究有机体与环境之关系的一门学问。后来它被引入人类学和社会学,社会学和人类学者常常以人和人的空间距离来研究和推测他们的社会距离。社会学家费孝通说:“居处的聚散多少是有关于生活上的亲疏,因之,空间距离给了我们研究社会联系的一个门径。从人与人在空间上的分布和移动所发生的距离和接触上去考察它给予社会生活上的影响,是社会区位学的研究方法。”①

运用区位学方法可以研究家庭结构。恩格斯在论述法国卢昂地区的家庭不是现代意义上的个体家庭,而是由几代人或者说几个个体家庭所构成的大家庭时,就是从区位学角度找到根据的。他说在卢昂地区“还可以见到巨大的农民住房,中间是公用的很高的、直达屋顶的大厅,四周是卧室,由六级至八级的梯子登入,在这里住着同一家庭的好几代人”②。

---

① 费孝通:《生育制度》,天津人民出版社 1981 年版,第 79 页。

② 《马克思恩格斯选集》第四卷,人民出版社 1972 年版,第 55 页。

运用区位学方法可以研究家庭关系和家庭生活的各个方面。如雷蒙德·弗恩在他所著的《我们提科皮亚人》一书中曾应用这种方法研究了家庭亲属关系。他认为从空间的位置来研究亲属的居处入手,使我们可以明了亲属间如何联系,这种联系如何在财产所有权中表现出来,如何由这些联系最后结成较大的亲属团体,因为空间的位置容易观察,所以居处的入手研究法在通常情形下,是了解亲属关系初步工作最易的路径。

社会人类学家费孝通主张用研究家庭分子"行止轨迹"和绘制"住宅内部结构图"的方法研究家庭。他说:"考察家庭里各分子的居处关系最简捷,也是最基本的方法是绘一个住宅内部结构的图,注明白大各间房做什么用,夜里哪个人睡在哪间房里,每间房里几个床,同床的是哪几个人。这个图立刻就显示了这家里日常生活的状况和各分子间的关系。"①他用这种方法描绘了在禄村所见到的一对夫妇每天各自的"轨迹",研究了这对夫妻的生活和关系。

当代家庭社会学常常研究家庭住房对家庭结构和职能的影响,使用的也是区位学的方法。发表在《社会学研究》1997 年第 6 期上的文章《住房与中国城市的家庭结构——区位学理论思考》一文就是用区位学方法研究住房对家庭结构影响的重要文章。该文依据 1993 年在津、沪两地进行的住房与家庭生活调查的有关资料,运用区位学理论,即区位中心论、区位聚散论、区位共生论分析了住房对中国家庭模式的影响,指出当今住房是家庭两代人同居共处的因素,也是两代人分离的因素,随着中国住房建设速度的加快和人民住房状况的变化,中国家庭

① 费孝通:《生育制度》,天津人民出版社 1981 年版,第 80 页。

模式必将进一步变化,中国家庭的现代化进程必将加速。

4. 用观察法研究家庭

德国心理学家柯夫嘉说,一切科学皆以观察为依据。观察法在家庭社会学研究中同样很重要。用观察方法研究家庭是指运用我们的五官(特别是视觉),或借用其他工具(如调查表格、地图、照相机、录像机、录音机、登记卡片等)去探查家庭或家庭的某一方面,并将观察的结果记录下来,而后进行分析。观察法和社会调查方法不可分割,是社会调查方法的一部分。对于客观事物来说,许多质的内涵往往反映在表象之中,因此许多学者把观察法作为重要的研究方法,特别是人类学家多使用观察法。

观察法分为非参与观察与参与观察两种。非参与观察是局外观察,不参与团体活动。参与观察是观察者直接加入该团体,成为它的一分子,直接参与其活动,但同时仍保持着客观态度从事研究。摩尔根就是用参与观察法研究家庭。他一生大部分时间是在易洛魁人中度过的,甚至被一个易洛魁人部落收养入族,积 40 年的参与观察,使他获得了研究人类家庭史方面的大量宝贵资料。使用观察法要求观察者和被观察者的协调一致,只有这样才能获得真实可靠的材料。

5. 用个案的方法研究家庭

这种方法就是选择一个或数个家庭为研究单位,收集与它有关的一切资料,详细分析与描述它的状况、发展过程与它内在、外在的各种因素间的相互关系,并进行个案间的比较,然后以此为根据,进行分析、概括和判断。个案应有一定的典型性、代表性,因此个案法也可称典型法。1930 年毛泽东在新余罗坊对八个来自兴国农民家庭同志所做的调查,20 世纪 40 年代张闻天在陕北米脂县对地主马维新家庭和家族的调查,都是用个案的方法研究家庭。现代人类学很注重个案研究的方法。有的人认为从方法论上说,社会学更注重大面积的抽样问卷调查和统计,而人类学比较注重个案观察,应当优势互补,不无道理。

用个案研究法研究社会现象(包括研究家庭)有如下特征:

第一,详尽。即对所选择的家庭个案能做一定广度深度的研究,包括家庭关系、家庭结构、家庭功能、家庭伦理等,特别是能研究家庭成员心理、交往等十分深刻的方面。

第二,质的研究。用个案法可以了解家庭中不易用尺度测量和用数字表达的方面,可以达到入微的程度。

第三,采集资料以访问为主。

第四,由于用个案法进行研究时所选择的个案都是有一定典型性的,因此其所得的结论也有一定的推论和推广价值。

6. 用社会调查方法研究家庭

社会调查方法是应用科学态度及方法与合作步骤,对家庭问题,在确定范围之内做有计划的实地考察,并设法获取大量的事实材料,依据这些材料进行理性思维。社会调查法一直被广泛运用于家庭问题研究。社会学家潘光旦、李景汉、言心哲在20世纪二三十年代所做的城市和农村家庭调查和研究,是社会调查方法在中国家庭社会学中的最早应用。进入20世纪80年代,中国恢复社会学研究以来,社会调查被广泛运用到家庭研究之中,“中国五城市家庭调查”“中国14省市农村家庭调查”都是代表。

用社会调查方法研究家庭从选取样本的角度主要有三种:一是全体调查,即在所规定的范围内对所有家庭的调查;二是抽样调查,即在一定的范围内按随机和非随机原则抽取若干家庭样本调查;三是典型调查,即选取若干有代表性的家庭样本进行调查。

用社会调查方法研究家庭在收集资料的方法上主要有"访问"和使用"问卷"两种。访问的方法包括个别谈话、开调查会等,调查员口问手写。这种办法常被用于深入细致地调查婚姻家庭的有关情况和典型案例,如各种特定社会背景中的结婚形式、礼仪、风俗习惯等。"问卷"也称"问题表格"和"访问表格",是一种为统计和调查用的表格,适合于调查有关婚姻家庭的基础资料,如家庭成员的性别、年龄、文化、职业、家庭经济收入和支出,调查家庭生活,如家务劳动、闲暇和娱乐等项,特别适合调查对家庭问题的认识和态度。问卷调查一般使用统一的指标和题器,调查者和被调查者不必面对面,回答问题的方式简单,收集资料的范围大,时间短,调查所得资料可以进行统计和定量分析。

第四节 20 世纪下半叶家庭社会学研究的成熟和蓬勃发展

从 19 世纪末到 20 世纪上半叶,随着家庭实证研究的深入和社会学理论在家庭研究中的成功运用,家庭社会学从理论和实践两个方面都已经成熟了。它集中表现在家庭社会学形成了自己的独特研究视角,即从社会整体角度,在社会背景中研究家庭;从社会关系角度,在家庭关系中研究家庭。20 世纪下半叶,家庭社会学出现了蓬勃发展的局面。

一、家庭社会学的研究视角

1. 从社会整体的角度,在社会背景中研究家庭

家庭社会学是用社会学的观点和方法研究家庭,坚持整体性,在社

会的背景中研究家庭是家庭社会学的首要特点。

根据历史唯物主义观点,社会是一个复杂的有机整体,家庭如同其他一切社会关系和组织一样不能脱离社会而独立存在。因此,必须在社会的整体环境中,在家庭和社会的相互关系中研究家庭。

社会学家蓝尼和梅尔曾说:“社会学因此是一门普通科学,即在于它是研究一复杂东西的整体。它不仅是把一样的东西拿来分析和解剖成为许多东西。它是要设法对社会得到一整体的看法。”“这暗指社会学是从社会的部分来研究它的整体,并由它的整体来研究它的部分。只要想一想就可以证明,要想从社会生活的整体中把任何特殊社会问题孤立起来,这是不可能的。”①

家庭作为社会的一个有机组成部分,随着社会的发展而发展,社会的变化而变化,社会影响家庭,家庭也影响社会。美国著名家庭社会学家 W. 古德认为,家庭好比一个小体系,社会好比一个大体系,社会是通过家庭来取得个人对社会的贡献的。家庭与社会相互依存,个人的社会化首先要在家庭中实现,任何一个家庭都不能脱离社会而生存。尽管家庭机构不像军队、教会或国家那样强大,但它却是最难征服的,最难改造的;尽管一个个具体的家庭可能是脆弱而不稳定的,但家庭制度这一整体却是坚不可摧的。古德在研究家庭时还特别注意了社会对家庭的影响。他认为在今天这个瞬息万变的时代里,家庭不可能成为世外桃源。1963 年他出版了《世界革命与家庭模式》一书,公开声明:“史无前例的工业化和城市化以其强大的社会威力影响着每个我们所熟悉的社会。在新几内亚、中国、南斯拉夫这些相距遥远、文化迥异的

① 转引自龙冠海《社会学》,三民书局 1966 年版,第 42 页。

国家中,传统的家庭制度都在发生变化——这又何尝不是工业化和城市化的结果呢。”古德强调指出:“社会的普遍性变迁摧毁了旧的社会秩序和传统的家庭制度。这种革命性的变化在世界各个角落都发生了。”[①]无论如何,从社会整体的角度,在社会发展变化的背景中研究家庭,是今天家庭社会学研究的视角之一。

和整体性相连的是社会学的系统综合性。“社会学的方法其实就是对社会生活的各种现象进行系统综合的一种方法。”[②]这种系统综合包括多学科知识和多种研究方法在研究中的综合运用。

从20世纪下半叶开始,各种学科的知识被越来越普遍地运用到社会学和家庭社会学研究之中。用经济学的有关知识研究家庭的收入、支出和各种消费行为,用心理学和法律知识来研究家庭关系及其变化,用教育学知识来研究家庭教育,在家庭社会学中都很常见。各种科学研究方法也被广泛使用到家庭社会学研究之中,诸如社会调查方法、统计的方法、个案研究的方法、比较的方法、观察的方法、区位学的方法、历史的方法等。这种多学科知识和多种方法在家庭社会学中的综合运用并没有使家庭社会学失掉自身的学科特点,即从社会关系、家庭关系角度展开研究。

2. 从社会关系角度研究家庭

社会只是一个抽象的名词,它的存在只有从社会成员的相互关系和互动中才能表现出来,社会关系是社会的经纬。家庭是一种社会关系,是用婚姻、血缘联结起来的一种特殊的社会关系,社会关系是社会

---

① 参见[美]马克·赫特尔,宋践李茹等译《变动中的家庭——跨文化的透视》,浙江人民出版社1988年版,第4页。

② 参见《国外社会科学动态》1981年第12期,第17—22页。

的经纬,家庭关系则是家庭的经纬。社会学家米勒和福姆说:“社会学最基本的一个观念是人们只有从其彼此关系才能被了解。社会关系,不是个人,乃是观察的基本单位。因为社会关系构成团体的要素,当社会学家检讨人类的活动时,他们便开始去寻求社会关系或团体。”①20世纪后半叶,所有有关家庭的热门话题,诸如离婚、家庭模式小型多样化、家庭教育、消费、生育、家庭质量、家庭结构和功能等研究都离不开家庭关系,有关这方面的研究文章和论著很多。《理论与现代化》1997年第10期发表题为《婚姻质量的家庭结构观》的署名文章指出:“研究婚姻质量可以有多种视角,从家庭结构入手研究婚姻质量,是一个重要的方面,它可以使我们从夫妻关系和家庭关系的角度去了解婚姻质量的内涵和影响因素。”该文从夫妻关系和亲子关系在家庭中的不同地位,比较得出西方家庭和中国家庭家庭关系的重心不同,家庭质量的标准也不相同,在西方以夫妻关系为重心,因此,夫妻生活是否浪漫,人在家庭中能否自我实现成为婚姻家庭质量的首要标准。而在中国的家庭中以亲子关系为重心,因此亲子之间义务的履行,子女的成长与成功则非常重要。今天随着家庭关系的重心从亲子关系向夫妻关系转移,家庭婚姻的质量观也会发生明显的变化。

二、家庭社会学研究的蓬勃发展

20世纪下半叶,家庭社会学研究的蓬勃发展有实践和理论两个方面的原因。一方面社会的巨大变迁带来了家庭的变化,产生了许多令人关注的家庭问题。另一方面,家庭社会学理论的成熟也促进了该学

① 转引自龙冠海《社会学》,三民书局1966年版,第20页。

科研究的进展。正如W. 古德在他的《家庭》一书再版序言中所说的："该领域确实取得了进展。这不仅因为我们比马克思、通尔凯姆和韦伯掌握了更多有关家庭的准确情报,也因为我们比50年代和60年代的家庭研究者懂得更多。所谓懂得更多,并不单指增添了一些有关家庭问题的描述(如塔拉德格县在南北战争时的离婚率,中国妻子拥有的'私房钱');而是说,我们对许多'关系'也理解得更好一些了(如离婚率中的阶级差别与种族差别及对儿童所造成的后果,维系扩大家庭的条件)。""家庭研究领域的重大进展并不在于某种研究能把一系列已知的命题归纳为某些原理、假设和定义,并在这个基础上重复原有的发现或有了新的发现。很多家庭研究人员正在积极探讨和发现系统的理论观点,这些观点将许多经验主义的研究成果与普通社会学和家庭社会学的普通原理结合起来,而不是仅仅满足于描述20世纪美国家庭的某个侧面。"①

20世纪80年代的美国每年要出版600多种家庭社会学的书刊,有641所大学讲授家庭社会学课程。不仅民间广泛讨论家庭问题,政府有关部门对此也十分关注。美国婚姻家庭的现实问题迫使政府修改有关法令,以适应家庭变化的需要。

前苏联的婚姻家庭问题也很突出。其家庭社会学研究是从1956年苏共二十大以后随着社会学研究的复兴而发展起来的。著名家庭社会学家阿·格·哈尔切夫是前苏联恢复社会学研究以来精通家庭社会学的第一个研究者,他著有《共产主义与家庭》《家庭的进一步巩固》《结婚动机调查》等。他所著的《苏联的结婚与家庭》,在试图批判西方

① [美]威廉·J. 古德《家庭》,社会科学文献出版社1986年版,第1—5页。

社会学家庭理论的同时将历史唯物论的范畴的“家庭”与前苏联家庭的实际调查结果结合起来,说明前苏联家庭和婚姻的实际情况,并阐明其发展规律。1967年,在前苏联的沃伊里纽斯召开以“生活、婚姻、家庭诸问题”为题的第一届家庭社会学大会,会上宣读、交流了许多重要的研究论文和论著。哈尔切夫就基础理论方面做了题为《关于历史唯物论范畴的家庭》的报告。索洛维也夫对离婚的动机的研究也很引人注目,他的研究表明,由于道德上、心理上的不一致而离婚的人,要比由于物质上的问题而离婚的人增加得多,当然以酗酒和打架为理由而离婚的人仍占多数,这也的确是前苏联离婚问题的事实。从20世纪80年代以来,前苏联家庭社会学发展起来的一些研究领域是:①对结婚、离婚情况的调查,如兹·伊·法因布尔格著有《有关婚姻的伦理动机》一书,研究了结婚的满意程度。②对家庭病理的研究,如恩·弗·格弗里洛娃在《“有问题的”家庭是社会学调查的对象》一书中把“家庭解体”和“有问题的家庭”区分开来。她对“家庭解体”的定义为:“它是家庭内部的统一削弱,作用结构被破坏,家庭内部产生对立状态。”但这不应直接算作“有问题”家庭。她对“有问题”家庭定义为:“它不仅在家庭内存在对立,而且在家庭和社会之间也存在纠葛状态。”③关于“生活问题”和“业余时间”的研究,其中包括对改为周休2日制的自由时间的调查,代表作有勒·阿·戈尔顿和埃·佛·克洛波夫等人写的《下班后的人们》,他们认为“生活是一个表示生产和公共活动以外的社会活动的领域”。从这个意义上说,生活领域是业余时间的领域。④关于妇女劳动问题。一些研究指出,男女平等这种社会主义思想,虽然促使女性到工厂工作,但劳动力不足是最大的原因。虽然妇女就业提高了妇女地位,但是也产生了新的矛盾,当企图使工作和家务并存时，妇女不得不做出很大的牺牲。在这方面还有哈尔切夫和戈洛特著的《妇女与职业家庭》等。⑤关于青年和与青年相关的“世代”问题。尤·阿·扎莫什金和弗·阿·亚多夫等所著的《社会与青年》，从青年的价值观到职业、宗教问题，都做了基本的研究。勃·茨·乌尔拉尼斯的《某世代的历史》，勒·恩·莫斯克维切也夫的《社会学问题的世代继承》则研究了社会主义条件下人们世代间的关系。

不仅美国和前苏联注意家庭问题研究，世界其他国家也都注意家庭问题研究。比如在波兰和匈牙利的学校里普遍开设了《家庭生活常识》方面的课程，在德国和捷克则设置了家庭生活常识方面的选修课。在巴西，法律规定要登记结婚的人一定要到政府专门的婚前教育机构受训，学习的主课是家庭社会学。这种办法对巴西人一生的家庭生活起了很大作用，甚至对下一辈的人也有良好的影响。在新加坡，至今政府还在推行传统中国的家庭价值观念，比如鼓励青年人结婚后仍然和父母生活在一起，组成三代同堂家庭，以利于两代人关系的亲密和对老年人的赡养。政府还制定了包括住房方面的优惠政策，以鼓励这种家庭模式。总之，有关家庭和家庭社会学方面的研究在世界各国都很热门，正如美国社会学家英克尔斯所说的：“如果人们不对家庭这样一种无处不有的制度和社会分层这样重要的过程进行充分专门的研究，那就不可思议了。”①

第五节　中国的家庭社会学

在中国，20 世纪以来对家庭和家庭社会学的研究也十分活跃。决

① 潘允康：《家庭社会学》，重庆出版社 1986 年版，第 2 页。

心要改变中国面貌的有志之士，一直把对家庭的研究和社会的研究结合起来。在1949年以前，这种研究可以分为两个方面。

一个方面是以推翻压在中国人民头上的三座大山，建立光明的人民民主专政为己任的中国共产党人进行的。他们把对家庭的研究和武装夺取政权，完成新民主主义革命的中心任务结合起来，其代表人物首先是毛泽东。早在五四运动时期，毛泽东就十分关心婚姻家庭问题，他透过婚姻问题考察、分析当时的社会矛盾，把争取婚姻自主权作为争取妇女解放的一个重要斗争目标。1919年10月13日，长沙发生一女子（赵玉贞）抗议父母包办婚姻，在花轿中用剃刀割断咽喉自杀的事。这一事件发生后毛泽东同志于11月16日至28日先后在长沙《大公报》《女界钟》等报刊上连续发表了九篇论文和杂感，其中包括《对赵女士自杀的批评》《社会万恶与赵女士》《非自杀》《赵女士人格问题》等，揭露封建制度罪恶，呼吁社会各方力量都来支持妇女争取恋爱自由、婚姻自主的斗争，并把这一斗争和反对帝国主义、封建主义、官僚买办资产阶级的斗争结合起来。在革命战争年代，毛泽东同志率领中国工农红军和国民党反动武装进行殊死搏斗，在紧张斗争之余，仍不忘向社会做调查，不忘研究中国的家庭问题。1930年9月，红一方面军从长沙回到江西，兴国地区送了许多农民来当红军，毛泽东趁此机会对傅济庭等8个农民家庭进行了个案调查，较详细地记录了他们的生活状况和生活方式，并据此分析了当时的农村土地占有情况，贫苦农民租佃地主、富农的土地受剥削、受压迫的情况，由于革命的到来贫苦农民减租减息和分田情况以及他们对革命的态度等，进而分析了旧中国农村尖锐的阶级矛盾，阶级斗争和迅速发展的革命形势。和毛泽东同志一样，在新民主主义革命时期，党内许多同志都十分注意调查和研究家庭问题，并把它和新民主主义革命的任务联系起来，例如，1942 年冬，当时的党中央政治局委员、中央书记处书记兼中央宣传部部长张闻天同志带领工作组对陕北米脂县杨家沟的农村地主家庭经济进行了典型调查，通过调查“马氏家族”（“马光裕堂”）的剥削情况，尤其是马维新一家的情况，揭露了地主如何以地租剥削为基础，同高利贷和商业剥削结合在一起，对农民残酷剥削的情况，以及大地主如何对中小地主进行弱肉强食的土地兼并的情况。

另一方面，中华人民共和国成立前对家庭的研究是由专门从事社会学研究的社会学家、人类学家进行的。社会学家孙本文先生在其所著的《社会学原理》一书中有关于家庭社会学的理论阐述。他在《现代中国社会问题》一书中论述了中国家族制度的结构、特点和长短处，比较研究了西洋（西方资本主义国家）家庭制度和中国家族制度的演变及问题，以及非常时期（抗战时期）中国的家族问题。社会学家李景汉于 1933 年 2 月编写的河北省定县社会概况调查，社会学家言心哲于 1935 年 9 月编写的农村家庭调查，都有对中国农村家庭调查的丰富资料。社会学家潘光旦则研究了中国城市家庭，他著有《中国之家庭问题》一书，分析研究了中国城市的婚姻家庭问题。他根据调查统计资料，证实了中国人家庭观念正在发生变化，开始接受小家庭观念，并指出中国的家庭出现了越来越多的由传统大家庭向现代小家庭过渡的折中家庭模式。社会人类学家费孝通在 1947 年著有《生育制度》一书，他从家庭的基本职能（生育职能）的角度分析了婚姻家庭的社会性本质及许多相关的婚姻家庭问题。尽管旧中国的社会学研究还很薄弱，但就已有的成果来看，研究婚姻家庭的为数不少。从 1930 年开始到 1948 年我国社会学界共举行了九届社会学大会，其中大多讨论了婚姻家庭问题,1932 年在北京召开的第二届社会学大会则以家庭问题为中心议题。

中华人民共和国成立以来,政府十分关心婚姻家庭问题。1950 年,颁布的第一部法律就是《婚姻法》,明确宣布废除封建的婚姻家庭制度,反对包办买卖婚姻,实行婚姻自由,一夫一妻,男女平等的婚姻制度,为建立我国现代的社会主义婚姻家庭制度奠定了法律基础,实行法律保障。1956 年"三八"妇女节,全国妇联和中央有关团体 13 个单位联合倡议在全国开展"五好"家庭活动,进一步推动了现代家庭模式的建立。

1979 年我国恢复了社会学研究,家庭社会学也随之勃兴。1981 年 10 月,中国婚姻家庭研究会在北京成立。1982 年 5 月,由中国社会科学院社会学研究所组织北京、天津、上海、南京、成都五省市部分地方社会科学院和高等院校中从事社会学研究的有关专家,对中国城市的婚姻、家庭和生育状况进行了大规模协作调查,被称为"中国五城市家庭研究"。该调查在统一设计、统一指标的情况下,用社会学抽样方法在五大城市抽取了 4385 户家庭和 5057 个婚姻个案,用访问和问卷相结合的方法进行调查,并使用电子计算机储存和分析调查数据,进行定量分析和比较研究。这一项目被列为中国哲学社会科学"六五"科研规划社会学学科重点项目,由著名社会学家费孝通和雷洁琼任项目学术指导,表明这一研究在中国社会学界的地位。该项目硕果累累,除去有大量学术论文和调查报告公开发表外,还出版了调查报告和学术资料文集、学术论文集,以及专著《中国城市婚姻与家庭》,在国内外都有较大影响。从 20 世纪 80 年代以来,在中国比较著名的大规模婚姻家庭研究有 1987 年进行的中国 14 省市农村家庭研究,1991 年进行的全国

27 省市城市家庭调查，以及 1993 年进行的中国 7 城市家庭研究等。至于各省市所做的各种规模和形式的婚姻家庭研究就更多了，所发表的研究成果也十分可观。现在关于家庭社会学的研究已经成为中国社会学研究中有规模有影响的重要部分。

第二章　家庭与社会

以社会整体为背景对家庭进行研究是家庭社会学的根本出发点。家庭与社会的关系也是家庭社会学要讨论的首要问题。

自古以来人们一直在探讨家庭与社会的关系,虽然那时还没有家庭社会学,但许多哲学家、社会思想家都从不同的角度关注过这一问题。孔子认为,如果每个人都能"循规蹈矩",做一名像样的家庭成员,则幸福和繁荣就会充满人间。这是说家庭中的孝道原则扩展到社会,主仆之间的关系应该和父亲与子女之间的关系一样,就会使家庭和谐、社会稳定。西方《圣经》中的《旧约全书》也同样强调了家庭在文化上的重要性。公元前1500年的古印度典籍《梨俱吠陀》和世纪初的《摩奴法典》都强调了家庭的重要性。古希腊哲学家柏拉图的"理想国"是一种乌托邦式的社会计划,也提出建立一些新的家庭角色(家庭成员的权利和义务),以便解决传统的社会问题。其他一些实验性的公社或乌托邦式的公社,如欧奈达公社、震教公社、摩门公社和现代公社都认为,为达到自己的目标,必须改变家庭关系。一直到近代社会,人们认为家庭在社会上的"中心"地位并没有改变,比如,自1789年法国大革命以来,每场重大的政治变革都会带来一项规划,其中包括家庭关系的深刻的变化。自第二次世界大战以来,世界上许多国家都制定了新宪法,几乎所有的国家,特别是在发达国家,新的法律要比社会舆论先进得多,这类法律旨在创建新的家庭模式,提倡有关平等正义的观点,而与传统的家庭制度大相径庭①。这些都说明家庭与社会的关系是十分密切的。

第一节 家庭的理论界说

有人说社会是许多家庭相互联系所形成的一种结构,要说明这点,还得从什么是家庭,即家庭的定义说起。

一、家庭的内涵

关于家庭的概念,人们从不同的角度有不同的解释。

比如说,我国古代的《说文解字》中有:"家,居也。从宀,豭省声。"《易 · 家人》释文:"人所居称家。是家仅有居住之意。"这是从居住的角度解释什么是"家"。

有关"家"字的甲骨文考证说,"家"字象征房子底下有一只猪。原来"家"字的本义最初就是养猪的地方,引申之则为一畜牧点。因为这个时候畜牧业已经成为人们生活的主要保证。所以一群人居住的地方,一定要有一个"家"。

在国外,起初有些人甚至把家庭理解为"奴隶"。比如在拉丁文中家庭称 familia,"家庭"这个词在罗马人那里,不是指夫妻及其子女,而只是奴隶。families 的意思是一个家庭的奴隶,而 familia 则是指属于一

---

① 参见[美]威廉 · J · 古德,魏章玲译《家庭》,社会科学文献出版社 1986 年版,第 2—3 页。

个人的全体奴隶①。

也有人认为家庭不过是人和人之间的生理结合。比如哈夫洛克·霭里士在《性心理学》一书论婚姻的开宗明义第一句话说:“婚姻是性的关系的一种。”叔本华、弗洛伊德及在当代的追随者们认为婚姻是“肉体的机能”,家庭是“肉体生活同社会机体生活之间的联系环节”②。

有的侧重于婚姻方面来解释家庭,比如社会学家罗威说:“家庭是以婚姻为根据的社会单位。”③《中华大字典》中则说:“有夫有妇为家。”

有的认为,必须同时说明婚姻和血缘两种家庭关系才能说明“家庭”二字,马克思、恩格斯说:“每日都在重新生产自己生命的人们开始生产另外一些人,即增值。这就是夫妻之间的关系,父母和子女之间的关系,也就是家庭。”④

前苏联科学院语言研究所主编的四卷本《俄语大词典》对家庭的解释是:“家庭是由丈夫、妻子、子女和其他生活在一起的近亲所组成的小团体。”

有的认为光有婚姻血缘关系还不行,还应注意家庭生活方面。社会学家孙本文说:“家庭两字,始见于梁王僧孺文,‘事显家庭’句。今即以译英文‘FAMILY’字义。通常所谓家庭,是指夫妇子女等亲属所结合之团体而言。故家庭成立的条件有三:第一,亲属的结合,第二,包

---

① 《马克思恩格斯选集》第四卷,人民出版社 1972 版,第 53 页。
② 参见[德]考茨基《唯物主义历史观》,上海人民出版社 1964 年版第 1 分册,第 6 页。
③ 参见龙冠海《社会学》,三民书局 1966 年版,第 262 页
④ 《马克思恩格斯选集》第一卷,人民出版社 1972 年版,第 33 页。

括两代或两代以上的亲属，第三，有比较永久共同的生活。”①

按照唯物辩证法的观点，事物的质是事物本身的一种规定性，这种规定性使事物具有它本身固有的特性，并在实质上与其他事物有所区别。质的规定性的来源首先在于自己内部的矛盾的特殊性，即事物内部的不同的联系。家庭之所以和其他社会组织、社会团体相区别，首先在于组成家庭分子之间的特殊关系和互动方式，在于家庭是一种特殊的社会关系，从这里入手，才能认识家庭的本质，正确说明家庭概念的内涵和外延。据此，对于家庭的概念，我们可以用一句简单的话来概括：家庭是以婚姻血缘关系为纽带的社会生活的组织形式。要准确地把握这句话，还应从以下六个方面入手。

（1）家庭是群体，不是个体。家庭至少有两分子以上组成，一个人不能称其为家。

（2）婚姻是家庭的起点、基础和根据。由于婚姻而结成的夫妻关系是家庭中最主要的关系，是家庭的核心，是维系家庭的第一纽带，是判断家庭的第一标准。

（3）血缘关系是家庭的又一根据。以父母子女关系、兄弟姐妹关系为主要内容的血缘关系是家庭中的第二种主要关系，是维系家庭的第二纽带，是判断家庭的第二标准。由父母和子女结成了一切家庭中最稳定的三角，这一三角缺掉一方（父或母），缺掉了双方（指家庭中缺掉了父母只留下兄弟姐妹），都还可成为家庭。

（4）家庭可以是婚姻血缘关系的合理延伸。所谓合理延伸，也即由夫妻、父母子女关系的合理延伸，是指不能脱离血亲和姻亲关系的延

---

① 孙本文：《社会学原理》，商务印书馆 1946 年版，第 441 页。

伸,即家庭中可能包括除夫妻亲子关系以外的其他直系旁系亲属。

(5)领养关系也是家庭。许多社会领养关系为法律所承认,为社会风俗所认可,因此建立领养关系的人可正式组成家庭。

(6)家庭一般还应以共同生活为条件,有血亲和姻亲关系但不共同生活或经济上没有关系的不为一家。

二、"家"与"户"的联系和区别

"家"和"户"常常在人们的语言中同时被使用,比如"一家一户""千家万户"等,但"家"并不等于"户"。"家"与"户"是两个既相互联系又相互区别的范畴。

"家"和"户"是相互联系的,这点比较好理解,大多数一家的就为一户,一户的就是一家。但因此说"家"和"户"等同,从概念上不科学。应该说,是一家的可能是一户,也可能不是一户,是一户的可能是一家,也可能不是一家。现在世界上许多国家对家和户的含义有不同的理解,但都认为它们之间是有区别的。英文中,"家"(或家庭)以 family 表示,而"户"虽然也有 family 之义,但主要解释为 door(门居住地的标志)和 household(房屋)。俄文中,"家"(家庭)以 cemъя 表示,而"户"虽然也有 cemъя 之义,但其主要解释为 пbeopъ(门,居住地标志)和 пbop(庭院,户)。可见"户"主要标志着居住在一起的人们,和"家"不完全等同。在我国,家(家庭)是指以婚姻血缘关系为纽带的社会生活组织形式。古称"有夫有妇"为家。户在我国虽也有"人家"之意,如《易·讼》"人三百户",但主要以居住地为主要特征。依《中华人民共和国户口登记条例》规定:同主管人共同居住一处的为一户,以主管人为户主,居住机关、团体学校、企业、事业单位内部和公共宿舍的户口,共立一户或分别立户。由此可知,家主要指以婚姻和血缘关系为标志的群体,户主要指以居住地为标志的群体,两者应相互区别。但因为绝大多数家的家庭成员都在一起居住和生活,所以绝大多数一家就是一户,其间联系又很密切。因此,家和户是既互相联系又互相区别的范畴。

明确家和户的联系与区别,不仅可以准确地了解家庭的概念,而且能鉴别现实生活中的各种情况,区别哪些群体是家庭,哪些不是家庭。比如夫妻分居两地虽不为一户,但为一家,因为他们之间有婚姻关系,子女外出(上学或参军),虽然户口不在家,平时也不在家居住,但仍应视为原家庭成员,直到他们结婚独立成家为止,因为他们和父母有血缘关系。相反的,企事业、国家机关中的单身集体宿舍可能单独立户,其组成成员不仅住在一起,而且有的也吃在一起,共同生活,这也只能称为一户,不是一家。另外一些独身不婚的人,可能是一户,但不是一家。还有那些未婚同居者,在国外称之为反常家庭,其实不妥,因为其间没有婚姻血缘关系,只是同居相互间有性生活和性关系而已,亦不能称为家庭。

第二节 家庭是社会的细胞

恩格斯曾经说过:“个体婚制是文明社会的细胞形态,根据这种形态,我们可以研究文明社会内部充分发展着的对立和矛盾的本来性质。”[①]恩格斯在这里称家庭是社会的细胞,生动地说明了家庭与社会的关系。

① 《马克思恩格斯全集》第二十一卷,人民出版社1972年版,第78页。

细胞原为生物学上的概念,是有机体的基本单元和组成部分,是有机体存在的根据,也是有机体生命的表现。细胞的分裂与增殖是有机体的生长的过程。细胞的新陈代谢是有机体生命的象征。如果我们将人类社会比作一个有机体的话,家庭就是这个有机体的组成细胞。有的人说家庭是社会的窗口,家庭是个小社会,是十分贴切的。一定的家庭和一定的社会相对应,社会的性质和形态决定了家庭的性质和形态,家庭的变化可以表现社会的变化。根据家庭和社会同步发展的特点,我们可以通过家庭看到社会。这就是微观家庭和宏观社会的关系。

一、家庭是社会的窗口

也许文学家比社会学家更敏感犀利,许多文学作品都是通过写一个家庭反映社会的。曹雪芹的《红楼梦》写的是“荣国府”“宁国府”两个大家庭的事,其实不仅是写家庭,而是写社会,是通过封建大家庭的荣辱兴衰,反映了封建社会“忽喇喇似大厦倾,昏惨惨似灯将尽”的现实。巴金所写的《家》《春》《秋》,曹禺所写的《雷雨》都是以家庭作为审视社会的窗口。老舍先生的《四世同堂》则是通过祁老太爷一家四代人的命运反映了日本帝国主义侵略中国给中国人民带来的深重苦难,反映了中国社会的巨大变迁和社会变迁中人们的社会分化、政治态度、扮演的社会角色和不同的命运。之所以有这样的效果,是和家庭与社会的本质联系相关的。

列宁曾经说过,家庭是经济基础和上层建筑的统一,我们从家庭既能看到社会的经济层面,又能看到社会的政治层面、文化层面和其他层面,家庭是社会的缩影。

家庭在农业社会是生产资料占有单位,是生产劳动组织单位,是劳动产品分配和交换单位,又是消费单位,是社会生产关系的总和,社会经济基础的集中表现。即使到了工业社会,家庭仍然是社会消费的基本单位,仍然在折射着社会的经济生活。

家庭也可以说是一个小型"政府",家长为统治者、支配者,权威的观念及服从的习惯是先在父母子女关系中养成的。家庭也是人类最初的教堂,宗教信仰的传授、祖宗的崇拜及宗教仪式的学习等,多半是以家庭为中心。家庭也曾经是各种哲学、艺术、法律观念的传播场所,特别是在伦理观念方面,不同的家庭伦理观,代表了不同社会的伦理观,家庭也表现了社会的上层建筑。

二、家庭是个人和社会联系的纽带

有些学者在回顾历史时认为,诸如古罗马帝国这类伟大文明的衰落是由家庭制度衰落引起的。家庭这一小型单位和广大社会结构之间的相互作用,一直是学术理论界关心的问题,普遍的观点认为,家庭是个人与社会联系的纽带。

法国人类学家 C. 利瓦伊·斯特劳斯指出,所有结构各异的家庭具有共同的特征:家庭是个体与错综复杂的社会关系网络联结的纽带,它通过契约性的婚姻关系对社会关系加以规定和限制;乱伦禁忌似乎确立了在每个家庭之间而不是在家庭内部进行婚姻交换的模式;夫妻之间的劳动分工是相互依赖的基础,正如男女间的婚姻促进了家庭群体之间的相互纽带一样,相互间的义务是连接两性之间、家庭之间以及血缘群体和更广泛的社会系统之间的桥梁,在一个特定社会中这恰恰是社会结构的基本因素[①]。

社会学家古德则认为:在绝大多数部落社会,亲属关系模式是整个社会结构的主要组成部分。与此相反,在现代工业社会中,家庭只是整个社会结构的一小部分。不过,家庭在这种社会中也仍处于关键地位,特别是将个人与其他社会机构如教会、国家或经济机构联系起来。假如没有这个看来原始的社会结构所做出的贡献,现代社会就会崩溃,这是确实无疑的,尽管它有复杂而先进的技术和训练有素的科层制组织、阶级制度,包括它对教育和其他机会的限制,或高或低的社会流动率和出生时的社会地位,也是建立在家庭基础之上的。

古德说家庭在社会上处于中心地位。表明这种地位最重要的,是在家庭内部儿童就开始社会化以适应社会的需要,而不是仅仅为了自身的需要。一个社会的需要,例如,生产和分配商品、保护老幼病残孕、遵纪守法等,如果得不到满足,这个社会就无法生存下去。只有动员个人来满足这些需要,社会才能继续运转,而家庭正是进行这种动员的基地。而且,家庭成员还要参加非正式的社会控制过程。早期的社会化使我们多数人都想顺从,但久而久之,无论儿童还是成年人,都常常会误入歧途,要迫使异常分子就范,单靠正式的社会控制机构(如警察局)是不够的,还需要有社会压力为个人提供反馈,无论个人表现得好坏,都有必要加强内在的控制,也有必要加强正式机构的控制。无论这类控制有效与否,家庭都往往会承担起这项任务。

① 参见[美]马克·赫特尔,宋践、李茹等译《变动中的家庭——跨文化的透视》,浙江人民出版社1988年版。

古德强调家庭是由个人组成的,但它又是一个社会单位,是庞大的社会网络的一部分。家庭并非孤立而又自我封闭的社会体系,其他社会机构,如军队、教堂或学校不是在与个人打交道,而是在与家庭成员打交道。即使在工业化程度最高的城市社会中,人们有时过着隐姓埋名、不定居的生活,但绝大多数人仍然与其他家庭成员交往。即使是那些已获得很高社会地位的人,他们虽然已是成年人,但对父母的批评仍然会感到介意,对兄弟姐妹的嘲弄也会感到气愤。公司团体在为管理人员提供晋升机会时,经常会因为家庭成员反对而不得不放弃其建议。因此,社会是通过家庭来取得个人对社会的贡献[①]。

第三节 社会学视角中的家庭

家庭社会学的一个重要特点是把家庭放在社会整体的背景中研究,从这一点出发,家庭与社会的关系可以概括为:家庭是人类最早的社会关系之一,家庭是基本的社会群体,家庭是普遍的社会制度,家庭是个历史范畴。

一、家庭是人类最早的社会关系之一

家庭是一种社会关系,而且是一种最早的社会关系。社会中人与人之间联系的根据不同,联系的方式不同,表现为不同的关系。比如因居住地临近而结成的关系为邻里关系,因在一个学校或一个班级学习而结成的关系为同学关系,因在一个工作单位工作而结成的关系为同

---

① 参见[美]威廉·J·古德,魏章玲译《家庭》,社会科学文献出版社1986年版,第4页。

事关系(业缘关系)。家庭则是用婚姻和血缘联系起来的关系,是一种特殊的社会关系。

依英文《社会学词典》上的解释,社会关系是个笼统的名词,包括社会过程与社会关系的状态。因此家庭关系也包括动态和静态两个方面,前者是家庭成员的互动,即家庭成员间特殊的合作和冲突等,后者是家庭关系的模式和种类,如夫妻关系、亲子关系、兄弟姐妹关系等。

马克思、恩格斯曾说:家庭是一开始就纳入历史发展过程的第三种关系。"这个家庭起初是唯一的社会关系,后来,当需要的增长产生了新的社会关系,而人口的增多又产生了新的需要的时候,家庭便成为(德国除外)从属的关系了。"①家庭是最早的社会关系之一,它包含两个方面的含义:

1. 家庭是最早的社会关系

按照历史唯物主义观点,人类的第一个历史活动就是生产满足自己衣、食、住等需要的物质资料;第二是生产工具和生产方法。这两种活动,是人与自然的关系,而不是人与人的关系,不是社会关系。因此,马克思、恩格斯又说:"生命的生产——无论是自己生命的生产(通过劳动)或他人生命的生产(通过生育)——立即表现为双重关系:一方面是自然关系,另一方面是社会关系;社会关系的含义是指许多个人的合作,至于这种合作是在什么条件下、用什么方式和为了什么目的进行的,则是无关紧要的。"②在人类历史初期,家庭关系和生产关系是并存统一的。正如马克思、恩格斯所说:"不应把社会活动的这三个方面看

① 《马克思恩格斯选集》第一卷,人民出版社 1972 年版,第 33 页。

② 《马克思恩格斯选集》第一卷,人民出版社 1972 年版,第 34 页。

做是三个不同的阶段,而只应看做是三个方面,或者……把它看做是三个‘因素’,从历史的最初时期起,从第一批人出现时,三者就同时存在着,而且就是现在也还在历史上起作用。”①

随着人类社会的不断发展,人们结成的关系开始复杂和多样化起来,比如说在原始社会末期,村社(村庄)出现了,它是由原始公有制向私有制过渡的社会经济组合,是由定居在一定地域内的一群家庭组成,以土地公有和其他生产资料私有为特点,以地缘关系为纽带的社会关系的组合。以后,随着私有制产生,阶级出现了,各种经济关系、政治关系、思想关系、宗教关系等逐渐发展起来,复杂的社会关系之网交织而形成国家,家庭变成了从属的社会关系。下图是家庭和社会关系的复叠图,它可表明家庭这种最早的社会关系如何发展成各种复杂的社会关系。

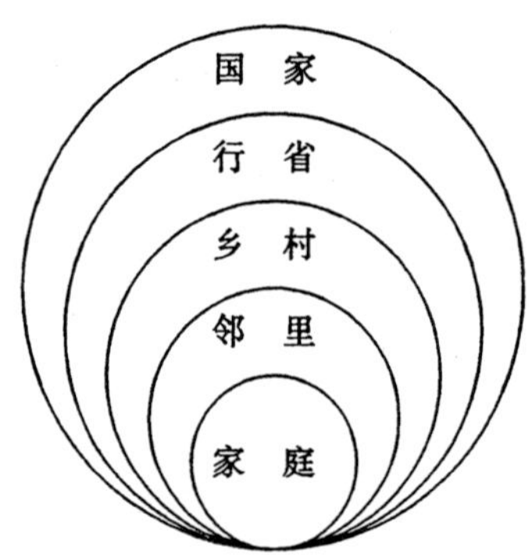

① 《马克思恩格斯选集》第一卷,人民出版社 1972 年版,第 33—34 页。

2. 个人从家庭走向社会

人自降生，先与父母双亲和兄弟姐妹同居共处，也即和家庭发生关系，尔后走向社会，逐步和社会其他分子和组织发生关系。对于个人来说，从学语、试步到营生、自立都是从和家庭中其他成员交往开始的，并从这种交往中学会如何与社会其他成员联系和交往，逐步走入社会。从家庭、邻里扩展到社会，是人的社会关系扩大的基本规律。

二、家庭是基本的社会群体

俗话说，“物以类聚，人以群分”。家庭是人类群分的一种特有形式，是特殊的社会群体。和其他社会群体相比，家庭表现为成员较少，每一成员在家庭中都担任特定的角色，和其他成员进行特定的交往，这种交往是面对面的，具有一定的稳定性、持久性、连续性。由于家庭是以婚姻关系和血缘关系为纽带，其成员间关系较深，表现出一种较强的内聚力。

人有社会性。人类生活是社会生活。个人为了满足最基本的物质和精神文化生活的需求，求得生存和发展，必须生活在一定的集体之中。离群索居，个人营生的情形，不论在生产力低下的远古时代，还是在生产力高度发达的今天都不可能。我国古代著名的思想家荀子曾经说过：“人之生也，不能无群。”又说：“人力不若牛，走不若马，而牛马为用，何也？曰，人能群，彼不能群也。”荀了这里所说的群，是社会的群，而不是动物的群。社会的群简称社群，是人类社会生活的特有的形式。美国早期社会学家库利认为，基本社群，具有亲密的、面对面的结合和合作等特征。这些群体之所以称为基本的，其意义是多方面的，但主要是指它们对于个人的社会性和个人的理想的形成是基本的。

家庭作为基本的社群,为人们的社会生活提供了基本的环境和人们进行社会化的最基本的条件,在这点上它区别于任何其他社会群体。刚从母腹降生的婴儿,要从一个生物的人变成一个社会的人,实现人的社会化,还要走一段很长的路。家庭生活是这条路的起点。婴儿不仅需要父母双亲的哺育,而且需要双亲的教养;要在家庭中学走路,学语言,学行为规范,学营生自立。在这一过程中,生理成长、心理发展、个性逐步形成,慢慢学会社会生活的基本技能。游戏、学习和劳动是人们社会生活的三种主要形式,在青少年时人们一般主要从事游戏和学习,随年龄增长,才能逐步过渡到独立参加以劳动为主导形式的社会实践活动。家庭不仅为儿童提供了最初的游戏和学习场所,而且帮助他们从游戏过渡到学习,再从学习过渡到劳动,因此家庭是引渡个人走入社会的桥梁,是个人与社会的中介。

三、家庭是普遍的社会制度

所谓制度是社会公认的比较复杂而有系统的行为规则,社会制度则是在一定的历史条件下形成的社会关系和与此相联系的社会活动的规范体系。

所谓家庭制度是对家庭在组织结构和活动上的一些规定,是在一定历史条件下家庭关系和家庭活动的规范体系。家庭是一种以婚姻血缘关系为纽带的社会生活组织。因此我们常说的家庭制度包括婚姻制度、家庭制度和生育制度等,是人类社会最本原的社会制度的一部分。

家庭生活是一种社会行为,像其他社会行为一样,要有某种社会的规定性、程序性和相对稳定性,使人们在家庭生活方面有章可循、有条不紊,世代相传。简言之,家庭生活必须规范化,由此产生了家庭制度。

家庭制度有两个重要作用。

第一,它可以满足人类社会生活的基本需求。美国人类学家马林诺斯基说,人类的需要可以分为三大类:第一类是生物性的基本需要,如营养、生殖、安全等。人们并不是直接地和个别地在自然环境里得到这些基本需要的满足,他们要使用工具,与别人合作;于是产生第二类手段性的需要,如生产技术、社会组织等。生产技术须有知识的累积和传播,社会组织须有道德和宗教的维持,于是发生了综合性的需要①。家庭制度曾经同时满足了人类的这三类要求。

第二,它可以使人类家庭生活规范化。家庭尽管可以满足人类社会生活的基本需求,但不是无限度的、混乱的,而是有限度的、规范化的。家庭制度的第二个作用是使人类家庭生活规范化。比如它规定了结婚的年龄、条件、配偶的人数、家庭中各种角色(如母亲、父亲、丈夫、妻子、儿女)的责任、义务和各种家庭关系的模式等,使社会的家庭生活有秩序、有规范、有章可循。

从时间上看,家庭制度属最古老、最原始的制度之一,还在史前时期就存在了。我们已经知道,在蒙昧时代和野蛮时代,人们就开始对完全自由的性关系加以限制,由于当时还没有文字,所以不可能有成文的规定和记载。形成文字的家庭制度是文明社会才有的。在我国,从迄今为止所发现的资料来看,关于夏商两代的婚姻制度的记载是不完整的,而西周、春秋时代的婚姻家庭制度则比较系统完整。《周礼》《礼记》《仪礼》虽然成书较晚,但它们是前期礼制的真实反映。比如《礼记·昏义》中分礼为六。还有所谓"礼始于冠,本于昏,重于丧祭,尊于

① 参见费孝通《生育制度》,天津人民出版社1981年版,第2页。

朝聘,和于射乡"。其中,有关婚姻家庭部分,如冠、昏、丧、祭等礼,是通过巩固婚姻家庭方面的宗法秩序来为奴隶主阶级的统治服务的。例如,以孝悌为家礼的中心的内容,就是要把家属、宗人置于家长宗子的绝对支配之下,就是要小宗服从大宗,最后统一于作为天下大宗的天子。又如,以祭祀祖先、延续后代作为婚礼的最高宗旨,"昏礼,将合两性之好,上以事宗庙,下以继后世也",也说明当时的婚姻是完全从属于宗法家庭制度的。

在国外有关婚姻家庭制度出现得也很早。古巴比伦是早期奴隶制国家的主要代表,巴比伦王国统一了幼发拉底河和底格里斯河两河流域以后,汉穆拉比王在位期间(公元前1792—前1750年),颁布了一部属于法律大全性质的法典,其中有许多关于婚姻家庭的规定,例如在婚姻成立问题上,公开肯定买卖婚姻。法律规定男方在结婚前必须向女方之父交纳聘礼和买身钱,并强调签订婚约,确定无契约即无婚姻的原则。"倘自由民娶妻而未定契约,则此妇不能认为是他的妻子。"[①]在夫妻关系方面,维护丈夫的特权,妻子处于完全无权的地位。如丈夫奸污女奴为法律所不禁;相反,若自由民之妻与其他男子同寝而被捕,则应将此二人捆缚而投之河[②]。在该法典中还有关于亲子关系的规定,法律给家长很大的权力,子女必须绝对服从;有关于离婚的规定,丈夫可以根据各种理由随意离弃妻子,而妻子只有在事实上已被丈夫抛弃时,才准许提出离婚等。除古巴比伦法典之外,在希腊的米惹斯法典、犹太的摩西法典、印度的摩奴法典、伊斯兰教的《可兰经》以及古罗马自公

① 《汉穆拉比法典》第129条。

② 《汉穆拉比法典》第129条。

元前5世纪制定的十二铜表法等，都有早期的婚姻家庭制度的记载。

从空间上看，家庭制度又是世界各国、各地区最普遍的一种制度。无论哪一个国家和地区，无论实行哪一种社会政治制度，无论生产力发展水平如何，是先进的工业国，还是落后的农业国，是物质文明发达地区，还是野蛮愚昧的游牧部落和贫穷的偏远村庄，无论有何种信仰、风俗、习惯和嗜好，都有和该地区、该民族、该国家相适应的婚姻家庭制度。这些制度各有特点，有些规定还相互对立，十分复杂。这些制度在时代和社会变迁中，不断被修改更新。例如1804年公布的《法兰西民法典》，是一部以罗马法为基础的典型的资产阶级社会的法典。它共有2881条，关于亲属制度的规定，集中于第一篇的第五章和第十章（其中主要有关于结婚、离婚、父母子女、收养与非正式监护、亲权、未成年、监护及亲权解除等有关规定）、第三篇第五章（其中有关于夫妻财产契约及夫妻间的相互权利的有关规定），第一篇的第一至第四章和第三篇的继承等章中也有许多涉及亲属关系的有关规定。

中国也不例外，1950年4月13日，中央人民政府委员会第7次会议通过了《中华人民共和国婚姻法》，并决定自同年5月1日起公布施行。这是中华人民共和国成立后颁布的第一部婚姻法，也是中华人民共和国的第一部法律，表明党和政府对婚姻家庭法制化的重视。这部婚姻法主要是确立了社会主义的婚姻家庭制度。它所确立的一些婚姻家庭的基本原则，如婚姻自由、一夫一妻、男女平等、保护妇女儿童老人的合法权益等基本原则，都是进步的，符合中国国情和社会发展需要，到今天仍然适用。这部婚姻法的制定和实施，为社会主义现代婚姻家庭的建立奠定了基础。这部法律沿用了30年，1980年9月10日，第五届全国人民代表大会第三次会议通过了第二部《中华人民共和国婚姻法》,这部婚姻法是对第一部婚姻法的补充和修改,于 1981 年 1 月 1 日起开始实施。这部婚姻法共分为五章,计三十七条。第一章总则,是有关婚姻法的任务和原则的规定。第二章结婚,是有关婚姻成立条件和程序的规定。第三章家庭关系,是有关夫妻、父母子女和其他家庭成员间权利和义务的规定。第四章离婚,是有关婚姻的解除的程序和原则,以及离婚后子女、财产等问题的规定。第五章附则,是有关制裁、执行和实施问题的规定。

第三部《中华人民共和国婚姻法》是由中华人民共和国第九届全国人民代表大会常务委员会第 21 次会议于 2001 年 4 月 28 日通过的,并于当日实施。中国自 1979 年党的十一届三中全会决定实行改革开放政策,以经济建设为中心,生产力得到了巨大发展,人民的生活水平有了很大提高,社会的经济基础和上层建筑发生了很大变化,处于全面的转型过程中。在这样的社会背景下,婚姻家庭领域也发生了很大变化,出现了许多新情况、新变化,面临一些新问题。这部被通过的法律肯定了 1950 年和 1980 年两部婚姻法确立的我国婚姻家庭制度的一些基本原则,诸如"一夫一妻""男女平等""婚姻自由""保护妇女、儿童和老人的合法权益""实行计划生育"等,根据社会生活的变化和需要,对前两部婚姻法做了重要的修改和补充,除去在"总则"中增加了"禁止重婚。禁止有配偶者与他人同居。禁止家庭暴力。禁止家庭成员间的虐待和遗弃"以及"夫妻应当互相忠实,相互尊重;家庭成员间应当敬老爱幼,互相帮助,维护平等、和睦、文明的婚姻家庭关系"外,主要就"无效婚姻""夫妻间的财产关系与分割""亲子关系""离婚""家庭暴力的救助措施和法律责任"等方面做了许多补充规定。突出反映了家庭和社会生活的变化和需求,具有现代社会与家庭生活气息。比如该法律在夫妻财产关系上明确规定了哪些是夫妻一方的财产，哪些是夫妻共同财产和约定财产，离婚时应怎样分割；在亲子关系上明确规定子女不得反对父母再婚等，该法律加强了社会对家庭行为（家庭暴力）的干预，过去夫妻打架被认为是家务事，社会不加干预和少加干预。这次婚姻法针对家庭暴力和遗弃虐待行为增多的情况，规定受害者可以向居民委员会、村民委员会、工作单位直至公安机关告状，这些机关应出面调解、裁判，直至对害人者实行经济处罚和法律制裁，体现了婚姻家庭是社会行为，要实行社会干预的思路。该婚姻法共六章五十一条，六章分别为“总则”“结婚”“家庭关系”“离婚”“救助措施与法律责任”“附则”。

一定的历史时期、一定的社会、一定的国家和地区有一定的家庭制度。家庭制度受社会制度的制约和影响，被社会法律和道德所规定。家庭制度也能反作用于社会制度。

四、家庭是个历史范畴

家庭是人类社会生活的组织形式之一，但不是从来就有，一成不变的。家庭是个历史范畴，是人类社会发展到一定历史阶段上的产物。家庭有其产生和发展的历史。马克思曾经说过：“在生产、交换和消费发展的一定阶段上，就会有一定的社会制度、一定的家庭、等级或阶级组织，一句话，就会有一定的市民社会。有一定的市民社会，就会有不过是市民社会的正式表现的一定的政治国家。”①

人类社会初期家庭是什么样的，众说纷纭，莫衷一是。有的人认为

① 《马克思恩格斯全集》第二十七卷，人民出版社1972年版，第477页

原始的家庭是群婚制、杂婚制，有的人说，原始婚姻是一夫一妻的，倒是未来社会有可能群婚，人没有固定的配偶；有的人说，原始的婚姻是母权在先，是母系社会，父权制和父系社会是以后发展起来的，有的人则说人类家庭史上从来没有过母权和母系时期；有的人说原始的家庭都是大家庭，今天家庭的模式才变小了，有的人不这样认为，说原始的家庭就是小家庭。无论如何，人们从不同角度，提出不同证据，证明自己的观点和说法，有的根据历史上遗留下来的亲属制度和民俗民风去推测历史上与这种制度相适应的家庭形式，有的通过研究人类的近亲，如类人猿和猕猴的“家庭”以研究人类家庭的各种初级形态，有的从古代童话、民歌、民谣、民间传说研究人类家庭的各种早期形式，有的运用考古学材料研究家庭史，有的则采用纯逻辑论证的方法。材料不同，证据不同，方法不同，所得到的结论也不相同。现在还很难找到一个统一的说法。比如摩尔根是根据历史上所保留的亲属制度去推测历史上与这种制度相适应的已绝迹的家庭形式，而麦克伦南、威斯特马克等则反对摩尔根的观点和方法。麦克伦南认为亲属制度只是一种互相称谓、社交礼仪的规定，并无实质性的意义。威斯特马克认为亲属制度只意味性别和年龄，表明人们称呼他人的对外社交关系。克洛伯认为亲属制度无逻辑性，反映不了关系和制度。托马斯认为亲属称谓不是反映婚姻关系和血缘关系，而是表示个体的社会地位。然而马克思、恩格斯对摩尔根的研究成果给予了充分的肯定。恩格斯认为摩尔根的发现对于原始历史所具有的意义，有如达尔文的进化理论对于生物学和马克思的剩余价值理论对于政治经济学的意义一样。这里我们引用摩尔根和恩格斯关于人类家庭发展的不同阶段的观点，不是刻意说明人类原始的家庭是怎样的形态，或者肯定过去的家庭就是这样的。而是说明家庭不是一成不变的,家庭是个历史范畴。

在人类社会初期,人们杂居合群,任何异性间都可以任意发生性的关系,无所谓家庭。恩格斯说,人类婚姻,可以"追溯到一个同从动物状态向人类状态的过渡相适应的杂乱的性交关系时期"[①]。不仅兄弟姐妹起初曾经是夫妇,而且父母和子女之间也可随意性交。随着社会的发展,人类发生了两个进步:第一个进步在于排除了父母和子女之间的性交关系;第二个进步则进一步排除了兄弟和姐妹之间的性交关系。这样就排除了血缘近亲之间的婚姻,由族内婚发展到族外婚。恩格斯同意摩尔根的看法,认为这一进步可以作为"自然选择原则是在怎样发生作用的最好例证"[②]。用摩尔根的话来说就是:"没有血缘亲属关系的氏族之间的婚姻,创造出在体质上和智力上都更强健的人种;两个正在进步的部落混合在一起了,新生一代的颅骨和脑髓便自然地扩大到综合了两个部落的才能的程度。"[③]人类的进步为家庭的出现提供了可能。严格意义上的家庭是和人们之间具有较稳定的配偶关系同时发生的,在这个时候一个男子在许多妻子中有一个主妻,而对于这个女子来说这个男子也是她许多丈夫中的一个主夫,这是摩尔根所称的对偶家庭的时期。如果说人类依次经历过蒙昧时代、野蛮时代、文明时代三个时代,那么对偶家庭产生于蒙昧时代和野蛮时代交替时期,大部分是在蒙昧时代的高级阶段,只有个别地方是在野蛮时代的低级阶段。从此以后,家庭逐步演变为今天的一夫一妻制。真正的一夫一妻制是在野蛮时代的中级阶段和高级阶段交替时期从对偶家庭中产生的,它的

---

① 《马克思恩格斯选集》第四卷,人民出版社 1972 年版,第 30 页。

② 《马克思恩格斯选集》第四卷,人民出版社 1972 年版,第 33 页。

③ 《马克思恩格斯选集》第四卷,人民出版社 1972 年版,第 42 页。

最后胜利是文明时代的标志之一。它是建立在丈夫统治之上的(在此之前曾经有过很长一段时间是妻子统治的),其明显的目的是生育确凿无疑的出自一定父亲的子女。而确定出自一定父亲的子女之所以必要,是因为子女将来要以亲生的继承人的资格继承他们父亲的财产。也就是说随着生产力的发展,开始以家庭为单位进行生产,私有制和私有观念也逐渐产生了,男性家长在家庭生产中居于主导地位,他们不仅占有和支配了家庭中的财产,而且要把这些财产传给他们的亲生子女,从而促使一夫一妻制家庭的产生。由此可见,家庭的产生和发展是两种生产在起作用,一是物质的生产,二是人类自身的生产——种的繁衍。由于两类生产的发展,家庭这一能动的要素也不断变化自己的形态,由低级向高级发展。人类社会的一夫一妻制是人类社会文明的选择,它从产生的那一天起,也在不断改变自己的形态,发展到今天人们所熟悉的各种模式。无论如何,家庭有其产生和发展的历史,也必然有转化和消亡的过程,家庭是个历史范畴。

第三章　婚姻——男女结成夫妻的行为

家庭是从婚姻开始的。一次新的婚姻标志着一个新的家庭的诞生,研究家庭自然从婚姻开始。

哈罗德·克里斯坦森说:“婚姻是一种男女之间择偶的制度性的安排。”[①]就是说婚姻已经制度化,是人类的一种社会制度,要说明这点,还得从婚姻的本质——婚姻是一种社会行为谈起。

第一节　婚姻的本质——婚姻是社会行为

婚姻是男女双方通过择偶结成夫妻。《释名》上说:“婚,昏时成礼也,姻,女因谋也。”《白虎通》上说:“婚者谓昏时行礼故曰婚,姻者妇人因夫故曰姻。”《礼记》上则说:“夫昏礼万世之始也。”“夫妇之义,由此始也。”所以说,婚姻是男女经过正式礼节而形成的夫妻关系。

婚姻从表现形式上是男女两性的生理结合,从本质上是男女的一种特定的社会结合。要认识婚姻的本质,应当从婚姻是人类社会的一种制度性的安排,婚姻是一种社会行为两方面说起。

---

① ［美］哈罗德·克里斯坦森编:《婚姻与家庭手册》,兰德·麦克纳利,1964年版,第3页。

一、婚姻是男女结成夫妻关系的一种制度性安排

古德在《家庭》一书中说："人们所积累的有关动物行为的知识正在不断增加，人们在遗传学方面也取得了明显进展，这些成就促使生物学家（也有非生物学家）开创了社会生物学这一新的综合性学科，并向社会学家提出了挑战。他们的总论点是，由生物因素所引起的人类行为远比人们过去所知道的多得多。这本来是古代观点，现在又复兴了。其中有些观点是有道理的。如果人们认为，与生物学密切联系的这一社会机构根本不受生物学动力的影响，这是没有道理的。"①不能否认婚姻的生理需求和生理行为基础，但婚姻不等同于生理行为，正如伯吉斯所说："动物求偶，而人结婚。其意义不同是简单明了的。求偶是生物性的，而婚姻是社会和文化的。婚姻是一种仪式，一种被社会认可的结合，一种一旦进入就要对社会承担某种认可责任的关系……"②

两性关系是婚姻的基础和属性，但它只是婚姻的自然基础和属性，还不是它的社会基础和属性。两性结合形成婚姻，但绝非所有的两性关系都是婚姻，只有规范化、制度化了的两性关系才是婚姻。人是有社会性的，人的社会性决定了人的性冲动和要求要严格加以控制。人的两性关系也必须克服主观随意性使之臻于规范化。自人类社会以来，使两性结合规范化的主要手段是社会的风俗和法律。依社会风俗和法律的规定，为社会风俗和法律所承认的两性结合是婚姻。现代社会是法制社会，法律在规范和认可婚姻行为中有决定性的作用。德国哲学

---

① ［美］威廉·J·古德，魏章玲译《家庭》，社会科学文献出版社 1986 年版，第 1 页。

② ［美］欧内斯特·伯吉斯《家庭》，美国书社 1963 年版，第 1 页。

家康德认为，婚姻是关于性器官的相互利用的法律协定。人类学家威廉·斯蒂芬斯认为，婚姻是：①社会的合法的性结合；②开始于一种社会公告；③具有某些共同的思想职能；④假设有一个多多少少明确的婚姻契约，详细说明配偶之间，配偶和子女之间的责任和义务[①]。无论如何，婚姻是社会对男女结合成夫妻的一种制度性的安排。在我国，婚姻是男女双方依照法律规定的条件和程序，确立夫妻关系的行为。

既然婚姻是社会的一种制度性的安排，不同国家和地区的法律不同，风俗不同，婚姻制度也不相同。例如，就配偶的人数来说，就有“多夫多妻”“一妻多夫”“一夫多妻”“一夫一妻”4 种不同的婚姻形态和婚姻制度。

1.“多夫多妻制”

“多夫多妻”也称团体婚姻。这是一种乱婚的结合，其婚姻内容包括若干男女之间的相互婚媾。比如前苏联西伯利亚的丘克溪族，有一种联婚制度，一群男子为联婚关系。此种男子常是已婚的人，他们联合十对以内夫妇，互为联婚。在此约定俗成的结构圈里，任何男子对于任何女子，均有暂时视为妻子的权利。这种婚姻也称团体婚。在巴西土人的刚昂部落，依一百年的刚昂家系之统计分析，团体婚占 8%。恩格斯指出：“发现了愈来愈多的证据，证明在不发达的各民族中间，存在过几个男人共同占有几个女子的婚姻形式，并且拉伯克[②]认定这种群婚是历史的事实。”[③]

---

① 参见［美］J·罗斯·埃什尔曼，潘允康等译《家庭导论》，中国社会科学出版社 1991 年版，第 79 页。

② 《文明的起源》，1870 年版。

③ 《马克思恩格斯选集》第四卷，人民出版社 1972 年版，第 1 页。

关于多夫多妻制在学术理论界一直有争议，有的认为它曾经普遍存在过，有的认为它从未存在过。如社会学家斯宾塞认为婚姻发源于乱婚，进而发展为“一妻多夫”“一夫多妻”“一夫一妻”。美国耶鲁大学人类学教授麦杜克则说，团体结婚，虽然在过去人类学文献中占了很重要的地位，但从来没有成为文化的规范。另一个人类学教授罗威则认为，团体婚纯属一种假定的状态，实际上并无此事。他认为婚姻是一种永久的联系，有相互权利与义务，一群男人和女人暂时结合乱媾，并不能视为事实上的婚姻关系①。

2.“一妻多夫制”

此种制度曾盛行于爱斯基摩的部落，在印度南部的多达人、麻巴拉人也实行过这种制度。一妻多夫制有两种不同形式，一种为同胞共妻制，若干兄弟共有妻，长兄娶妻，弟享夫权，生子皆属于兄；兄死，其财产、地位、妻子皆传于次弟。弟辈享兄夫权，有的须经相当礼节，而享此权的弟辈，往往在家庭中居于从属地位。我国西藏有些地区采用这种制度。据传，有的西藏女人说：“如果我只有一个丈夫，他死了，我就成为寡妇了！”寡妇对于西藏妇女来说是忌词。另一种多夫制是非同胞共妻制，指一个地方上几个男子共有一妻，由其女轮流到他们住所去同宿若干时日，若有小孩，则按某种仪式来确定其父。印度南部的内耶实行这种婚姻制度，为丈夫者并非兄弟，往往分居数处，为妻者常按日分赴各处居住。也有妇人留居母家，其丈夫分别往女家留宿，暂享夫权。在此种制度下，凡初生之子，定为年长的丈夫之子，以后依此类推。

---

① 潘允康：《家庭社会学》，重庆出版社 1986 年版，第 5 页。

3.“一夫多妻制”

这种制度在世界各地区曾较为普遍。正如一些学者指出的,男人自然倾向于一夫多妻制,因此从男性统治社会和家庭以来,即男权社会以来,这种制度曾被普遍实行过。据传我国一夫多妻制始于黄帝尧舜,以后则发展了起来。郑玄注《礼记·檀弓》中说:“喾而立四妃……其一明者为正妃……帝尧因焉。至舜不告而娶,不立正妃,但三夫人而已……夏侯氏增以三三而九为十二人。殷人又增以三九二十七,合三十九人。周人上法帝喾,立正妃,又三二十七为八十一人,以增之合百二十一人。”在奴隶制、封建制社会中,一夫多妻制主要在帝王、诸侯、卿大夫和富人中实行,在有些民族中也成为习俗。实行多妻制除去满足男子的性欲、生育子女、增加劳动力外,也常用它来提高社会地位,包括女人的地位。有一些男子多妻是出自第一个妻子的要求,娶妻越多,则第一个妻子的地位越高;若丈夫不多娶,则责备他是吝啬鬼。在许多原始民族中多妻的家庭相处十分和谐,特别是姐妹共嫁一夫的更是如此。

4.“一夫一妻制”

这是今天世界上流行最广的婚姻制度,是人类婚姻制度由低级到高级演化进步的结果。在实行多夫多妻、一妻多夫、一夫多妻的地区也往往同时并存一夫一妻制。由群婚、一妻多夫、一夫多妻向一夫一妻演变,即由多偶制向单偶制变化的原因,学术理论界有不同的解释。有的从生产力发展的角度,认为生产力的发展带来了剩余产品,出现了私有制,在私有制中,男性家长为了财产的继承和传递,要求配偶专一和单一,以便确认谁是自己的亲生子女,从而促进了对偶婚和单偶婚的发生,并最终确定了单偶婚(一夫一妻制)。也有的从生育的角度解释了一夫一妻制的发生和确立,即人类在长期的人类自身生产,即人种传递中意识到,单偶制有利于生育强健聪明的后代,有利于对孩子的抚育和教育,有利于人自身的生产和再生产。无论怎样解释,今天它已经是婚姻中居统治地位的制度。

由多偶婚向单偶婚发展变迁是人类婚姻制度的趋势,是文明社会的选择,人们只能于此前进,而不是倒退。只要人类社会赋予家庭的功能不改变,“一夫一妻制”家庭就不会消失,而是趋于完善化,这是人类的共同选择,已经确立了一夫一妻制的国家是如此,尚未选择的也是如此。以俄罗斯联邦为例,该国已经连续多年人口负增长,为此俄罗斯联邦人口学家发出警告说:“1999 年,俄罗斯联邦出生人口只有 121.58 万人,但死亡人口却高达 214.03 万人,如果照这样下去,到 21 世纪末,俄罗斯民族将从地球上消失,整个俄罗斯联邦将变成坟墓。”面对这样的警告,有人建议在俄罗斯联邦的一些省份(特别是边远省份)采用一夫多妻制,以迅速增加人口,但这一建议没有被俄罗斯联邦议会通过,说明该国对一夫一妻制的深刻认识和坚持一夫一妻制的决心。世界上现在还有实行一夫多妻制的少数国家,比如阿拉伯一些信奉伊斯兰教的国家允许一夫四妻,近年来却发生一些相反的变化,向一夫一妻制靠拢,比如有些国家新近规定,男人结婚后若再娶妻,必须征得前夫人的同意,否则不得进行,这样的规定实际是对一夫多妻制的限制。

“多夫多妻制”“一妻多夫制”“一夫多妻制”“一夫一妻制”是不同的婚姻制度,在不同的婚姻制度下有不同的婚姻形态。从古到今社会要用制度化的方式对婚姻进行限制和干预,不同制度之间有如此巨大的差异,是因为婚姻是社会行为。

二、婚姻是一种社会行为

要说明婚姻是社会行为，首先要从婚姻的动机说起。有的人把人类婚姻的动机归结为性的需求，结婚是要寻求合法的，受到社会保护和承认的性行为和性关系，这是片面的。人类结婚的动机不单纯在于满足性的需求，还有更重要的动机。德国社会学家穆勒里儿认为，人的婚姻动机是多种的，他列举了主要的三种，即经济、子女及感情，并将它们依重要性依时代列其先后，即上古时代经济第一，子女第二，爱情第三；中古时代子女第一，经济第二，爱情第三；现代则爱情第一，子女第二，经济第三。原始时代婚姻以经济为主导动机缘于妇女是创造财富的活工具。个人恋爱在那个时期是没有的，人的性欲能在婚外得到满足。人类婚姻史的第二个时期，由于妇女劳动范围逐渐缩小，只囿于家务，财富及继承问题日益突出，于是关于个人至亲骨肉的后代观念便一跃成为婚姻的主导动机，子女升为婚姻动机的首位。正如倍倍尔所说的："我们为了享乐而设置了娼妓，为了日常保养身体而设置了妾侍，至于妻子则是为了生育合法的儿女和忠诚不二地照管家室。"①到了以个人自由为原则的第三时期，由于妇女社会地位的变化，浪漫的爱情成了婚姻的主导动机，其次才是生儿育女和经济方面的考虑。由此可见，人类婚姻的动机是复杂的、变动着的，不是单单的个人性欲和情欲要求。

人类婚姻的动机是复杂的、变动着的，有个人原因，更多的是社会原因。社会学家费孝通认为在一切婚姻动机中只有"生育"才是始终起决定作用的稳定因素。他说："婚姻是社会为孩子们确定父母的手

---

① 转引自拙著《家庭社会学》，重庆出版社 1986 年版，第 55 页。

段,从婚姻里结成的夫妇关系是从亲子关系上发生的。这种说法也许和我们通常的看法不同,因为在我们的文化里,时常会使人觉得夫妇关系是两性关系,婚姻是确定两性关系和个人开始性生活的仪式。可是在很多民族中,两性关系并不以婚姻开始也并不限于夫妇之间,而同时值得我们注意的是夫妇之外的性生活无论如何自由,并不会引起婚姻关系的混乱。这使我们觉得婚姻关系和两性关系并没有绝对的联系,因之,我们似乎不应把限制两性关系视作婚姻的基本意义。婚姻之外的两性关系之所以受限制还是因为要维持和保证对儿女的长期的抚育作用,有必要防止发生破坏婚姻关系稳定性的因素。"①婚姻家庭专家古德先生则说:"社会对生私生子看得比婚前性行为还要严重,即使后者也被看作是不合适的。任何社会对于谁同谁结婚都是有所控制的。也有一些规定用来反对随心所欲的生育态度。换句话说,社会对婚姻所采取的控制主要不是由于担心人们的性行为,而是由于担心人们生孩子。"②以上两种看法有类似之处。马克思、恩格斯则从宏观上概括了这一点:"根据唯物主义观点,历史中的决定性因素,归根结底是直接生活的生产和再生产。但是,生产本身又有两种。一方面是生活资料,即食物、衣服、住房以及为此所必需的工具的生产;另一方面是人类自身的生产,即种的繁衍,一定历史时代和一定地区内的人们生活于其下的社会制度,受着两种生产的制约:一方面受劳动的发展阶段的制约,另一方面受家庭的发展阶段的制约。"③

从根本上说,人类之所以要有婚姻,要有家庭,社会要用法律、道

① 费孝通:《生育制度》,天津人民出版社 1982 年版,第 29 页,

② [美]威廉·J·古德,魏章玲译《家庭》,社会科学文献出版社 1986 年版,第 48 页。

③ 《马克思恩格斯选集》第四卷,人民出版社 1972 年版,第 2 页。

德、风俗来规范它、限制它，主要不是为满足人的两性生活需要，而是要确立一个基本单位去完成一种基本功能，生儿育女、传宗接代，以使人类社会不致中断。实践证明，通过婚姻结成的家庭是完成这一功能的最有效的单位，这才是婚姻家庭的本质所在，也是其一直受到社会保护，源远流长的根本原因。

第二节　婚姻的基本准则和要件

人们通过结婚，组成家庭，进行正常的社会生活，繁衍子孙后代，延续人类种族和社会。正因为婚姻对于社会和人类事关重大，所以社会要规定婚姻的基本准则和结婚者的必要条件。

一、婚姻的基本准则

所谓婚姻的基本准则是指婚姻及家庭生活所要遵循的主要原则，是对婚姻关系和家庭关系的规范。社会的本质是社会关系，婚姻家庭的本质是婚姻家庭关系，因此婚姻的基本准则是社会对婚姻家庭关系的一些主要规定。不同时代、不同民族国家和地区有不同的婚姻家庭准则，这一准则集中反映了时代与社会的特征。

现代社会是法制社会，婚姻家庭准则是由法律来确定的。以中国为例，2001 年 4 月 28 日，第九届全国人民代表大会常务委员会第二十一次会议通过了新修订的《中华人民共和国婚姻法》，并由国家主席签署命令于当日实施。该婚姻法坚持和发展了 1950 年和 1980 年两部婚姻法的基本准则，主要有：

(1)婚姻自由。禁止包办、买卖婚姻和其他干涉婚姻自由的行为。禁止借婚姻索取财物。婚姻自由包括结婚自由和离婚自由。该准则确定和保证了婚姻当事者对自我婚姻的自主权和决定权。

(2)一夫一妻。禁止重婚,禁止有配偶者与他人同居。这是对配偶人数的确定。

(3)男女平等。主要是夫妻平等,兄弟姐妹平等,男人和女人平等。这是对家庭成员的性别角色规定。

(4)保护妇女、儿童和老人的合法权益。家庭成员间应当敬老爱幼,尊重妇女,互相帮助,维护平等、和睦、文明的婚姻家庭关系,禁止家庭暴力,禁止家庭成员间的虐待和遗弃。这是对家庭中的弱者的保护规定。

(5)实行计划生育。这是根据我国人口生育的状况和形势提出的要求。以上基本原则在1950年和1980年婚姻法中都已经体现了(其中,1950年婚姻法有“婚姻自由”“一夫一妻”“男女平等”“保护妇女儿童”等内容,在1980年的婚姻法中增加了保护老人、计划生育的内容),2001年的婚姻法在此基础上又增加了如下内容:“禁止重婚。禁止有配偶者与他人同居。禁止家庭暴力。禁止家庭成员间的虐待和遗弃。”“夫妻应当互相忠实,互相尊重;家庭成员间应当敬老爱幼,互相帮助,维护平等、和睦、文明的婚姻家庭关系。”

二、婚姻的主观条件和客观条件

婚姻条件是根据婚姻家庭的基本准则规定的结婚者所必须具备的条件。这些条件基于社会需求和个人生理两个方面,可分为禁止结婚条件和结婚必备条件。我国2001年颁布的新婚姻法第二章第十条是关于无效婚姻的解释,有下列情形之一的,婚姻无效:(1)重婚的;(2)有禁止结婚的亲属关系的;(3)婚前患有医学上认为不应当结婚的疾病,婚后尚未治愈的;(4)未到法定婚龄的。这些无效婚姻的界定可分为禁止结婚条件和结婚必备条件。

1. 禁止结婚条件

(1)禁止有配偶者结婚

在实行一夫一妻制的国家,都有禁止一方或双方有配偶者结婚的规定。一夫一妻的基本准则决定了一个人只能有一个配偶,不能同时有两个或两个以上配偶。在我国,法律规定实行一夫一妻制,凡已有配偶者,在其原婚姻关系未解除前又结婚者,不仅新婚姻无效,而且还构成了重婚罪。我国 2001 年颁布的新婚姻法对犯有重婚罪者规定了刑事处罚和经济赔偿责任。其第五章第四十五条规定,对重婚的,受害人可以依照刑事诉讼法的有关规定,向人民法院自诉,公安机关应当依法侦察,人民检察院应当依法提起公诉。还有,因重婚罪导致离婚的,无过错方有权请求损失赔偿。这些规定都维护了一夫一妻制的原则,符合大多数人的愿望,有利于社会的安定。

在有些国家,除去禁止有配偶者结婚外,还有关于女子再婚而未满再婚期者不得结婚的规定。规定各有不同,日本民法(第 733 条)、韩国民法(第 57 条)规定为六个月;瑞士民法(第 103 条)、荷兰民法(第 91 条)规定为三百天;巴西民法(第 183 条第 14 款)规定为十个月;葡萄牙离婚法(第 55 条)规定为一年。这些规定,有些是基于对财产继承权的考虑,有些是为了防止后代血统混乱。我国婚姻法没有这方面的规定。

(2)禁止近亲结婚

关于近亲结婚的优劣问题,一直有争论。古今中外大多数国家和地区都认为近亲结婚为劣,故对其有不同程度的限制。理由有二:第一,基于优生原理。因为近亲结婚者血缘关系太近,基因遗传容易把双亲的生理缺陷遗传给后代,给民族素质带来不利影响。第二,出于伦理和习俗。人们在长期的社会实践中从近亲繁殖的危害中产生一种伦理意识和习俗,反对近亲结婚。我国古籍《左传·僖公二十三年》中有"男女同姓,其生不蕃。"《礼记·郊特牲》中说:"取于异姓,所以附远厚别也。"

关于禁止近亲结婚的规定,各国法律大多规定有直系血亲关系者不得结婚,对于旁系血亲者规定不尽相同。如前苏联婚姻和家庭法典仅禁止同胞兄弟姐妹或者同父异母、同母异父的兄弟姐妹结婚(第16条);日本民法禁止三代以内的旁系血亲结婚(第734条);罗马尼亚家庭法禁止四代以内旁系血亲结婚(第6条)。此外,许多国家在法律上还有禁止一定姻亲范围结婚的规定。

中国自西周以来便禁止同姓结婚,"虽百世而昏姻不通者,周道然也。"以后到唐、明、清等朝代以及1949年前国民政府的民法都有禁止近亲结婚的明确规定。

中华人民共和国1950年婚姻法除禁止直系血亲、同胞兄弟姐妹结婚外,对其他五代以内的旁系血亲间结婚的问题,做了从习惯的规定。1980年的婚姻法除保留了禁止直系血亲结婚的规定外,又明确规定禁止三代以内旁系血亲结婚。这一修改的实际意义,就是禁止出于同一祖父母、外祖父母的表兄弟姐妹间的婚姻,其目的在于提高人口质量,保障下一代健康。2001年婚姻法坚持了1980年婚姻法的规定。

(3)禁止有疾病者结婚

为了保证婚后有正常的家庭生活,保证夫妻能繁衍健康的后代,男女结婚应无禁止结婚的疾病。对此各国立法都有具体规定。关于禁止结婚的疾病,可概括为两类:第一,精神方面的疾病,如精神病、痴呆等。瑞士民法(第120条)规定:“结婚时配偶方为精神病或因继续的原因无判断能力者,其婚姻无效。”前苏联婚姻家庭法典规定,“双方中即使有一方因患精神病或痴呆症经法院宣告为无行为能力的人”,禁止结婚。第二,身体方面的疾病。一般说来,法律中所规定的,仅限于重大不治的恶疾,以及危害对方和下一代健康的病症。除疾病外,某些国家在法律上还对有生理缺陷和性功能失常者做了禁止结婚的规定。

我国1980年婚姻法第六条规定:“患麻风病未经治愈或患其他在医学上认为不应当结婚的疾病的人,禁止结婚。”所谓医学上认为不应当结婚的疾病,主要是指精神失常未经治愈、先天性痴呆以及某些已被实践证明不应结婚的传染性和遗传性疾病。2001年婚姻法把这一条简化为“患有医学上认为不应当结婚的疾病”,是十分概括的。之所以去掉了对麻风病患者的特殊规定,是因为今天的医学已经解决了关于麻风病的治疗问题。

2. 结婚必备条件

禁止结婚条件是说什么样的人不能结婚,结婚必备条件是说具备了什么条件才可以结婚,是关于结婚条件的互相呼应的正反两个方面的规定。对于当事者来说,除去没有被禁止结婚的条件外,还需具备主观和客观两方面条件。

(1)婚姻的主观条件

婚姻的主观条件是指当事人的主观愿望,即想不想结婚,要不要和对方结婚。2001年新婚姻法第二章第五条规定:“结婚必须男女双方完全自愿,不许任何一方对他方加以强迫或任何第三者加以干涉。”这一规定充分体现了尊重当事人的主观愿望和婚姻自由的原则,反对封建的包办买卖婚姻和干涉他人婚姻自由的各种行为。但在长期的封建社会中，却不是这样，婚姻是由父母包办的，有“父母之命，媒妁之言”之说，并且法律上有所规定。如明洪武二年（公元 1369 年）令：“凡嫁娶，皆由祖父母、父母主婚；祖父母、父母俱无者，从余亲主婚。”（《明会典》卷二十）清朝法律也曾沿袭了明朝法律，做过类似的规定。

现代各国婚姻立法，多把当事人的合意作为婚姻成立的实质条件之一，并且往往把意愿表示的重大瑕疵（如欺诈、威吓、胁迫、严重误解等），作为婚姻无效或得以撤销的原因。我国 2001 年新婚姻法也有相关的规定，其第二章第十一条说：“因胁迫结婚的，受胁迫的一方可以向婚姻登记机关或人民法院请求撤销该婚姻。受胁迫的一方撤销婚姻的请求，应当自结婚登记之日起一年内提出。被非法限制人身自由的当事人请求撤销婚姻的，应当自恢复人身自由之日起一年内提出。”此外，也有一些国家的婚姻立法规定，未成年人结婚应得法定代理人（父母、监护人）的同意。

（2）婚姻的客观条件

婚姻的客观条件是指当事人的生理、心理等条件，以当事人的年龄为标志。男女结婚要履行夫妻的义务，承担对家庭和社会的责任，所以需要到达一定的年龄，才能具备结婚、成家立业所需要的生理、心理和社会条件，因此社会历来对人的结婚年龄有所规定和限制，这种规定和限制统称为“限”，有婚龄的“下限”和“上限”。婚龄的“下限”是指结婚所需达到的最低年龄，婚龄的“上限”是指结婚不能超过的最高年龄。超过最高年龄，低于最低年龄，法律都不允许结婚。

古今中外的法律对婚姻的“上限”多没有规定，对结婚的“下限”几乎所有法律都有规定。

对于结婚的"下限"的规定，古今也有不同。我国古代有男子三十而娶，女子二十而嫁（《礼记》《公羊》《谷梁》等书皆谓男三十而娶，女二十而嫁；墨子、韩非则谓丈夫二十，妇人十五），这是当时礼制规定的结婚年龄。但实际上封建社会法律规定的结婚年龄都比较早。如唐开元令，男十五，女十三，听婚嫁；宋嘉定令，男十六，女十四，为嫁娶之期；明洪武元年（公元 1368 年）令和清通典均规定，男十六，女十四，可以娶嫁。

当代世界各国的法定结婚年龄也不相同，请见下表。

我国 1980 年婚姻法第五条规定："结婚年龄男方不得早于二十二周岁，女不得早于二十周岁。晚婚晚育应予鼓励。"2001 年的婚姻法的规定与此相同。其中晚婚晚育的提法显然和我国的人口形势有关，控制人口的要求自然鼓励家庭晚婚晚育，这是婚姻要受社会制约，符合社会需求的表现。

表 3－1　当代一些国家的法定年龄一览表　（单位：岁）

国家	法定结婚年龄	
	男	女
波兰　丹麦	21	18
瑞士　越南	20	18
南斯拉夫　前苏联	18	18
罗马尼亚　阿尔巴尼亚　日本	18	16
菲律宾	16	14
西班牙　希腊	14	12

资料来源：潘允康：《家庭社会学》，重庆出版社 1986 年版。

从上表中可知,这些国家的法定婚龄中,男子最高的为21岁,最低的为14岁;女子最高的为18岁,最低的为12岁。

三、婚龄的变化和婚龄差

社会决定婚龄的依据,首先是当事人的生理和心理条件。我国古代有"男子十六精通,女子十四而化"之说,是说男人大约在16岁成熟,女人在14岁成熟,具有了性交和生育能力,和事实相差不多。现代人比古代人生活条件好,身体强壮,成熟年龄早了,医学研究结果证明,男14岁,女12岁,多数人就已经成熟了。男女只有到达一定的年龄,具备必要的生理条件和心理条件才能结婚。其次,婚龄也受当事人的教育、文化、职业、生活、成家立业等其他相关条件的影响。在青少年时,一个人尽管在生理上已经成熟了,但心理上未必成熟,特别是教育、职业等其他相关的社会条件未必成熟,因此社会在规定结婚年龄时,普遍比生理成熟年龄为晚。

1. 婚龄的变化——晚婚趋势

尽管我国古代礼制曾规定"男子三十而娶,女子二十而嫁",但据载,男女的实际婚龄是比规定大大提前的。《家语》中说:"哀公曰:男子十六精通,女子十四而化也,则可以生民矣。而礼男必三十而有室,女必二十而有夫也,岂不晚哉? 孔子曰:夫礼言其极,不是过也。男子二十而冠,有为人父之端,女子十五许嫁,有适人之道,于此而往,则自昏矣。"说明古代所谓"男三十而娶,女二十而嫁"不过是一种标准而已,实际结婚年龄低于此标准。有些研究认为,中国历代王朝为了增加丁税和劳役以及弥补战争消耗,普遍提倡早婚,再加上那时人的寿命较短,早婚(一般女人在13岁左右就出嫁了,男人十四五岁也有了媳妇)

现象比较普遍，我们从各种史料和文艺作品中都能找到这种事例。从各种法律的规范上也能说明这点，如我国历史上唐开元令规定，男15岁，女13岁可婚；宋嘉定令规定，男16岁，女14岁可婚；诸子家礼规定为男16岁，女14岁婚配；明洪武令规定为男16岁，女14岁娶嫁；大清通礼则规定男女双方的婚龄为男16岁，女14岁。

现代社会，人们的结婚年龄普遍向后推迟了，一般都在20岁以上。根据联合国《人口年鉴》1975年的资料可以推算出亚洲的伊拉克妇女平均结婚年龄为21.3岁、科威特为21岁，非洲的阿尔及利亚为20.8岁、突尼斯为21岁，拉丁美洲的智利为23.5岁、厄瓜多尔为21.2岁、墨西哥为22.7岁，北美洲的美国为24.3岁、加拿大为23.3岁，欧洲的德意志联邦共和国为24.5岁、瑞典为26岁、前苏联为26.4岁，大洋洲的澳大利亚为23.5岁、新西兰为23.1岁。从这些数字中我们可知，越是发达国家人们结婚越晚。

根据1982年的中国五城市家庭调查资料显示：1937年前，结婚的女性中，15岁以前结婚的占9.47%，16~17岁结婚的占26.67%，18~20岁结婚的占40.88%，而1977—1982年结婚的中，17岁以前结婚的没有，18~20岁结婚的只占0.23%，多数为25~29岁结婚，占72.41%，婚龄向后推迟了。男性也是如此。1937年前结婚的男性中，15岁以前结婚的占5.5%，16~17岁结婚的占8.05%，18~20岁结婚的占21.1%，21~24岁结婚的占31.13%，而1977—1982年结婚的男性中，没有在20岁以前结婚的，21~24岁结婚的占2.84%，25~29岁结婚的占59.16%，30~35岁结婚的占33.45%。这些数字和其他相关调查得到的资料都证明，现代人的婚龄向后推迟了，晚婚是今天社会的时尚。

首先结婚年龄的变化和社会有关。从我国的法定结婚年龄上看就是向后推迟的。以1949年为分界点,1949年之前的民法规定,男满18岁,女满16岁即可结婚。1949年之后,即1950年婚姻法规定,男20岁,女18岁始得结婚。从20世纪60年代末到70年代初,为了控制人口和生育,许多地方还自定了一些不成文的规定,比如规定男27岁、女25岁方可结婚,或者男女年龄之和为50岁方可结婚等。1980年的婚姻法规定,男22岁、女20岁才可结婚,2001年婚姻法沿用了这一规定,法定婚龄的推迟是人们实际结婚年龄推迟的主要根据。

另外,随着社会的发展与变迁,人们的婚姻观念也在发生变化,在婚龄的选择上多倾向于晚婚。现代社会是个知识爆炸的社会,是紧张的充满竞争的社会。人们需要不断学习和奋斗才能跟上社会的潮流,适应社会的需要,而不致落伍,并能在激烈的社会竞争中取得成功。在学业、职业、事业和婚姻的选择中,一些人往往是牺牲婚姻(确切地说是实行晚婚)去追求学业、职业和事业。就个人来说,结婚意味着成家立业,需要包括物质条件在内的各种相应条件的准备,这也需要时间。

其次,在婚姻择偶中追求爱情和婚姻质量,也是婚龄推迟的重要原因。追求爱情和婚姻质量增加了择偶的复杂性,也拉长了择偶的时间和婚前的准备过程。现在的年轻人期望找到理想的配偶,以求得婚后在感情、性、生活、事业等各个方面的全面协调,因此,他们需要在婚前有较长时间的相互接触、认识、体会和协调,才能确定对方是否是自己理想的配偶。一些国家和地区兴起的"试婚"制度十分流行就是例证。所谓"试婚"是指恋爱男女未婚同居,组成"准夫妻"和"准家庭",在此期间,他们过着完全的夫妻和家庭生活,包括生儿育女,但不正式结婚,直到彼此感到相互间灵与肉能达到一致和协调,再去登记结婚。有的人说这是当事者在进行一种对立合作式的实验,为了这种实验,不惜耗费时间和精力,不惜推迟婚期。

总之,造成现代人推迟婚龄的因素是多方面的,主要是社会因素和由社会因素引起的个人因素,这说明婚姻不仅是一种个人行为,更是一种社会行为。

2. 婚龄差的客观存在与社会意义

所谓婚龄差是指成对配偶间在结婚年龄上的差距。在婚姻行为中,人们根据自己的主客观条件,不仅选择自己的结婚年龄,而且根据自己的年龄去选择对方的年龄。在择偶中,有人认为以同龄人为伍为好,也有人希望对方和自己有年龄上的差别,有"老夫少妻",也有"少夫老妻",这表现了人们在两性婚龄上的差异观。

"老夫少妻"即"男大于女"的婚姻模式。男子在求偶结婚时对女方的年龄有一个从个人年龄向下的取值范围,要求女方的年龄比自己小;女方在征婚时则希望男人比自己年龄大,是向上的取值。这种模式在国内外都很流行。根据《今晚报》1987 年刊登的 126 例男征婚广告的抽样分析,男方要求女方比自己小约人均 3.3 岁,而 89 例女征婚广告则要求男方平均比自己大 2.8 岁。根据日本社会学家的调查,也证实日本女青年普遍希望男友比自己大 1 ~7 岁,其中 60% 希望比自己大2 ~5 岁,而男青年希望女友比自己小 2 ~6 岁①。不仅观念上希望"男大于女",在行为上也是如此。根据 1982 年的中国五城市婚姻家庭调查显示,妻子的平均结婚年龄是 23 岁,而丈夫的平均结婚年龄是 26.4 岁,"男大于女"平均 3.4 岁。

"少夫老妻"即女大于男的婚姻模式。在我国少数农村地区也曾

---

① 参见潘允康《现代家庭生活方式》,天津人民出版社 1989 年版,第 58 页。

流行“女大于男”的风俗。比如在河北、山东、河南的一些农村,有“女大三抱金砖”之说。在1949年前,那里的人们实行童婚,男子大半在12~13岁结婚,女的则到16~18岁结婚,女大于男4~8岁。据说到20世纪80年代,有些地方还流行“女大于男”的习俗。我国许多少数民族地区也有这种风俗。中央民族大学在广西进行调查时,瑶族人戴某回忆他6岁结婚时,其妻已经20岁了。戴说,他还依稀记得当年自己睡醒起床不见老婆时,就大吵大闹地向他母亲要那个“花姑娘”(指穿着绣花裙的瑶族服装的妻子)背去玩。这正如一首民歌中所写的:“十八娘娘九岁郎,夜夜点灯抱上床;三更夜静喊吃奶,你是孩儿我是娘。”

在现代一些西方国家,也存在不少“少夫老妻”现象。以美国为例,近年来越来越多的美国妇女在择偶时都希望丈夫比自己年轻。在以前,她们的这种想法会引起人们的嘲笑,人们会以为她们勾引幼稚无知的青年男子,并认为这种婚姻是一种冒险的举动。然而,时至今日,人们的观念已经发生改变,反而认为此类婚姻是时代潮流,是一种时髦。据美国国家卫生中心调查统计的数字,美国每年大约有200万对男女结婚,其中22%的女方比男方大,而在1970年这种大女少男的婚姻只占16%。另据官方统计,在35~44岁的妇女中,有40%的新娘在年龄上比新郎大几岁。1970年新娘比新郎大的占3%,后来这个数字已达到36.2%左右①。

婚龄差在婚姻中是客观存在的,对“老夫少妻”和“少夫老妻”模式也有不同的看法和解释。

---

① 参见潘允康《现代家庭生活方式》,天津人民出版社1989年版,第58页。

对“老夫少妻”模式的解释多在协调夫妻关系和两性生活的方面，根据是女性生理成熟的比男性为早。按我国古代“男子十六精通，女子十四而化”之说，男性16岁成熟，女子14岁成熟，就有一个差数，而女性生理周期结束（绝经）也早，在45～50岁，男性则在60岁左右，或更晚一些时间，实行“男大于女”模式可使夫妻性关系和性生活协调时间较长。反对这种观点的人认为这种解释比较勉强，也许它对早婚模式还有点意义，人们十几岁都要结婚了，男女成熟的年龄不同，在结婚时自然会要求和出现比较普遍的“男大于女”模式，并成为一种习俗保留了下来。现在这一习俗已经失去了实际意义，人们实行晚婚，要到25岁、30岁，甚至更晚一点时间才决定结婚，这时男女都早已成熟了，婚龄差成立的原始根据已自然消失，再保持婚龄差，盲目崇尚“老夫少妻”模式已无任何现实意义。还有的人认为“老夫少妻”模式是男权主义，男性统治和奴役女性婚姻模式的最后遗迹，不值得肯定与提倡。

对“少夫老妻”的解释也不尽相同。据说在河北、山东和河南的农村，过去人们之所以主张讨个“老姐姐”为妻，是为家里增添一个能做事的女工，干家务的劳动力。在美国，一些人专门研究了“少夫老妻”的原因，发现既有社会原因，也有心理和生理上的原因。据统计，这种婚姻以白人居多，女方大多为职业妇女、知识女性，在事业上较为成功。她们收入稳定，属于女强人类型。对她们来说，已无须找一个经济上有保障的男人来做靠山。同时，现今的美国35岁以上的独身女子数目要比同龄男子数目多出许多。这就促使女性通过找小龄丈夫来摆脱同龄男子奇缺的危机。从心理上说，女方比男方大几岁，可使双方的关系更融洽。一位名叫维多利亚·豪斯顿的女作家专门写了一本描写大女少男之恋的书。她本人现年42岁，她的丈夫比她小9岁，用她的话说，她丈夫从小是在母爱的关怀下长大的,“所以,他习惯于我继续做他的监护人。”心理学家还认为,这类大女找少男的婚姻并不存在性剥削和经济剥削的问题。有人对此做了一番调查后认为,女方比男方大 5 ~ 10 岁最为适宜。在这类婚姻中,女方大都 30 岁以上,有婚史,有性经验,甚至有孩子,能配合男人,知道怎样讨男人欢心。同时,男人的观念也有了变化,他们认为成熟的女人更具有魅力,在这类婚姻中,由于女方比较成熟、世故,男方一般对她俯首听命。女方收入颇丰但不会伤害男子汉的自尊。性生活极为主动,但不会引起对方的恐惧,其结果,双方满意,性生活和谐。有的学者认为从生理学上讲,这类婚姻是平衡的,这是因为男性在 20 岁左右其性渴望达到巅峰的状态,而女性则要到 30 岁。另一个因素是男人的平均寿命比女人短,“少夫老妻”的婚姻正好取长补短。对于那些男人来说,娶一个虽比自己大几岁,但收入颇丰,体贴人的妻子,在心理上会有一种稳定感,而这种感觉同龄的妻子是很难给予的。同时大媳妇往往对小丈夫更有耐心。一些美国人则认为“少夫老妻”婚姻不能持久,但这种大媳妇和小丈夫的婚姻正在美国蔓延开来。

“老夫少妻”和“少夫老妻”模式是人们在婚姻中的选择,对婚姻本身没有根本的意义。实际表明,男女婚龄相近,其经历、性格、心理、爱好、身体等各方面条件接近,都处在生命周期循环的同一阶段上,比较容易在生活和事业上全面协调,婚姻家庭也较美满。社会调查资料表明,大多数婚姻模式中夫妻的婚龄是相近的,在时代的变迁中婚龄差是缩小的模式。(参见下表)

表 3－2　夫妻婚龄差①表

婚龄差(岁)	人数	%
——3.1	147	2.96
—3——1.1	437	8.79
—1—0.9	555	11.16
1—2.9	1192	23.97
3—5.9	1364	27.43
6—9.9	909	18.28
10—	368	7.40

资料来源:中国五城市调查资料,参见《中国城市家庭——五城市家庭调查报告及资料汇编》,山东人民出版社 1985 年版,第 304 页。

表 3－3　不同年龄组夫妻婚龄差表

已婚妇女年龄组	人数	夫大于妻年龄均值
55 岁以上	104	2.6(岁)
45—54 岁	124	2.0
36—44 岁	94	2.1
32—35 岁	28	1.3
31 岁以下	56	1.6

资料来源:中国五城市调查,天津尖山街红星里第一居民委员会、第二居民委员会调查。参见潘允康《家庭社会学》,重庆出版社 1986 年版,第 65 页。

① 夫妻婚龄差是以丈夫结婚年龄减妻子结婚年龄所得结果,丈夫大于妻子,则差值为正数,丈夫小于妻子,则差值为负数。

从上表中可看出多数夫妻的婚龄差在 1 ~ 3 岁之间,相差不大,而越年轻的夫妇,婚龄差均值越小。

四、婚姻的成立

所谓婚姻的成立,是指男女通过一定的社会程序与认证,正式结为夫妻。在传统的礼制社会,婚姻成立一般通过“订婚”和“举行婚礼”这两个环节即可得到社会和公众的认可,而在现代法制社会,则主要是到婚姻注册登记部门进行登记,得到法律的认可,婚姻即告成立。今天“订婚”成了可有可无的习俗。但绝大多数人结婚还要举行婚礼,并在心目中认为举行了婚礼,婚姻才正式成立。其实不然,从现代社会观点看,婚姻登记是婚姻成立的正式标志,婚礼只是向社会宣告婚姻成立的一种仪式而已。

1. “订婚”——传统的婚姻缔结方式

在过去,婚姻的缔结也叫“订婚”。订婚表示择偶决定后两方的婚约开始成立。有的研究认为“订婚”是在择偶决定以后,正式成立婚姻之前的一种婚约,目的在于维系当事人在这个时期的相互承诺,相互权利和义务。“订婚”为婚姻成立的起始(准备),举行婚礼仪式为婚姻的成立与完成。

据有关史料考证,“订婚”制度在我国周代就已经形成。“订婚”这两个字,在周代自女方说来称“许嫁”,自男方说来称“纳征”(也有的称纳彩、问名、纳吉)。“纳征”是古代“六礼”中的一种。行“纳征”之礼,是男家遣使至女家,以婚书或纳聘财而成立两家婚约。按照我国历代封建法律,“订婚”是嫁娶的必经程序,以成立婚书或接受聘财为条件,二者必居其一,或兼而有之,婚约才能成立。在明代以前,订婚称为

"许嫁",在明代以后,才改名为"订婚"。在国外也有无婚约即无婚姻之说,订立婚约之权往往属于男女双方的家长,而不属于本人;近代则以双方合意为条件。关于"订婚"的方式,各国法律也有不同的规定。如意大利、瑞士等国须书面证明;瑞典须证人证明;有些国家还须在教堂中于证人面前举行。在过去,"订婚"是比较普遍的现象,并有其功能。

婚姻是社会行为,这是家庭社会学的基本观点。结婚不仅要满足个人感情和生理上的需要,而且要对对方、对后代以及对社会承担义务。在人类婚姻史上,"订婚"是保证当事人履行义务的方式之一。那时举行婚礼标志着婚姻的正式成立,此前的"订婚"主要是保证当事人在婚姻决定之后,正式成立前一段时间的义务,即通过"订婚"把当事者双方约束起来,男女双方在没有履行义务之前,婚姻是不能正式成立的。比如男方不将聘礼送给女方,女方是不会过来成家的。另外,已经订了婚的人也不能轻易毁约,另寻他人。

在我国封建社会,男女是不平等的,"订婚"制度与其说是为维系双方,不如说更多的是维系女方,表示女子许嫁后对于她的未婚夫要生出一种"系属"的关系来。所以《礼记·曲礼》上有"女子许嫁缨",就是说"女子许嫁系缨,有从人之端也"。订了婚的女人要系红头绳,表示已有并从属于未婚夫。为了维持正常的家庭生活和生儿育女计,在"订婚"当事人履行的义务中,最受人注意的是经济性质的服务或"送礼",这种事实常被解释为婚姻的买卖性质。男家送给女家的聘礼,人类学家直呼之为新娘的价钱。如在南非的土人中就有常见的"劳保拉"风俗。即在约定婚姻关系的时候,男方家长要送女家一群牛,这群牛就称"劳保拉"。可这并不是以牛易女的买卖,因为女家并没有把女子送到市场上标价出卖，而且得到的这群牛也不能随意加以处置。女方的家长要把它们分给自己的亲属，分法也有一定规则，余下来的，用来充作自家儿子订婚时送给女方家的“劳保拉”。男家在送“劳保拉”给女方家时，有时并不是全用自己的牛，他的亲属有责任把“劳保拉”送来加入。若是结了婚，女方要离婚的话，女家要把之前所收到的牛原数退回，不但在数量上要相等，而且一定要之前送来的牛。男家若有过错，妻子可以回娘家，男家就要损失一笔“劳保拉”。“劳保拉”与其说是新娘的价钱，不如说是维持婚姻关系的一笔押款。因此，不能简单地否定婚姻史上的聘礼，人们在“订婚”时送聘礼，有的是把它当作女方父母养育的酬金，有的用以表示妇女地位的高低，有的则视为对女方的一种保障，是为维系女方对男方的义务的手段。

“订婚”是人类婚姻发展到一定历史阶段的产物，随着社会的发展，特别是法制社会的建立，依法婚姻登记，即为婚姻的正式缔结，也为婚姻的正式成立，老式的“订婚”变得越来越不重要，可有可无了。用今天的观点看，“订婚”是一种旧习俗，是父母包办婚姻的必经程序，也容易助长早婚，不利于婚姻自由原则的贯彻，因此“订婚”不是法律承认的婚姻必经程序，和“订婚”相关的送聘礼、彩礼等，也常常被视为旧习俗。当然，由于这种习俗在民间流传已久，只要不违背法律规定，也无须明令禁止。今天社会上对“订婚”的理解并不一致，有的人认为结婚登记就是“订婚”，有的人认为登记与“订婚”是两码事。对于什么是“订婚”理解也不一致，有些以交换信物为“订婚”，有的以送彩礼为“订婚”，有的以言表许下终身之日为“订婚”等。但有一个事实是共同的，即在婚姻登记之外还有“订婚”程序的人已越来越少。根据 1982 年中国五城市家庭调查资料证实，在被调查的 4630 名已婚妇女中，有 1287

名(占27.80%)在结婚前有“订婚”程序,其中多是1949年以前结婚的中老年妇女,而3343名(占72.70%)婚前没有“订婚”程序。

现代西方国家的“订婚”习俗也还有影响,比如有的国家年轻女人中指或食指带有戒指,就是向外界表明该女子已经有了“男朋友”,或已许给他人了。

2. 婚姻登记——现代婚姻成立必经的法律手续

在现代社会,婚姻成立必须进行婚姻登记,履行了婚姻登记手续标志着婚姻的正式成立。

2001年4月28日,我国颁布的新婚姻法第二章第八条规定:“要求结婚的男女双方必须亲自到婚姻登记机关进行结婚登记。符合本法规定的,予以登记,发给结婚证。取得结婚证,即确立夫妻关系。未办结婚登记的,应当补办。”其中“符合本法规定”要求结婚登记者必须符合法定的结婚条件,比如“一夫一妻制”,已结婚有配偶者在原婚姻关系未解除前,不得进行新的婚姻登记;再比如“婚姻自由”的原则,婚姻登记时,当事双方必须到场,不能缺席或由其他人代替,以证实该婚姻确实是双方自愿的。因为婚姻是社会行为,婚姻的成立标志着家庭的诞生,结婚双方要承担相应的责任和义务,要生育后代,绵延种族,因此,来婚姻登记者要具备结婚的各种要件,比如要达到和超过结婚的法定年龄,要身体健康,双方不能是直系血亲和三代以内的旁系血亲等,都是社会对婚姻成立的法律限制和规定。

现代社会是法治社会,法律是社会的基石,是调节社会行为的杠杆,进行婚姻登记,得到法律的承认就是得到社会的承认,婚姻即正式成立,至于其他(包括举行婚礼)并不是必经环节。在我国,一些人法制观念淡薄,传统观念较重,并没有把结婚登记看作是婚姻成立必不可少的环节,而是从众、从传统、从习惯,认为举行个婚礼,请亲朋好友参加,请人证明和主持一下就行了,从而造成了一些事实婚姻。面对这一事实,我国2001年颁布的新婚姻法,没有称这些婚姻是非法婚姻,而是要求当事者补办婚姻登记手续,既维护了法制的尊严,也解决了实际问题。

另外,该婚姻法还就"无效婚姻"做了规定,即"重婚的""有禁止结婚的亲属关系的""婚前患有医学上认为不应当结婚的疾病,婚后尚未治愈的""未到法定婚龄的",应予以撤销。

五、婚礼——向社会宣告婚姻成立的仪式

婚礼是结婚时举行的典礼,是婚姻成立的仪式。透过婚礼,我们能进一步认识婚姻的社会性本质。

1. 婚礼源远流长

人类在群婚时代没有婚礼,到了偶婚时代,特别是一夫一妻制以来,开始有了比较稳定的配偶关系,才出现了婚礼。根据史料记载,我国周代就有了隆重的婚礼。《礼记·昏义》上说:"敬慎重正而后亲之,礼之大体,而所以成男女有别,而立夫妇之义也。男女有别,而后夫妇有义;夫妇有义而后父子有亲;父子有亲而后君臣有正,故曰,昏礼者礼之本也。""昏礼:纳采、问名、纳吉、纳征、请期、亲迎……所以敬慎重,正昏礼也。六礼备,谓之聘;六礼不备,谓之奔。"

所谓"六礼"的内容是:

纳采:男家使媒人通言,表达愿与女家通婚之意,如不为女家所拒绝,即备礼正式求婚。

问名:所问者为女方的生母的姓名(以分辨嫡庶),以及女方本人

的姓名和出生年月、日、时等(以便卜其吉凶)。

纳吉:问名后如卜得吉兆,男家再使媒人告之女家,又称文定或通书。

纳征:男家向女家交纳聘财,婚约至此成立,不得反悔。

请期:男家向女家请以成婚之期,使媒人送婚期吉日书给女家,征求女家意见,如女家推辞,即由男家决定。后世演变为由男家告之迎娶日期。

亲迎:结婚之日,男家到女家迎娶。按古时的习俗,应在黄昏时迎娶,服饰、车舆等均需依礼而行。迎归后,夫妻行合卺之礼。这就是"成妻之仪"。此外还有"妇见舅姑""三日后行庙见之礼"等,至此,女方始被认作是男方宗族的正式成员。

从上述内容可知,"六礼"是广义上的婚礼,是婚姻从择偶到成立的全过程。按今天的观点看,"六礼"中的最后一个环节"亲迎"才是结婚时的礼仪,是婚礼。

我国古代周文王结婚就有亲迎,以示敬重。自汉朝到南北朝,帝王立后,皇太子立妃,都没有亲迎。隋唐以后皇太子虽增亲迎之礼,但到宋朝,士庶人婚礼合并"问名"于"纳采",并"请期"于"纳征","六礼"仅存其四。朱子《家礼》且并"纳吉"于"纳征",则仅存其三。明洪武年间,明令百姓都要遵守朱子《家礼》。到清代,"六礼"又加入"成妇成婿之礼",细别为九。因此我国古代的婚礼程序,大致不出《礼记·昏义》和朱子《家礼》所定的范围。

婚礼从产生的那一天起就变换过多种形式,发展出多种样式,是和当时的社会、政治、经济、文化背景相关的。由于婚姻是人生与社会中的大事,婚礼又往往被人们看作是婚姻成立的标志,因此人们创造了多种多样的婚礼形式,庄重而有特色。比如我国过去的农村,就有“三灯火煌”“红丝牵经”“转米围”“牵蚕花磨”以及祭祖、拜天地等多种形式,是农业社会的产物。在国外,婚礼形式也不拘一格。如基督教徒喜欢举行婚礼时戴金戒指,一是说十指连心,指上戴戒指,表明忠心;二是说黄金耐高温,戴了金戒指意味婚姻耐得考验。肯尼亚的基西吉族在婚礼时必不可少的一个节目是一对新人互换草编手镯。生活在湖上的缅甸依思特哈族人,在女儿出嫁时要陪送一个“水上浮动花园”做嫁妆等。

不同历史时期,不同社会,不同国家、民族和地区的婚礼是不同的。在阶级社会中,统治者的婚姻有时是一种政治行为,借婚礼进行政治交易是常见的事。我国古代唐太宗将文成公主嫁给吐蕃松赞干布为妻,其婚礼规模相当大。在文成公主的嫁妆中,不仅有汉族制的碾磨、陶器、珠宝饰物、绫罗彩缎等,还带去了造纸、酿酒工艺及历算、医药等。文成公主出嫁时,前有乐队开路,后有卫队护送,十分隆重。这次婚礼就是汉藏统治阶级间的一种政治联姻,在客观上它对吐蕃经济、文化的发展,对汉藏两族的友好做出了重要贡献。

利用婚礼进行经济上的交易,也是常见的事情。恩格斯在分析资本主义的婚姻时说:“买卖婚姻的形式正在消失,但它的实质却在越来越大的范围内实现,以致不仅对妇女,而且对男子都规定了价格。”①日本公布的一项材料显示,新娘都是标了价格的。委内瑞拉一家报纸在报道犹太人婚礼时说,商人习性在赠送礼品方面也有表现,支票代替了结婚礼品。因此,一个犹太人的婚礼可以说是一次金钱交易。

① 《马克思恩格斯选集》第四卷,人民出版社1972年版,第75页。

在时代的变迁中,婚礼的形式往往变化很大。我国著名社会学家李景汉先生通过实地调查比较了20世纪初期到中期中国北方农村婚礼形式的变化。他1927年在北京郊区调查,1957年又重访该地,发现同一个地方两个时期婚礼形式有很大差别。昔日婚礼大约有这样几步:第一步,先交换门户帖,上写两家的姓名、籍贯、三代、名号等项。第二步,过八字帖,上写两人的出生年、月、日、时辰,看有无"防"克。第三步,择吉日放小定,由男家给女家戒指、耳环等礼物。第四步,放大定,把迎娶日期写在龙凤帖上,并由男家送给女家鹅、酒、衣服、首饰、食品等礼品。第五步,迎娶,预备轿子、锣鼓手、执事、席棚、新房、新被、酒席若干桌。男家为婚礼所用钱一般折合人民币三四百元。而1957年时,男女到乡政府登记,领取结婚证书后,举行的仪式简单多了。新人步行或骑车去结婚礼堂,由司仪宣告婚礼进行的程序,大致是这样的:①开会,来宾入席,新郎、新娘入席;②家长入席;③新郎、新娘向证婚人行致敬礼;④新郎、新娘向来宾致敬;⑤新郎、新娘互相敬礼;⑥证婚人讲话;⑦家长讲话;⑧来宾讲话;⑨请新郎、新娘述说恋爱的经过;⑩礼成,散会。在举行婚礼时,只预备一些纸烟、茶水和糖果等简单的东西,招待来宾,费用较省[①]。在婚礼形式的前后对比中,我们明显看到不同婚礼的时代与社会特征。人类社会的文化是传承的,我们从婚礼形式的沿革中可以看到这点。比如今天在一些地方,迎娶新娘,举行婚礼在下午举行,就带有原始婚礼的习迹。从语言上说,古代行文中"婚"同"昏","婚礼"也叫"昏礼"。"婚"字是由两个字组成,即"女"和"昏",

① 参见李景汉《北京郊区乡村家庭生活调查札记》,生活·读书·新知三联书店1981年版,第56—57页。

女人在黄昏时被娶到男家行婚礼是古代习俗。之所以古代有此习俗，据说和当时的"抢婚"制有关。所谓"抢婚"也为"掠夺婚"，是男家派人到女家"抢"来新娘成婚，这种"抢"不同于强盗强抢女人，而是一种假抢真给予。男方家和女方家事先已协商好，由男方派人在指定的时间来到女家，假装吆喝，打闹一番，女方（新娘）早已浓妆艳抹等待，随抢婚的人而去，到男家行婚礼。对抢婚制的历史形成人们有不同解释，有人认为这种习俗和原始游牧民族的生活习俗有关，有人认为抢婚是男家为了节省一笔迎娶新娘的费用（包括聘礼），无论如何抢婚是历史的遗俗。从抢婚的角度看，在黄昏时进行，"趁乱抢走"是合乎逻辑的。黄昏时（下午）举行婚礼的遗俗也延续到了今天。

2. 婚礼的社会意义

结婚行礼，自古以来人们就重视。即使在今天，履行了婚姻登记手续，就得到法律和社会的承认，标志婚姻正式成立，是否举行婚礼没有统一的规定，但大多数人结婚还要举行婚礼。根据 1982 年中国五城市家庭调查资料，在被调查的 4756 人中，以"拜天地"形式行婚礼的有 972 人，占 20.44%；以"文明结婚"形式行婚礼的有 716 人，占15.05%；以"婚宴"形式行婚礼的有 1400 人，占 29.44%；以其他各种形式行婚礼的有 1668 人，占 35.07%，都有婚礼。这说明婚礼对当事者，对于社会都还有价值，都有其特殊意义。

结婚行礼，人们历来重视，这是因为婚姻是人的终身大事。迄今为止大多数人的婚姻观念都是"白头到老，从一而终"的，一个人与他人结婚，结成夫妻，就意味着和对方要进行全方位的合作，当事者双方相互之间是一种全身心的给予和托付。结婚后的夫妻还要生儿育女，产生新的生命，因此是十分庄重的事情。因此大多数人结婚时根据自己的意愿举行不同形式的婚礼，以示对婚姻大事的重视。参加婚礼的人多、气氛热烈，既有喜庆之意，也有纪念意义。今天人们追求生活质量、婚姻质量，或本人结婚举行婚礼，或参加亲朋好友的婚礼，都是狂欢、娱乐、消费（甚至是炫耀消费）的一种手段，因此，即便今天婚姻登记是婚姻成立的标志，但大多数人婚姻登记后还要举行不同形式的婚礼，甚至创造出“空中婚礼”“水下婚礼”等多种新奇的形式，其心理和用意是可以理解的。

从社会的角度看，婚礼也是监督、约束、教育婚姻当事者的手段，以隆重的婚礼仪式使当事者婚后遵守社会规范，履行相互间的权利和义务、对后代及其他家庭成员的权利和义务，发挥家庭有利于社会的功能。在西方，婚礼通常在教堂里举行，由牧师来主持，人们把婚姻视作一种向上帝负责的契约。在我国传统社会中，举行婚礼时，一边有月下老人的暗中牵线，一边有祖宗的监督，还有天地鬼神来作证，这样把确立个人婚姻关系的行为变成了一件热热闹闹的社会举动，把这和生物基础十分接近的俗事，转变成了好像和天国相通的神迹，只有理解婚姻的社会意义，才能理解人们为什么煞费苦心地创下那么多繁琐隆重的婚礼。

从社会学角色理论我们能进一步理解婚礼的社会意义。所谓“角色”按其本义讲，是指演戏的人化妆戴上面具以后所扮演的那个人所说的话、所做的行为。“角色”是一套行为模式，这套行为模式和个人的地位、身份、性格是一致的。社会学根据实际生活中，围绕一个人的社会地位也有一套权利义务和行为模式的情形，把“角色”这个概念引申来使用，把围绕人的社会地位的一套权利义务和行为模式叫作角色。我们在婚礼上能看到不同的人扮演不同的角色，并体会其中的社会意义。笔者曾在 1981 年天津市河西区尖山街红星里第一、第二居民委员会做社会调查时，参加了一个普通工人的婚礼，并访问了婚礼上的一些"角色"。该婚礼是下午举行。大约三点钟，迎娶新娘的花车来到男家，一阵鞭炮声后，新娘下了车，被迎接到楼上举行婚礼。婚礼由司仪主持，新人的父母坐在中央，旁边有"主婚人""证婚人""介绍人""来宾代表"等"角色"。婚礼开始后，在"司仪"的引导下，一对新人给父母长辈行礼，给"证婚人""主婚人""介绍人"等一一行礼，并给所有参加婚礼的人行礼，然后夫妻相互行礼。新郎、新娘讲述恋爱史时说他们是自己认识、自由恋爱的，但婚礼上设有"介绍人"角色，为此，笔者访问了当事者，得知，婚礼上的"介绍人"是新郎、新娘所在工作工厂的车间主任，是新郎、新娘婚事决定后请来做"介绍人"的，而不是婚前真的"介绍人"，换句话说，该"介绍人"只是一个虚设的"角色"而已，其他像"证婚人""主婚人"等也都是类似的情况。为什么本无"介绍人"的婚姻在行婚礼时要虚设这一"角色"？其他所设的"角色"也有同类问题。从社会学的意义上看，这一系列"角色"既虚也实，从虚上说，这些"角色"本无，人们设之只是从习惯而已；从实际上说，人们需要他，即设"角色"代表社会来参与和监督婚姻。当事者利用婚礼向社会宣告婚姻已正式成立，以求得社会的承认，并请来那么多"角色"来监督婚姻。其他人热心参与，也在不同程度上有同样的意义。无论如何，这些"角色"的设立既不是当事者的无理取闹，也不是好事者的瞎忙，而是行婚礼时约定俗成的程序，只有从婚姻是社会行为的角度出发，才能理解为什么大多数人结婚一定要举行婚礼，以及婚礼中要有人扮演各种"角色"，才能理解举行婚礼所包括的深刻社会内涵。

第四章　择偶自由与自由择偶

中国有一句俗话:“万一悔之于后,毋宁慎之于前。”这是人们在婚姻择偶中的一种普遍的心态。对于崇尚“从一而终”“白头到老”价值观念的人来说,择偶太重要了,它关系到人的一生,可是择偶本身也有很强的客观规律性,除去当事者主观意愿外,还受其他社会环境和社会因素的制约。在人类文明史上,人们从择偶不自由走向择偶自由,已经走过了很长一段路,在实现择偶自由之后,能够把握择偶的客观规律,实现自由择偶,从择偶的必然王国迈进择偶的自由王国,要走的路更长。

第一节　从择偶不自由到择偶自由

这里所说的择偶自由与不自由是说婚姻当事者对选择配偶有没有决定权。择偶的自由度是婚姻自由度的重要标志。从人类婚姻制度产生的那天起,人的择偶从不自由向自由发展,经历了漫长的历史过程。

一、人类婚姻史上纷纭的不自由择偶形式

在人类漫长的婚姻史上,婚姻当事人是没有或很少有择偶自由的。我国封建社会有“父母之命,媒妁之言”之说,当事人对自己的配偶没

有选择权和决定权,而是由父母长辈或他人来决定。围绕着这一基本形式出现了多种不自由择偶方式。

1. 掠夺婚

掠夺婚的最初意义是男子用武力掠夺女人来做妻子。据说我国古代时商讨伐有苏氏,以妲己归,即有掠夺婚意。以后掠夺婚的意思发生了新的变化。近代梁任公举《易 · 辞》中"乘马班如,泣血涟如,匪寇婚媾",解释了掠夺婚的状况。他说:"夫寇与婚媾,截然两事,何至相混?得毋古代婚媾所取之手段与寇无大异耶?故闻马蹄蹴踏,有女啜泣,谓是遇寇,细审乃知其为婚媾也。"因此,掠夺婚开始时是说由战争掠夺女奴,后来变成择偶的一种手段。男子喜欢一个女子,可以乘黑夜或其他机会把她抢过来。在澳洲,新南威尔士土人的风俗就是这样。1949年以前我国农村也有抢婚的风俗。古代掠夺婚也有用来娶再嫁的妇女,表示她并非自愿,而是出于强迫的意思。

2. 买卖婚

买卖婚是男方以金钱、财帛买女为妻。妇女完全被看作是一种财货。《曲礼》中说"买妾不知其姓则卜之",是买卖婚姻,这种方式的残余在北美和非洲土人中尚可见。如美国南部汉都纳斯有一印第安人和西班牙人混合的文安族。文安族到 20 世纪下半叶仍设有卖妻市场。男子每三个月交换一次妻子,每年有两次村与村之间买卖女人。被拍卖的女人像牲畜一样赤裸裸地站在拍卖台上。先拍卖没有丈夫的成年女人,然后拍卖有夫之妇,再拍卖女孩子。十岁以上的女孩值 1 ~ 6 美元,最便宜的女人只值 5 角美金,最值钱的是生过孩子的女人(表明她有生育能力),因为该族人口日益减少,非常重视生孩子。买来的女人逃走了,可以鞭打或者杀死她。在那里卖妻市场是公立的,私人不能在场外交易。在这个性格强悍的部落里,卖妻市场一旦开始,外来的别种人就得买一两个妻子,否则就会被杀害,或勒索赎金。

在买卖婚姻中女人是商品,也有个别地方男人为商品的。比如在印度的素拉斯,每年7月要举行一次婚姻集市,公开拍卖已达婚龄的男青年。被拍卖的男青年必须穿着最漂亮的服装,头上蒙着头巾,各自坐在临时搭起的帐篷里,凡是想买女婿的就去逐个挑选,按质论价,也可以讨价还价,售价最高的达27000美元,最低的只有500美元,据说这一风俗已行之千余年。

除去以上赤裸裸的买卖婚外,聘娶婚也是一种较为普遍的买卖婚。男方以金钱彩礼送女方父母,女方父母送女与男子为妻。

3. 服务婚(服役婚)

男方到女方家为其服务(役)一段时间,而后与女结成夫妇。这是古时希伯来人的风俗,古代希腊、罗马、雅利安人、条顿民族及斯拉夫人中亦见之,尤以南美洲印第安人中最流行。

在我国广西花蓝瑶中,婚姻是幼时由父母定下的。男子到了可以工作的年龄,每个月要有一两次到女家去做工,晚上就住在女家,和未婚妻同宿。这样未婚的男女从小就有不断的接触,若是发现对方不中意,男方可以拒绝服务,解除婚约。

4. 交换婚

所谓交换婚姻是双方父母各以其女交换为子妇,或男子各以其姐妹交换为妻。这种婚姻在澳洲及米芝尼亚的土人中最为常见。因纽特人、台湾的浦嫩与米欧两族中亦行之。

我国古代有“西周之初,讫于春秋,姬姜两姓世为婚姻”的记载,即为交换婚的痕迹。

5. 指腹婚

当儿女还在母亲腹里，双方父母就约定，如果这两个孩子生下来是一男一女，就相定为未来的夫妇。我国 1949 年前有一些偏远山区、少数民族地区，甚至在交通较发达的江苏省南通地区都有这种婚俗。

6. 童养媳

女子尚未成年就被送到男家抚养做小媳妇，到男女双方都成年的时候择日完婚。1949 年之前我国农村中童养媳的风气颇盛。有男孩子的家庭，到相当的年龄，即收养童养媳。据说一则可以帮助家中料理家务，有如婢女；二则俟男孩成年时，即结为夫妻，可以省去种种婚姻的费用。童养媳是贫困社会的产物。据统计，1949 年前，江浙一带农村中，约有 10% 的家庭有已婚和未婚的童养媳。

二、"同意婚"的提出与确立

"同意婚"也称自由婚，是在近代社会由资产阶级提出，并在资本主义社会确立的。该婚姻形式确定了婚姻当事者对择偶的决定权。资产阶级学者认为，婚姻是反映人类的自然法则所要求的契约，基于这种契约，夫妻的占有是相互的，必须以双方合意为条件，所以，这种婚姻又被称作"共诺婚"。1804 年公布的《法兰西民法典》，是一部以罗马法为基础的典型的资产阶级社会的法典。该法典第 146 条宣布："未经合意不得成立婚姻。"并且要求当事人在身份吏前公开举行婚姻仪式，依照程序做成婚姻证书。这是对"同意婚"的正式提出与确立。该法典在早期资本主义国家立法中占有很重要的地位，被认为是大陆法系各国婚姻家庭立法的典型，对其他各国立法也有很大影响。"同意婚"的确立，是人类婚姻的解放，它标志着人类开始从择偶不自由向择偶自由迈进。然而,由于婚姻史上漫长的择偶不自由势力的影响,加之择偶的复杂性和社会因素影响的综合性,直到今天这一过程也没彻底完成。正如恩格斯所说:“在婚姻关系上,即使是最进步的法律,只要当事人在形式上证明是自愿,也就十分满足了。至于法律幕后的现实生活是怎样的,这种自愿是怎样造成的,关于这些,法律和法学家都可以置之不问。”①

三、世纪之交的“包办买卖婚姻”

1994 年秋,中国婚姻家庭研究会在北京举办了全国婚姻家庭问题讨论会。与会者讨论的热点是:在大城市中出现的“情人现象”“第三者插足问题”以及由于情感危机而出现的离婚潮。针对代表们的发言,有学者指出,中国是一个大国,是一个颇具封建传统意识的大国,是一个城市和农村、东部和西部发展很不平衡的大国。当我们在城市中看到了那么多“第三者”和“情人”时,在农村、在边远地区可能有一部分青年男女连婚姻的自主权都还没有,婚姻还要由父母包办,或由他人来决定,这就是中国不同于发达国家的复杂的社会现实。择偶不自由问题仍然是困扰中国人婚姻家庭的重要问题。

1. “包办买卖婚姻”存在的现实

1950 年颁布的我国第一部婚姻法,明确规定了婚姻自主、自由的原则,禁止封建的包办买卖婚姻。1950—1953 年,在整个婚姻家庭领域出现了婚姻自主、自由,主张自由恋爱的反封建婚姻的高潮。当时著名评剧《刘巧儿》中的主角刘巧儿响亮地唱出了“巧儿我自主找婆家”

① 《马克思恩格斯选集》第二十一卷,人民出版社 1972 年版,第 86 页。

的心声,代表了我国的婚姻家庭领域发生的巨大变化。经过 20 世纪 50 年代社会主义革命和社会主义改造,我国的婚姻在自主、自由方面有了很大进展。

20 世纪 70 年代末,北京政法学院等单位通过对旅顺、太原、海城、太谷、朝阳和广东阳山等不同类型地区的调查发现,在大城市中“包办买卖”婚姻的现象很少,但在山区和农村为数不少。比如在太谷、朝阳等农村公开报告的数字,“包办买卖婚姻”的竟达 10.5% 之多[①]。这个数字是个相对保守的数字。根据上海社会科学院社会学研究所 1996 年在上海、黑龙江、广东、甘肃四省市所做的婚姻家庭调查资斜,在被调查的甘肃农村“包办婚姻”达到 60.8%,即使是在 1987—1996 年结婚的青年夫妇中由父母包办婚姻的也达到 38.2%(1966 年前达到 79%,1967—1976 年为 74.9%。1977—1986 年为 60.4%)[②]。这数字是令人吃惊,也令人深思的。

从 20 世纪 80 年代以来,我国的许多新闻媒体上就报道过在我国部分农村地区,包办买卖婚姻依然存在,使不少青年男女的婚姻自主权被剥夺,正当的社交和恋爱也遭到歧视和非难,一些青年男女在劳动中建立起来的真挚感情,慑于家长和当地封建落后习俗的压力,不敢公之于众,而只能偷偷相爱,或以死抗争。1984 年 4 月 12 日《人民日报》发表了山西省兴县王平、苏丽花、李明等 83 名青年的紧急呼吁:“把我们从买卖婚姻中解放出来!”他们说,我们这些山村青年的婚事,至今仍听命于媒妁之言、父母之命,决定于金钱交易之中。金钱买来的婚姻,

① 参见《北京政法学院学报》1980 年第 1 期。

② 参见樊爱国《转型期的中国人的爱情与婚姻》,中国妇女出版社 1998 年版,第 48 页。

哪有什么幸福可言！夫妻间经常吵嘴和打架，甚至导致离婚。这不仅给家庭带来了痛苦，而且严重影响社会风气。青年人要求自由恋爱却得不到社会的支持。该县西部有一个青年，与本村一位姑娘产生了爱情，他们志同道合，有共同的爱好，发誓要成为终身伴侣。后来，女方父亲竟向男方要5500元钱。在这颇大的数字前面，他们只得各走各的路。在该县南部，有个媒人带一个青年来相亲，女方父母没有征求姑娘的意见，便把女儿卖给了他。姑娘因与这个青年素不相识，哭着不同意，父母含着眼泪对女儿说："你哥结婚要花许多钱，逼得爹娘没办法呀！都是为了你哥哥，要不，我怎么忍心这样做呢！"爹娘的苦苦哀求，打动了姑娘的心。婚后，丈夫对妻子没有一点感情，不管寒冬炎夏、头疼脑热，总是逼着妻子下地干活。他还扬言："买到的骡子，买到的马，由我骑来由我打。"在这种婚姻中妻子只能是工具、牛马。

在农村由于包办买卖婚姻，青年奋起抗争，但他们常常得不到保护和支持，有的默默忍受，有的则用自杀来反抗。在江西省农村自20世纪80年代以来连续发生女青年集体自杀事件，仅抚州地区，从1983年清明节以来各级有关部门掌握的这类事件就有14起。其中有的是因为得不到爱情的婚姻和被父母包办买卖婚姻所造成的后果。1988年6月13日晚，宁冈县下浆村的22岁沈某带着妹妹和另外两位女青年，穿着新衣服，腰扎皮带，手挽手地跳进水库。沈某自杀的原因之一是她与本村青年相好，但父母因与对方父母有陈午积怨，便将他们强行拆散。临川县荣山乡光荣村的徐某、李某等4人，也是因为在婚恋上有一本难念的经而集体自杀。徐某尽管有自己的少女梦想，但严峻的事实却使父母将她作为交换品，为姑嫂交换的牺牲品；李某虽然由于父亲在外当合同工，而与父亲的一个"吃皇粮"的同事订了婚，却遭到亲姐姐的嫉妒和唾骂。艾某的父亲早逝，扔下她们寡母孤女。晚年母亲的眼睛越来越糟，几近失明。为求生存，不得不改嫁他人。对方恰好是父子两人，为了苦命的母亲老有所养，艾某也含泪嫁给了当儿子的。但每当想起这桩被迫的婚姻，她便感到喉咙里噎了一块异物。婚事的不顺，使几个女人凑到一起便长吁短叹，她们只怨自己命苦，谁也没有想过如何去改变这种现实，而只是想到死。

20 世纪 80 年代，江西农村女青年集体自杀曾一度愈演愈烈，每次事件发生后，县、地区，甚至省里的有关部门负责人都匆匆赶到现场，调查了解情况，绞尽脑汁地分析自杀的原因。抚州地委书记曾在县级干部会议上下了“死命令”：今后哪个县再发生这类事情，要追究县领导的责任。县委书记则对区乡领导也下同样的命令。然而，池塘未加盖，农药家家有，人们对之防不胜防。这种在大贫穷、“大锅饭”年代都少有的集体自杀现象，在 20 世纪 80 年代倒多了起来，是值得人们警惕和思考的。

1999 年《今晚报》报道了来自湖北的消息：“男女相爱竟被活埋”，报道说，湖北省大悟县一对青年男女自由恋爱，竟遭族人反对，而且还因此引来杀身之祸，被族人野蛮活埋，直到十年以后，这起恶行才浮出水面。被活埋的两青年刘光新、刘荣为大悟县黄站镇村人。1988 年冬天，两人开始恋爱，但遭到族里长辈的极力反对。原来刘荣辈分比刘光新低，这在一些当地人看来是“乱了纲伦”。其实两人早已出了“五服”，完全符合《婚姻法》的规定。阻挠不成，族人竟下毒手，原任村支部书记刘继朝召集原村主任刘泽善、会计刘祖军等 13 人，秘密将刘光新勒死，将刘荣的腿打断，然后将两人埋掉，并对外推说二人私奔。后来，思女心切的刘荣的母亲经常到埋女儿的地方哭泣，引起群众的警觉,遂偷偷报案,此冤案才得以侦破。刘继朝等 11 名犯罪嫌疑人被抓获,余犯正在追捕之中。

2. 丑恶的拐卖妇女现象

农村流行的包办买卖婚姻的歪风,助长了一些犯罪分子的气焰,给了他们可乘之机,从 20 世纪 80 年代以来拐卖人口的丑恶现象大量出现了,妇女是首当其冲的牺牲品。

我国和国外的一些新闻媒体公开报道了我国社会中出现的各种拐卖妇女事件。

1982 年《纽约时报》以“中国对旧式虐待贩卖青年妇女的斗争”为题发出了消息,消息说:根据《北京周报》1982 年第 5 期报道,在中国“旧式那种把青年妇女当作新娘或姑娘拍卖的事,仍然经常发生,特别是在农村地区,直到今天还在继续,官方正在决心下大力量去取缔和制止这种行为”。

“最近这种情况多集中在中国人口最多的四川省,在 1982 年头十个月该省的一个地区就公开报道了 68 例拐卖妇女的行为,有 83 名人贩子被捕或被指控有罪,目前这一运动还在继续。”“上个月四川省省会成都的广播电台报道说,被拐卖的妇女多来自四川省西北部的达县地区”。“被拐卖的都是贫穷的农民姑娘,有的被包办婚姻,有的非法同居,还有的卖淫。数千名受难者流落到上海及其他城市的秘密妓院里”。

“共产党政权过去对妓女问题十分重视,曾经把妓女送去再教育,给她们以新的生活,一度使她们安守本分”。

“云南省的党报报道说,1982 年 2 月来自该省楚雄的 750 名妇女被诱骗、运输和出卖到远离本省的山东省和河南省做新娘。《云南日报》说,从本省被拐卖的妇女中的一部分已经结婚了,其中的60%的人的年龄在法定的婚龄20岁之下"。

以上我们转引了来自国内外的各种有关拐卖妇女的报道。可以说从20世纪80年代初期以来有关这类报道从未间断过。直到今天各种有关的消息仍在不断传来。

1999年北京出版的《婚姻与家庭》杂志报道了年仅21岁的赵丽英和其男友李建良以及未满16岁的李某拐卖3名贵州打工妹的案件,其母也参与其中,充当了这起拐卖案的帮凶。公安机关破获了这起案件,逮捕了4名罪犯。值得深思的是这一案的主犯是一个如花年纪的女人,而另一名罪犯则未满16岁,公安机关只能对其取保候审。

1999年7月6日在美国纽约出版的《世界日报》以"鄂破获逼娼家族,救出30名少女——拐骗赴惠卖淫,榨取万元,集团主犯被捕"为题,报道了该报驻武汉记者发回的报道。该报道说:从1994年10月起的5年间,该犯罪集团先后到湖北省内多个地方,以工厂打工、在酒店做事为名拐骗胁迫了近50名少女到广州卖淫,榨取人民币近150万元。其中一名被拐卖的少女,在不到一年的时间里,被迫接客2500多次。目前这个集团的主要成员被捕,30多名少女被救,跳出火坑。这个集团的首犯刘某先是让自己的老婆参与卖淫,然后把湖北孝昌、大悟、孝南等县区的近50名少女骗到广州。他们采用扣身份证、收走钱财、殴打恐吓、限制人身自由、偿还路费食宿费等手段威逼她们卖淫,从中牟取暴利。

以上我们引用了大量有关报道,证明了从20世纪80年代以来有大量拐卖妇女和卖淫嫖娼的丑恶现象存在,它和"包办买卖婚姻"是密切相关的。

3.“包办买卖婚姻”和拐卖妇女现象的社会反思

“包办买卖婚姻”和拐卖妇女现象仔细分析起来，它和封建传统有关，和经济发达水平有关，也和社会的法制建设存在某些薄弱环节有关。

(1)言“夫妇有爱”还是“夫妇有别”

中国的传统文化以儒家思想为代表，儒家主张“存天理，灭人欲”，这人欲自然包括男女之爱了。根据儒家传统，婚姻历来是两姓宗族之事，并非男女个人之事。故依礼成“妇”的仪节，尤重于成“妻”的仪节。《礼记·昏义》上说：“婚礼者，将合两性之好，上以事宗庙，而下以继后世也。故君子重之。”可见在中国的传统上，婚姻不是为当事者个人之事，而是为家庭宗族承先启后、传宗接代。换句话说，男子结婚不是为个人娶妻，而是为宗族娶妇。女子结婚，不是为个人嫁夫，而是嫁与夫姓的宗族为妇。事关宗族大事，所以，婚姻的缔结，不在当事者，而在当事者的父母，在“父母之命，媒妁之言”。在儒家看来，“天地不合，万物不生，大昏万世之嗣也，君何谓已重焉?”传宗接代，孝敬父母为婚姻之本，男女之爱不必多言，相反，男女要界限分明，以致“男女授受不亲”了。

从孔孟创始儒家思想开始，经历了董仲舒、二程、朱熹等几个发展阶段，历数千年而不衰，一直是“人之一心，天理存则人欲亡；人欲胜则天理灭，未有天理人欲夹杂者”[①]。对于人来说，是“饿死事小，失节事大”，在这种深入民族之心的文化中，人们对婚姻和择偶自由度要求相对较低。

冯友兰在《中国哲学史》一书中谈到这点时说：“儒家论夫妇关系

① 《朱子语类》卷十三。

时,但言夫妇有别,从未言夫妇有爱。”①其实不但不言有爱,而且把婚姻看得十分严肃,甚至是带有一些悲壮的调子,“嫁女之家三夜不息烛,娶妇之家三日不举乐。”(《礼记·曾子问》)“昏礼不贺。”(《礼记·郊特牲》)读来结婚有如勇士授旗赴战,十分悲壮,而无喜庆。在儒家看来,确有这个意义。女人出嫁都是泪流满面,而不会有今天人们结婚时的那种兴奋和激动。

在儒家文化的桎梏下,中国人的婚姻向来是把生活的享受除外,把感情的满足撇开,甘愿挑起一副人生的担子,满足于履行婚姻家庭义务,任人安排,含辛茹苦,而毫无怨言。

我们虽然已是社会主义的中国,但封建文化的影响还存在,特别是在农村。事实表明,在封建观念影响还很深的地区,是没有更多的婚姻自由自主,没有普遍的爱情婚姻,没有很大的择偶自由度的。

(2)在柴米油盐事中不能自拔

在中国之所以今天还有包办买卖婚姻,还有拐卖妇女的现象,除去封建的意识影响之外,还跟部分地区经济落后,人民的生活水平低有关。在柴米油盐中不能自拔的人们,在婚姻上的自主权总是比较少的。

上海社会科学院社会学研究所在全国四省市婚姻调查中,发现甘肃省农村有为数不少的包办买卖婚姻,他们认为,这不仅是因为甘肃农村山高沟深,交通不方便,男女的社交范围较狭窄,更因为生产力发展滞后,限制了青年人的自由选择,由于以往单一的农业劳动更依赖于长者的生产经验,加上农业生产的效率低导致收入的低水平,家庭成员的收入由家长集中管理,统一使用,父亲是家庭经济的主持人,未婚子女

① 参见冯友兰《中国哲学史》,神州国光社刊1932年版,第403页。

既无支配自己劳动所得的权利，也不具备自由婚嫁所需要的必要的物质条件，只能听从父母出于家庭利益的婚事安排①。

中国是个经济落后的国家，和发达国家相比，人民的生活水平和文化水平还很低。尽管改革开放以来，我们发展了生产力，大大提高了人民的生活水平，但仍有10%左右的贫困落后地区的温饱问题还没有解决，这是这些地方包办买卖婚姻的经济根源。

就家庭中的夫妇关系而言，一直有一对基本矛盾：感情和柴米油盐。解决的方法一是把柴米油盐之类的事务上的合作减少，使夫妇间偏重感情协调，趣味相投；二是把感情方面的要求撇开，偏重于经济上、事业上的合作。这种偏重的方向无高下之别，重要的是要看生活的环境如何。著名社会学家费孝通说："理想的夫妇是鱼与熊掌两得其全的，问题是开始于这理想的不易实现，若是对现实的夫妇关系期望太高，要求太甚，反而可以使这种关系承当不住而发生裂痕，所以不能不退而求其次的说法，鱼与熊掌中不能不择一而是了。"②换句话说，在柴米油盐的经济活动和讲求兴趣相投中选择时，先得保证柴米油盐，然后才能志趣相投。若是生产技术很简单，生活程度很低，男女在经济上所花费的劳力和时间很多的话，夫妇间常常会偏重事务上的合作，而压低情感上的满足。再进一步说，夫妇间偏重情感的发挥，必须在一个生活程度很高的社会，其中具有各种设施可以减轻他们的抚育责任以及经济上的劳作。如果我们比较一下传统中国家庭中的夫妻关系和西方家庭中的夫妻关系的差别，就能明白上述道理了。不是西方人讲爱、懂

① 参见樊爱国主编《转型期中国人的爱情与婚姻》，中国妇女出版社1998年版，第45页。

② 费孝通：《生育制度》，天津人民出版社1981年版，第52页。

爱,而是他们的温饱问题解决了。对于还在柴米油盐中周旋,不得温饱的人来说,对择偶的自由度和爱情的要求是不高的。

在中国的一些落后农村和偏远山区中,之所以有包办买卖婚姻和妇女被拐卖,在很大程度上是由于贫穷。以上我们所列举的贵州"打拐"案中的主犯杨胜荣先是自己被害,然后再去坑害他人。她在自身被害前就属于家境十分贫寒。1995 年,杨胜云的父亲病逝,一家 6 口人的担子全压在了寡母的肩上,使杨家本来就吃了上顿愁下顿的生活愈加困窘,雪上加霜。望着常常暗自抹泪的母亲、瘦得皮包骨的姐姐和 3 个弟妹,时年 14 岁的她心如刀绞,心中期盼着:什么时候才能有个"发财"的机会,能让全家放开胃口吃顿饱饭。正是在这样的景况下,一纸伪造的"广东省奥德华电子有限公司"的厂牌和招工文件,加上所谓每月 400 元至 500 元工资的甜言蜜语,使她轻易上当,先是自身被骗拐卖去卖淫,而后自己也模仿犯罪者,去坑害他人。值得指出的是,由于从事卖淫等活动有时可获暴利,这对那些世代贫穷、十分困苦的人来说常常带有很大的刺激性和诱惑性,一些人甚至认为与其在家受穷,还不如离家出走。根据有关部门的反映,我们在"打拐"中常常遇到的阻力,不仅来自贩卖人口者和花钱买人者,而且有时来自被拐卖的女人自身,她们称自己是"自愿"的,这是发人深省的。可以认为经济上的落后,生活上的贫穷,是包办买卖婚姻和拐卖妇女现象的经济基础。

(3)法盲和疲软的法律监督

我国颁布的第一部法律——婚姻法,明确规定:"实行婚姻自由、一夫一妻、男女平等的婚姻制度。""禁止包办、买卖婚姻和其他干涉婚姻自由的行为。禁止借婚姻索取财物。""禁止重婚。"它表明党和政府对婚姻家庭领域的重视和铲除封建主义的婚姻的决心。它对于消除封建婚姻,把广大人民群众,特别是广大妇女从封建婚姻制度中解放出来,起到巨大作用。

1982 年四川的一个犯罪分子借帮助找工作为名,把一名 17 岁的女青年骗出省,转卖给河南省某县某乡某村一个 30 岁的农民为妻。该女青年发现上当后想逃走,遭到毒打和监禁,左邻右舍漠然视之,只有一位"好心人"把这件事报告了该生产队的党支部书记,请书记出面解决问题。没想到书记说,我管这种闲事干啥,我管了,他(指买妻的农民)没老婆找我要,我上哪儿给他去找。还有一个村干部说,不管姑娘是怎么来的都是好事,我们村的姑娘本来就少,娶不上妻的光棍本来就多,村民自己筹钱搞来老婆,解决了俺村的问题了。一些人,包括我们党的干部不懂法,自私、狭隘到如此地步,这怎么能铲除封建婚姻,保护人民的利益,使犯罪分子无可乘之机呢?如果我们的法制健全,人民的法律观念强,就会使包办买卖婚姻、拐卖妇女的行为受到限制,没有市场,并不断遭到严厉的打击,而不会被无形保护起来。

早在三十年前的 1988 年,我国公安部已发出通知要求全国统一行动,严厉打击拐卖妇女儿童的犯罪活动。该通知指出近几年来,全国拐卖妇女儿童的犯罪活动日趋严重,发案连年增加,而公安局在执法时在一些地区受到不同程度的刁难,明支持暗包庇的现象较为普遍。对拐卖妇女儿童的犯罪行为缺少整体治理方案。公安部提出要提高整个社会的防范能力,逐步减少并消除拐卖妇女儿童的客观条件。大力推进社会主义的精神文明建设,提高人民群众的社会主义法制观念,自觉抵制和揭露买卖人口、残害妇女的犯罪行为,革除买卖婚姻、包办婚姻的封建陋习,在广大妇女中进行自尊、自爱、自重、自强的教育。公安、检察、法院、民政、司法、妇联等有关部门明确分工,各负其责相互配合。

继续贯彻从重从快、严厉打击的方针。在一些重点地区集中一段时间，开展打击拐卖妇女儿童专项斗争。在充分准备的基础上，收捕一批拐卖人口的犯罪分子。对罪大恶极、非杀不可的集团首犯、团伙头子、惯犯、屡犯，坚决杀掉，该逮捕的逮捕，该劳动教养的劳动教养，并适当选择典型案例在作案地召开群众大会宣判，形成强大的声势，以打击犯罪分子的嚣张气焰。十年多的时间过去了，尽管我们取得了很大的成绩，但这种丑恶现象并没有彻底消除，在某些地区仍然存在，一些被拐卖的妇女也参与了新的拐卖活动，甚至成为首犯，这是令人深思的。

可见，健全法制，打击各种犯罪活动是必要的，但只能治标不能治本，还必须发展经济，提高人民的物质和文化生活水平，教育广大人民群众，特别是进行法制教育，实行群防群治，才能达到治本的目的。在中国这块古老的土地上，封建主义的婚姻是根深蒂固的，封建主义的婚姻观念影响很深，封建的婚姻习俗带来的各种丑恶行为依然存在，因此反对封建婚姻观念和习俗，仍然是我们今天面临的重要任务之一。

四、婚姻媒介与择偶自由

1.“婚姻媒介”的历史考证

在人类婚姻史初期，“婚姻媒介”几乎和婚姻同时发生了。恩格斯曾说：“在对偶婚之下，通例是由母亲给自己的子女安排婚事的。”①可见在对偶婚时代，“婚姻媒介”就出现了，此时父母是最常见的媒人。恩格斯还说：“在整个古代，婚姻的缔结都是由父母包办，当事人则安心顺从。”“直到中世纪末期，在绝大多数场合，婚姻的缔结仍然和最初

① 《马克思恩格斯选集》第四卷，人民出版社 1972 年版，第 75 页。

一样,不是由当事人自己决定的事情。”“按照资产阶级的理解,婚姻是一种契约,是一种法律行为,而且是一种最重要的法律行为,因为它决定了两个人终身的肉体和精神的命运。不错,这种契约那时在形式上确是自愿缔结的,没有当事人双方的同意就不能解决问题。不过人人都非常明白,这一同意是如何取得的,实际上是谁在订立婚约。”①比如在天主教国家中,父母照旧为年轻的儿子选择适当的妻子。可见,一直到资本主义社会,婚姻媒介都很普遍,父母是最常见的婚姻媒介,他们在婚姻中的作用十分突出。在当代发达资本主义国家里,婚姻媒介已由家庭逐步转入社会,比如在日本通过“说媒”而成婚的仍然相当普遍,媒人要对新婚夫妇和睦相亲负责;社会性的婚姻介绍事业也很发达,婚姻介绍所盛行,并配有现代化电子装备指导婚姻介绍工作。到婚姻介绍所去求助的男女,第一年要交登记费(约100美元),决定正式结婚的,还要付数倍的介绍费。根据日本厚生省提供的情况:20世纪末,随着人的寿命的延长,兴起了暮年求婚热,求婚者大多是七八十岁的老人,因此老年婚姻介绍所也应运而生。

在我国婚姻媒介出现得也很早。“媒”的意义依《说文》中解释说:“媒,谋也。谋合两性。”“媒妁”中的媒有“谋求”之意,妁虽然已相当于媒(谋),但含有(商酌)之意。可见媒妁是为婚姻而“谋求商酌”。据传,媒的起源极古老,《风俗通》中说:“女娲祷祀神祇,为婚姻,置行媒自此始。”可见婚姻媒妁之制,在远古女娲时代已经开始。至周代已有“父母之命,媒妁之言”之说,《诗经》中说:“娶妻如之何,必告父母。”又说:“娶妻如之何,匪媒不得。”《管子·人国篇》中也曾记载说:

① 同上书,第75、74、76页。

“凡国度皆有掌媒。丈夫无妻曰鳏,妻子无夫曰寡;取鳏寡而合之,予田宅而家室之,三年然后事之,此之为合独。”这说明周代初期就有“媒官”。到了周代末期,由官媒又发展为私媒。随后在《三国志》中亦有“为设媒官、始知嫁娶”的说法,元代《典孝》则说,媒妁是由地方长老保送信实妇人充任此官。至于清初各地方官遇到发堂择配的妇女,都交给担任媒官的妇人执行。同时,当时地方政权,对所辖范围内的贫苦子女和婢女遇到婚嫁困难,都由官方代为拉媒撮合,说明清朝有媒官。清朝末年太平天国起义军建立政权时也曾设有媒官。据曾经到过苏州太平军驻地的王韬,在所著《瓮牖余谈》中说“设伪媒官男一女一”,管理男女婚配之事。

从法律上看,媒妁可以从唐朝查起,如《唐律疏义》写道:“为婚之法必有行媒。”说明唐代就把媒妁列为男女成亲的法定条件。而且,在法律上媒妁与家长负有同等的责任。以后许多朝代都曾有过类似的规定,直至清朝覆亡,民国成立,当时还是规定男女结婚必须经媒人写具“私约”,并报官立案,始称“婚书”,否则就是违法。

可见媒人是历史的产物,在漫长的中国社会历史中,是婚姻行为中的一个不可缺少的角色。直到 20 世纪中叶的中国,这种角色并不鲜见。著名评剧《刘巧儿》中有一个叫刘媒婆的,就是媒人。在从传统婚姻向现代婚姻演变的过程中,用现代人的眼光看充当媒人的,一般有两个认识,一是封建社会的产物,充当包办买卖婚姻之事,破坏择偶自由。二是巧言善辩,利用说媒从中赚钱收取费用。因此媒(特别是专业媒人)的声誉不好。随着中华人民共和国的建立,新婚姻法的颁布,人们的婚姻行为和观念的变化,传统婚姻媒介已经渐渐消失了。然而,婚姻媒介却以其他形式,比如“婚姻介绍人”“婚姻中介人”“红娘”等形式存在着，在民间仍然十分普遍。

2. 从“媒人”到“红娘”

1991年，美国加利福尼亚大学圣地亚哥分校的人类学教授戴维·乔丹来中国进行关于婚姻问题的调查。他感兴趣的是研究中国的“媒人”，在今天的中国也称“红娘”。他曾经在笔者的帮助下访问了天津市河西区“红娘标兵”刘某，刘某热情地接待了他，并向他说自己已经介绍了一万个左右来求偶的人，成功在一千对左右。她还讲述了自己充当介绍人中遇到的一些典型事例，她告诉戴维，她所做的这一切都是不收费，不要任何礼物和酬劳的。此次访问后，戴维对两点是不能理解的。第一，他认为婚姻是当事者自己的事，怎么会有(需要)当事者以外的人来参与。第二，这些“红娘”既然不收费，不要酬劳，她(他)们为什么要做这样的事情。笔者告诉他，刘某是“红娘标兵”，但在现实生活中，承担婚姻媒人的，或者说婚姻需要中介人的比比皆是。在笔者的建议下，戴维又在天津的一个工厂和两个村庄对数百名普通工人和农民进行了问卷调查，结果证明被调查的工人中有75%有婚姻“介绍人”，而近80%的农民有婚姻介绍人。换句话说，只有20%~25%的人的婚姻完全是“自己认识”，自我决定，不需他人帮忙的。这调查和其他有关资料使戴维相信了今天婚姻媒介在中国社会婚姻行为中的普遍性。他说在奉行婚姻自由的美国是不存在这种现象的。

其实中国的学者对这一问题早就做过较为系统的调查、分析和研究，研究的核心问题是今天中国人的择偶方式和自由度。从1982年开始，由中国社会科学院社会学研究所主持的中国五城市家庭研究在北京、上海、天津、南京、成都进行，在调查婚姻结合途径上把指标设为“父母包办”“父母亲戚介绍”“朋友介绍”“自己认识”“其他”(包括组织介绍）五种，其中“自己认识”界定为择偶过程完全没有其他人参与，换句话说，没有婚姻媒介。根据调查统计数字，回答该项问题的4878人中有861人为“父母包办婚姻”（其中多为1949年前结婚的老年人），占17.65%；有1100人为“父母亲戚介绍”，占22.55%；有1754人是“朋友介绍”，占35.96%；有1123人是“自己认识”，占23.02%；用其他方式的有40人，占0.82%。[①] 我们注意到，在该项调查中完全没有婚姻媒介的只占23%左右。换句话说，到目前为止，大部分中国人在择偶时还要有“介绍人”“中介人”或“媒人”。在中国的传统文化和国情中，这种情况并不奇怪。

3. 婚姻媒介的社会思考

对于媒介，人们从来都有不同的议论和看法，有赞誉的，也有贬斥的。从婚姻自由的角度看，媒介有干预、包办、代替当事人的作用，因此有人对媒介持否定态度。用历史的观点看，媒介仍然有其不可忽视的社会作用。它具体表现为：

（1）婚姻媒介是婚姻社会行为中的角色

婚姻是用社会力量造成的，世界上从来没有一个地方把婚姻看作是完全的个人私事，与社会不相关的。婚姻对象的选择非但受社会的干预，而且从缔结婚约起，一直到婚后夫妇关系的维持，多多少少在当事人之外，有别人来干预。这样，就把男女个人间的婚姻关系弄成了一桩有关公众的事件了。在这样的氛围中，婚姻当事人似乎觉得有旁人参与婚事更稳妥、庄重、有意义，更有保证，更能得到社会承认；对于社会来说，人们以各种方式参与他人婚事是普遍的，而且是理所当然的。

---

① 参见潘允康主编《中国城市婚姻与家庭》，山东人民出版社1987年版，第64页。

婚姻媒介是最初介入婚姻的社会力量,它对于婚姻的缘起、缔结和成立,常常起重要的作用,是婚姻舞台上不可缺少的角色。

(2)婚姻媒介代表社会监督婚姻

由于婚姻和由此产生的家庭对社会承担重要功能,社会必然要对之干预、限制和监督,婚姻媒介是监督婚姻的社会力量之一。比如在对偶婚制下,人们婚配必须考虑新的亲戚关系,这种新的亲戚关系应该保证年轻夫妇在氏族和部落中占有更牢固的地位。在父权和一夫一妻时代,人们婚配,必须考虑财产关系,以保证财产的占有和继承。为此,社会对人的择偶对象都有限制,媒人在说媒时也是按这种限制行事的。

(3)婚姻媒介帮助当事人成立婚姻

用历史的观点看,婚姻媒介对于婚姻是不可缺少的。婚姻是人际交往与合作中最复杂的事。男女结合需要交往、接触,需要机会和机遇。社会为男女提供的社交机会越多,男女结合的机会也越多,反之则少。在封建社会,对男女交往的限制很多,以至于到"男女有别,授受不亲"的地步,男女之间是无法自由交往的,更甭说恋爱与择偶了。人们择偶结婚必须有人从中帮忙,牵线搭桥,媒妁是不可少的。正如《曲礼》上所说:"男女非有行媒,不相知名;非受币,不交不亲。"《坊记》上说:"故男女无媒不交,无币不相见,恐男女无别也。"男女的婚姻须得父母之命,在未得父母之命之前,需要互知姓名,这就是媒妁的责任。《诗集传》说:"媒,通两姓之言者也。"通两姓之言,使男女得父母之命而结成婚姻,是媒妁的力量。

媒妁不仅能为男女结成配偶穿针引线,而且能帮助当事人选择配偶。其实每一个要求婚姻自由的人并不是主张择偶的偶然主义,喜欢和谁结婚就和谁结婚,让纯粹的机会来代替月老。无论从个人还是家庭、宗族和社会考虑，择偶都是慎重之事，需三思而后行。因此在择偶时需要别人从不同程度帮忙是很自然的事。父母根据自己的经验为儿女选择的配偶未必都不好，第三者为当事者的权衡考虑，也许比当事者本人更周到和客观。不了解这点，就不知道历史上怎么还有过“父母之命，媒妁之言”，而且一直存在了很长时间。

今天社会主张婚姻自主、自由，传统的“媒妁”带有封建色彩，已经从婚姻舞台上消失了。对于大多数中国人来说，婚姻有自主权是无疑的，特别在城市中更是如此。然而，他们的婚姻也大多数有人从中帮忙，主要在当事者起牵线搭桥的作用，有的是让当事者相识之后，就不再介入，有的介入较多，比如在当事人之间继续传递信息，帮助当事人分析与对方结合的利弊，以及调解当事人之间的矛盾和纠纷等，人们赋予这种角色以新的名称——“红娘”。根据中国的具体国情和文化传统，可以预计“红娘”还会在一定时期较为广泛存在，继续发挥其社会职能。“红娘”（新的婚姻媒介）的客观存在，说明人们还没有实现完全的择偶自由。可以预见，随着社会的发展，人的自我和主体意识的增长，社交的活跃与公开，婚姻择偶会更多地摆脱中介人，逐步走向完全的自由和自主。

五、爱情与择偶自由

爱情是今天婚姻和择偶中的热门话题，婚姻要以爱情为基础，爱情是婚姻质量的主要标志。有的人认为爱情进入婚姻和家庭，是择偶自由的重要标志。

中国是一个大国，是一个政治、经济、文化发展在地区间都很不平衡的大国，如果说在一部分地区还存在婚姻不自由、不自主的情况，还有一些人只是为生孩子、为过日子找对象和配偶，中国的另一部分人，特别是在发达和沿海地区的人，则已经开始狂热地追求爱情婚姻。

1. 情人现象

情人现象在改革开放的中国越来越多了。它和同时出现的重婚、纳妾、“包二奶”等行为的不同点在于它还没有违法，就现行的法律而言，还不能被治罪，甚至在一定程度上还被一些人理解和同情。

某学者研究了我国经济特区的婚姻和道德问题后认为：婚外恋情、婚外性关系及同居现象，构成了深圳特区多重的两性关系形式。这种婚外恋情多数造成夫妻关系日益紧张。也有人能对此保持隐私状态或小心协调婚姻内外的关系，对夫妻关系的影响不大，或者夫妻在相互抗衡中，以某种利益关系或其他因素逐渐求得平衡，甚至有个别夫妻达到相互理解，即有婚外恋情的一方“喜新不厌旧”。在深圳，婚外恋情带有一定的普遍性。深圳市妇联权益部在1996年受理了群众信访345起697人次，其中婚姻家庭纠纷占44%，而这44%的婚姻家庭纠纷中，95%以上的丈夫有外遇。在深圳，婚外情人现象日益被世人接受，一些单位在行政上采取“不干预政策”，认为私事不属领导关心的问题，而世人普遍持无所谓、说不清乃至理解、宽容的态度。《婚姻与家庭》杂志社1997年在全国进行了调查，回收的问卷中认为“周围的人中没有婚外恋”的占9.4%，“有，但很少”的占57.1%，“较多”的占26.4%，“很多”的占3.9%，说明这一问题的普遍性①。

对婚外情产生的原因人们有不同的看法。过去人们往往用道德问

① 参见樊爱国主编《转型期中国人的爱情与婚姻》，中国妇女出版社1998年版，第80—87页。

题和“喜新厌旧”一词来概括，今天则分析了它产生的多种社会原因，比如“人口广泛流动和交际频繁”“商品经济带来的价值观念的变化”“家庭传统功能的减弱”“物质生活水平的提高和人的素质教育的滞后”“来自国外的影响”等。还有比较多的看法认为，是今天人们追求爱情的结果。一些人认为以往的中国家庭是高稳定低质量的，所谓低质量是指感情质量低，大多只会“过日子”。今天人们开始热烈追求感情，而许多人已经结婚了，在原来的婚姻中找不到爱情，而离婚再结婚比较麻烦，因此搞起了婚外情。《农家百事通》杂志的读者中曾有 20 人给杂志社来信谈到农村女性婚外情的情况，从来信来稿中看，农村女性在婚外情中大都爱得炽烈激情，她们在追求婚外爱情时，时常表现出勇敢和率真。在这 20 例个案中，有一个青年妇女干脆带着行李到她的情人家去住，并对情人说：“我和他（指丈夫）一年多没同房了，和你才是真正的夫妻。”还有一个五十多岁的农村妇女，在带大了大儿子家的孙女，为二儿子娶了媳妇后，认为尽到了对家庭的义务，便和她从年轻时就相恋的情人一起私奔了。农村妇女的婚外情大多都伴有性关系。在 20 例个案中，除两个含糊未说外，其他都明确表示出与婚外情人有性关系。

在我们对这种“情人现象”进行具体分析之前，首先来谈谈爱情和爱情的含义是什么，以及它给中国家庭带来些什么？

2. 爱情——现代婚姻中的变数

爱情是个古老而又现实的话题。几千年来人们一直在谈论爱、追求爱，把爱情作为婚姻的最高境界和理想。但在过去，爱情只是少数人的奢望，今天才成为大多数人的追求。对于现代人来说，婚姻必求爱情，婚姻要以爱情为基础。然而，从现实生活的实际出发，爱情对今天的婚姻家庭的效应是双面的，一方面爱情进入婚姻和家庭，成为婚姻和家庭的基础，提高了婚姻家庭的质量。另一方面由于爱情不等同于婚姻的本质，以及爱情的不确定性，也给婚姻和家庭带来了问题，比如一些人用超理想的态度来对待婚姻和家庭，使婚姻家庭生活缺少现实性，再比如盲目追求爱情也带来了家庭的不稳定性。爱情成为现代婚姻家庭中的变数。

(1)爱情和婚姻的本质不相等

婚姻要以爱情为基础。人们在婚姻中要追求爱情，但爱情与婚姻并不相等。婚姻的本质不在于其个体性，而在于其社会性。人要结婚，社会要设立婚姻制度，是要通过婚姻组成家庭来完成一系列社会功能。结了婚的人要围绕这些社会功能承担相应的社会义务。这些是与爱情不相等的。爱情是个人间的私事。社会学家认为，若光是为了满足个人之爱，人类社会不需要设立婚姻制度，每个人也不一定要结婚，只有两人的合意即可。在现代社会，人们在婚姻中追求爱情是自然的、必要的，但把爱情作为婚姻的唯一目的也会出现误导，会使一些人用非现实主义的态度来对待婚姻与家庭，从而产生问题与混乱。不能不说，今天家庭中的一些问题与追求虚无的爱情有关。把一个和现代婚姻本质不相等的东西作为婚姻追求的第一目标，不能不产生婚姻行为中的变数。

(2)爱情的不确定性

今天的人们狂热地追求爱情，其实爱情已经是一个千古话题。

我国古代《诗经》就有对当时中下阶层之男女自由求爱的记载，如《野有死麕》《静女》《桑中》《山有扶苏》《臻侑》等篇。与此同时，“父母之命，媒妁之言”也出现了，如《将仲子》《柏舟》《南山》等篇。当时也有通过“自由恋爱”结婚的，如《击鼓》《氓》等篇。以后在漫长的封建社会中尽管婚姻极不自由，也有《西厢记》中张生和莺莺的爱情故事，《武家坡》中王宝钏和薛平贵的故事，《梁山伯与祝英台》中梁山伯与祝英台的故事，《红楼梦》中贾宝玉和林黛玉的故事等，表达了人们对爱情的追求和向往，但是从理性上研究什么是爱情的并不多。相反西方人则比较早地从理性上探讨了爱情。

早在几千年前，古希腊哲学家柏拉图就深入思考了什么是爱情。他认为爱情应当是纯洁的、高尚的，因此只能是心理上或心灵上的，而与肉体行为无关。他认为男女之间拥抱、接吻、欢享与性行为都是肉体行为，是龌龊的，不是爱情的表现，而男女在一起，这些行为又不能避免，因此爱情不可能在异性之间存在，只能在同性之间存在。这样柏拉图就用他哲学家的抽象思维方式导出了一个所谓心灵之爱的谬论，而且断定异性之间没有爱情，只有同性之间才有爱情。今天有人说柏拉图是同性恋的鼻祖，有一定根据。公元 1 世纪，有一个罗马诗人提出了和柏拉图针锋相对的观点，认为爱情就应当是性的、色情的、肉感的，而不是所谓心灵上的、虚无的，因此，爱情就等同于性爱，至于所谓心灵之爱，不过表现为男女之间的虚伪和矫饰，是嫉妒性和游戏性的斗争而已。这位罗马诗人的爱情观点后来被人们称为肉感爱情和性感爱情，在当时的社会条件下，这种观点是把爱情和婚外性关系混为一谈，往往是指通奸中的爱情，因为那时是包办婚姻社会，男女之间自由相爱根本不存在，人们的婚姻听凭父母安排，自己不能选择，所以只有在通奸和婚外情中才能找到这样的爱情。用今天的话说，爱情只能和“第三者”发生。可见自古以来对爱情就有两种不同的观点，一派为心灵上的爱情，一派为肉感上的爱情，都属歧论。

以后到了公元 10—12 世纪，出现了所谓心灵爱情和肉感爱情（色情爱情)相结合的所谓“罗曼蒂克”式的爱情。13 世纪,英国皇宫中的贵族们开始给爱情定义,提出了许多表示爱情的条陈规范,比如说他们认为爱情取得需要五个条件:第一,漂亮的身材;第二,要有口才能把对方说服;第三,崇高的性格;第四,要有财富;第五,要慷慨大方。并认为爱情的建立可分为四个不同的阶段:第一,双方产生一种希望;第二,亲吻授予;第三,欢享拥抱;第四,以身许欢。他们还提出了一些判断爱情的标准,比如,你一看见对方心里就怦怦跳说明你有了爱情,爱上了对方。再比如,新爱驱旧爱等。这种所谓宫廷爱情艺术只是列举了男女交往中的一些表现,没有说到爱情的本质上。

所谓“罗曼蒂克”式的爱情在西方社会统治了很长时间。到 19—20 世纪,由贵族到贫民,都在谈论这种爱情,并且把它和性行为越来越紧密地结合起来,由婚后的性行为,发展到婚前恋爱中的性行为,或婚外根本没有婚姻意向的性行为。可见,“爱情”二字像某些美好的字眼那样,也会被用来包裹一些与爱情无关的东西。

1915 年 1 月 17 日,列宁在给印涅萨·阿尔曼德的信中,曾建议将“恋爱自由”的提法从一本小册子中删掉,原因是它的含义不明确。列宁提出,它既可以被理解为在爱情上摆脱物质要求,摆脱宗教偏见,摆脱父母之命,也可以理解为在爱情上摆脱严肃的态度,摆脱生育子女的义务,以致被理解为通奸的自由。由于在现代社会里,那些能说会道,爱吵爱闹,“高高在上”的阶级所理解的“恋爱自由”,往往是后三种情况,因而,这一看来又是“恋爱”,又是“自由”的闪光的口号,“不是无产阶级的要求,而是资产阶级的要求。”①

① 参见《列宁全集》第三十五卷,人民出版社 1959 年版,第 164—165 页。

从一定的意义上说，爱情不仅不等同于性的要求，也不等同于一般的两性之间的情感，从性和情感的角度上说，任何男女之间都可能发生，但不一定是爱情，它甚至可能和爱情风马牛不相及。社会学家费孝通在《生育制度》一书中说："性爱这种感情不但可以在任何两个男女之间发生，不易拘束，而一旦发生了性爱的男女，这种感情又是不太容易持久的。沃克说得很彻底：人类婚姻的对象尽管只是一个，可是在感情上男女都能在夫妇之外另有所眷恋的，因为人类是个 Poly - erotic（多元性感）的动物。哈夫洛克·蔼里士也说：'每一个男子或女子，就基本与中心的情爱说来，无论他或她如何的倾向于单婚，对其夫妇而外的其他异性的人，多少总可以发生一些有性爱色彩的情感，这一点事实，我们以前是不大承认的，到了今天，我们对它的态度却已经坦白得多了。'因之，若是让性爱自由地在人间活动，尤其是在有严格身份规定的社会结构中活动，它的扰乱力量一定很大……这样说来，维持社会结构的安定和完整，不容它紊乱和破坏，性的这个力量，无论如何得加以控制了，不论人是怎样多元性感，还是要设尽方法把性关入夫妇之间……"①

爱情是深奥的，有时是不可测的。自古以来人们从不同角度试图给爱情定义，不下百种，但没有把什么是爱情说清楚。罗素在《婚姻》一书中说，第一次婚姻的不幸，往往就在于当事者把初次接触异性的激动误认作是"爱情"，大错铸成，变成了没有爱情的婚姻，悔恨终生。社会学家、历史学家、经济学家、民俗学家、心理学家、人类学家都想从不同的侧面给爱情下定义，众说纷纭，莫衷一是，但谁也没有说得清楚，给

① 费孝通：《生育制度》，天津人民出版社1981年版，第48—49页。

爱情一个权威的概念和定义,是因为爱情本身就是深奥和抽象的。

恩格斯在谈到爱情的基本特征时说:“现代的性爱,同单纯的性欲,同古代的爱,是根本不同的。第一,它是以所爱者的互爱为前提的;在这方面,妇女处于同男子的平等地位,而在古代爱的时代,决不是一向都征求妇女同意的。第二,性爱常常达到这样强烈和持久的程度,如果不能结合和彼此分离,对双方来说即使不是一个最大的不幸,也是一个大不幸;仅仅为了彼此结合,双方甘冒很大的危险,直至拿生命做孤注……最后,对于性交关系的评价,产生了一种新的道德标准,不仅要问:它是结婚的还是私通的,而且要问:是不是由于爱情,由于相互爱而发生的?”①可见爱情和性关系不等同,和婚姻也不等同,但它能让人冒风险,甚至用生命做赌注,爱情是深奥的。

一位来自西方的学者为了说明爱的复杂性,举出了五个英文单词与爱情相关,一是 LOVE,爱;二是 FEELING,感情;三是 ENJOY,喜欢,享受;四是 TEST,试验,尝试;五是 EGO,自我,本能。这五个单词也表示爱的五个阶段,LOVE 是最高阶段,人们通常用它来表示爱情,EGO 是最低阶段,其中也包含有爱的意义。性心理学研究认为,有时人的本能可以超过理智,人处在 EGO 状态时的狂热能超过 LOVE 状态,不能说本能中没有爱,同样在其他几个阶段中也都包含有爱的因素,说明爱是极其复杂的。马克思说:“然而爱情,不是对费尔巴哈的‘人’的爱,不是对摩莱消特‘物质交换’的爱,不是对无产阶级的爱,而是对亲爱的即对你的爱,使一个人成为真正意义上的人。”②有的人说给爱情以

① 《马克思恩格斯全集》第二十一卷,人民出版社 1965 年版,第 90—91 页。

② 《马克思恩格斯全集》第二十九卷,人民出版社 1972 年版,第 515 页。

定义是不可能的，因为只有当事者才能体会出它的真实含义。也许正是因为爱的复杂、深奥和不可测，所以自古以来它一直引起人们的兴趣和追求，今天更带有社会的普遍性，是一个让人们讨论不完的永恒话题。然而，当人们热烈地追求它时，却不能确切知道爱是什么。现在社会上流行的港台歌词中有“爱情你在哪里?”“爱得好辛苦”“爱得好难过”之类的词，真实地反映了人们求爱，又得不到爱，而且从根本上不知道爱情是什么，爱情在哪里的复杂心情，是非常真实的。

(3) 面对爱情的两难选择

爱情是一种看不见、摸不到、说不清的东西。现代人要以它作为婚姻和家庭的基础，不能不带来一些问题。对于爱情，人们有两难的选择。

首先，人们在婚姻中讲爱、求爱是择偶自由的表现和需要。在爱情的判断和追求上，除了当事者本人外，其他人是无法包办代替的。人追求两性交往中最高尚的东西，是自然的，是人的需求层次提高的表现，是社会的进步，社会应该引导这种需要，创造条件去满足这种需要。爱情进入婚姻和家庭是婚姻家庭质量的提高。然而爱情的不确定性，爱情和婚姻本质的不一致性，也容易产生新的问题。婚姻与家庭生既是浪漫的，也是现实的；既要有情感，也要过日子；既有自我，还有他人；既有权利，还有义务。有人说，夫妻之间的爱情可以在日常生活的磨合中产生，有一定道理，但不都是如此，换句话说，爱情与现实的婚姻家庭生活不都是一致的，于是在现实中出现了为了爱而舍弃生活、舍弃婚姻与家庭的情况。因此有的社会学家认为，爱情婚姻没有义务婚姻稳定。在义务婚姻模式中，夫妻俩过日子比较具体，看得见、摸得着，钱怎样用，家务劳动谁来做，怎样分工，孩子谁来照管，老人谁来护理等，很容易操作与合作,而实现爱情是比较难的,爱情的不确定性,使得追求爱情有时无法操作。当人安心于过日子,没有更高的奢望时,容易心满意足,不思变化。而当人追求浪漫,要爱情时,反而会增加烦恼,产生纠纷,思动思变,使婚姻家庭动荡解体。一位美学家曾做过如下推论:爱情是一种美,从美学观点上看,任何一种美都不是永恒的,因此爱情也不是永恒的,常常是新爱驱旧爱。依此类推,以爱情为基础的婚姻与家庭也不会永恒。配偶得不断更换,家庭要不断更新。总之,今天人们既要追求爱,又要准备应付因此而引起的婚姻与家庭的动荡,是两难的。爱情是婚姻家庭中的变数,是最大的变数。

爱情的追求,促进了择偶自由,然而爱情婚姻的复杂性,又使择偶自由难以实现,关于这点,我们在"自由择偶"一节中还要再谈。

六、交换行为与择偶自由

自从社会交换理论的形成和出现,人们逐步认识到社会行为中也存在交换价值。美国社会学家霍曼斯、布劳和埃默森创造的社会交换理论认为,人在从事某种社会行为时也期望有所回报,得到了回报他会产生从事这种行为的积极性,并重复这种行为。为此他们创造了社会交换行为中的最优原则,以及投资、奖励、代价、公平和正义等一系列范畴。婚姻是一种社会行为,婚姻择偶中也存在明显的交换价值和交换行为。一些人研究了这种现象,提出了婚姻交换理论,主要代表性的理论有:

1. 中国的"门当户对"论——同质交换理论

中国古代的"门当户对"论是一种最原始的交换理论。所谓"门当户对"是指男女双方家庭的经济与社会地位相当,则结亲最合适。换句话说,男女双方在择偶时要相互考虑对方家庭财产多寡和门第高低与自己无多大差别。中国古代有“竹门对竹门,木门对木门”之说,“竹门”和“木门”是门脸,它标志一个家庭的经济状况和社会地位。旧时大户人家都是台阶高筑,红漆或黑漆大门,石头狮子坐蹲两旁。一看到这样的门脸,就知道里面住着有钱有势人家。相反,穷人家都是篱笆小门。“门当户对”论是说家庭背景相当的人结亲最合适,为社会所赞成,否则要受到阻挠和谴责。《还魂记·园驾》中有这样的句子:“你女儿睡梦里,鬼窟里,选着个状元郎,还说‘门当户对’!”[①]这是择偶的一种交换,强调当事人的家庭背景,要求家庭背景相同的交换。我们也称之为同质交换。所谓同质交换是指当事者间交换的内容相同,即你给我甲,我也给你甲;我给你乙,你也给我乙,以达到交换的平衡。现代同质交换则是要当事者本人条件相当,比如有大学文化程度的人一定要找有同样文化程度的人为配偶就是例子。

事实表明,同质交换在择偶中十分普遍,无论是家庭背景式的交换,还是个人条件的交换。以中国五城市家庭调查资料为例。

① 参见《辞海增补本》,上海辞书出版社1979年版,第267页。

表 4－1　夫妻婚前家庭经济状况比较

两家比较	东河沿（北京）		尖山街（天津）		张家弄（上海）		四福巷（南京）		如是庵（成都）	
	人数	%	人数	%	人数	%	人数	%	人数	%
娘家较富	56	9.43	29	6.71	166	22.46	125	19.90	62	15.90
两家相似	454	46.58	371	85.83	373	50.48	353	56.21	222	56.92
婆家较富	84	14.14	32	7.41	200	27.06	150	23.89	106	27.18
总计	594	100	432	100	739	100	628	100	390	100

资料来源：中国五城市家庭调查，参见《社会科学战线》1985 年第 4 期，第 142 页。

从上述资料中我们可以看出，家庭背景（经济状况）相近的人结合的较多，这是一种同质交换。再看下表：

表 4－2　四城市七个居民点不同结婚年代夫妻文化程度相关系数统计表

	1949 年以前	1950—1965 年	1966—1976 年	1977—1982 年
东河沿（北京）	0.736	0.697	0.635	0.844
团结湖（北京）	0.7419	0.7029	0.4013	0.8056
张家弄（上海）	0.7006	0.6548	0.6052	0.7202
长春街（上海）	0.6655	0.6945	0.4838	0.7917
双阳里（上海）	0.7908	0.7612	0.4668	0.7515
四福巷（南京）	0.782	0.684	0.459	0.655
如是庵（成都）	0.7497	0.8144	0.3807	0.6427

资料来源：中国五城市家庭调查，《社会科学战线》1985 年第 4 期，第 146 页。

从上述统计资料中我们可看出当事人（夫妻）之间的文化程度有很高的正相关度，说明学历和文化程度相近的人更容易相互选择，结为夫妻，这又是一种同质交换，是当事者本人条件之间的交换。不仅从夫妻文化程度的比较中我们可以看到这种情况,从他们的职业、经济收入、年龄等方面的比较中我们也能看到这种情况。

无论如何,同质交换的规律是客观存在的,从家庭背景的“门当户对”,到本人条件的“门当户对”,是同质交换规律从传统向现代的演变。

2. 温奇的“异质互补”说——异质交换理论

中国过去有一个词:“郎才女貌”,说的就是婚姻中的交换和平衡,以郎才换女貌,以女貌取郎才,是理想的交换和平衡,尽管其中带有男女不平等的封建主义色彩。这种模式在今天也还存在,而且有各种新的创造和发挥。比如,根据日本心理学家对现代日本高中生的心理调查,要求高中学生列举理想的异性形象,在女性的形象中,“美貌”排在第一位,其次是“端庄稳重”“性的魅力”“温存体贴”等。与这些女性相对应的男性的特征是“责任感”“生活的计划性”“正义感”“意志”等。调查表明,青年中期的男女已经明确地掌握了异性的特征,并感受到了这方面的魅力。对大学生的调查,关于理想异性的形象与高中学生基本相同,女性形象中增加了“生活的计划性”“责任感”,男性形象中则增加了“独立性”和“头脑清晰”,更具有成年人特征和浓厚的现实性。无论如何,它说明异性之间的要求是相互的,但有所不同,是要交换。出于男女性别和社会角色的差异,女多要求男有才,有事业,男多要求女有貌,有品行。无论如何,要求是双向而不是单向的。从简单的逻辑上说,“郎才女不貌”“女貌郎不才”都是一种不合理的匹配,因为它不能实现男女择偶中的交换和平衡。

美国社会学家温奇(R. F. Winch)创造的“异质互补”说扩展了郎才女貌说,它的基本假设是:择偶时从特殊需要模式中获得最大满足之时，男女双方特质是异质互补。男女于择偶过程中各在候选者范围内寻找能给予其需要以最大满足之对象。它列举12种主要的需求：①谦卑，②成就，③接近，④自主，⑤敬服，⑥统治，⑦敌视，⑧养育，⑨赞扬，⑩性，⑪争取地位，⑫援助。

温奇假定若甲乙互相求偶，其需要之满足有两种方式：第一，二人的需要相同，但强度有别，如甲有高度统治的要求，乙有低度统治的要求，彼此得到满足；第二，二人的需要不同，如甲有赞扬之需要，乙有敬服之需要，彼此也能满足。这两种情况都可以通过交换达到平衡。

“异质互补”说和“同质交换”论的不同点在于强调了当事者间的交换，而且是不同优势的交换，即甲给乙需要的“A”，乙可给甲需要的“B”作为交换，同样达到平衡。

“同质交换”或“异质互补”现象在现实生活中大量存在着，是择偶的客观规律之一。现代西方社会许多社会学家、心理学家进行过婚姻择偶中的同质和异质交换方面的实地调查和测量。比如卡特尔（Catteel，K. B.）计算出已婚者和订婚者之间，在身高、体重、头发、眼睛颜色、智力、健康、循环性倾向、受教育期限、态度及兴趣等方面的相关系数为+0.3～+0.7，证明双方有很大的相似性，这就易于造成双方的一致。特曼的研究也表明，结婚幸福的夫妻在特质上有较大的相关，而夫妻之间的各种特质相似或互补的话，其间就有较好的缘分。

3. 恩格斯的“爱情交换”论

恩格斯爱情交换论的基本观点是婚姻要以爱情为基础，而爱情的本质是互爱的。

恩格斯曾经说过：“如果说只有以爱情为基础的婚姻才是合乎道

德的,那末也只有继续保持爱情的婚姻才合乎道德。”[1]婚姻要以爱情为基础作为婚姻交换理论,是把恋爱、婚姻看作当事人之间“爱”和“情感”上的交换。所谓爱情是“互爱”。恩格斯在论述爱情的两个基本特征时说:“现代的性爱,同单纯的性欲,同古代的爱,是根本不同的。第一,它是以所爱者互爱为前提的;在这方面,妇女处于同男子的平等地位,而在古代爱的时代,决不是一向都征求妇女同意的……”[2]恩格斯特别强调爱情是相互的,相互本身就是交换。马克思在《1844 年经济学哲学手稿》中也提出类似的看法。他说:“如果你在恋爱,但没有引起对方的反应,也就是说,如果你的爱作为爱没有引起对方的爱,如果你作为恋爱者通过你的生命表现没有使你成为被爱的人,那么你的爱就是无力的,就是不幸。”[3]

爱情交换理论是在婚姻择偶上当事人之间爱的交换,是一种和上述两种交换理论有所不同的高级交换理论。恩格斯说:“结婚的充分自由,只有在消灭了资本主义生产和它造成的财产关系,从而把今日对选择配偶还有巨大影响的一切派生的经济考虑消除以后,才能普遍实现。到那时候,除相互爱慕以外,就再也不会有别的动机了。”[4]

无论是“同质交换”“异质互补”或“爱情交换论”,都说明婚姻择偶是交换行为,其中存在交换价值,换句话说,择偶不是单向行为,而是双向行为,是双向选择的行为,是要达到平衡和互补的行为,而不是一厢情愿之事。当你在选择他人时,他人不会像商品那样,被动地让你挑

① 《马克思恩格斯全集》第二十一卷,人民出版社 1965 年版,第 96 页。
② 《马克思恩格斯全集》第二十一卷,人民出版社 1965 年版,第 90 页。
③ 《马克思恩格斯全集》第四十二卷,人民出版社 1979 年版,第 155 页。
④ 《马克思恩格斯全集》第二十一卷,人民出版社 1965 年版,第 95 页。

选,他(她)也在挑选,要两厢情愿,达到平衡或互补,才能形成较为稳定的结合,这显然不是件容易的事。从这个意义上说,婚姻择偶只有相对的自由,没有绝对自由,因为当事者只能决定自己的事情,却不能把握他人的意愿,只能做到一厢情愿,不能决定两厢情愿。

第二节　从择偶自由走向自由择偶

人类从择偶不自由到择偶自由走过了一段很长的路,这条路还没有走完,落后的包办买卖婚姻、拐卖妇女现象还存在,婚姻媒介还在很大的范围内起作用,都说明人们还没有得到完全的自由。爱情进入了婚姻和家庭,提高了婚姻与家庭的质量,也产生了择偶中的变数。婚姻中交换价值的存在,使人们在择偶中不能完全依自己的意愿行事,随心所欲,要受到他人和其他因素制约。即便是人实现了完全的择偶自由,也未必能实现完全的自由择偶。人们从择偶的必然王国走向择偶的自由王国还有更长的路要走。所谓择偶自由是说人们在择偶中已经有完全的自主权和决定权。而自由择偶则是说人们不仅有自主权和决定权,而且把握了择偶的客观规律,运用自如地选择自己的理想配偶。每个人都希望找到自己的“意中人”,要寻求爱情和幸福的婚姻,希望有个美好的家庭。然而,多数人只能在择偶的必然王国里,不能到达择偶的自由王国,就是说大多数人有择偶自由,也能找到配偶结婚,但并不一定能择到理想的配偶。其实,这也符合客观规律,从社会学的意义上看,择偶不难,择理想的配偶确实较难。

所谓择偶不难是说大多数人都能找到配偶结婚。根据最新的人口资料证实,迄今为止,人口结构的性比例是基本合理的,即男女大致相等,从出生的角度看,男略多于女,但男人寿命相对女人较短,男人自然淘汰率较高,因此维持了男女的大致平衡。按"男大当婚,女大当嫁"的社会风俗和社会舆论以及家庭与社会对人们的期望和要求,绝大多数人到达一定的年龄是要寻找配偶、要结婚的。今天的社会实行的是一夫一妻制,择偶是一对一的,据此我们可以认为择偶结婚并不很难,或经过个人的努力,或由他人帮忙,或早或晚总可以找到配偶。这就是今天社会上大多数人都能结婚(尽管其中一些人抱怨配偶不理想)的原因。然而,择理想的配偶却比较难,这是因为择偶是个复杂的过程,它要受当事人本身的主客观条件限制,也受各种社会因素的制约。

一、择偶标准的综合性是择偶难之一

从规律上说,人们的择偶标准都是多条件、多因素的,在现代社会更是如此。换句话说,择偶时只看对方一个条件,只考虑一个因素的情况是比较少的,常常是综合多种条件和因素来选择。比如要考虑对方的身体、相貌等生理条件,要有对对方"财产多寡和经济状况""门第高低""家庭环境和背景"的要求,要想到对方的年龄、职业、文化程度、工资和其他收入,还要有"性格""爱好""贞操""道德品质""有无爱情"方面的要求。要求越多,越复杂,择偶的范围越小,难度越大。比如说某姑娘选对象,要求男方身高在1.7米以上,这实际就把1.7米以下的男性排除了。如果她还有另一个条件是男方必须是大学毕业生,那么不是大学毕业的人又被排除了,依此类推,每增加一个条件,择偶的范围就缩小一圈。从理论上说,人的择偶范围很宽,每一个进入婚龄的未婚异性都可能是选择对象,实际不然,它要受多种条件的限制,实在很窄。美国社会学家何凌穴曾研究过美国纽呵文城中1980对夫妇的背景,他的结论认为,美国文化对男女择偶有确定的限制,其主要因素是:

种族、宗教、年龄、民族来源、阶级地位及教育，他说："当所有的这些因素合并起来的时候，它们便把一个人的择偶范围弄成狭小的了。"[①]择偶标准的综合性是择偶难的原因之一。

二、择偶标准的多因素影响是择偶难之二

在婚姻问题研究上，我们反复强调的观点是婚姻的社会性，婚姻是一种社会行为。因此，它要受到社会因素的影响和制约，社会是变化的，影响婚姻的社会因素在变化，人们的择偶标准也在变化。在人类历史的发展过程中，人们的择偶标准既表现了连续性、继承性，又表现了很大差异性。所谓连续性、继承性是说自古以来人们择偶都要考虑一些共同的方面。所谓差异性是说不同社会，不同时期、不同地区人们的择偶标准不同。

婚姻的自然属性决定了人们择偶要考虑对方的身体、相貌等条件，不仅在于异性相吸，更重要的是造福子孙后代。婚姻的自然属性具有连续性、稳定性和一致性，因此不论哪一个时代、哪一种社会，人们在择偶时，身体相貌的考虑都占重要的位置。当然不同时代人们的价值观念不同，审美观念不同，在择偶的身体和相貌的考虑上也有不同。希望对方有健康的体魄，几乎是任何时代人们的共同要求，至于美感可能有变化。比如历史上留下的唐朝壁画中的美女都较胖，可以肯定是写实，就是说那时女人较胖受欢迎，而今天的美女都是体型较瘦的。为什么那时人的审美观和今天不同？有的研究认为，这是和那时家庭重生育有关的，一个健壮的女人能生孩子，多生孩子，在人们的心中会是美的。

---

① 参见潘允康《家庭社会学》，重庆出版社 1986 年版，第 69 页。

今天，生育已经不是家庭中的最重要的事情，女人美的标准就要改变了，不是胖女人美，而是瘦女人美，充满性感的女人美。这种推理无论是否真的有道理，在逻辑上还是成立的。

婚姻的社会属性决定了人们择偶要受到社会的政治、阶级、经济、宗教、道德等因素的影响，使人们的择偶标准有时代特征，随时代的变迁在不断改变。

1. 择偶受政治因素影响

择偶受政治因素的影响是以往常见的事。如同恩格斯所说的，在中世纪婚姻中，"对于骑士或男爵，以及对于王公本身，结婚是一种政治的行为，是一种借新的联姻来扩大自己势力的机会；起决定作用的是家世的利益，而不是个人的意愿。"①一个社会在政治变动时期，政治因素影响婚姻择偶表现得比较明显。

2. 择偶受阶级因素影响

在封建社会，婚姻要"门当户对"，即是阶级之内的通婚。比如我国魏晋时期实行九品中正制，分别阶级就很严格，此时有"上品无寒门，下品无世族"之说。到北朝婚姻分别阶级更严，北魏和平四年（公元 463 年）诏令皇族、王公侯伯及士民之家，不得与百工、伎巧卑姓为婚，犯者加罪。在古代印度分婆罗门、刹帝利、吠舍、首陀罗四个等级，彼此不准通婚。总之，在阶级社会，"婚姻仍然是阶级的婚姻，但在阶级内部则承认当事者享有某种程度的选择自由。"②鲁迅先生曾有一句名言："灾区的灾民不会去种兰花，贾府的焦大也不爱林妹妹的。"生动

① 《马克思恩格斯选集》第四卷，人民出版社 1972 年版，第 74 页。
② 《马克思恩格斯选集》第四卷，人民出版社 1972 年版，第 77 页。

地讲到阶级的差别对爱情和婚姻的影响。今天在一个阶级对立消失的社会，婚姻择偶还会受到社会分层的影响，属于同一阶层的人相结合是比较容易的。

3. 择偶受经济因素影响

在影响择偶的诸多因素中，经济因素的影响常常起决定性作用，人们择偶历来都有经济方面的考虑。恩格斯曾经指出："当父权制和一夫一妻制随着私有财产的分量超过共同财产以及随着对继承权的关切而占了统治地位的时候，婚姻的缔结便完全依经济上的考虑为转移了。买卖婚姻的形式正在消失，但它的实质却在愈来愈大的范围内实现，以致不仅对妇女，而且对男子都规定了价格，而且不是根据他们的个人品质，而是根据他们的财产来规定价格的。"①如果说在封建社会，择偶有时还有宗族、门第等因素的考虑，到商品化的资本主义社会，择偶有时变成了一种完全的、赤裸裸的金钱关系。在拜金主义的驱使下，妙龄少女可委身于垂死老叟，青年男子可娶暮年老妪为妻。"结婚的充分自由，只有在消灭了资本主义和它所造成的财产关系，从而把今日对选择配偶还有巨大影响的一切派生的经济考虑消除以后，才能普遍实现。到那时候，除了相互爱慕以外，就再也不会有别的动机了。"②

4. 择偶受宗教因素影响

择偶受宗教影响，不同宗教对婚姻有不同的要求和观念。比如伊斯兰教允许一夫多妻就是一例。欧洲中古时代宣扬禁欲主义，认为健康和美貌是魔鬼用以诱人之工具。我国含有道教色彩的道学家，也鼓

① 《马克思恩格斯选集》第四卷，人民出版社 1972 年版，第 75 页

② 《马克思恩格斯选集》第四卷，人民出版社 1972 年版，第 78 页

吹类似的观点，道教言："芙蓉白面，须知带肉骷髅；美貌红装，不过蒙衣漏厕。"以往有宗教教徒不准结婚和不同宗教之间不通婚的规定，都是宗教对择偶的影响和限制。

5. 择偶受社会风俗和伦理道德的影响

择偶受社会风俗和伦理道德的影响。比如今天社会的风俗是夫妻间男大女小，因此，男人在择偶时多要找比自己年龄小的女人，哪怕年龄相差很大，也无所谓，相反，女人大于男人是一些人不能接受的。人们常常按这种风俗行事，而不看对方与自己是否"合适"，就是例子。在我国少数农村地区却一直奉行女大于男的风俗。有"女大三，抱金砖"说。那里的男人多找"大女"为妻，也是社会风俗影响择偶的例子。今天在西方社会，有许多男人开始愿意找比自己年龄大的女人为妻，为了能更多得到成熟女人的温存和体贴，也逐渐形成一种社会风俗。无论如何，社会风俗是影响人们择偶的一个重要因素，不同的伦理道德观念也会影响到人们的择偶。比如封建的"贞操观"至今还左右一些人，女性常常因为处女膜问题，而被一些男人认为"不贞"，从而影响了婚恋与择偶，而在主张"性解放"的资本主义国家是没有这方面问题的。

除去上述因素外，择偶还要受其他因素的影响，比如要受民族和种族的影响，不同种族的人不能结婚等。

三、择偶标准的变动性是择偶难之三

择偶的复杂性不仅在于它的多因素影响性，而且还在于社会变迁中各种因素的变动性，它使人们的价值观念也在不断改变。社会在变迁，人们的价值观在不断改变，择偶的标准也在变化。比如在我国20世纪50年代，共产党员、共青团员、劳动模范是择偶的最优条件，而到

20 世纪八九十年代，有钱、有海外关系反而时髦了，像这样的变化我们可以举出很多。这对于一个择偶的人，特别是刚刚走入社会，涉世不深，处于婚恋期的青年人来说，要把握好是比较难的。而当一个人开始领悟了其中的规律(大多只能了解某些规律)时，他可能早已结婚，成家立业了，此时除去离婚，已别无其他选择，而离婚谈何容易，因此一些人哀叹“只恨相见太晚”。

四、爱情成为择偶的首要标准是择偶难之四

前面我们已经就择偶中的爱情标准问题做了比较详细的说明。爱情含义的不确定性，爱情的可变动性，给择偶的当事者都会带来一些问题。和条件择偶相比，爱情择偶是比较难操作的。条件婚姻带有确定性和可操作性，比如某人要选具有大学毕业学历，从事教、科、文、卫工作的人为配偶，那么可依此条件到现实生活中去寻找，比较容易操作，自己若有困难，别人还可帮忙。若以爱情为条件去寻找，显然不易操作，自己有困难，别人也帮不上忙。

五、交换价值的存在是择偶难之五

实践证明，交换价值在社会行为中存在得十分普遍，婚姻行为也不例外。交换价值带来了交换行为，一个人在选择他人时，必须顾及他人的想法和意愿，必须是两厢情愿，这显然比一厢情愿难。自己愿意，认为合适的事，他人未必如此，反之亦然。甲在追求乙时，乙可能全无感觉，却在追求丙。俗话说“剃头的挑子一头热”，这样的择偶是不能成功的。

六、择偶的机遇有限是择偶难之六

在现代社会主张婚姻自主自由，择偶还要有机遇，要能相识，可交往，才可能恋爱结婚，而人的机遇总是有限的。按中国目前的情况看，青年进入青春期和恋爱期时在中学和大学，在中学阶段我们是不主张婚恋的，只有到大学和工作单位才有可能。这就和当事者所处的环境、人员的结构（包括性比例和年龄等）有关，也和自己有没有“机遇”，能否碰上“意中人”有关。这些都限制了人的择偶范围，减少了择偶的机会。再加上中国人性格内向，在男女接触上相对保守，社交场合也比较少等因素，也为择偶增加了难度。

总之，今天人们从择偶的必然王国走向择偶的自由王国，实现真正的自由择偶，还有一段很长的路要走。无论如何，择偶的过程要受一系列复杂的客观规律制约，当人们还没有认识和把握这些规律时，当各种社会条件还会对人们产生各种限制时，择偶，特别是择理想之配偶是件复杂困难的事情。人在结婚以后发现所选择的配偶不能完全令自己满意是不奇怪的，就好像自身也未必能使对方完全满意那样。为此，有人发出感叹说：“哪有无憾的婚姻！”不无道理。懂得了这点，既可遵循客观规律，慎重选择令自己满意的配偶，也能理解和尊重婚姻的现状和现实，从实际出发，而不会陷入单纯的理想主义和想入非非的境地。

第五章　离婚现象的理性思考

《中国作家》1986 年第 5 期刊登了一篇报告文学,题为《阴阳大裂变》,引起了中国社会的强烈反响。该文面对社会现实,大胆描写了现代家庭生活中经常伴随的现象——离婚。

20 世纪 80 年代,在世界主要发达国家受到一浪高过一浪的离婚波冲击的时候,"离婚"——这一曾被视为"洪水猛兽"的怪物,始则探头探脑,继而大大咧咧闯进了古老中华民族国家。现代人对于离婚再也不能回避了。

第一节　离婚是对死亡婚姻的认定

离婚是婚姻关系的解除。从法律上说,离婚就是解除男女双方由结婚而产生的权利和义务关系。"离婚,是配偶生存期间解除婚姻关系的法律手段。"①

从本质上说:"离婚仅仅是对下面这一事实的确定:某一婚姻已经死亡,它的存在仅仅是一种外表和骗局。不用说,既不是立法者的任性,也不是私人的任性,而每一次都只是事物的本质来决定婚姻是否已

① 参见杨大文主编《婚姻法教程》,法律出版社 1982 年版,第 166 页。

经死亡;因为大家知道,死亡这一事实的确取决于事物的本质,而不取决于当事人的愿望。”①婚姻如同其他事物一样,有其成立,也必然有其死亡,因此离婚和结婚并立而存,几乎同时发生了。结婚与离婚是一对孪生兄弟,结婚自由也伴随着离婚自由。马克思说:“在自然界中,当任何存在物完全不再符合自己的职能时,解体和死亡自然而然地就会到来;当一个国家离开国家的观念时,世界历史就要决定其是否还值得继续保存的问题,同样,一个国家也要决定在什么条件下现存的婚姻不再成为婚姻。”

由于离婚使男女双方在身份、财产关系上发生了一系列变化,意味原来存在于夫妻之间的权利和义务的终止,而且涉及子女的抚养教育、财产分割、亲属关系等,以及因原家庭破裂而发生的各种问题,因此当事人一般不会轻易离婚。但当婚姻已经死亡,当事人会选择离婚,社会也会尊重当事人的愿望,保护他们离婚的自由和权利。

第二节　现代离婚的主要特点和规律

离婚现象古来有之,是婚姻不可分割的组成部分。现代社会充分尊重人们对于离婚的选择和决定。现代社会离婚的主要特点和规律是:

一、不可避免的离婚率增长

和中世纪相比,现代社会正在出现不可避免的离婚率的增长。国际上计算离婚率增长的办法有多种,最常见的是以同一时间段内来登记结婚夫妻对数和来要求离婚夫妻对数之比。按这样的计算方法,美

---

① 《马克思恩格斯全集》第一卷,人民出版社 1956 年版,第 184 页。

国是 2∶1，前苏联是 3∶1，法国是 4∶1.5，都是比较高的。1983 年在美国波士顿出版的《变迁中的家庭》一书，披露了美国离婚的情况："若以当时的结婚率为准，那么差不多一半的婚姻是将要以离婚而告终。""根据 1980 年人口普查局提供的数字证明，未婚同居的夫妇数量已经达到 156 万，是 1970 年的 3 倍，已接近瑞典的水平。""单身户大量增加，在 1980 年将近 23% 的户是单身户。""少女怀孕人数与日俱增；青少年自杀者亦有增无减，而出生率则趋于下降。"前苏联《社会学与社会学研究》1983 年刊登了著名社会学家 P. 维克多的文章，认为"苏联，作为一种社会结构的家庭经历了深刻的、多方面的变化。新型的现代家庭和旧式的家庭的主要区别在于：它们的组成形式是不同的；夫妻关系和亲子关系有重大区别；将他们结合在一起的纽带也不再是相同的了。家庭变得更加不稳定，孩子的数目减少了。"离婚问题是婚姻家庭面临的首要问题，专门的社会调查显示，每三对夫妇结婚，就有一对夫妇离婚。据前苏联国家统计局公布的数字，1940 年全国有 205600 对夫妇离异，1981 年增加至 927500 对，增加到 4 倍多。由于离婚，在不完全家庭中由父母单方面教育的孩子每年将增至 45 万到 50 万①。

今天，离婚和离婚率的增长是婚姻家庭中的突出现象，不仅世界各发达国家是如此，发展中国家也是如此。在崇尚婚姻稳定，有"白头到老，从一而终"传统的中国，今天也出现了大量的离婚现象。还在十五年前，我们的离婚率还大大低于发达国家。1986 年，如果以准予登记的夫妻对数（892 万对）和提出要求离婚的夫妻对数（89.4 万对）相比，离婚率大约为 10∶1。近年来这一比率大大提高了。以我国发达大城

① 参见潘允康《现代家庭生活方式》，天津人民出版社 1989 年版，第 4 页。

市上海和天津为例,据上海《统计年鉴》披露的 1995 年数字,该年上海有初婚人数 14.61 万人,离婚为 4.53 万人,两者间的比例为 3.23∶1,即约每三对来登记结婚,就有一对来要求离婚。而五年以前,即 1990 年仅为 6∶1,五年中离婚率提高了一倍左右。再看天津,据天津民政局 1998 年的统计数字,离婚率为 4.2∶1,天津的中心区和平区为 3∶1,也不落后。上海和天津的离婚率都已接近或达到发达国家水平。

二、离婚率和再婚率同步增长

现代社会,离婚率增长的同时,再婚率也增长了,即大多数离婚者希望并实行再婚。据美国的统计,有 3/4 的离婚者会再婚。美国人希望婚姻关系能为人们提供亲密的情感和安全感。他们创造了"离婚—再婚—离婚—再婚……"的模式,被称为连续多配偶制,并要在这种模式中寻求理想的婚姻和家庭。美国历史学家特玛拉·哈利雯认为,为全面理解美国人离婚率的增高,还需要了解他们再婚率升降的趋势。从 20 世纪 50 年代以来,在美国离婚率增长的同时,再婚率也持续增加了,再婚率和离婚率的增加几乎相等。这种情况一直持续到今天。再婚率的增加,反映了人们期望美满婚姻、组织美满家庭和对婚姻家庭质量的追求。在我国也有这种情况。比如根据纽约出版的《华侨日报》1986 年 12 月 15 日转发的中新社的消息,1981 年北京市因离婚、丧偶与他人再结婚的人数比 1980 年也上升了 10 倍。1980 年再婚数量为 700 余对,1981 年猛增为 7700 多对。其后几年再婚对数每年为 8000 对左右,约占一年中结婚总数的 7%。重组家庭的增多表明,家庭在社会中仍有强大生命力。

事实上人们为了探求家庭质量所做的努力是多方面的,如西方国家流行的“试婚”“未婚同居”等。有情人经过一段“试验”，再决定是否正式结婚。近年来兴起的“爱情保险业”，也是人们为此实行的一种新尝试。据纽约出版的《世界日报》1986 年 6 月 21 日报道，2001 年初，伦敦的菲利浦保险公司，为了扩大经营，决定新增加“爱情保险”业务。凡已婚的夫妇都可以向这家保险公司购买“爱情保险”，每月只需交纳 5 英镑的保险费，就可以得到三项权利：如果夫妻因不能白头偕老而离婚时，被遗弃的一方可以获得 5000 英镑的赔偿金；如果夫妻能和好相处 25 年，也可以得到 5000 英镑的奖金；如果夫妻在今后的生活中有一个不幸死亡，未亡人可以领到 500 英镑的抚恤金。据悉，该项保险业务开办以来，参加者十分踊跃。为何如此？据分析，人们已经厌烦家庭的频繁破裂，而希望有一个稳定美满的家庭，希望安居乐业，但社会的现实与人们的愿望产生严重的矛盾，于是给保险公司带来生财之道。菲利浦保险公司看准了社会趋势和人们的心理，开办了“爱情保险”业务，并发了大财。

三、妇女在离婚中的主动地位

妇女在现代离婚中不仅逐步取得了和男子的平等地位，而且正在取得对男子的主动地位。今天不仅丈夫可以弃妻、休妻，妻子也可弃夫、休夫。美国这种情况十分明显，从 20 世纪中期就出现了这种情况。据 1975 年 2 月 23 日的《纽约时报》报道，20 世纪 60 年代下半期，男子遗弃女子为女子遗弃男子的 4 倍，1970 年，比率变成相等，到 1975 年以后，遗弃男子的女子在数量上开始超过男子。前苏联科学院维克多曾著文论述了苏联的离婚，指出在苏联的离婚中，大多数离婚（2/3）是由妇女提出的。在我国 20 世纪 80 年代以来也出现这种情况。据重庆沙坪坝区法院证实，在1983年审理的577件离婚案件中，女方起诉的421人，占总数的73%。又据来自天津、北京的2100例离婚的抽样调查，人们发现站在原告席上竟有70%是女方。①

在离婚中妇女之所以取得了对男子的主动地位，是由于妇女地位提高的结果。在现代社会中随着妇女解放运动的蓬勃发展，特别是妇女走出家门广泛劳动就业，得到了经济收入，取得了相对独立的经济地位，改变了依附于男子的状况，不仅在社会而且在家庭中也要和男子平起平坐了。表现在离婚问题上，她们有了越来越多的主动权和决定权。

四、感情破裂成为离婚的主要原因

引起现代离婚率增高的社会因素是多方面的，这些原因已由复杂到简单，从具体到抽象，从确定到不确定，感情不和已成为离婚的主要原因。从各国对婚姻法的修正上我们能看到这种趋势和变化。

以英国立法为例，英国早期根据宗教法采取不能离婚主义，法院无权颁布离婚的命令。因一方与人通奸或受虐待的一方只能由议会通过法案才能离婚。1857年英国法律第一次承认通过司法手续判决离婚，虽然其中包含着男女不平等，但规定得很具体，比如从丈夫的角度说，妻子若与人通奸，丈夫即可提出离婚。从妻子角度说，要证明丈夫与近亲通奸，重婚，或本人被虐待，被遗弃两年，本人被轮番强奸或丈夫犯罪等才能离婚。而到1969年修订离婚法时变得十分简单笼统了，原来的这些理由都已取消，只简化为一条，就是“婚姻关系已经破裂到不可挽救的地步”。我国2001年婚姻法则规定：“男女双方自愿离婚的，准予

① 参见潘允康《现代家庭生活方式》，天津人民出版社1989年版，第118页。

离婚。”（只有愿望，没有具体理由也可）“男女一方要求离婚的可由有关部门进行调解或直接向人民法院提出离婚诉讼。人民法院审理离婚案件，应当进行调解；如感情确已破裂，调解无效，应准予离婚。”也很宽松、抽象。

感情破裂成为离婚的主要理由，使离婚的理由简单化、抽象化，无疑给离婚的自由打开了方便之门，表现了在离婚问题上充分尊重当事人心理和愿望，尊重当事人自主和自决权。这和主张以爱情为基础的婚姻是一致的，也说明只有结婚的充分自由，才有离婚的充分自由，反之，只有离婚的充分自由做补充，才有结婚的充分自由。

感情破裂作为离婚的主要理由客观上也带来现代离婚中的许多不确定因素。比如，据美国社会学家的调查，在1966年克里夫兰市（俄亥俄州）的600起离婚案件中有许多人的离婚理由为对方对自己实行“心理上的虐待”（女性的43%和男性的29.7%为这种理由），至于什么是心理上的虐待，就没有标准，不好分辨。列举的其他理由比如说对方对自己“轻蔑”、有“过分的要求”“不适应”等也都带有许多不确定性。不仅给法律，而且给道德评判上也带来许多问题。

五、离婚不离德

随着离婚率的增长，人们婚姻观念的变化，离婚的形式也在发生变化。过去当事者分离时，要大吵大闹，分离后，会成为仇人；现在分离时很平静，分离后不再是“爱人”，但可能是“友人”“同路人”。从某种意义上说，今天的“协议离婚”就是离婚文明化的一种表现形式。美国的《联合报》曾经报道了“好莱坞”的一次离婚庆典。一众宾客在15个月前参加了玛丽和爱德史密斯的婚礼。婚礼时玛丽和埃德史密斯用香槟酒招待了他们,今天他们为玛丽和埃德史密斯也带来了香槟酒。24 岁的史密斯太太说:“我所想的是埃德仍然和我是好朋友,为什么不呢?埃德非常好,只是我们不再生活在一起罢了。”史密斯 44 岁,是一个成功的地产经纪人,当他谈到在保险公司为他做助理的妻子时说:“我只想一个人生活,我要去旅行。”曾参加过玛丽和埃德史密斯婚礼的波德金斯 · 玻利在他们俩的离婚典礼上摘下他俩的嵌着宝石的结婚戒指,而后再分别为他们戴到无名指上。埃德和玛丽深深地感谢人们既参加了他们的婚礼,又参加了他们的离婚仪式。他们订制了离婚蛋糕,上面有一对被分开的新郎和新娘。他们还散发了卡片,上面写着互相祝福和富有感情的话。他们要求客人们带走结婚时送给他们的礼物,但谁也没有接受这一要求。

从过去的离婚必吵,到现在的心平气和的离婚,不仅西方社会是如此,东方社会也是如此。一种现代文明的离婚形式已经发展起来了。据新华社消息,这种心平气和的协议离婚首先在上海流行,以往那种“离婚必吵”“离婚必上法庭”的做法正在被“好离好散”取而代之。据一项调查,到民政部门办理协议离婚手续的夫妇,1980 年全市是 884 对,1986 年增加到 3300 多对。目前,前往法院提起离婚诉讼和通过民政部门协议离婚的比例是 1∶3,而在几年前是 3∶1. 据上海的一家报纸报道说,离婚夫妇之间自行签订一些有理性又有人情味的协议已不鲜见。一对中年知识分子夫妇自己商定的离婚协议书上有这样的条款:儿子与女方共同生活,每半月与父亲相见一次;逢年过节聚会一次;家用电器和大部分家产留给女方和儿子。一些离婚夫妇到民政局办完离婚手续后,还会到咖啡馆小聚,边饮咖啡,边忆往昔之情,不再指责对方。有的还相约,今后如一方遇到重大困难,另一方伸出援助之手。举办离婚酒宴，在碰杯中高高兴兴地宣布“拜拜”或者邀各自的知心朋友到家中，心平气和地谈清一些问题，也是离婚夫妇乐于采取的方式。甚至还有以一次纪念性旅游结束婚姻关系的夫妻。一对结婚后一直没有机会外出旅游的年轻夫妇，在确定了协议离婚后一起去杭州游玩了三天，俨如新婚蜜月旅行。上海民政局部门提供的一项资料显示，办理协议离婚的大多在25～35岁，结婚3—5年的年轻夫妇，从职业成分看，以工人居多。该市一个区抽样调查的100例协议离婚中，工人占57%，职员占12%，个体户占7%。

第三节 产生离婚的现代社会因素

一、社会生活的变迁

社会生活的变迁是离婚现象增加的首要因素。工业社会的家庭没有农业社会的家庭稳定。工业社会实现社会化大生产，家庭成员走出家庭，到社会上劳动就业，家庭对其成员的维系力减弱。都市化和工业化的进程，交通运输的发达，市场经济机制的形成，使社会流动性大大增加了，人员频繁出走，使家庭日常生活改变，不如原来那样有规律，那样稳定。人与人交往的增加，碰撞的机会增多，使新的人际关系的因素较容易地进入旧的婚姻关系中，从而破坏了原有的婚姻关系。社会生活的变迁使离婚的现象增多了。

二、家庭功能的改变和家庭地位的变化

社会生活的变化也带来了家庭功能的改变，一些原有的家庭功能弱化了，甚至消失了。比如生育功能是家庭的最主要功能。传统家庭

崇尚多生育，讲传宗接代，孩子成为维系父母关系的重要力量和媒介。今天人们节制生育，许多人甚至不愿生育，不想要孩子，从而使维系夫妻关系的力量弱化了。过去离婚要考虑孩子的因素，今天可以少考虑，甚至不考虑了，离婚自然比较容易。据美国的一项统计资料证实，离婚者有2/3是无子女的，尤以结婚第三年者最多①。社会生活的变化还带来家庭地位的变化。在农业社会，家庭既是生活单位，也是生产单位，人的基本利益全维系在家庭，因此有“家本位”之说。工业化促进了生产社会化，家庭不再是生产单位了，人对家庭的依附减弱了，由“家本位”转移到“人本位”，由以家庭利益为重，转变为个人利益为重，离婚自然比过去容易。

三、妇女地位的提高

由于在社会上妇女就业和受教育的机会增加了，有了独自的经济收入，法律地位提高，社交公开，客观上也提高了她们在家庭中的地位，减少了她们在家庭中对男人的依附，增长了她们的独立和自由意识。妇女地位的提高是离婚率增长的重要因素。

四、对浪漫爱情的注重

在择偶一章中我们曾谈到爱情的不确定性，和以爱情为基础的婚姻没有义务婚姻稳定。而现代人在婚姻中却要一味追求爱情，一旦发现自己追求的爱情在婚姻中并不存在，只好离婚。

---

① 参见潘允康《家庭社会学》，重庆出版社1986年版，第105页。

五、宗教影响力的衰落

多数宗教教义是主张婚姻和家庭稳定的，宗教曾经是维系男女婚姻关系的一种力量。但现代人多受科学和自由思想的影响，对于宗教的主张漠然视之，因此对于离婚也比较轻率。

六、法律对于离婚限制的放宽

现代世界各发达国家都逐步接受婚姻自由的原则，包括结婚自由和离婚自由，因此从立法上对离婚的限制都放宽了，法定的离婚理由增加了，扩大了离婚的自由度。

以上是产生离婚的各种主要的现代社会因素，还不是全部因素，其他像科学技术的发展、伦理道德观的变化以及政治、经济、法律、社会、宗教、心理等各种因素的影响，十分复杂。离婚率的增长是多种因素综合作用的结果。

第四节　离婚率升高是否标志社会道德水准下降——理性思考之一

现代离婚引起的道德争论比法律争论要多得多。什么样的离婚是道德的，什么样的离婚是不道德的，如何看待当今世界上出现的高离婚率，人们其说不[illegible]。固守传统观念的人们无不一言以蔽之：“离婚就是不道德”。对于这样过于简单笼统的结论，现代人不敢轻易苟同，从理性上说，否认离婚自由就是否认婚姻自由，就是否认了现代婚姻的基本原则。

一些人对于离婚引起的家庭解体，忧心忡忡，另一些人却不那么认为。据1986年12月19日纽约出版的《华侨日报》援引《今日美国报》公布的一项全国性的调查为例，认为“七成离婚的人士表示快乐自在”，有的人说“篱笆那边的茅草更碧绿”。文章说，接受《双亲》杂志民意调查的70%以上的离婚人士表示比以前快乐；45%的人认为他们的配偶比他们快乐。编辑伊丽莎白·克洛说，虽然作答的534人中有一半都说高离婚率对美国是一件不健康的事，但有接近45%的美国人士说，离婚没有什么不好，这是社会改变的一面。据调查，收入在两万美元以下的美国人，强调坏的方面的影响。无宗教信仰的人则肯定好的一面。调查还显示，49%的男子认为离婚对孩子们不佳，38%的女人也持同样的意见，而42%的人则说，对孩子们而言，离婚要比他们住在父母争吵的家中好，44%的人相信，孩子在无双亲在身边的情况下长大不佳，55%的人说，孩子们比他们离婚前快乐。

可见，现代人对离婚的态度是矛盾的，这是由传统婚姻向现代婚姻转变过程中所产生的必然现象。人们要对现代婚姻中出现的各种现象（包括离婚现象）做出全面科学的评价，条件还不成熟，就每一个具体的离婚案件也应具体情况具体分析。但一言以蔽之，“离婚就是不道德”，显然失之简单、偏颇。因为它既不符合经验事实，又违背了现代婚姻的基本原则——婚姻自由，因此也是错误的。

从历史的观点看，简单地以离婚率高低来判断婚姻家庭道德水准是片面和形而上学的。因为根据这种逻辑，奴隶社会、封建社会家庭稳定，离婚率低，因此就说那时的道德水准高，显然是荒唐的。著名社会学家费孝通在回答《民主与法制》记者提出的今天离婚率升高，是否意味着我们社会道德水准下降时说：“几千年来，我国妇女在封建统治下，男女极不平等。妇女只能由男人以‘七出’之名，被逐出家庭，根本无权要求离婚，也就是说，在旧时代根本就没有离婚自由。所以，如果单纯用离婚率高低，来衡量社会道德水平，是极不科学的。试问：在封建社会中，离婚率很低，难道证明道德水平很高吗？”从我国的实际情况出发，1949 年后出现的几次高离婚率恰恰都是正常现象，都处在社会进步时期，不是道德的下降。1950 年后，我国出现第一次离婚高潮，如果以 1950 年婚姻案件的收案数字为 100，则 1951 年上升为 123，1952 年上升为 228，1953 年上升为 252。从全国各地法院受理的离婚案件来看，1950 年为 186167 件，1951 年为 409500 件，1952 年上半年为 398243 件，这时离婚率上升是反封建的具体成果，从当时离婚案的内容看，以封建包办婚姻和封建思想而造成的离婚纠纷，如包办买卖婚姻、童养媳、重婚以及歧视、虐待妇女等纠纷最多。那时离婚率上升，是正常现象，并不是坏事。著名评剧《刘巧儿》中，巧儿响亮地唱出了“自由找婆家”的心声，表明了人们对婚姻自由的追求和向往，是婚姻家庭道德的巨大进步。我国第二次离婚高潮的出现是在 1981 年。据全国统计，一般上升了 30% ~40%。少数地区上升了一倍多，或接近两倍。如昆明市 1981 年 1 月至 9 月共收离婚案件 1275 件，比上年同期上升 34.1%，北京市 1981 年 1 月至 6 月的离婚案件比上年同期上升72.5%，成都市 1981 年 1 月至 9 月的离婚案件比上年同期上升 1.8 倍。

对于我们这样一个有几千年文化传统的古老国家来说，要接受新观念，正视离婚现象增多的现实是比较困难的。本能地谴责婚姻离异，本能地为维系家庭的完整而排斥感情的传统道德，经几千年的积淀已成为民族的深层意识。面对其强大的惰性，离婚的权利实行起来是那样复杂，那样的不易。因离婚而招来的麻烦、引起的痛苦、产生的悲剧，是不少的。有些人感叹，这离婚是要脱层皮的。如今，改革的大潮冲击着古老土地上的每个角落,也带来婚姻观念的变革。这是人的自我意识的发现,是无法遏制的社会进步,是人的解放和发展的必然趋势。社会变革的事实已经引起人们的严峻思考:在变革的大时代里,家庭这个社会细胞究竟是靠什么才能牢固维系不致破裂?当婚变终于降落在由于传统观念的深重影响而惧怕离婚的人的头上时,人们是继续用世俗的眼光、心理去处理对待,还是用理智鼓励他们挺起腰板,在自强不息中走向新的平衡?在我们从历史和社会的角度进一步对离婚现象进行理性分析之后,答案应当是确定的。

第五节　离婚现象的否定之否定(辩证统一的历史观)——理性思考之二

怎样看待离婚,特别是今天社会离婚现象的增多和离婚率的增长?它一直是社会舆论和学术理论界争论不休的话题。一个十分矛盾的现象出现了:离婚的越来越多,带来的社会问题也越来越多,可社会对离婚的限制越来越少,社会舆论对离婚也越来越宽容,但任何一个社会都不会普遍号召离婚,这是发人深省的。用辩证统一的思维方法,在社会历史发展和变迁的视野中,从宏观社会和微观个人相结合的角度分析离婚现象是十分重要的。

婚姻是男女依法律和社会风俗的规定结为夫妻,结婚是婚姻关系的确立,离婚则是婚姻关系的解除。结婚与离婚是婚姻的不可分割的两个方面,二者既相互联系、相互依赖,又相互排斥、相互对立。正如中国古代思想家老子所说:“反者道之动。”在人类婚姻史上,离婚是对结婚的否定,离婚与结婚之间矛盾和斗争,推动人类的婚姻制度从低级向高级发展。结婚与离婚不仅作为两个对立面同时产生,同时存在,而且结婚的自由度和离婚的自由度也密切相关,结婚越自由,离婚也越自由,结婚的限制越多,离婚也越困难,没有结婚的真正自由,就没有离婚的自由,反之没有离婚自由,也不可能有真正的结婚自由。

在人类婚姻史初期,曾有一个婚姻关系松散,结婚和离婚都很容易、很简单的时期。恩格斯赞成摩尔根的研究和观点,认为人类曾有过群婚时代,可以"追溯到一个同从动物状态向人类状态的过渡相适应的杂乱的性交关系的时期"①。直到偶婚时代,人类对择偶的限制才比较多,才有相对稳定的配偶关系(婚姻关系)。总之,那是一个婚姻成立简单且容易的时代。离婚也简单且容易。比如在印度东北部卡息人部落里,结婚很容易,只要头人点头就是了,离婚也出现了像结婚那样向大家公告的某种形式,当一对配偶离异时,有专人在部落中宣布一下就可以了。近五十年来民族学、人类学、民俗学等对处于原始落后状态的少数民族研究,也证明了他们离婚就像他们结婚那样的草率和容易。比如我国西南少数民族中的瑶族用破竹片、劈木契、剪新布、破圆糍粑等形式来办理离婚手续,只要离婚双方将上述的其中一种东西,拿到野外偏僻的地方劈成两半,然后各执一半即可生效。广西南丹大瑶族离婚时,只要女的拿一块布,男的拿一把刀,到村后的山脚下,男子用刀把布割断,即算办完了离婚手续。云南河口县蓝静瑶族离婚,也用破竹片的方式进行。云南金平县瑶族,夫妻任何一方提出离婚都可以,只要请村寨头人吃一顿饭就得到认可。这些最原始最简单的离婚形式都说明在人类婚姻史初期,有一个结婚很简单很容易的时期,同时也是离婚率很高的时期。正如美国著名家庭社会学家 W. 古德所说:在大多数部

① 《马克思恩格斯选集》第四卷,人民出版社 1972 年版,第 30 页。

落社会,离婚很普遍。有些统计资料表明,大多数原始社会的离婚率都比美国高,而有些国家过去的离婚率也比美国高①。

在人类婚姻史上对原始的结婚容易、离婚也容易的松散的婚姻形式的否定,是从以后发展和完善起来的一夫一妻制开始的。到了一夫一妻制时期,随着配偶关系的牢固性加强,离婚也变得困难和复杂了。正如恩格斯指出的:"一夫一妻制家庭和对偶婚不同的地方,就在于婚姻关系坚固得多,这种关系现在已不能由双方任意解除了。""婚姻的不可离异性,部分地是一夫一妻制所赖以产生的经济状况的结果,部分地是这种经济状况和一夫一妻制之间的联系还没有被正确地理解并且被宗教加以夸大的那个时代留下的传统。"②在欧洲中世纪是没有离婚自由的。基督教认为夫妻应为一体,有"神作之合者,人不得而离之"之说,欧洲中世纪的寺院法是采取禁止离婚主义。在罗马教皇统治下的意大利,许多个世纪都曾禁止离婚。在中国漫长的封建社会里,也是限制和反对离婚的,以夫妻结合,"从一而终""白头到老"为基本价值观念。《礼·郊特牲》上有"一与之齐,终身不改",即便是有离婚,也是男女不平等,丈夫可以休妻,妻子却不可休夫,而是"嫁鸡随鸡,嫁狗随狗"。《白虎通·嫁娶》上说:"夫有恶行,妻不得去者,地无去天之义也。夫虽有恶不得去也。"在我国封建社会男子休妻谓之"出",有"七出"之说。《大戴礼·本命》中对"七出"做过如下解释:"妇人七出:不顺父母,为其逆德也。无子,为其绝世也。淫,为其乱族也。妒,为其乱家也。有恶疾,为其不可与共粢盛也。口多言,为其离亲也。窃盗,为

① 参见[美]威廉·J·古德,魏章玲译《家庭》,社会科学文献出版社 1986 年版,第 209 页。

② 《马克思恩格斯选》第四卷,人民出版社 1972 年版,第 57 页,第 78 页。

其反义也。”唐律以后的封建法律都明确规定“七出”是男子离婚的合法理由。妇女因犯“七出”之条而被逐出家庭是常见的。在离婚中不仅有男女不平等，还有亲子不平等，离婚不由当事者决定，而是由当事者的父母决定。《礼记·内则》上有：“子甚宜其妻，父母不悦，出。子不宜其妻，父母曰：是善事我，子行夫妇之礼焉，没身不衰。”它反映了父母对子女离婚的决定权。东汉末年，庐江府小吏，焦仲卿之妻为焦母所逼，被遣回娘家，自誓不改嫁，其兄逼之，乃投水而死，仲卿听说后，也上吊身亡。以后人们写了《孔雀东南飞》长诗来描述这件事，是父母干预和决定子女婚姻的典型。中国的封建社会本来就反对离婚，又加上那么多的不平等和限制，离婚是很少的。正如恩格斯所说，一夫一妻制的确立，使得人类的婚姻关系比原来要坚固得多，因此解除也困难得多，正体现了结婚与离婚的辩证统一关系。此时婚姻关系之所以坚固，学术理论界有不同的解释，有的说是因为传宗接代的需要，人类要创造更强健的人种，需要稳定的配偶关系；有的说是因为私有制和私有财产的出现，需要确认亲生子女去继承财产，而反对离婚等，无论怎样解释，这时的反对离婚，是从社会的价值观念出发的，是从家庭的价值观念出发的，主张抑制个人的心理和意愿，以牺牲个人服从家庭和社会。这一时期的婚姻牢固性，限制离婚和离婚不自由是对人类婚姻史初期婚姻的松散性、离婚的随意性的否定。然而，今天它又被要求自由离婚否定了，出现了人类婚姻史上离婚现象的否定之否定。

近代婚姻史上离婚自由的主张是由资产阶级提出的，伴随着资产阶级革命发生的。早在16世纪，资产阶级新教各派即已提出对离婚权的看法，主张婚姻是当事人之间的一种契约，契约的解除即意味离婚。米尔敦在17世纪就发表了著名的离婚论文。资产阶级革命胜利后，

1792年8月，法国立法会议在其宣言中指出，婚姻是得以离婚解除之契约。资本主义国家早期的离婚立法，尽管主张离婚自由，但对离婚仍然有一些具体条件限制，当事人只有具备法定的离婚条件，才能请求离婚，而且往往以归责于当事人一方的原因为限，如通奸、重婚、遗弃、虐待等。后来才逐步扩大离婚的法定原因，即使出于不可归责于当事人的事由，亦可请求离婚，如生理缺陷、重大不治之疾病、生死不明等。以后对于离婚的限制愈来愈宽，离婚之风也愈来愈盛。比如英国1969年修改的法律，将"婚姻破裂，不可弥补"作为批准离婚的唯一理由，理由抽象而不具体，尺度大大放宽了。美国耶鲁法学院的戈尔茨坦教授曾建议修改今天的美国法律，将离婚规定为人们可以得到的权利，不少人附和这种意见。值得指出的是，持有社会主义和共产主义理念的人也是反对婚姻不自由，主张离婚自由的。马克思曾经说："离婚仅仅是对下面这一事实的确定：某一婚姻已经死亡，它的存在仅仅是一种外表和骗局。不用说，既不是立法者的任性，也不是私人的任性，而每一次都只是事物的本质来决定婚姻是否已经死亡；因为大家知道，死亡这一事实的确定取决于事物的本质，而不取决于当事人的愿望。"①恩格斯则说："如果感情确实已经消失或者已经被新的热烈的爱情所排挤，那就会使离婚无论对于双方或对于社会都成为幸事，这只会使人们省得陷入离婚诉讼的无益的污泥中。"②著名社会主义思想家倍倍尔曾经说："和别的感情和食欲一样，假设男女二人，不愿再继续结婚生活，社会主义的道德，就要求他们分离，因为在这种的状态下面，还继续结婚生

① 《马克思恩格斯全集》第一卷，人民出版社1956年版，第184页。

② 《马克思恩格斯全集》第二十一卷，人民出版社1965年版，第96页。

活,是不自然的,同时又是不道德的。”列宁则指出:“离婚的例子清楚地表明,谁不要求立即实现离婚的充分自由,谁就不配做一个民主主义者和社会主义者,因为不实现这种自由,就是把被压迫的女性置于惨遭蹂躏的境地……”[①]主张离婚自由已经是今天世界各个国家,特别是发达国家的思潮和做法。包括我们这样一个极富传统,主张婚姻稳定的国家也是如此。1981 年我国颁布的婚姻法上规定:“男女双方自愿离婚的,准予离婚。”“男女一方要求离婚的,可由有关部门进行调解或直接向人民法院提出离婚诉讼。人民法院审理离婚案件,应当进行调解;如感情确已破裂,调解无效,应准予离婚。”这些规定是很宽松的。2001 年的婚姻法不仅保留了这些较抽象的离婚规定,而且还增加了一些新规定,“有下列情形之一,调解无效的,应准予离婚:①重婚或有配偶者与他人同居的;②实施家庭暴力或虐待、遗弃家庭成员的;③有赌博、吸毒等恶习屡教不改的;④因感情不和分居满二年的;⑤其他导致夫妻感情破裂的情形。一方被宣告失踪,另一方提出离婚诉讼的,应准予离婚。”

对离婚的条件和理由是放得很宽的,可以说给予了离婚的充分自由,保护了离婚者,特别是保护了婚姻家庭中的弱者——妇女,保护了离婚中的男女平等。另外,近年来出现了由民政部门受理的协议离婚的形式,简便易行,社会舆论也对离婚更加宽容。

现代离婚自由是对中世纪和封建社会离婚不自由的否定,是人类婚姻史上离婚现象否定之否定。中世纪和封建社会用婚姻不可离异否定了人类社会初期那种结婚简单容易,离婚也简单容易的模式。今天

① 《列宁全集》第二十三卷,人民出版社 1958 年版,第 67 页。

人们又用离婚自由去否定了中世纪封建社会的离婚不自由。然而,正如否定之否定规律所决定的那样,这次否定不是使人类的婚姻行为向原始状态的简单回归,而是进入了一个高级阶段。这一阶段的主要特征就是赋予个人在婚姻(包括结婚和离婚)中更多的权利和自由,更多的理性,让人们依自己的心理和意愿去追求婚姻和家庭的权利,去决定结婚与离婚。事实表明它不可避免地带来了离婚现象的增多和离婚率的增长。然而,今天的社会并没有解除对婚姻的控制和限制,仍然要以法律为中心的各种手段去约束和规范婚姻,要保持婚姻和家庭的相对稳定性,从而产生了离婚现象中个人行为和社会行为的矛盾和斗争。

第六节　离婚现象中的个人行为与社会行为(辩证统一的社会观)——理性思考之三

在前面的章节中我们曾反复说过婚姻从表面形式上是男女两性的个人结合,从本质上是社会结合。婚姻不仅是个人行为,也是社会行为。在离婚现象中我们看到了婚姻作为个人行为和社会行为充满了矛盾和斗争,是矛盾与斗争的辩证统一。

一、离婚与婚姻个人行为

今天实行自主和自由婚姻,一个人在法律认可的范围内和谁结婚,什么时候结婚,完全出当事者自己决定。在任何婚姻中都有个人的行为方式,个人的条件、个人的心理意愿、选择权和决定权等,从这个意义上说婚姻是个人行为。从规律上说,强调婚姻是个人行为,自然要削弱对婚姻的社会控制力,婚姻相对不稳定,离婚率会增高。

现代社会婚姻价值观念的特点之一就是以人为中心,强调人的自我发展和自我实现,比如主张个人在婚姻中的愿望和权利,主张个人在婚姻中对爱情的追求,主张提高女性在婚姻中的地位等,并把这些作为婚姻质量的重要指标,事实证明,这些要求和主张都可能使离婚者增多,离婚率增高。在社会调查的实证资料中,我们从简单的数量关系上,都能找到个人行为和离婚之间的内在联系,比如婚姻的自由度和离婚之间的关系,对爱情的追求和离婚之间的关系,夫妻之间的合作与离婚的关系,女性地位的提高和离婚之间的关系等。以下我们以天津市1999年大规模婚姻调查资料来说明这点①。

1. 婚姻自由度与离婚

所谓婚姻自由度包括结婚自由度和离婚自由度之不可分割的两个方面。今天强调婚姻自由,主张个人在择偶结婚和离婚上的决定权,是婚姻中个人行为因素增长的首要表现。

社会调查资料证明,择偶自由度高的离婚的可能性反而高。在社会调查中,我们把婚姻择偶途径,即怎样与配偶认识、交往和结合的分为三类,它可在一定程度上表明择偶的自由度,一类是"自己认识",整个择偶过程没有他人参与,全由当事者自己进行,自己决定。二类是"别人介绍,自己决定",包括父母、亲戚、朋友、同事、媒人、婚介机构介绍,从中不同程度帮忙,最后由当事人自己进行和决定。三类是由"父母或他人包办",个人的婚姻由他人决定。调查结果表明,离婚群体择偶属一类即"自己认识"者的比例为39.4%,大大高于非离婚群体的21.5%,而后两类的比例低于非离婚群体。换句话说,择偶过程越是自

① 该调查用多段分层随机抽样的办法在天津城市和郊区共抽样本2000个,其中包括1200个家庭的夫妇,500个来登记结婚者,300个来要求离婚者,以下简称该调查为"社会调查"。

由，完全由当事者个人进行的，离婚的概率反而高。这使我们联想起封建的"父母包办婚姻"时代，人们无权自己择偶、离婚的也少的规律。说明择偶的自由度和离婚是密切相关的。

同样，在离婚问题上，强调个人意愿，不考虑或较少考虑家庭、子女的，离婚的也多。过去中国人的婚姻观念比较保守，一般是从家庭的整体利益出发，对婚姻采取容忍的态度，即便夫妻情感已经破裂，家庭婚姻不幸，还是要维持。今天不同了，人们从个人出发，"合得来则合，合不来则散"，不为家庭和子女而凑合，越来越容易地做出离婚决定。在社会调查中，在问到"如果夫妻关系十分紧张，即将破裂，您认为当事者应首先考虑的问题"时，离婚群体认为"该离则离"的为71.4%，认为"为了子女，不能离婚"的为25.3%，认为"为了'面子'不能离婚"的为2.4%，认为"为了财产及其他家庭生活原因不能离婚"的为1%，非离婚群体在上述回答中的对应数字分别为：:36.7%、60.2%、1.9%、1.2%，差别很明显，其中认为"该离则离"的仅为离婚群体的一半左右。

2. 对爱情的追求与离婚

今天人们结婚更讲求爱情、追求爱情以有无爱情作为择偶和婚姻成立的首要条件，使婚姻成为一种个人心理感受、个人情感和意愿的事情，是婚姻中个人行为因素增长的又一表现。以往的义务型婚姻表现了更多的夫妻之间以及家庭成员之间的合作和认同，和义务型婚姻相比，爱情型婚姻则表现了更多的"自我中心"和"自我认同"。有人把爱情说成是对对方的自我心情和感受，不无道理。

社会调查资料表明，择偶时把"爱情"放在重要位置的离婚的多，而把"过日子"放在重要位置的离婚的相对较少。无论是离婚群体和非离婚群体在择偶时都要求对方的“相貌身材好”和“忠诚可靠”，在此基础上非离婚群体更重视对方“生活能力强”，占择偶前三位条件的40.8%，而离婚群体则强调“要有爱情”，占择偶前三位条件的52%。在比较“爱情”和“过日子”哪个重要时，离婚群体认为“爱情最重要的”为37.2%，远远高于非离婚群体的24%。因此有的人说，在婚姻中越是强调爱情因素，越是追求爱情的，离婚者多，而在婚姻中务实，主张结婚就是成家，“过日子”的，离婚者少。换句话说，“爱情型婚姻”没有“义务型婚姻”稳定，是带有规律性质的。相比较而言，前者更强调婚姻中的个人的意愿，后者则强调婚姻与家庭中的合作。

在情感世界有两种现象同时存在着，一是情感的“专一性”和“排他性”，另一是情感的“多元性”，过去人们出于对家庭的责任和义务的考虑，只承认前者，否认后者，今天人们的价值观念逐渐转向个人，许多人对之直言不讳了。正像霭里士在《性心理学》中所说的：“每一个男子或女子，就基本与中心的情爱来说，无论他或她如何的倾向于单婚，对其夫妇而外的其他异性的人，多少总可以发生一些带有性爱色彩的情感；这一点事实，我们以前是不大承认的，到了今日，我们对它的态度却已经坦白得多了。”在本次调查中非离婚群体有87.7%的人说一生中只爱过自己的配偶一人，而12.3%的人说不只爱过配偶一人，还爱过他人；而离婚群体有68%的人说一生中只爱过配偶一人，有32%的人说不只爱过配偶一人，还爱过他人，离婚群体多元情爱的比例显然高于非离婚群体。

多元情感必然会导致婚外恋的出现。“婚外恋”和“第三者插足”是近年来在婚姻家庭领域出现较多而引人注目的现象，对此无论非离婚群体和离婚群体中的多数人都持反对态度。然而，也有一部分人对此从不同的角度表示宽容、理解,甚至赞同。非离婚群体持这种态度的占 8.8% ,而离婚群体持这种态度的占 19% ,是非离婚群体的近一倍。

3. 夫妻交流合作与离婚

结婚只是婚姻和家庭的开始,夫妻之间只有继续进行全面的合作与交流,才能保持婚姻的长期性和稳定性。今天人们以自我为中心,必然在一定程度上减少夫妻之间的交流与合作,从而增加了婚姻的不稳定性。

事实表明,结婚后夫妻能较多进行情感和语言等方面交流的离婚者较少,相反则较多。被调查者谈到婚后夫妻间情感和语言等方面交流的体会时,非离婚群体认为有“说不完的话”的占 65.6% ,“希望交谈,但对方不给机会”的占 12.4% ,“缺少共同语言,没话找话的”占 7.5% ,“没有共同语言,不愿交谈”的占 5% ;而离婚群体恰恰相反,比例数字分别为 7.1% 、24.9% 、23.2% 、35% ,相比而言,离婚群体在情感和语言交流上较差。这说明婚后不能或不注意进行情感和语言交流的离婚者是较多的。

在家庭中夫妻之间能合作、用较民主的方式处理家庭事务的不易离婚,相反离婚容易。在社会调查中,我们把处理家庭事务的方式归结为五种类型:“命令式:个人说了算”“通报式:先斩后奏”“商量式:共同决策”“放任式:不闻不问”“乞求式:言必称‘请’”。其中“商量式:共同决策”是民主型方式,非离婚群体采用这种方式的达 90.6% ,而离婚群体用这种方式的为 69% ,相反,离婚群体用“个人说了算”“先斩后奏”“不闻不问”的比较多。

在家务中能把家庭视为一个共同体、合作处理家务的不易离婚,而各行其是,个人说了算,个人只管个人事的,容易离婚。我们以家庭理财(经济管理)方式为例,现在通行的一种是“谁用谁拿,共同管理”,另一种是“钱交妻子,由妻子管理”。前一种是合作,后一种也是为相当数量的家庭所认可的合作。社会调查资料证实,非离婚群体用这两种方式的达90.5%,而离婚者仅为74.7%,低于前者。在离婚群体中有16.3%的人采用现在流行的AA制,即各赚各的钱,各用各的钱,而非离婚群体采用这种方式的只占2.7%。

性生活是夫妻关系中的重要因素,是需要双方合作来完成的。对于性生活的满意度是夫妻关系是否和谐的重要指标。过去人们对于这一问题是回避的,但它客观存在。今天的调查表明,它和婚姻的稳定性有密切的关系。在社会调查中,非离婚群体中夫妻双方对性生活都很满意的占63.8%,一方不能满足另一方,或双方都不满意的占6.4%,夫妻间很少有性生活的为3.9%;相对来说,离婚群体夫妻双方对性生活都满意的只占20.3%,一方不能满足另一方或双方都不满意的占18%,夫妻间很少有性生活的也达18%,性生活满意度低于非离婚群体。

以上从几个方面都说明了夫妻的个性越强,越不能合作与配合,离婚的就越多。

4. 女性地位的提高与离婚

从一定的意义上说,女性在婚姻家庭中不再依附男性,讲求自主自立,和男性平起平坐,是婚姻中个人和个性突显的又一表现形式。它是从性别角度上表现的。世界上许多发达国家提供的资料表明,自20世纪下半叶以来,女性在离婚中渐渐取得了主动地位,离婚的多数是由女性首先提出来的。自20世纪80年代以来我国各地有关离婚的调查数字都证明女性在离婚中占有主动地位,首先提出离婚的多。在本次社会调查中,离婚群体中有26.8%是由男方首先提出离婚,43.4%是由女方首先提出离婚,29.8%是双方共同提出离婚,女性首先提出离婚的多。这是对封建的只有丈夫可以“休妻”,而妻子不可“休夫”的离婚传统的“反动”,是婚姻的进步,但在客观上也带来了离婚率的增高,导致了婚姻的不稳定性。

以上我们从婚姻自由度、爱情在婚姻中的地位、夫妻之间的交流与合作以及女性在家庭中地位等几个方面阐述了离婚现象增长的一些因素,发现越是强调婚姻是个人行为,社会的离婚率越高。

二、离婚与婚姻社会行为

费孝通先生在谈到婚姻的社会性时说:“我说婚姻是用社会力量造成的,因为依我所知世界上从来没有一个地方把婚姻视作当事人间个人的私事,别的人不加过问的。婚姻对象的选择非但受着社会的干预,而且从缔结婚约起一直到婚后夫妇关系的维持,多多少少,在当事人之外,有别人来干预。这样,把男女个人间的婚姻关系弄成了一桩有关公众的事件了。这并不是一般人的无理取闹,或是好事者的瞎忙,而是结合男女成夫妇所必需的手续。”①他还说:“因为在我们的文化里,时常会使人觉得夫妇关系是两性关系,婚姻是确定两性关系和个人开始性生活的仪式。可是在很多民族中两性关系并不以婚姻开始也并不限于夫妇之间,而同时特别值得我们注意的是夫妇之外的性生活无论如何自由,并不会引起婚姻关系的混乱。这使我们觉得婚姻关系和两性关系并没有绝对的联系,因之,我们不应把限制两性关系视作婚姻的

① 费孝通:《生育制度》,天津人民出版社1981年版,第33页。

基本意义。”[①]按照费孝通的说法，婚姻之外的两性关系之所以受限制是因为要维持和保证对儿女的长期的抚育作用，有必要防止发生破坏婚姻关系稳定性的因素。他认为婚姻的社会功能是以生育和抚育为中心展开的。

按照历史唯物论，人类社会的生存与发展需要依赖两大部类的生产：一类是物质的生产和再生产，另一类是人自身的生产和再生产。前一类生产是要满足人吃、喝、穿、住等生存的基本需求，以及人自身发展方面的其他需求。后一类生产则是人种的传递，人类自身的繁衍。这两大部类的生产都是不可缺少的。没有第一大部类的生产，人们不能生存，没有第二大部类生产，人类不能传递绵延。因此人类社会要有婚姻和家庭，并要用法律和道德等手段对之实行社会控制与规范，以保证它完成以生育和抚育为中心的社会功能，使人类社会绵延下去。人类社会的初期，人们对此还没有十分明晰的认识，因此婚姻家庭比较松散，婚姻中个人的随意性的东西较多，离婚多而容易是自然的。随着一夫一妻制的产生，人们对于婚姻家庭本质认识的深入，无论从传宗接代，还是从私有财产的传递角度，都需要婚姻的确定性和稳定性。因此，婚姻的牢固性被强调了，离婚难发生了，尽管从某种意义上说，符合了社会的要求，但它是以抑制和消灭个人意愿为代价的，用今天的观点看，是在婚姻问题上对于人性和人格的摧残与泯灭。今天的社会强调人权，强调人自身的发展与实现，强调在婚姻问题上的个人幸福与意愿，自然要对封建社会的婚姻模式和价值观予以否定，还个人以婚姻中的权利和自由。但是应当指出的是，现代社会的这种变化并没有改变

---

① 费孝通：《生育制度》，天津人民出版社1981年版，第29页。

婚姻的本质,即婚姻是社会行为的本质。因此从某种意义上说,今天的社会对婚姻问题有两难的境地,一方面社会要尊重个人的意愿和选择,保证婚姻自由,即结婚自由和离婚自由,又要对婚姻行为实行社会控制,维护婚姻和家庭的相对稳定性。因为没有婚姻和家庭的相对稳定性,就不能保证这一社会组织对于社会功能的正常发挥。这两者之间是相互矛盾的。从个人幸福主义的观点出发,婚姻越自由越好,在婚姻家庭中承担的责任和义务越少越好;从婚姻的社会性观点出发,则婚姻不能过于自由无序,家庭必须相对稳定,结婚的人必须履行婚姻家庭义务,这对于每一个结婚成家的人都是不言而喻的。今天,强调婚姻的个人性,不能忽视婚姻的社会性。

三、在个人行为和社会行为的矛盾统一中认识离婚

实现婚姻自由,包括结婚自由与离婚自由是婚姻的进步,是不可改变的社会发展潮流与趋势。今天我们应当保护和保证每个人在婚姻中的自主权和决定权。

然而,我们在充分尊重当事者的意愿,保护婚姻自由时,仍然要从总体上保持婚姻家庭的相对稳定性,对离婚现象实行社会控制。列宁在强调离婚自由时还同时说过:“虽然不难设想,承认妇女有离婚自由,并不等于号召所有的妻子都来闹离婚。”[①]婚姻既是个人行为,也是社会行为。社会确立婚姻家庭制度是要形成社会日常生活的基本单位,以保证社会生活的有序性和稳定性,完成种族延续和传递的社会功能。大规模的婚姻家庭解体和动荡,显然不利于这一功能的实现,是对

① 《列宁全集》第二十三卷,人民出版社1958年版,第67页。

社会有害的。迄今为止,无论生产力怎样的高水平,科学技术怎样发达,人类自身的生产和再生产还要靠婚姻和家庭来完成,孩子要由夫妻来生、由父母和家庭来培养教育,婚姻和家庭是人类自身传递链条中的不可缺少的环节。因此社会不希望也不能容许婚姻家庭大规模动荡和解体,因为它威胁了人类社会的自身的生产与传递,普遍的离婚对社会是有害的。从个人的角度说离婚也未必都是好事。且不说离婚者可能会被以往的情感牵连而苦恼,他们也会遇到财产分割和子女抚养等方面的问题,这对他们来说并不轻松。因此,对那些尚未破裂的家庭来说,做出轻率的离婚选择,不一定是上策。保持婚姻家庭的相对稳定性,对社会和个人从根本上都是有利的。正因为如此,社会不仅不会号召离婚,而且教育人们要珍惜自己的家庭,不仅享受婚姻家庭的幸福和权利,而且要履行婚姻家庭义务。

总之,对离婚现象进行理性思考,可以知道人类社会的婚姻制度从它产生的那一天起,就是矛盾斗争的辩证统一。在离婚问题上人类的道德观是发展的、变迁的,轻易地离婚是不负责任的,维持死亡的婚姻也是不道德的离婚现象的否定之否定,表现了人类婚姻制度和形态由低级向高级发展,其中充满个人行为与社会行为之间的矛盾和斗争,是个人行为与社会行为矛盾的统一,是婚姻内容形式与婚姻本质的矛盾的统一。认识这种矛盾的统一,对于正确处理婚姻中个人与社会的关系是十分重要的。从社会进步的角度看,婚姻中个人意愿越来越被尊重,实现充分的结婚自由和离婚自由是必然的发展趋势,是现代文明婚姻的主要特征,是婚姻质量提高的表现。因此,一定程度离婚率的增长并非婚姻倒退标志。然而在社会的发展和进步中,婚姻的本质并没有改变,今天以及未来,婚姻家庭作为一种社会制度之所以还会存在,就像它产生的根据那样，是因为社会还要它来承担确定的社会功能，直至这一社会功能被其他方式所取代。从这样的认识出发，必须从总体上保持婚姻的基本形态和相对稳定性，具体说继续实行一夫一妻制，把离婚率控制在一定的程度内。我们的目标是要建设既充分满足个人意愿要求，又能履行社会义务的高质量的相对稳定的婚姻，实现婚姻家庭中个人行为和社会行为的矛盾统一。

第六章　家庭关系与家庭结构

男女结婚生成夫妻关系，标志着新家庭的诞生。夫妻生儿育女，产生亲子关系，是家庭的扩大。社会的本质是社会关系，家庭的本质是家庭关系。

当我们开始观察每一个具体家庭时，首先看到的是这个家庭由多少成员组成，成员之间相互联系，扮演着不同的角色，发生着不同的关系，这些关系的总和又构成不同的家庭模式。家庭的首要问题，是家庭关系和家庭结构问题。

所谓家庭关系和家庭结构都是指家庭构成，是指家庭中人的构成。任何家庭都是由两分子以上构成，每一分子的存在都依赖着其他分子的存在，他们各自踞有一定的位置，互相关联，互相维持，组成了整个家庭。

所谓家庭关系就是家庭成员之间的关系，是指家庭成员在家庭中的不同地位，扮演的不同角色，相互间不同的关系，以及由于这种关系所产生的相互间的权利和义务。家庭关系一般是指家庭中两分子（或两种角色）间的关系。

所谓家庭结构是指家庭分子间的某种性质的联系，家庭分子间相互配合和组织，家庭分子间相互作用和相互影响的状态，以及由于相互作用和相互影响而形成的家庭规模、类型和家庭模式。家庭结构一般是指家庭中全体分子和各种角色所形成的综合关系。

第一节　家庭关系

家庭关系就是家庭成员之间的关系,如夫妻关系、亲子关系、兄弟姐妹关系、婆媳关系、妯娌关系、祖孙关系等。它表现了家庭分子间不同的联系方式和互动方式。家庭关系也叫家庭人际关系。

一、家庭关系是一种特殊的社会关系

俗话说,“清官难断家务事”“家家有本难念的经”。何至如此?是因为人们常常会被眼前的,日常而琐碎的,不断重复的家庭生活现象遮住了眼睛。只有从社会关系的角度,通过家庭关系内在矛盾的特殊性,才能认清家庭关系的本质。家庭关系与其他社会关系的联系和区别主要是:

1. 家庭关系和其他社会关系发生的根据不同

任何一种社会关系都有内在的根据,其成员间联系的根据不同,联系的方式不同,构成了不同的关系。比如邻里关系以居住地为根据,表现了人们毗邻而居;同学关系以学习为根据,表现为人们在一个学校里共同学习;同事关系以事业为根据,表现了人们在一个单位或在一种职业、行业中共同工作;而家庭关系则以婚姻血缘为根据,表现了有婚姻和血缘关系的人共同生活在一起。家庭关系以婚姻为起点,以血缘为纽带。

2. 家庭关系表现了家庭成员之间特殊的互动

家庭成员特殊的交往方式、特殊的互动,是家庭关系特殊性的动态

表现。家庭成员间的互动既有物质方面的，也有精神方面的，比如物质生产、生活消费、性爱交往、生儿育女、繁衍后代、亲子情感、家庭娱乐等，其中性爱交往、生儿育女、繁衍后代、亲子情感等都是其他社会关系中所没有的特殊的交往和互动。

3. 家庭关系以代际为层次

家庭关系和其他社会关系的一个十分明显的区别是它的代际性和层次性。所谓代际关系是家庭中不同代（不同辈分人）之间的交往，具体说可以是一代、两代、三代甚至是四代、五代人间的交往。家庭关系表现了其他社会关系所没有的连续性和承先启后性。代际关系将家庭成员划分在不同的代际层次上，每个人都有确切的层次位置。这种层次位置是由婚姻血缘关系和每个人在这一关系中所处的地位决定的。处在不同代际层次上的人有不同权利义务和角色扮演要求。

4. 家庭关系最久远、最普遍

马克思、恩格斯把家庭关系说成是一开始就纳入历史发展过程的一种关系，起初是唯一的社会关系。自家庭关系产生以来，尽管出现了许多新的社会关系，但在历史的发展过程中，许多社会关系都消失了，或改变了形态，唯有家庭关系保留了下来，而且保持了它的基本形态和内核。在人类文明史上，迄今为止，无论哪一个地区、哪一个民族、哪一个国家、哪一种社会制度下都有家庭，也都有家庭关系。无论哪一个人，从生到死都离不开家庭，都在家庭中扮演特定的角色，和他人发生特定的关系。

5. 家庭关系最深刻、最密切

和其他社会关系相比，在一定的意义上说家庭关系最密切、最深刻。家庭成员间全面的合作与互动，使他们之间不仅有血缘、姻缘关系,经济上相互利益关系,事业上志同道合关系,政治上的相互利害关系,日常生活中频繁交往和共处关系,还有情感上的深刻联系。这是其他任何一种社会关系所不能比拟的。因此,人们常常用家庭关系来比喻其他关系的密切,如“我们是一家人”“爱厂如家”“爱社如家”,称关系密切者为兄弟姐妹。正因为家庭关系密切而深刻,所以有人说它对于人的影响是终身的,对人的世界观的形成是基本的。在封建社会有“一荣俱荣”“一损俱损”“夫荣妻贵”“光宗耀祖”“株连九族”等现象,尽管今天看上去很落后,但也反映家庭关系深刻的一个侧面。

6. 家庭关系的社会控制较多,规范化程度较高

和其他一些社会关系相比,家庭关系受社会的控制较多,规范化程度较高。社会控制家庭关系的手段是多种的,主要有法律、道德、习俗、宗教和舆论等。不论哪一个国家和地区,无论其政治制度、经济和社会发达程度、风俗信仰和习惯有多大差别,都有关于婚姻和家庭的法律,以使婚姻家庭关系法制化、规范化。法律是今天社会控制和规范家庭关系的主要手段。中国 2001 年颁布的新婚姻法共 6 章 51 条,对家庭中的各种关系(特别是夫妻关系和亲子关系)之间的权利和义务,都有十分详细的规定。道德是使家庭关系规范化的另一重要手段。比如对家庭关系中的亲子关系,封建社会是用“父慈子孝”来规范的,今天的社会是用“尊老爱幼”来规范的。其他像宗教、习俗、舆论等也都从不同方面对家庭关系进行规范。可以说,家庭关系受到的社会控制比其他任何一种社会关系都多,都严格。

从以上六个方面我们可以了解家庭关系的特殊性,只有从婚姻的本质,家庭在社会中的地位,家庭与社会的关系,家庭承担的社会职能上,我们才能了解为什么家庭关系有这样的特殊性。

二、家庭关系影响因素的多元性、复杂性

家庭关系作为一种特殊的社会关系，其影响因素是多元的，是复杂的，既有家庭内部的因素，也有家庭外部的社会因素。

1. 影响家庭关系的内部因素

(1) 家庭人数的多少

家庭的成员多、关系的次数多，则关系复杂；相反，家庭成员少，关系次数少，则关系简单。

从次数上说，人数越多，关系的次数越多。如果家庭中只有两个人，则只有一种关系（A—B）；家庭中有 3 人，就有 3 种关系

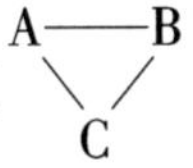

```
  A——B                              A——B
（ ＼ ／ ）；家庭中有 4 人就有 6 种关系（ |╳| ）；有 5 人就有 10 种
    C                               C——D
```

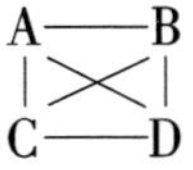

关系……美国的家庭问题专家沙波特发明了一家庭关系次数与人数关系的计算公式，即$\frac{N^2-N}{2}$，N 为家庭人数，将家庭人数代入此公式，就可算出家庭关系的次数。例如一个 10 口之家，家庭关系的次数是（$\frac{10^2-10}{2}$）是 45 种关系。

(2) 家庭类型的异同

所谓家庭类型也叫家庭模式，在以后关于家庭结构的讨论中我们要具体涉及模式问题。一个家庭的人数多少涉及家庭关系的次数，次数越多关系越复杂，次数相等的家庭，由于模式不同，相互间扮演的角色不同，关系的复杂程度也不相同。比如同是 4 口之家，第一个家庭是由父母和子女组成，家庭中有夫妻关系、亲子关系和兄弟姐妹关系；第

二个家庭是由父母和儿子、儿媳组成,家庭中不仅有夫妻关系、亲子关系,还有婆媳关系、翁媳关系;第三个家庭是由已婚兄弟组成,家庭中除有兄弟姐妹关系,还有妯娌关系。这三个家庭虽然人数相等,但关系的内涵是不同的,后两种家庭关系显然比第一种家庭“复杂”,是因为在家庭中婆媳关系、妯娌关系较难相处。

(3)家庭中的血亲和姻亲

血亲指血缘关系,是由亲子关系派生的。姻亲指姻缘关系,是由婚姻关系派生的。依封建传统观念,血亲较姻亲为重。家庭成员间血缘关系近,大多为直系亲属则关系密切;血缘关系较远,直系旁系相杂,则关系复杂而疏远。

不同社会血亲和姻亲的位置不同,重要性也不同。封建社会重血亲,重亲子关系,现代社会则重夫妻关系,家庭关系的重心由纵向转为横向。

(4)家庭中已婚夫妇对数

在家庭中结婚者和未结婚者的角色不同,和他人的关系也不同。家庭中的一对夫妇能够形成一个“中心”,夫妇之间有“向心力”。每增加一对夫妇,比如说儿子娶了媳妇,就会增加一个“中心”,在出现“中心”的向心力的同时,会出现两个中心的“离心力”,多对夫妇多“中心”,离心力增大,势必引起家庭关系的变化并影响家庭结构的稳定。在有关家庭结构的理论研究中,有些学者主张按家庭中夫妻对数的多少及这些对夫妻在同代和不同代位置上,来区别与划分家庭结构的类型,不无道理。

(5)家庭中的代际层次

一般说,家庭中代际层次越少,家庭关系越简单;代际层次越多,家庭关系越复杂。

世代之间总是有隔膜的。由于不同代际的人所处的时代不同、社会环境不同、社会经历不同、年龄不同、生理和生命周期的循环不同，总会发生性格、兴趣、价值观、理想等方面的差异，也会有不同利益的冲突，在一个急剧变迁的社会中更是如此。这就是人们常说的代沟问题。就两代人关系而言，做父亲的常代表旧有的社会标准和观念，当然他们也握有社会和家庭交给他们的权力，为儿子的若要接受新观念、新标准，要争得独立，则可能发生代际冲突。两代人之间尚且如此，多代人之间问题就更多。

(6)家庭成员的区位距离和居住等生活条件

家庭成员间的关系和他们之间的区位距离、居住等生活条件是密切相关的。同居共处是家庭生活的必要条件，因此住房条件是引起家庭关系变化的重要因素。社会人类学家克罗伯说："一个人无论如何总得有一个住处。没有外婚团体，没有嗣续原则，没有图腾，一个人照样能活，可是和人一同住却必然产生有社会影响的联系。"[①]居住距离的远近、住房间数的多少，对家庭关系都有影响，住得太远了，有"远亲不如近邻"之说；住得太近了，过于拥挤了，又有"多刺的刺猬挤紧了，大家都不好过"之说。

(7)家庭成员的生理、心理、道德、文化和修养等因素

从生理上说，家庭成员必须合作。比如说，夫妻间性生活不和谐，就会影响夫妻关系。家庭中有病人(特别是需要长期治疗的病人)，也会影响家庭生活气氛与关系。然而，人不同于动物。家庭关系不仅是

---

① 转引自费孝通《生育制度》，天津人民出版社1981年版，第79页。

生理关系,还有心理、思想、道德、情操、爱好、性格、文化、修养等方面的关系以及对家庭责任和义务的承担等。比如,夫妻相亲相爱、父母抚育儿女、子女赡养老人等都会密切家庭关系。家庭成员文化修养较高能提高家庭生活的文明程度。家庭成员有共同的理想、兴趣和爱好,家庭生活丰富,家庭关系则和谐。

三、影响家庭关系的外部因素

家庭作为社会的细胞,其家庭关系也受到外部因素,即社会因素的影响,影响因素也是多元的。

比如,社会的生产方式不同,家庭关系就不同。封建社会自给自足的自然经济占统治地位。人们世世代代固定在一定的土地上。家庭既是一个生活单位,也是一个生产单位,男子是家庭中的主要劳动力,男性家长是家庭劳动的组织者和家庭财产的占有者,不能不占有统治地位,享有绝对权威,而其他家庭成员则处于服从的地位,这就决定了封建社会的家庭关系是“家长制”,男女不平等,亲子不平等,家庭中的成员不平等。资本主义社会以来实现了社会化大生产,使农民和束缚他们的土地分离了,一家一户的生产单位解体了,人们都走出家庭到社会上就业,家庭的生产职能消失了,封建的“家长制”也自然解体了。

除去社会的生产方式以外,社会的政治、法律、伦理道德、风俗习惯、文化传统、宗教等也都是家庭关系的影响因素。

1949 年中华人民共和国成立后制定的三部《婚姻法》上都有父母有抚育子女的责任,子女有赡养父母的义务的规定,从法律上约束了两代人之间的关系,促进了两代人关系的和谐,是法律影响家庭关系的例子。

世界各国文化传统不同,也产生了不同的家庭关系。比如西方国家重视夫妻关系,产生了横向为重心的家庭关系;东方国家重视亲子关系,产生了纵向为重心的家庭关系。

另外,宗教对于家庭关系也有巨大影响,比如,中世纪的欧洲,教权扩张,教令统一,寺院法也进入全盛时期。寺院法一贯本诸教义,采取离婚主义,如有重大特殊理由时,得经宗教最高当局宣告婚姻无效,才能离婚,是宗教影响家庭关系的例子。

无论如何,家庭关系的影响因素有家庭内部的,也有外部的,是多种因素综合作用的结果。

四、封建社会中国家庭关系的特点

中国经历了几千年封建社会,封建主义对中国的家庭和家庭关系影响很深,要认识今天中国的家庭关系,不能不对封建社会家庭关系先有一个大概的了解。封建的中国家庭关系的主要特点是:

1. 家庭中亲属种类多

西方家庭大多只包括夫妇、子女两代人。中国的封建家庭却不如此简单。从纵的方面,家庭中可包括父母、祖父母、曾祖父母以及子、孙、曾孙等直系亲属;横的方面,家庭中则有兄弟、姐妹、妯娌、堂兄弟、堂姐妹,以及伯叔父母、姑母、祖姑母、侄子女等旁系亲属。以下是中国封建社会家族的九族系统图(见下图)。

中国家庭关系复杂,还表现在家庭中的亲属称谓较多,据原金陵大学卜凯教授1928年在安徽省的调查,农村中的家庭称谓多至41种。另据调查,浙江嘉兴县有亲属称谓65种,河北定县有42种[①]。每一种

① 参见潘允康《家庭社会学》,重庆出版社1986年版,第147页。

亲属，无论属父党、母党和妻党，也无论远亲、近亲，均有一种特殊称调，以明其特殊名分，在家庭中所扮演的角色，所处的特殊地位。仅以父亲的同辈亲属来说，就有伯父、叔父、堂伯父、堂叔父、族伯父、族叔父、表伯、表叔、姑丈等，而在西方只有一种称谓（英语是 uncle，法语是 oncle，德语是 deroncle，皆同一意义）。

				高祖父母				
			祖姑母	曾祖父母	曾祖伯叔父母			
		族祖姑	祖姑	祖父母	伯叔祖父母	族祖伯叔父母		
	族姑	堂姑	姑	父母	伯叔父母	堂伯叔父母	族伯叔父母	
族姐妹	再从姐妹	堂姐妹	姐妹	己身及妻	兄弟及妻	党兄弟及妻	再从兄弟及妻	族兄弟及妻
	再从侄女	堂侄女	侄女	子女及妇	侄及妇	堂侄及妇	再从侄及妇	
		堂侄孙女	侄孙女	孙子 孙女 及孙妇	侄孙及妇	堂侄孙及妇		
			曾侄孙女	曾孙 曾孙女 曾孙妇	曾侄孙及妇			
				玄孙 玄孙女 玄孙妇				

从图中可见。中国家族系统的庞杂，其关系也必然错综复杂。

2. 家庭之外还有家族和宗族

说我国社会有几十种亲属称谓,并不是说每一个具体家庭中都有那么多种亲属。一般家庭通常仅有直系两代、三代亲属,或仅有直系两代及旁系兄弟妯娌等亲属。之所以家庭中有那么多亲属称谓,是因为在家庭之外还有家族和宗族。

家庭是指自成生活单位的亲属团体而言。宗族是家庭的扩充,它包括父族同宗亲属。而家族不仅包括父族同宗亲属,还包括母族和妻族的亲属。旧制度家族有"九族"之多,即"父族四、母族三、妻族二"。家族是指两个以上的家庭彼此间有亲属关系而言。家庭有同居共财之义,而家族不以同居共财为限。

由此可见,我国的家庭关系不仅在家庭以内,而且跨到家庭之间,这是家庭关系复杂的又一原因。一个家庭的成员可以通过家族、宗族关系与另一个家庭的成员发生联系和作用,一个家庭可以通过家族和宗族影响另一个家庭,这在我国是常见的。

3. 家族大,关系复杂,却有章可循

其一,父权制,全家权力集中于家长,子女需服从尊长,毫无自由。

其二,父系承袭,重男轻女,男尊女卑,男女不平等。

其三,嫡庶长幼有序,嫡长继承,兄弟不平等。

其四,重视亲族关系,凡宗族戚党之人,皆休戚与共的分子。

其五,重"孝""悌",崇拜祖先。

4. 纵向家庭关系

和横向夫妻关系相比,更重视纵向亲子关系、代际关系、上下关系,上要孝敬父母,下要养育子女,以传宗接代为本。

我国封建的家庭和家族关系的这些特点,至今仍在一定程度上影响着我国现在的家庭和家庭关系。在时代的变迁中，它也发生了变化，以下我们从中国的纵向家庭关系及转移来说明这种影响和变化。

五、纵向式的中国家庭关系及转移

1. 从家庭三角结构看家庭关系的重心

依社会学和人类学观点，家庭关系的重心与核心在于由父母和子女之间的关系构成的家庭中的基本三角，其他家庭关系是这一三角关系的扩展与延伸。

著名社会学家费孝通引用了雷蒙德·弗思的话说："舞台上或银幕上的三角是二男一女(近来也有二女一男)间爱的冲突；可是从人类学者看来，社会结构中真正的三角是由共同情操所结合的儿女和他们的父母。"费孝通认为，婚姻的意义就在于建立这社会结构中的基本三角。夫妇不只是男女间两性关系，而是共同向儿女负责的合作关系。在婚姻的契约中不仅包含一种关系，而且包含两种相连的社会关系——夫妇关系和亲子关系。这两种关系不能分别独立，夫妇关系以亲子关系为前提，亲子关系以夫妇关系为必要条件，这是三角形的三边，不能短缺的。① 费孝通运用几何学两点成一线、三点成一面的道理解释了家庭结构中两种相互联结和相互依存的关系：夫妻关系和亲子

① 参见费孝通《生育制度》，天津人民出版社 1981 年版，第 66 页。

关系,以及由这两种关系结成的家庭中的核心结构。

家庭结构的核心在于家庭中的基本三角,其间还有横向和纵向之分别。就夫妻关系和亲子关系方向而言,夫妻关系是平辈关系,是横向;亲子关系是异辈关系,是纵向的。在不同的文化和国度中横向和纵向关系的位置不同,也称家庭结构的重心方向不同。所谓横向重心是说夫妻关系比亲子关系重要,夫妻关系处在主导地位,夫妻关系支配亲子关系。所谓纵向重心是指亲子关系比夫妻关系重要,亲子关系处在主导地位,亲子关系支配夫妻关系。

按中国的家庭传统,亲子关系重于夫妻关系,家庭结构的重心在亲子关系,是纵向家庭关系。根据儒家思想,婚姻历来是两姓宗族之事,并非男女双方个人的事。男子结婚不是为个人娶妻,而是为宗族娶妇;女人结婚,不是为个人嫁夫,而是嫁与夫姓的宗族为妇,事关宗族承先启后的大事。换句话说,女人到了男家,就是要给男家生孩子,传续后代。中国传统家庭伦理的核心也在纵向、在上下,上要孝敬父母,下要生育、抚养子女,而不在横向,讲夫妻相爱,亲子关系重于夫妻关系,在很多情况下,不是亲子关系依赖于夫妻关系,而是夫妻关系依赖于亲子关系,夫妻关系靠亲子关系来维持和支撑。比如在今天我们也常常听到一些夫妻感情不和,想离婚的人说,本来想离婚,但是想到孩子,为了孩子也不能离婚。这是用亲子关系维系夫妻关系的最典型的说法。在中国的家庭中常常听到有做父母的说:我们这一代人不行了,寄希望于下一代了。父母在家庭中为子女牺牲自己,呕心沥血,而心甘情愿者,大有人在。不仅过去如此,今天也是如此;不仅观念如此,行为上也是如此。1996 年在天津进行的一次关于家庭消费方面的调查中有关于未来家庭消费方向的问题,比如“你家若有更多的钱时,你愿意将它用来做什么”,被调查者在回答这问题时,大多数人把供子女上学排在第一位。另外相当数量的人(约占40%)认为个人储蓄除去给孩子攒学费外,则是给孩子存钱结婚。从家庭的消费重心可以看到家庭关系的重心是纵向的。

如果在西方社会,人们是不会这样思考问题、不会这样行事的。西方社会家庭关系的重心在横向,夫妻关系和亲子关系相比更重视夫妻关系。用西方人的话说:“宁要个人青春幸福,不要为子女拖累。”价值观念的取向在自身,在本代,不在子女,不在下一代。具体表现在家庭中,他们更重视夫妻关系的质量,重视夫妻间的浪漫爱情,而把子女放在第二位,如果夫妻不和,宁可以离婚的方式分离,也不因子女凑合。因此,西方社会离婚较容易,离婚率较高。这种家庭关系的重心在夫妻关系的模式,我们称之为横向重心模式。当然,这样看西方社会的家庭,不是说西方社会的父母不要孩子,不爱孩子,而是说在夫妻关系和亲子关系的比较中,夫妻关系更为重要。在那里是否有过亲子关系重于夫妻关系时期,按德国社会学家穆勒里儿的说法是有的,即上古和中古时代是亲子关系重于夫妻关系,在上古时代人的结婚动机中子女需求第二(经济第一),而中古时代人的结婚动机中子女需求为第一,到了现代,夫妻间的爱情为第一。从古到今有个变化的过程。

21世纪,中国的家庭关系的重心也发生了一些变化,具体表现为在亲子关系仍然被重视的同时,夫妻关系的地位提高了,出现了重心由纵向向横向转移的趋势。新的青年一代更多地重视夫妻关系,重视能否实现爱情,找到理想配偶;更多重视自我价值的实现,自身生活质量和事业的成功,而把家庭、子女放在较后的位置。为此,一些人不结婚,晚结婚,结了婚也不要(或暂时不要)子女。在配偶和子女的关系上,也出现了由子女需求向配偶需求的转移。1996 年在天津进行的“经济发展与妇女家庭地位”的调查中，曾问及了这样的问题：“如果配偶跟子女的需要有冲突，应该优先考虑配偶的需要，你是否同意？”被调查者中做妻子的有 16.2% 表示“非常同意”，39.4% 表示“有些同意”。两者比例达 55.6%，一半以上，有 36% 的人不同程度地反对。做丈夫的，有 18% 表示“非常同意”，有 37.3% 的人表示“有些同意”，合占 55.3%，另有 36.3% 的人在不同程度上表示反对，与妻子的回答十分接近。这说明人们的观念正在发生变化，不仅妻子（女人）如此，丈夫（男人）也如此，从中我们能看到家庭关系重心的变化和转移。在中国的家庭中，正在发生亲子关系淡化，两代人分离的过程。

2. 两代人的相互“背叛”

中国家庭重视亲子关系，重视纵向关系的传统，表现在家庭结构和模式上是大家庭和“世代同堂”。即子女婚后仍然和父母不分家，生活在一起，组成世代同堂的大家庭。

小说《四世同堂》描写了抗日战争时期中国人的苦难命运和不屈不挠反抗日本侵略者的精神。它是通过描写祁老太爷一家的家庭生活展开的，虽然主题不在描写某种家庭理想、家庭关系和家庭模式，但在客观上宣传了世代同堂的家庭生活。不仅《四世同堂》如此，其他一些经典作品，如《红楼梦》《家》《春》《秋》《雷雨》等，描写的也都是大家庭。尽管中国的历史上真正的大家庭并不多，只有少数富户是大家庭，但大家庭一直被当作理想模式来推崇，并被载入史册。宋朝时期，江州的陈崇十三世同居，有长幼 700 口人，既“不畜婢妾”也“人无间言”，每到吃饭时必群“坐广堂”，未成年的孩子单列一席。在这个大家庭中，光狗就养了近百余条，狗也在一起吃食，而且是“一犬不至，余皆不食”,表现了大家庭中的“融融之乐”。在唐朝时期,也有“寿张人张公艺九世同居”之记载。陈崇和张公艺都得到了当时的最高统治者皇帝的青睐,不仅亲临其家,而且诏旌其门,免除其赋税和徭役,每年赐粮数千担予以奖励。可见这种世代同堂的大家庭已经惊动了最高统治者,被载入史册。根据史料记载,中国家庭累世同居始于汉代,《后汉书》云:“樊重三世共财。缪彤兄弟四人,皆同财业,及各娶妻,诸归遂求分异。彤乃闭门自挝。诸弟及妇闻之,悉谢罪。蔡邕与叔父从弟而居,三世不分。”又陶渊明《诫子书》云:“颍川韩元长,汉末名士,身处卿左,八十而终,兄弟同居,至于没齿。”在史书上称这种世代同堂不分家的为“孝义”“孝友”者。翻阅历代正史《孝义》传和《孝友》传所录“数世同堂”者为数也不多。据《南史》载,这种“孝义”“孝友”者有 13 人,《北史》载 12 人,《唐书》载 38 人,《五代史》载 2 人,《宋史》载 50 人,《元史》载 5 人,《明史》载 26 人。可见累世同居的义门,虽不普遍,但载入史册。以宋代为例,其经历 320 年之久,而正史仅载 50 家而已。当时大家庭为社会的理想,但数量不多,是客观原因造成的。比如人的寿命较短,经济条件限制。大家庭维持需要较好的经济条件,只有富人家才有可能。当然这里所说的大家庭是指累世同堂的家庭,至于儿女结婚仍然和父母生活在一起的家庭为数还是不少的,换句话说,儿子结婚一般是不离开父母,和父母继续住在一起,女儿则嫁到他家,和丈夫的父母生活在一起,表现了密切的代际关系。

今天的情况发生了很大变化,两代人不思团聚,而想分离了,从 20 世纪 80 年代初期,我们就发现了这种变化,而变化首先是从青年人开始的,根据 1979 年中国社会科学院青少年研究所和社会学研究所在北京城郊、四川中小城镇和农村的调查证明,青年一代首先考虑分开,这次调查问到了被调查者本人或子女婚后的打算，北京城区婚后愿意继续和父母生活在一起的男青年只占12.4%，女青年只占8.22%；北京农村男青年则有13.53%，女青年则有19.87%；在四川中小城镇男青年希望婚后与父母在一起的有9.46%，女青年有11.59%；在四川农村希望婚后和父母生活在一起的男青年占7.09%，女青年占12.3%。这就是说无论是在城市还是农村，绝大多数青年人都愿意结婚以后成立不和父母生活在一起的小家庭。1985年天津社会科学院和天津市人民政府联合在天津市区进行了天津市千户居民户卷调查，当问到下一代人对上一代人的家庭愿望时，得到如下回答："愿意住在父母家的"，占17%，"愿意住在岳父母家的"，占2.79%，认为"最好各自单过的"最多（含表示"愿意父母和岳父母过来住一段"的），占80%左右，和北京四川的调查结果接近。以上调查结果表明，在家庭中青年人首先"背叛"了老年人。

老年人呢？也不因循守旧，而是更新观念，讲求独立和自我了。这种情况在20世纪80年代就十分明显地表现了出来。1983年，天津市第一次户卷调查得到的资料是，有38.9%的家长表示希望子女婚后分出去过。到1985年时，这个数字已增长到67.37%，速度快得惊人。即大多数老年人都希望儿女婚后分出去过，身边一个也不留，自已独立过。1986年12月26日，《人民日报》（海外版）发表了署名为"祥生"的文章，题为《传统家庭模式受到冲击》。文章说："在新思潮、新观念冲击传统家庭模式的今天，子女满堂式的大家庭逐渐解体，突出表现在老人愿意和子女分家过。"笔者调查了二百余名老人，发现仅7名老人愿意同子女住在一起（其中4名无经济收入，靠子女赡养），15名认为"无所谓"，其他则希望和子女分开住。老年人为什么这样，听听老年人的心声:“我们现在怕什么?有退休工资,有劳保,一切靠国家,不靠小辈。以前是养儿防老,现在是无所谓防,养不养随他们去。”——从根本上不依靠儿女养了。“想开点!看穿点!为子女做牛做马苦了一世,自己老了也该快乐快乐、无拘无束地享几年清福了。”——要自己的生活方式,要享福了。“现在有些年轻人,独立精神越来越差,样样都要靠我们,只知道‘啃老骨头’、‘揩老骨头的油’,揩得越多越好。为了争夺一点财产、房屋,非难父母,兄弟反目,造成全家不和,何苦呢?我们老年人为了避免家庭纠纷和冲突,过上愉快的晚年生活,就只得选‘分家’。”——为了从根本上消除家庭矛盾,希望与子女分开过。

今天,青年人看穿了,老年人也看穿了,亲子分解,两代人相互“背叛”,这是历史的必然。其实在人们观念变化的同时,现实的家庭模式也在同时发生变化,中国的世代同堂的大家庭解体,家庭小型化、核心化,新的家庭模式和新的家庭生命周期出现了。我们从家庭结构方面继续讨论这一问题。

第二节 家庭结构

家庭结构是家庭关系的整体模式,也称家庭类型。社会学、人类学家从不同角度对家庭有不同的结构类型划分。

一、家庭类型的划分方法

1. 按家庭人数或代际层次数的多少划分

一般是按家庭人口数量划分家庭的大小,人口比较多的家庭,称之为大家庭;人口比较少的家庭,称之为小家庭。也有的按家庭中的代际层次划分家庭的大小,只包含一代人或两代人的家庭,称之为小家庭;

包含三代或三代人以上的家庭,称之为大家庭。

2. 按配偶人数的多少划分

一群男女互相为配偶成为“多夫多妻制家庭”,一个女人有多个丈夫成为“一妻多夫制家庭”,一个男人有多个妻子的家庭成为“一夫多妻制家庭”,男女专一,互为配偶地成为“一夫一妻制家庭”。

3. 按决定和参与家庭事务的权利划分

父权制家庭,家庭中的事务由父亲来控制和决定。母权制家庭,家庭中的事务由母亲控制和决定。舅权制家庭,家庭中的事务由舅舅控制和决定(舅权是母权的变种,舅权代行母权)。平权制家庭,由夫妻共同平等决定家庭中的事务。

4. 以家庭分子传袭的系统规则为标准划分

母系家庭,其子女的姓名及承继依母方;父系家庭,其子女的姓名及承继依父方;平系家庭,男女两系平等计算或者任何一系都可以;双系家庭,同时属于母族和父族。

5. 以家庭分子居住地为标准划分

从妻居家庭,也称母居,即结婚后,丈夫和妻子在妻家居住,也称招赘或招女婿;从夫居也称父居制家庭,即结婚后妻子和子女在夫家居住;单居制家庭,即婚后既不住婆家,也不住娘家,而是夫妻自立门户,单独住。

6. 按家庭代际层次和亲属关系立场划分

(1)核心家庭,是指夫妻和未婚子女所组成的家庭,也包括只有夫妻二人的家庭,夫(或妻)与未婚子女所组成的家庭。这种家庭的特点是有一对夫妻,因此只有一个中心,也称核心,叫核心家庭。

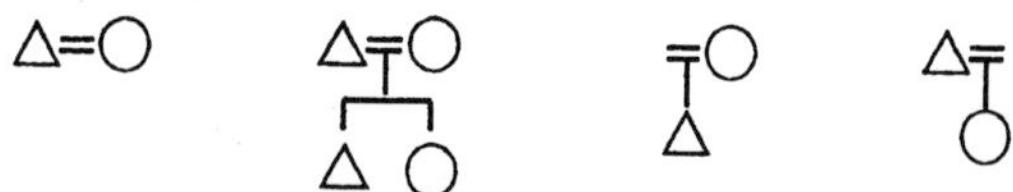

（图标号示意：我们使用社会学和人类学统一使用的符号和图示，“△”代表男，“○”代表女，“＝”代表婚姻，“|”代表亲子关系，“┌┴┐”代表兄弟姐妹关系，“⫶”代表领养关系，“△＝”或“＝○”的空缺表示家庭中有离婚和丧偶等情况。以下同。）

（2）主干家庭，是指夫妻和一对已婚子女所组成的家庭，也是我们通常所说的三代同堂的家庭换句话说，父母只留下已婚子女中的一个（若是多子女，其余的婚后分离出去），包括留下儿子，也包括留下女儿。在父系传统和传递的社会，一般留下儿子在身边，家庭由父、母、儿、媳和孙子女组成。父（或母）与一对已婚儿女的家庭也归为这一类。主干家庭的意思好比大树，去其枝叶旁杂，留其主干，就家庭来说，留下主要承续人。主干家庭的特点是有两对夫妻，但处在两代人的位置上。家庭中有两个中心，一般有三代人（随着现代人寿命的延长，也有四代人的）。

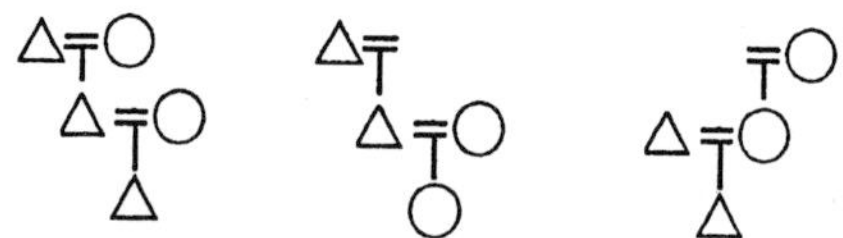

（3）联合家庭，是指父母和多对已婚子女共同居住生活的模式，或兄弟姐妹婚后不分家的模式。这种家庭是《四世同堂》中的祁老太爷家庭模式，也是《红楼梦》中的荣国府、宁国府家庭模式，是所谓真正的

大家庭。相对于联合家庭来说,上面所说的主干家庭只是中等规模的家庭,因此也叫折中家庭。联合家庭的主要特点是家庭中有多对夫妻,且有同代夫妻,人口多,关系复杂,有的还直系旁系相杂,由于是多对夫妻共处,所以是多中心的。

(4)其他家庭,即上述模式以外的家庭。比如在中国常见的隔代家庭(由祖孙两代人构成),以及其他家庭模式。

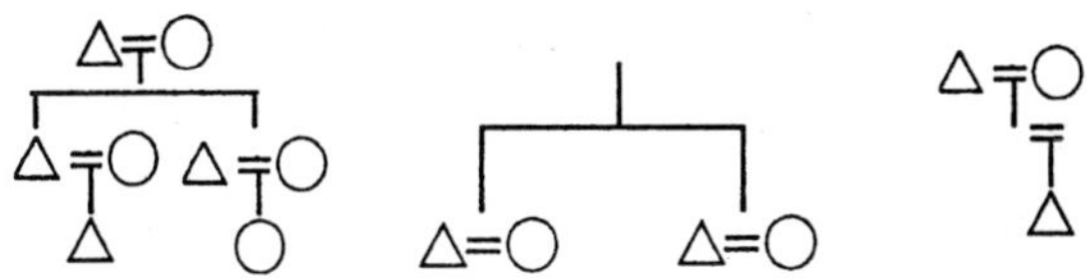

上述家庭分类方法是现代社会学和人类学使用得最为普遍的方法。

7. 按家庭中夫妻对数及相互关系划分

一对夫妇也没有的家庭(不完整的核心家庭),指核心家庭中原有配偶中有一死亡或离去(离婚),或父母双亡的未婚儿女;只有一对夫妇和其未婚子女所构成的家庭,相当于西方的核心家庭,在中国一般称为小家庭;核心家庭之外还包括其他成员,这些成员都是不能独立生活的人,大多是配偶死亡后和其已婚儿女共同生活的鳏夫和寡妇,也有些是其他较远的亲属,甚至没有亲属关系的人;联合家庭,就是儿女成婚后继续和父母在一起生活,即上面所说的两代重叠的核心家庭。如果兄弟成婚后都不独立成家,那就成了同胞的核心家庭联合单位。这些过去都统称为大家庭。

以上我们列举了七种家庭类型的划分方法,还有其他分类方法,比如家庭教育专家按家庭教育指标把家庭分为溺爱型家庭、放任型家庭、控制管制型家庭、教育修养型家庭等。在学术理论界用得最广的是第一种（按家庭人数多少）和第六种（按家庭代际层次和亲属立场）方法。以下我们将分别使用这两种方法阐述20世纪以来家庭经历的小型化和核心化趋势。

二、家庭的小型化趋势

传统家庭是大家庭，从20世纪以来，家庭出现了小型化趋势，家庭的平均人口正在减少。关于这一点，学术理论界一直有不同的看法，有的人同意上述结论，有的人认为过去的家庭人口就不多，人类社会从未经历过人口众多的大家庭时期。为了说明现代家庭的人口状况，我们先从古代家庭说起。

1. 传统的大家庭

在人类史初期的对偶家庭，人类从群婚状态开始发展成某种或长或短时期内的成对配偶制，即一个男子在许多妻子中有一个主妻，而他对于这个女子来说也是她的许多丈夫中的一个主夫。由于这种带有群婚特征的婚姻形态，使当时的家庭包括了多对配偶及其子女，自然人数较多。这一点在对偶婚向一夫一妻制过渡时出现的家庭公社中可以得到证明。南斯拉夫的扎德鲁加（大意为大家庭）是这种家庭公社的最好的例子。它包括一个父亲所生的数代子孙和他们的妻子。他们住在一起，共同耕种田地，衣食都出自共同的储存，共同占有剩余产品。在俄国人、塞尔维亚和保加利亚人中都可以找到这种家庭公社。德意志人的经济单位起初也不是现代意义上的个体家庭，而是几代人或者说几个个体家庭所构成的，并且还包括许多非自由人的家庭公社。罗马尼亚家庭也被归在这种类型以内。最初的家长制家庭（父权制家庭）

由若干数目的自由人和非自由人在家长的父权之下组成,说明当初的家庭不仅包括父权支配的妻子和子女,而且包括一定数量的奴隶。这种家庭和今天相比显然规模较大,人数较多,也属大家庭。

原始的家庭之所以是大家庭,跟当时的生产力水平是有关的。由于生产工具落后,生产力低,只有家庭人数众多,才能有较大的力量战胜险恶的自然环境,发展生产,维持生存。这种推论从逻辑上是成立的。法国著名人口学家阿尔佛雷·索维说:"只要父亲拥有绝对的权力,而所有他的孩子都劳动,他的主要利益就在于要一个大家庭。"①美国未来学家阿·托夫勒认为:"在工业革命以前,家庭的组织形式,各地都不尽相同。但是农业占优势的地方,人们一般都生活在几代同堂的大家庭中,叔侄姑嫂,姨舅爷奶一大堆,组成一个共同劳动的经济单位。"②

在中国也有过对传统大家庭的推断与假说,他们认为直到20世纪30年代,中国"现时最大多数人民仍未脱离宗法社会的大家庭制度"③。即人口众多,规模较大,数代同堂的大家庭占优势。我国古代典籍中有一些记载,证明大家庭占优势的观点。

然而另一些学者依据其他资料否认这一点。我国自秦汉以来就建立了全国规模的人口调查制度。其深入细致的程度,在当时的世界上是罕见的。如果认真考察我国历代正史中有关户口的记载,不难发现,

① [法]阿尔佛雷·索维《人口通论》上册,商务印书馆1983年版,第159页。

② [法]阿尔温·托夫勒:《第三次浪潮》,生活·读书·新知三联书店1983年版,第79页。

③ 陈长蘅:《商榷我国土地与人口问题之初步比较研究及国民经济建设之政策》,《地理学报》1935年第4期。

一些文献资料否认了大家庭占优势的观点，而“五口人之家”才是我国历史上普遍存在的传统家庭模式。据史学界考证，从西汉元始二年（公元2年）到清宣统三年（公元1911年）的一千九百多年间，有典籍稽考，能推算出较为可信的家庭人口的平均数计71个，这71个数据的平均值为4.95人，标准差为1.61。按家庭人口平均数分类，具体表现的次数为：

2人以下的有2次

2.00~2.99人12次

3.00~3.99人1次

4.00~4.99人9次

5.00~5.99人31次

6.00~6.99人15次

7.00~7.99人0次

8人次以上的为1次

由于缺乏家庭代际构成的历史资料，我们无法直接从代际层次的角度分析我国传统的家庭规模。但是，考虑到我国古代人们的婚龄较低、寿命较短等特点，假设大家庭的第一代人为一人，至少在60岁以上；第二代为一对夫妻，40岁左右；第三代为两对夫妻，20岁左右；第四代为一人，新生婴儿，则四世同堂至少为8人。如果这一假设成立，我们把平均人口在8人以上作为衡量大家庭的标准，则71个历史数据资料中，家庭人口平均数在8人以上的仅仅出现一次，即在唐肃宗乾元三年（公元760年），为8.79人。又据历史记载，当唐肃宗乾元年间，安史之乱尚未平定，社会矛盾尖锐，土地兼并严重，户籍完全混乱，因此，这个家庭平均数可能不足为据。有的学者认为，在漫长的封建社会中，中国的家庭人口主要在4～7人之间,尤其在5～6人之间。据统计,在4～7人之间的有55次,占总数的77.46%,是绝大多数。5～6人之间的有31次,占总数的43.66%。直到1911年,全国家庭人口平均数仍为5.17人。这样的人口平均数不足以形成"大家庭占优势"的格局。台湾学者从《后汉书补注》《后汉书集解》《隶释》等古籍中,仅查到"累世同堂"的记载4条。

20世纪30年代,有关中国"大家庭占优势"的观点提出不久,许多学者对此提出异议。费孝通在《生育制度》一书中写道:"这种大家庭并不是我们中国社会结构中的普遍方式,各地方每户人数的平均,据已有的农村调查说,是从四个人到六个人。四个人到六个人所组成的地域团体决不能形成上述那种大家庭。"①

据此我们可以认为,在中国的历史上,大家庭是人们的家庭理想,是符合当时的生产方式和传统文化的。但大家庭的维持需要一定的条件,特别是经济条件,因此只有少数富户人家才能实现大家庭模式,对于穷人来说,维持大家庭是不易的。另外,那时人的寿命较短,从年龄结构上世代同堂的大家庭也不能维持。

2.20世纪以来家庭的小型化趋势

尽管历史上因为各种原因大家庭并没有成为普遍的模式,但那时的家庭规模比今天还是要大。20世纪以来家庭出现了小型化趋势,不仅世界如此,中国也是如此。

(1)世界发达国家的家庭规模

在美国,1930年时全国每户平均人数是4.11人,1970年下降为

① 费孝通:《生育制度》,天津人民出版社1981年版,第85—86页。

3.14 人,1980 年下降为 2.75 人,即每个家庭平均不到 3 口人,以后是继续减少的趋势。

在日本,战后家庭人口日益减少。1955 年平均每户 4.97 人,到五年以后的 1960 年就降到 4.54 人,平均每年减少 0.4 人以上,又过五年以后的 1965 年降到 4.05 人。根据 1970 年国势调查表明,家庭人口降到 4 人以下,平均为 3.69 人。日本人口研究所曾推算,1985 年平均每户将降到 3.11 人。这一推算被证明是正确的。

在前苏联,据 1979 年的人口普查数字,全国共有 6630 万个家庭,平均每个家庭为 3.5 人(城市为 3.3 人,农村为 3.8 人),其中 2 口之家为 29.7%,3 口之家占 28.8%,4 口之家占 23%,5 口之家占 9.5%,6 口之家占 4.1%,7 口之家占 4.9%,可见 82% 的家庭在 4 人以下,而且这一数字还在继续下降①。

(2)中国的家庭规模及变化

我们以中国五城市家庭调查的数据来说明 20 世纪家庭人口减少,规模变小。据该资料统计,现在家庭平均人口数为 4.08 人,标准差为 1.54,中位值为 4,下四分位值为 3,上四分位值为 5,最大值为 15,最小值为 1,众数为 4,异众比率为 72.36,按家庭人口数分类见下表:

① 参见潘允康《家庭社会学》,重庆出版社 1986 年版,第 111 页。

表 6－1　家庭人口数分布(1982 年)

家庭人口数	户数	%
1	101	2.30
2	427	9.47
3	1147	26.16
4	1121	27.62
5	838	19.11
6	388	8.85
7	163	3.72
8 人以上	109	2.49

根据上述资料,将被调查对象现在的家庭规模,与她们娘家家庭规模相比较,从平均指标上看,平均值减少 1.30,中位值减少 1,下四分位值减少 2,最大值减少 15,众数减少 1。从家庭人口数的具体分布情况看,1937 年以前结婚的调查对象,婚时娘家家庭人数为 8 人以上的最多,其次是 5 人,而调查对象现在家庭规模以 3～5 人的占绝大多数,共占 72.89%。其中,以 4 口之家所占比重最大,为 27.62%,3 口之家次之,占 26.16%,均超过 1/4。这些数据说明,目前家庭人口已减少到以 3～4 口之家为主。

相比而言,农村家庭规模较大,城市家庭规模较小,据四川省社会科学院社会学所在四川省 9 个县的农村调查资料,2035 户农村家庭,人口平均数为 4.52 人,其中 5 人及以上的家庭占 47.22%,而中国五城市调查成都如是庵的资料反映,成都家庭人口平均数约为 3.74 人,5 人及以上的家庭只占 24.92%。根据河北大学哲学系师生 1982 年在河北省定县东庞庄公社的调查,该公社有 8 个大队,83 个生产队,总户数为 3360 户,总人口为 14545 人,平均每户 4.32 人。又根据对浙江镇海县峙头乡中宅村的调查,该村 1952 年土改时,全村有 76 户,328 人,户平均人口是 4.3 人;至 1972 年,该村仍然维持这样的家庭规模,计有 132 户,586 人,户平均人口 4.4 人。可是到 1982 年,全村家庭增为 180 户,668 人,户平均人口下降为 3.7 人。

根据 1999 年《中国统计年鉴》公布的数字,全国家庭户规模是户均 3.63 人,其中北京是 3.03 人,天津是 3.36 人,上海是 3.36 人,重庆是 3.35 人。全国户均人口最少的是北京,最多的是西藏,户均 5.29 人。

(3)家庭规模小型化的社会原因

首先,现代化、工业化、都市化的进程,改变了人们的生活方式,造成了人口的社会性流动,人们走出家门劳动就业,常常要到远离家乡的地方就业、生活。在这种流动中,人数众多的大家庭越来越难以维持了,而灵活多变的小家庭适应这种生产方式。

其次,家庭生育数量的减少,生育率的降低,是造成家庭小型化的直接原因。现代人为了学业和事业上的成功,为了提高生活质量和改变生活方式,在生育上的流行观念是少生育、不生育和晚生育,不仅观念上是如此,行为上也是如此。这样家庭人口自然减少。

第三,离婚者增多,离婚率增高,使家庭分裂和解体,一个不稳定的家庭是聚集不起人口,形成不了规模的。

另外,独身主义的出现,女性在家庭中地位的提高,以及家庭中两代人关系的变化,由原来的聚合到分离,也都使家庭小型化,关于这点我们陆续还要谈到。

三、家庭的核心化趋势

所谓家庭的核心化趋势是指核心家庭的数量越来越多,成为现代家庭的主体模式。

1. 核心家庭的概念及理论界说

核心家庭的概念首先是由美国社会人类学家 G. P. 默多克先生提出来的。

1949 年默多克先生对 250 个家庭进行了研究,在《社会结构论》一书中提出了“核心家庭”的概念和理论。默多克在提出这一概念时还搜集和排列了人们对这种家庭的其他称呼,比如:“自然的家庭”“直接的家庭”“生物家庭”“原级家庭”“限制家庭”。英国的雷克利夫布朗和其他一些英国学者称它为“基本的家庭”。从家庭结构研究的角度,特别是从家庭中基本的三角结构处,称这种由父、母、子女组成的家庭模式为“核心家庭”是非常贴切的,顾名思义,它是家庭的核心(中心)结构与模式。

核心家庭的理论和概念已为社会学界和人类学界多数学者所接受。中国的王云五先生所编的《社会学辞典》概括了核心家庭的主要特点:

(1)核心家庭具有四种明显的功能:性的;经济的;生育的;教育的。

(2)核心家庭以一男一女结合的夫妇为主,故有称为夫妇家庭,以与血族家庭相对称,血族家庭是由有血缘关系的亲属组成。可是事实上核心家庭含有夫妻和血缘两种关系。夫妇和子女,以血缘相连,故依子女立场看,核心家庭为血族家庭。任何社会都有乱伦禁忌,夫妇必是无血缘关系之一男一女经由婚姻而组成,故依组成者立场看,核心家庭为夫妇家庭。

(3)核心家庭对亲属关系的网络之依赖比他种家庭为小,故所受之控制亦较弱，婚后不必受强大的压力勉强同父族和母族同居，可以自由另建新居。

（4）核心家庭的嗣系，不偏重于配偶中任何一方，不一定是父系和母系的单系，也可以是双系。由于新居远离父族和母族，常常不能参加亲属之共同活动与仪式。

（5）择偶比较自由，婚姻合适的重点在于夫妻本身，与亲属是否和谐相处居于次要。所以谁与谁结婚，以当事者意见为主，其他亲属并不打算施以太重的压力。

（6）核心家庭基于夫妻之间的相互吸引与相互亲爱，与家人发生密切接触的甚少。在扩大的家庭内，家人众多，彼此的感情联系，分散而不强烈。核心家庭的夫妻在心理上不能在家外寻找安慰，于是在情感方面造成亲密与脆弱的好坏两面，一旦夫妻在家内得不到爱和快乐，便失去了继续维持的动机而诉诸分离，因此核心家庭制度下离婚率趋于增高。

（7）庞大的亲属团体能供给各种社会福利服务，照顾鳏寡孤独残疾之人，此为核心家庭所缺少者。因此，社会必须加强社会福利事业，设立孤儿院、养老院、婚姻指导所等，以补亲属团体之缺。

（8）核心家庭比他种家庭更适合于现代的工业都市社会①。

今天，核心家庭的概念和核心家庭的客观存在已为人们普遍接受。美国社会学家帕森斯认为核心家庭是工业社会的产物，是工业社会里最适合的家庭形式。原因是：第一，现代工业基于成就价值之上，需要人力流动以有利于经济发展，尤其是现代工业社会需要“自由劳动

---

① 参见王云五《云五社会科学大辞典》第1分册，台湾商务印书馆1971年版，第146页。

力”,结构独立的核心家庭比扩大家庭适合于这种流动。第二,这种核心家庭对孩子看得比任何关系都重要,通过社会和地理上的流动,可提供儿童的发展机会,从而有利于社会的发展。第三,在核心家庭中,男人起主要联系作用,是全家人的经济支柱,这就促使所有的成年男人都要找工作。第四,核心家庭可以满足个人感情上的需要,从而为应付各种社会问题提供一块保护性的飞地。有些社会学家认为,帕森斯的分析忽略了两个重要因素:阶级关系问题和愈来愈多的妇女就业问题。他们认为,核心家庭不利于赡养老年人,抚养儿童,夫妻容易离婚等[①]。

美国历史学家哈利文则认为,在工业化以前,家庭的规模就已经开始缩小了,只是工业化以后,缩小的速度加快罢了。核心家庭不是工业化的产物,在工业社会以前的农业社会,它就已经十分普遍了。《英国大百科全书》则说,核心家庭是一种最古老的家庭形式,它的历史可以追溯到人类最早的祖先,大概在50万年前或更早些。当时这些人们分成小帮而居住着,他们的孩子出生间隔为一年,或最多两年,但在孩子们能料理自己以前,却需要几年的时间。母亲为了抚育孩子们,就必须从丈夫那里取得帮助,同时这些父母们和孩子们就需要组成稍微稳定的核心家庭[②]。

2. 核心家庭是现代家庭的主要模式

核心家庭是现代家庭的主体类型和模式。不仅西方国家是如此,东方国家也是如此。

以日本为例。在日本,根据1970年的国势调查得到了各种类型家

---

① 参见魏章玲《家庭社会学与现代化》,《社会科学战线》,1981年第1期,第86页。

② 参见潘允康主编《中国城市婚姻与家庭》,山东人民出版社1987年版,第143页。

庭统计数字如表:

表6-2 日本按家族结构区分的普通户 (单位:%)

户 类	1955	1960	1965	1970
亲户族	96.1	94.9	91.9	88.5
1.核心家族户	59.6	60.2	62.6	63.4
夫妇单独	6.8	8.3	9.9	10.9
夫妇和子女	43.1	43.4	45.4	46.0
父亲和子女	1.6	1.3	1.0	0.9
母亲和子女	8.1	7.3	6.3	5.5
2.其他亲族户	36.5	34.7	29.2	25.5
非亲族户	0.5	0.4	0.4	0.4
独身户	3.4	4.7	7.8	10.8

资料来源:[日]福武直著,张佐译:《现代日本社会》,人民出版社1982年版,第31页。

从表中可见,日本的核心家庭已从1955年的59.6%上升到1970年的63.4%,而以三代户为主体的其他亲族户下降了,由1955年的36.5%下降到1970年的25.5%。根据日本学者最近的一些研究,核心家庭所占的比例已经超过65%,达到70%左右。

在中国的家庭传统上是崇尚大家庭模式,也就是我们列举的联合家庭模式,它的形成条件是儿女婚后与父母都不分家,当然在父系传统的中国,主要是儿子与父母不分家。其实,根据成立这种家庭的客观条件,在历史上就不多,关于这点前面我们谈过。20世纪家庭调查的有关资料证明,20世纪前半叶这种家庭为数不多,在农村中还有一些,城市中已经很少。而三代同堂的主干家庭是有一定数量,它既符合中国的家庭传统,也在某种程度上符合现实生活的需要。然而,近年来的社会调查和统计资料证实,不仅联合家庭的数量很少,主干家庭的数量也在减少,核心家庭的数量大量增加了。中国的家庭正在经历一个小型化与核心化的过程。

根据1982年开始的中国五城市家庭研究资料证实,我国五城市(北京、天津、上海、南京、成都)核心家庭比例约为66.41%,主干家庭比例为24.29%,而联合家庭只占1%左右,说明城市是以核心家庭为主的小家庭。而天津1985年进行的千户居民户卷调查资料证实,天津市核心家庭的比例占75.94%,主干家庭比例为19.5%,也说明城市是以核心家庭为主的。在农村也是如此,1987年初中国社会科学院等14个单位联合在中国14省市进行了农村家庭抽样调查,证实核心家庭占73.3%,主干家庭占17%,联合家庭也很少,没有超过2%。说明农村也是以核心家庭为主。

如果我们从变化的角度更能看清从20世纪70年代以来家庭经历的小型化与核心化过程。在中国五城市家庭研究中我们比较了1937年前的家庭和1977—1982年的中国家庭,从不同城市看到了相同的变化。

表6-3　五城市不同年代核心家庭数量

城市(街道)	1937年前	1977—1982年
北京(东河沿)	49.37%	59.17%
上海(张家弄)	54.03%	71.09%
南京(四福巷)	58.56%	82.03%
成都(如是庵)	56.41%	65.85%
天津(尖山街)	57.14%	76.32%

注:以上是在5城市5个调查点得到的调查资料。

从上述统计数字我们可以看到，虽然不同城市核心家庭数量的变化不同，但都有了较大幅度的增长，而主干与联合家庭的数量减少了。我们不仅从城市的变化中看到了这点，从农村的变化也能看到这点。

在中国14省市农村调查中有1978年和1986年家庭模式的比较数字。就14省市总体而言，核心家庭数量从1978年的65.4%，增加到1986年的73.3%，而主干家庭数量从1978年的23.6%下降到1986年的17%，联合家庭数量从1978年的2.9%下降到1986年的1.6%，和城市家庭的变化趋势是相同的。

如果说在20世纪80年代，家庭模式的这种变化已经明显地表现了出来，到20世纪90年代，这种变化就更明显了。现在无论是在城市还是乡村，核心家庭数量都已经达到80%以上。新出现的核心家庭中，既有青年和中年夫妇与他们的未婚子女所组成的家庭，也有老年“空巢家庭”（家中只有老两口）。我们可以认为，今天在绝大多数家庭中，儿女长大结婚后，如果有足够的房子，都会与父母分开住，分开生活，成立自己的小家庭，这不仅符合青年人的心理，也是老年人的意愿和选择。

四、逝去的“天伦之乐”

1. 主干家庭——传统家庭模式的代表

因为世代同堂，直系旁系相杂的大家庭（即前面我们所说的“联合家庭”）从来没有成为中国家庭模式的普遍事实，所以我们这里所说的大家庭是指三代同堂的“主干家庭”，它是大家庭模式的代表，在现实生活中也有一定的数量。

主干家庭这一概念，是由法国社会学家雷柏莱所创。雷氏把19世纪欧洲的家庭分为三个大类：父权制家庭、不稳定家庭、主干家庭。他所谓的主干家庭，是指父亲只和已婚之子中的一个及其子女在一起组成的家庭。雷氏主干家庭的原义，只包括父系男性继承的情况，即由父、子及其子女组成。当然在人类社会的历史上，实行父系的国家与民族占大多数，但也有实行母系女性继承的现象。在实行母系的地方和民族那里，他们的主干家庭自然是母系女性所继承，恰与雷氏的情况相反。另外，现在许多国家，特别是在城市里，由岳父母、女儿女婿、外孙子女组成的家庭，即从妻居、母居的现象增多了。还有现代许多国家法律上规定，女子和男子同样有继承权。有些家庭无男性继承人，只有女性继承人，她们或者招赘或者婚后采取母居的形式仍与父母住在一起，这些也都是事实上的主干家庭。

西方学术界一般把主干家庭称为三代人的家庭。那么，是否主干家庭只限于三代呢？从留一个继承人继承家产的情况看，如果已婚的继承人没有生育子女，那么主干家庭就只有两代人。再者，如果继承人的继承人也已结婚，生育了子女，而成了曾祖父的老人还活着，仍是家庭的成员，则家庭中的代数可以不限于三代。社会学家孙本文先生在谈到主干家庭时，就主张有父母的与父母同居，再往上推，有祖父母、高祖父母的，亦应同居。总之，留其直系，去其旁系。主干家庭也被称为直系家庭。直系家庭不限于三代，有两代也有四代、五代的。不过三代的主干家庭最多。

我国社会学家潘光旦先生称主干家庭为“折中家庭”，“折中”之义是在大家庭（联合家庭）和小家庭（核心家庭）间的折中。早在20世纪20年代，潘光旦先生就说，中国大家旧制之大患在枝蔓过甚：妯娌关系、兄弟关系、叔侄关系……到处可以发生纠葛，折中家庭可以将旧的大家庭去其枝叶，留其根干，纠葛大大减少。家庭本是连续之物，折中家庭虽然对大家庭有所裁割，但却是顺行维之理剖之，家庭的连续性不受打击。它去旧家庭之形，而无害于其承上启下推爱精神。从社会效用方面讲，它是训练同情心与责任感最自然最妥善的组织；从生物效用方面讲，它是种族精神与血统绵延的保证①。

从观念上讲，主干家庭与封建的家庭传统不相违背。日本学者就把德川幕府时代日本已流行的主干家庭称为“封建儒教”家庭形态，主干家庭是事实上的传统家庭模式，是较为普遍地存在于人类社会的家庭结构。19 世纪，当雷柏莱提出主干家庭概念时，欧洲主干家庭的存在还是很引人注目的。在中国、日本、朝鲜等东方国家主干家庭的数量比欧洲要多些。在日本，早在德川幕府统治时代(1603—1867 年)就存在“直系家庭”(主干家庭)。当时实行嫡长子继承制，不继承家业的其他诸子都必须离家独立生活。由于封建武士普遍采用这种家庭形式，到德川幕府后期，主干家庭已成为日本社会基本的家庭模式。明治维新以后，明治政府以法律形式将主干家庭作为家庭制度固定下来，推及整个社会，使它逐渐成为被全体国民接受的家庭制度，占统治地位。然而，到第二次世界大战以后，核心家庭取代了它，成为主要的家庭模式。

主干家庭在中国社会占有重要的地位，它是从联合大家庭向核心小家庭的过渡模式，比较容易为人们所接受，也比较容易在现实生活中实现和维持。20 世纪初，社会学家的调查就发现中国人既不赞成大家庭制，也反对欧美式的小家庭，而有一种折中的家庭观念。社会学家潘光旦 1926 年在上海调查了 317 名城市居民的家庭意愿，所得情况如

① 参见潘允康《中国城市婚姻与家庭》，山东人民出版社 1987 年版，第 164 页。

下：

(1)“中国之大家庭制有种种价值，允宜保存”（所问问题，以下同）

赞成者 男—79 人 女—12 人 91 人(29%)

总计 317 人

不赞成者 男—194 人 女—32 人 226 人(71%)

(2)“欧美之小家庭制有种种价值，宜完全采取”

赞成者 男—106 人 女—20 人 126 人(40.5%)

（两可但侧重一方面者 4 人，未填者 6 人总计 317 人）

不赞成者 男—162 人 女—23 人 185 人(59.5%)

(3)“欧美之小家庭可以采用，但祖父母与父母宜由子孙辈轮流同居奉养”

赞成者 男—174 人 女—31 人 205 人(64.7%)

（两可但侧重一方面者 3 人），总计 317 人

不赞成者 男—99 人 女—13 人 112 人(35.3%)

(4)“采用小家庭制，祖父母与父母生计由子孙辈担任，但不同居”

赞成者 男—167 人 女—27 人 194 人(61.8%)

(两可但侧重一方面者 3 人，未填者 3 人，总共 317 人)

不赞成者 男—104 人 女—16 人 120 人(38.2%)

从上述统计数字可见，对中国传统大家庭持否定意见者多达 71%。但人们也不赞成完全采取欧美式小家庭，否定者达 59.5%。大多数人赞成实行欧美小家庭，但长辈由晚辈轮流同居奉养或不同居奉养。赞成同居奉养的达 64.7%，费成不同居奉养的为 61.8%。说明人们的家庭模式观念正处在过渡和转变之中。

2.“天伦之乐”中的思考

尽管世代同堂的家庭在历史上只是人们的理想，没有成为普遍的社会事实，尽管今天人们的家庭观念已经发生了很大的变化，家庭模式也已经小型化了，然而，“天伦之乐”的理想并没有消失，有时还处在社会价值观念的主体地位上。

从 20 世纪 80 年代开始，为了促进家庭建设，弘扬家庭美德，全国各地都先后开展了评比“五好”家庭活动。一些被评选出的“五好”家庭典型上了光荣榜，颁发了奖状，并被广泛宣传和介绍。翻开这些年评出的“五好”家庭谱，其中多是“十口人一家亲”“三认公婆”“合家记”“我是怎样被评为好媳妇的”“我们姑嫂是怎样和好的”“像妈妈一样的嫂子”“理家有方的好婆婆”“妯娌贤”等，显然都是在大家庭中(至少是三代同堂的家庭)才可能发生的事情。这样就产生了一种倾向，似乎家庭越大，关系越复杂，越值得称颂，越容易评得上"五好"和"模范"。中国的家庭中，有80%是只有两代人组成的小家庭，在不到20%的三代或其他复杂家庭关系的家庭中选出大多数家庭模范，从思想关念上有些跟不上时代。除去这是社会有意无意宣传传统中国家庭伦理之外，在现实生活中一些人也还在思念将要逝去的天伦之乐。它和传统观念的影响有关，也和今天中国的家庭与社会生活实际是有一定关联的。无论如何，在今天的家庭和社会生活中，两代人共同生活与密切交往对家庭还有一定的方便和好处，下面我们分别从老年人（父母辈）和中青年人（子女辈）来谈谈这个问题。

从老年人来说，从这种模式中得到的最大好处是养老，具体说有赡养、扶病、心理慰藉等三个方面。

赡养是今天中国家庭的一大功能。到目前为止，家庭养老仍然是中国社会养老的主要模式。根据有关社会调查资料，到目前为止，我国农村失去劳动能力的老人绝大多数还要由子女赡养，在城市尽管老人的大多数已经有了退休金，但仍有20%左右的老人的经济来源完全或部分出自子女。

扶病是今天中国家庭对老年人的又一重要功能。老年人体弱多病，有许多体力型的家务劳动不能自己去做，要子女帮忙。老年人在生病时特别需要子女关照，扶病就医。中国家庭中的亲属关系网确实起到了这样的作用。20世纪90年代初，根据中美学者合作交流协定，美国依艾奥瓦州德里克大学史奈德教授来中国研究中国的"家庭病床"。研究中国的医生为中国的老年病患者建立家庭病床后，老人的日常生活由谁来护理。研究结果发现在大多数家庭的老年人周围都有一个以其子女为中心的很大的亲属支持网络。他们轮流来老人这里值班陪伴护理。史奈德教授说，这在美国是没有的，是中国的特色。

精神慰藉是今天老年人的需求之一。今天许多老人有了退休金，老年物质生活有保障，不靠子女赡养，他们特别需要从子女那得到精神上的补偿和安慰。有的人说今天老人更需要“精神赡养”，十分生动形象，即所谓老年人到晚年希望享有“儿孙绕膝之乐”。北京电视台曾播出过相声《星期天的风波》，说的是每到星期天，老年夫妇某某的已经结婚分出去过的儿女，带着全家回来了，老年人为他们做饭，请他们吃喝，帮他们照看子女（老人的孙子女、外孙子女），而儿女们打麻将，吃喝玩乐，吵闹一天，临走时还带走那些没吃完剩下的东西。老人实在是累苦了，儿女临走时少不了发些牢骚。然而，下一个星期儿女们若不来老人还惦记着，捎信打电话还让他们来。这个相声告诉人们一个“周瑜打黄盖，愿打愿挨”的道理。儿女们有父母给吃给喝，侍候“牌局”，“占尽便宜”，何乐而不为之？父母则图儿女来身边的精神上的乐趣。这个相声生动地说出了部分家庭两代人关系的现实。

青年人呢？也同样还有依靠老年父母的方面。比如今天的青年人大多是双职工，常常是顾了业务管不了家务，退离休的父母可以帮助他们买菜、做饭、代管家务、照顾小孩等，减少了他们在社会上工作就业的后顾之忧。特别是在照看子女方面，青年夫妇把孩子交给爷爷奶奶、姥爷姥姥看管，既放心又省钱。这种情况还形成了我国的一些隔代家庭。

从以上议论中我们可以看到，在我国人们还对“天伦之乐”有留恋和怀念，不仅因为传统观念的影响，还因为“天伦之乐”下的家庭模式对于现实的社会生活有一定的意义，对于两代人的各自需求都有所满足，因此它还有影响。在我国城乡还有一定数量的三代同堂的家庭存在。然而，正像我们前面谈到的两代人相互“背叛”和家庭已经小型化、核心化那样，家庭正在向相反的方向转变。我们可以认为，在现实的社会生活中有两种力量影响着家庭模式，一种是分家的力量，另一种是合家的力量，前一种力量远远大于后一种力量。因此，家庭分解的趋势不可改变。

世代同堂的家庭带来了“天伦之乐”，也产生了现实家庭生活中的矛盾和冲突，我们可以从几个方面来看这一问题。

(1)亲子冲突

亲子两代的差异，也叫“代沟”，它表现在两代人之间思想、性格、兴趣、爱好、价值观等各个方面。产生这种差异既有生理因素、心理因素，也有社会因素。心理学研究认为，脱离儿童期的青年从心理上发生了巨大变化。引起这种变化的首先是生理因素，即性的成熟和身高、体重的迅速增长。一些人做过统计，青年前期的中学生身高每年约增长10 厘米，很快超过了母亲，变得和父亲一样魁伟，他们意识到自己已经是大人了。当青年开始走入社会，逐渐产生对社会和家庭的责任感。他们感到不仅父母要对自己负责，自己也要对父母负责；不仅社会要对自己负责，自己也要对社会负责。他们想到将来要组织自己的新家庭，还要对自己的儿女后代负责。这些心理的最初表现是要求在社会上得到承认，在家庭中，则表现为对父母的“反抗”和要求独立，希望自己决定自己的事情，生活自立，经济自立，一切自立。他们习惯独立思考和建立自我的价值观念。

在德国大哲学家尼采的传记里，记载了尼采长大成人后，和他母亲之间发生冲突的故事。尼采的母亲是一位虔诚的教徒，她爱她的“上帝”，也爱她的儿子。她一心希望儿子也能像自己一样敬仰上帝，信奉教理，以便同进天国。尼采呢？他不相信上帝，有不同于母亲的信念，有自己的思想和哲理。他既要坚持自己的理念,又不愿欺骗他所热爱的母亲,使他十分矛盾和烦恼。一天,他怀着苦闷的心情向附近的市场走去,此时狂风大作,越刮越猛,迎面来了一个卖气球的小贩,正拼命地抓住一把系在空中乱舞乱跃的气球的细丝。然而无济于事,丝太细,风太狂,眼睁睁地看着风吹断了根根细丝,把气球送上遥远的天空。尼采从这情景中突然醒悟,他嘘了一口气,仰望着无所顾忌,飘向远方,毫不留恋的空中的气球,吐出这样一句话来:"要飞的,终于飞了!"它说出了在亲子两代冲突中,子代要求摆脱亲代,争得自己独立地位的强烈愿望。

今天,在亲子两代冲突中,亲代能理解和尊重子代,则意味亲子分离;亲代不能尊重子代,像《红楼梦》中的贾政对贾宝玉那样,只能酿成激烈的矛盾和冲突,最终的结果,还是分家。

(2)婆媳矛盾

在三代同堂家庭中和亲子关系密切相关的是婆媳关系,婆媳关系历来是难以相处的关系。特别是在今天,青年一代儿媳受过教育,有自己的职业和工资收入,在家庭中要争取越来越大的发言权和家庭事务的支配权。以操劳家务为主,希望维持旧有家庭秩序的婆婆,和以参加社会劳动为主,希望组织自由小家庭的儿媳常常会发生冲突,并将其他家庭成员卷入其中,造成人际关系紧张。

从家庭关系的角度看,婆媳关系难处是有深刻根源的,比如有社会文化方面的原因。在封建社会中,女性在家庭中的地位历来很低,有"三从四德"之说。女人在家从父,嫁出从夫,夫死从子。嫁到别人家的媳妇有如泼出去的水,到了男家是劳动力,是生育的工具,处境悲惨。然而也有"千年的媳妇熬成婆"的说法,媳妇一旦成了婆婆,她统治压迫的唯一对象便是儿媳。自己受过压迫,反过来又压迫他人,从中找到平衡,这就是中国的封建家庭文化。婆媳关系紧张还有心理上的原因,即婆婆往往在儿媳那里有一种相对剥夺感。儿子本为自己生、自己养。儿子长大结婚和媳妇亲密了,而且亲密得超过了自己,“是媳妇把儿子夺去了”“是媳妇把儿子教坏了”等想法都可能在婆婆那里发生。反之,儿子孝敬父母,和父母亲近,也可能引起媳妇的不满,婆媳心理上的冲突是很容易发生的。有上述因素,再加上现实家庭生活方面的原因,比如谁管钱,谁做家务,怎样教育子女等,都可能因为利益冲突或想法不同,而发生冲突。

河南人民出版社1982年出版的《怎样使家庭和睦幸福》一书介绍了在一个婆媳矛盾冲突中,儿子(丈夫)调解的范例:儿子、媳妇、婆婆在一起吃饭,儿子为了丰富周末的闲暇生活建议去游园划船,婆婆突然向儿子发问,如果划船时翻了船你先救谁?儿子在桌子下面用脚踩住媳妇的脚,对母亲说当然是救你了(指婆婆)。一面暗中使劲,一面嘴上明说,好像是处理婆媳关系的艺术,其实显得尴尬与无可奈何。事实上要摆平这个关系,解决这个矛盾,是不容易的。

(3)生活方式的差异

生活方式的差异也是大家庭所面临的问题。在现代社会的发展中,人们讲求个性、独立性和自我,而不是要共性和服从,在生活方式上也是如此。家庭越大,人口的结构越复杂,人的基本状况和素质相差得远,生活方式越难协调和统一。比如,一个家庭中其成员年龄差别越大,就越容易产生生活中的矛盾。老年人好静,青年人好动;老年人常常是早睡早起,青年人则是晚睡晚起;老年人慢节奏,青年人快节奏;老年人墨守成规,较现实,青年人则好打破成规,富于理想;老年人喜欢传统艺术,比如喜欢看戏,看京剧等,青年人则喜欢看现代艺术,比如看电影、歌舞和跳迪斯科。这些生活方式的不一致都会通过日常生活表现出来,并发生冲突。在家庭中电视机前的争论能说明由于年龄的差距而产生的兴趣的差异。老少三代人同坐在一部电视机前,有三种不同的爱好,会因为选择不同频道、不同节目而纠纷。在其他日常生活中我们还可以找到很多这方面的例子。

(4)人际关系中的纠纷

中国有句俗话:“人多好种田,人少好过年。”是说“种田”和“过年”对家庭人口的要求不同。在现代社会,家庭的生产功能已经消失了,主要是生活单位,换句话说,主要是“过年”,而不是“种田”,因此还是人少为好。从现代家庭生活的角度看,人少的最大好处是简化家庭人际关系。

从家庭关系的角度看,家庭越大,层次越多,分子越多,则关系越复杂。若家庭中只有夫妻二人,则关系最简单。夫妻下有未婚儿女,则复杂一点了,但较好处理。父母和结婚儿女生活在一起,在家庭中有三代人,两个中心,则关系更复杂。倘为大家庭,几代重叠,直系旁系相杂,则关系最复杂。中国旧制大家庭的弊病就在于枝蔓过多,不仅有夫、妻、子、女之间的关系,而且有婆媳关系、祖孙关系、妯娌关系、叔侄关系等,因此常常发生纠纷。家庭大,枝节多,纠葛也越频繁。

从代际层次上看,也是越简单越好,两代人之间都有“代沟”,多代人之间就更复杂,这是不言而喻的。

从夫妻对数上看,在家庭中夫妻是家庭的中心,一对夫妻一个中心,两对夫妻两个中心,多对夫妻多中个心。家庭中夫妻对数越多,离心力越强,家庭矛盾越多。

"距离生产美",在人际交往中有一个规律,人少,拉开(或保持)距离交往反而关系容易处得好。在传统社会,即便是以维持大家庭为荣的书香人家,人多事杂,也不能不横一个"忍"字,竖一个"耐"字,才能世代同堂。唐朝寿张人张公艺九世同堂,惊动了当时的皇帝。皇帝亲临其门询问治家的道理。年迈的张公艺写了一个"忍"字。富户尚且要忍,穷户呢? 在直接从事生产,勤惰分明,劳逸易判的农家,单靠忍耐工夫是不够的,因之两个家庭在一户里生活的例子在农村里就不多。今天社会生活发生了这样大的变化,再维持大家庭,是困难的。

(5)子代的独立性差

和西方社会比较,中国家庭的代际关系是双向的,父母要生育养育子女,子女长大成人后要赡养父母,我们称这种代际关系模式为双向反馈模式:

$$A \leftrightarrows B \leftrightarrows C \leftrightarrows D \cdots\cdots$$

而在西方一些国家,家庭关系是单向的,父母要生育养育子女,子女长大成人却不必赡养父母,只养育自己的儿女即可,就好像接力赛跑那样,每个人只向前跑,顾前面,把接力棒交给前面的人就可以了。

$$A \rightarrow B \rightarrow C \rightarrow D \cdots\cdots$$

这是在两种不同文化传统中形成的不同代际关系模式。对于西方人来说父母养育了子女,子女不赡养父母好像不公平,但他们并不这样认为。之所以如此,一是它已经形成了一种文化风俗,大家都习以为常,被社会认可了。二是他们认为每代人都不养上一代人,而养育子女,养育下一代人,这对每一代人也是公平的。我们在这里不对这两种代际关系模式做比较,只从对青年一代成长、自立、走入社会角度做一分析。

在西方社会，青年一代不需要赡养父母，然而，父母对他们的责任、义务也相对较少。西方家庭的孩子独立较早，一般在14～15岁时就渐渐自立，闯社会，闯世界了。他们在进入青少年期时，一边上学一边参与各种社会工作和社会活动，去打工赚钱，此时他们有一种心态：自己挣钱花光荣，找父母要钱花不该。到了上大学，他们一般住在学校，或在离学校附近的地方租房子住，大学毕业自己去找工作，成家立业，不再和父母生活在一起，相互也没有什么责任和义务，因此他们的自立精神很强，自我生活、自我奋斗能力也很强。

在我国，由于两代人相互联系紧密，客观上也造成了子代对亲代过度依赖以及自立精神较差。过去中国有一句俗语："父母在不远游。"这是中国特有的家庭文化，到今天还有影响。20世纪80年代末到90年代初，在北京、天津、上海等大城市中出现了一些奇怪的现象，即报考全国重点大学的高中毕业生的比例大大减少了，相反这些城市自办的地方院校却颇受欢迎，报名人数暴涨，录取分数奇高，甚至不亚于全国重点大学。为何如此？并非这些地方院校师资力量强，教学质量高，教学设备好，教学经费充足，而是在这些学校毕业后能就地分配，而不是面向全国分配。相反全国重点大学要全国分配，大学毕业后，可能要到中小城镇、农村、内地、边疆等地，因此重点大学不受欢迎，地方院校反而受欢迎。据了解，不希望报考重点大学的，主要不在学生本人，而在学生家长。一些家长为了不让子女远离，不同意甚至阻挠子女报考重点大学。一些青年人也恋家、恋大城市，做出了同样的选择。这实际上扼杀了青年人的远大志向，滋长了新生一代狭隘的家庭观念、地方观念和乡土观念，以致故土难离，贪图安逸，不适应蓬勃发展的新形势对青年人的要求。它阻碍了人力和人才的合理流动和配置,使亟需人才、人力的边远落后地区得不到支持和补充,使参军、支边、国家投资的重点建设项目的人员供不应求,是有害的。

几年前我们的新闻媒体曾经报道过记者在陕北农村采访青年的片段,在回答记者关于"为什么生活苦,却不走出家门去闯荡一番"的问题时,那位农民说:爹妈没给我生那个胆量!为此编者慨叹:"这些老汉和小伙子,他们的祖先曾经从这内陆腹地出发,征服了全国,如今却随着这片萎缩了的土地,一起萎缩了他们曾经那么旺盛的精力。"是什么因素萎缩了青年一代,使他们成长为竞争意识差,惰性强,自立能力弱,习惯于等、靠、要,而不是竞争、努力、进取、自力更生?原因是多方面的,来自家庭中的依赖心理,是原因之一。做父母的对孩子是"幼年时为读书操心,青年时为成家操心,成年后为儿孙操心",对孩子关心过多了,孩子对父母依赖的时间也过长了。这是极不正常的。然而,迄今为止,这一问题并没有引起千家万户的警惕,也没有引起社会的足够重视。

上海的《解放日报》曾以《现代社会的反常:子女依赖父母超过30年》为题发表文章说:现代社会是强调人的自主精神的。然而,就上海的情况看,青少年中生活难以自立,处处依赖家长的现象极为普遍,而且这种依赖在时间和空间的跨度上还在不断延长和扩大。从"读书学习"方面说,一位在教育部门工作的同志调查后发现,有3/4以上的小学生不习惯于同学间相互默写生字,相互检查作业,而要等父母回家后,由父母当老师,在父母帮助下才把作业完成。每逢测验、考试,家长当"第二教师"而殚精竭虑。这种情况不仅小学生中有,不少中学生中也有。许多家长喟叹:"现在子女读书,有一半是家长在读!"在升学就业上,父母比子女还着急,为子女找家庭教师补课,寻复习辅导材料,找内行人打听行情,忙得不亦乐乎。在就业过程中,家长也是托人找门路、拉关系,帮忙选职业、挑工种,辛苦奔波而无怨言。

在紧密的亲子之情中,孩子不仅在成家立业前依靠父母,而且在结婚时依靠父母,父母要把自己的大量积蓄拿出来为子女办婚事。有些子女在婚后还要挨着父母住,沾父母的便宜,这些对于年青一代的独立、自立、善于约束自我,以及进入社会奋斗、竞争,都是不利的。

(6)亲代拖累,降低生活质量

中国家庭的父母一生为儿女拖累,大大降低了他们的生活质量。天津社会科学院社会学研究所从 1995 年开始在天津连续三年进行了"关于城市居民消费意愿"的调查,当问到"若您有足够的钱您将用它来做什么"的问题时,连续三年排在前三位的其中两项都是"为孩子上学""为子女结婚"。可见子女在家庭消费中的分量和父母对子女的用心。如果说,子女在学时还没有独立的经济能力,还不能不依靠父母的话,子女在结婚时大多都已就业,有了收入和经济能力,但还依靠父母,真令人费解。

根据上海方面的调查,20 世纪 80 年代中期,上海青年的结婚费用就已经涨到七八千元,多的达万元,而当事者本人的存款一般不超过五千元,差额部分多向父母伸手①。进入 20 世纪 90 年代以来,结婚费用日涨,1996 年《今晚报》在举办大型集体婚礼"米盖尔情集体婚礼"中对百对新人的婚姻消费情况进行了调查,消费在 1 万元以下的占 8.2%,1 万至 3 万元的占 57.7%,3 万至 5 万元的占 25.7%,5 万元以上

① 参见潘允康《在亚社会中的沉思》,中国妇女出版社 1989 年版,第 182 页。

的占 8.2%，费用大幅度增长了。引人注目的是，当问到是否准备借债支付这些费用时，有 96% 的人肯定地说："不借。"百对新人对结婚借债持谨慎态度的同时，对接受父母资助却持认同的态度。在他们中全部以个人积蓄支付结婚费用的仅占 11%，以个人积蓄为主、以父母资助为辅者占 37%，28% 的新婚家庭结婚费用中个人积蓄与父母资助各占一半，以父母资助为主，个人积蓄为主的占 18%，另有 2% 的新婚家庭全部靠父母出资组建。从上述数字中，我们可以知道青年人在结婚中给长辈增加的负担和压力。

从以上事实中人们可以领悟到，今天老年人要有所得，必有所失。老年人为了天伦之乐，要为儿女做出许多，无论他们的主观愿望如何，客观上他们都会被拖累，要以降低生活质量为代价。正因为如此，所以今天越来越多的老年人开始对三代同堂家庭进行反思，倾向于独立生活了。

综上所述，在现代中国家庭中有两种相反的力量和因素：一种是促使大家庭存在的力量和因素，另一种是使大家庭分解的力量和因素。前者包括有家庭养老、老年人帮助青年人等，后者包括有两代人的差异（代沟）、人际关系复杂、不利于青年人自立、不利于老年人提高生活质量等。相比较而言，后一种力量大于前一种力量，后一种因素多于前一种因素，因此，中国的家庭正向小型化、核心化发展，中国的亲子关系正在从传统模式向现代模式变化。

五、家庭生命周期的自我调节

所谓"生命周期"是指生命从生到死的循环过程及其不同的循环阶段。家庭生命周期则是指一个家庭的诞生，以后经历了不同的发展阶段,直至瓦解消灭,被新的家庭所取代的过程。家庭生命周期显示了一个家庭自身的发展变化和在自身发展过程中不同阶段的不同特点。

世界上许多社会学家有过关于家庭生命周期的研究。联邦德国社会学家瓦尔纳从理论方面把西方的核心家庭划分为“准备和建设阶段”“抚养和教育阶段”“分离阶段”“老年阶段”四个阶段,是以夫妻为中心和亲子关系的变化为主线的。美国人类学家沃尔夫把家庭生命周期和人的生命周期(年龄)联系起来,根据中国台湾 9 个地区(农村)1906—1946 年户籍资料,从实证方面研究了台湾农村家庭生命周期的完整过程及其特点,是以亲子关系的变化为中心的,符合中国的家庭文化与实际。中国家庭生命周期与西方家庭生命周期有异同,在所谓家庭的“准备阶段”和“抚养教育阶段”,中西方家庭在模式变化上并没有明显的区别,而到了“分离阶段”,区别开始明显了,西方核心家庭的子女一般是不和父母住在一起的,而中国有相当部分家庭的子女在结婚以后会和父母住在一起(根据天津 1985 年的户卷调查资料,有55.55%的家庭已婚子女和父母或长或短住在一起),临时或长久组成主干家庭,这是西方所没有的。

在中国青年人婚后和老年人生活在一起,但并不永远生活在一起,而是合家之后又可能分家。以天津市第三次户卷调查资料中发现的事实为例,该次调查证实,当初曾经和父母生活在一起(包括男方和女方父母)的 544 户中已有 410 户因各种原因又和其父母分离了,占 75.37%。可见大多数家庭中老年夫妇和青年夫妇是要分家的,只是分家时间长短有所不同。据统计,在 5 年以内分家的占 64.68%,6 ~ 10 年分家的占 17.18%,两者共占 81.86%。可见大部分家庭在五年或十年内分家了,坚持长久得甚少。如果我们以青年夫妇为基准,假设其

25 岁结婚,而婚后一定和长辈生活在一起,然后 5 ~ 10 年以内和长辈分离,在以后的时期又有 5 ~ 10 年与自己的已婚儿女生活在一起,然后又分离,至 75 岁老年夫妇去世止,那么这样的家庭在其生命周期中就有两种家庭形态,而且是交叉相间的,即在某一阶段取主干家庭形态,在某一阶段取核心家庭形态,从而形成了中国家庭特殊的生命周期。按上述模拟的数据,一对已婚夫妇从结婚到去世可能有 2/5 的时间是生活在主干家庭的模式里,而另外 3/5 的时间是生活在核心家庭的模式里。如果把婚后根本不与父母生活在一起的核心家庭高于永远和父母生活在一起的主干家庭的比例考虑进去的话,那么婚后一半以上的青年夫妇可能与老年夫妇生活在一起的事实和高比例核心家庭的事实就不是矛盾的,而是统一的了。

每个家庭在生命周期的不同阶段上采取哪种家庭形态会因具体情况而定,就大多数情况或规律而言,老年人和青年人生活在主干家庭中的机会较多,而中年人生活在核心家庭中的机会较多。换句话说,部分家庭可能采用这样的生命循环方式:青年人刚刚结婚可能与父母生活在一起组成主干家庭,经过段时间和父母分离了,只和自己未婚子女生活在一起,转变为核心家庭,待子女婚后可能又和子女分离了,重新变为核心家庭。我们称这种比较普遍的家庭生命周期循环模式为“U”型循环模式,见下面示意图:

在示意图中我们可以看到家庭模式是“U”型的,是主干家庭与核心家庭相间的。这是在家庭模式小型化过程中家庭生命周期的自我调

节,即一个家庭在生命周期的不同阶段,采取家庭生活所需要的不同模式。我们从以下统计数据中可进一步观察和了解这个规律。

从家庭模式的“U”形生命周期的规律上看,曾经是主干家庭的过一段时间可能分家变为核心家庭。在天津市进行的第三次户卷调查中曾调查了分家的原因。在433户曾经合家而又分家的家庭中有431户回答了他们分家的原因,排列在第一位的原因是“增加和改善了住房条件”,占35.3%;“其他原因”,占18.6%;“老人死亡或搬到别处”,占17.9%;“两代人生活习惯不一致”,占10.2%;“家庭经济问题”,占8.8%;“家庭中人际关系紧张”,占6.3%;“家务劳动问题”,占1.9%;“子女教育问题”,占1.2%,可见其中住房问题很突出。如果我们把每个人回答的前三位原因放在一起统计的话,则得到了如下的结果,“因增加和改善了住房条件”的,占25.09%;“家庭经济问题”的,占15.06%;“两代人生活习惯不一致”的,占12.61%;“老人死亡或搬到别处”的,占11.75%;“家庭中人际关系紧张”的,占11.14%;“家务劳动问题”的,占7.22%;“子女教育问题”的,占4.53%。可见“增加和改善了住房条件”仍然最重要,但家庭中的一些实际问题,如“家庭经济问题”“两代人生活习惯不一致的问题”等也很突出,当然也有些“老年人死亡和搬迁”等自然原因。

表 6－4　天津市居民不同年龄户主的不同家庭模式统计表

	25 岁以下		26—35 岁		36—45 岁		46—55 岁		56—65 岁		66 岁以上	
	户	%	户	%	户	%	户	%	户	%	户	%
核心家庭	8	53.33	225	81.23	238	82.35	188	73.44	67	58.26	19	76.0
主干家庭	3	20.0	42	15.16	43	14.88	57	22.27	40	34.78	4	16.0
联合家庭			2	0.72	4	1.38	1	0.39	1	0.87		
单身家庭	4	26.67	3	1.08	2	0.69	2	0.78	2	1.74		
其他家庭			5	1.81	2	0.69	8	3.13	5	4.35	2	8.0

gamma = 0. 20026vchi - square = 117. 967vsignificance = 0. 0000

其实，认真分析一下合家和分家的原因，可以知道，青年人之所以结婚后的一段时期多和父母生活在一起，“住房缺少”是个明显的原因。到 20 世纪 90 年代中期以前，在中国大城市中住房缺少是个普遍的问题，人口多，欠账多，根据 1986 年 12 月 2 日首次公布的全国城镇房屋普查资料披露，仍有 1054 万户城镇居民缺房，占普查总户数的 26.5%，在这些缺房户中，无房户占 3.2%，不方便户占 10%，拥挤户占 12%。又根据 1993 年在上海和天津进行的住房调查资料，人均住房面积在 4 平方米以下的，上海有 15%，天津有 16.5%；人均住房面积在 4 至 6 平方米的，上海有 35.5%，天津有 23.8%，比例是不小的，说明了住房紧张状况。青年人婚后找不到新房，在父母处匀房住，就成为比较普遍的了。近些年来，城镇发展商品房，大搞住宅建设，房子开始多了，但由于价格昂贵，青年人并不是都买得起，婚后暂住父母处的情况仍然会比较普遍。在这里我们看到了住房和家庭结构间的明显联系,从区位学角度深化这一认识是十分必要的。

六、住房与家庭结构的改变

用区位学理论分析研究住宅和家庭结构之间的关系,可以从区位中心论、区位聚散论和区位共生论三个方面去思考,因为中国家庭两代人之间的关系的事实是有分有合的。

1. 从“区位中心论”看住房与家庭结构

所谓区位中心论是指在一个区位人际关系结构中有一个中心结构,这一结构左右和影响其他结构。人类学家认为社会结构(特别是家庭结构)中真正的三角是指由共同情操所结合的儿女和他们的父母。这是两种不能分别独立的相关的社会关系。夫妇关系以亲子关系为前提,亲子关系以夫妇关系为必要条件。夫妇关系是这一三角结构的中心,它是亲子关系的根据。在一个家庭中家庭关系总是在变化的,最显著的变化莫过于子女的成年和结婚。一旦子女成年结婚,家庭就会由一个中心变成两个或多个中心(每增加一对新的夫妻就增加一个中心)。家庭中若只有一个中心,会产生向心力,家庭成员会围绕中心运动,家庭结构比较稳定。当家庭中有两对和多对夫妻时,则中心之间会出现离心力,会有中心之间相互排斥的情况。然而,家庭毕竟是一个社会生活的基本单元,如果家庭只有有限的住房,或只有同居共处的住房,即便家庭是多中心的,有很大的离心力,也常常会保持同居的结构模式。一旦家庭有了足够的可供选择的住房原有的家庭结构就可能解体,从多中心模式重新变成一个中心模式。从这点上说,住房因素不仅能使同居的家庭结构模式解体,而且能为新的家庭中心的成立提供了可能。换句话说,它不仅能破坏原有的家庭模式,而且能促成新的家庭模式,这是住宅在拉大一些人的空间距离时,又能缩小另一些人的空间距离的特点所决定的。因此,住宅在影响家庭结构的变化中显得十分重要。今天,如果社会能向人们提供更多、更充裕、更便宜的住宅,社会的家庭结构还会有更明显的变化,因为它符合现代家庭分解的大趋势。

2. 从"区位聚散论"看住房与家庭结构

居处的聚散不仅是了解人与人联系的门径,它本身就是一个重要的事实。它可以表现家庭中人与人之间保持着怎样的社会关系和距离。在住房条件有限时,客观的住房条件能限制、制约和决定人们的联系方式和联系频率。一旦人们找到了住房,就会出现另一种情况。

在社会和家庭中人们希望保持怎样的距离?社会联系的实质是行为和情感,行为上相互依赖的程度和情感上痛痒相关的深浅,决定了社会联系的亲疏。而这种亲疏是可以从人的空间距离来测量的。住房是人的空间距离的重要条件和指标。家庭是社会中利益攸关的亲密团体。为了维持亲情,是否人与人的距离越近越好?不是的。过去在直接从事生产、勤惰分明、劳逸易判的农家,两个家庭在一户里生活的例子就不多。这表明子女长大结婚以后,分家独立是普遍的情形。农村是如此,城市也是如此。古代是如此,现代也是如此。保持距离交往反而能使亲情长久,是人们在长期社会生活中悟出的道理。在现代社会生活中人们更加追求独立、追求个性和不同的生活方式,从一定的意义上说是要散而不是要聚。然而家庭关系不同于其他社会关系,是散中一定要有聚。不仅要聚,而且要有聚的地方和空间,就是住房。在住房缺少时,人们要生活,因此以聚为第一选择。一旦有了足够和可选择的住房,人们就有可能散中再聚,因此,住房是家庭成员聚散选择的重要条件。没有这一条件,无论人们观念怎样现代化,怎样追求独立的生活方式,要散要聚都是困难的。

3. 从"区位共生论"看住房与家庭结构

所谓区位共生论是指在一定区域内生命体之间为了求生存而相互依赖的关系。共生论用在家庭中是家庭成员为生存而相互联系和依赖。对于一个家庭来说,与共生密切相关的还有"共栖","共栖"是共生系统中的特殊的现象,它与住房紧密相连。

尽管今天中国正在发生巨大变化,从经济、社会到家庭都是如此,但它还是处于从传统向现代的变革之中。和这种变化相适应,人们在聚散的选择中比西方人还是较多地考虑共生和共栖问题。这是和西方社会的重要区别。据此,在住房的要求上是分合兼并的,既要离开,又要近一点,以便于联系,相互照应,相互帮助,相互支持。从家庭模式上说,今天一部分中国人向往家庭网(下面一节有专述),即有亲属关系的家庭之间既分开独立生活,又保持近距离的相互联系,从而形成了有亲属关系的家庭之间的网络结构。还在 20 世纪 80 年代,中国的一些家庭社会学研究专家就提醒有关建筑部门在设计新的楼房建筑时应考虑这一需求。20 世纪 90 年代中国少数建筑楼的设计已经兼顾了这些方面,比如在一些大的单元楼建筑中有大单元套小单元的,即在含有 4 至 5 间房的大单元中含有独立的小单元,这为人年老时仍留下一个已婚子女在身边,两代人既共处又相互分开,创造了一种特殊模式。然而,今天的中国在住房上毕竟还是欠账太多,僧多粥少,人们还是把足够的住房作为首要条件,然后再近一点,是分割中的共生。因此,一旦有了住房,一部分家庭要分离了,而另一部分家庭因缺少住房还要"共栖",住在一起,时间或长或短。这就是今天中国家庭在两代人同居比例下降之时，仍能保持较高的同居比率的原因之一。

七、家庭网的必然补充

在有关家庭生命周期的阐述中，我们看到之所以老年人住在主干家庭中的概率较多，除去和子女婚后无房要先住在父母那里有关外，也和老年人的实际生活需求有关，是养老和扶老的需要。在以往的多子女家庭时代，父母只留子女中的一个（一般留儿子中的一个）作为继承人和养老。今天多数家庭只生一个子女，以后要不要留？怎样留？是个问题。因此，家庭生命周期的自我调节只是在现在和未来一个时期有实际意义，而新型家庭网的出现，却能从另一种意义上形成对家庭小型化、核心化的必然补充。

20 世纪 90 年代，笔者去台湾访问，和一个著名的台湾社会学家谈起台湾今天家庭中两代人的关系和青年人的家庭模式理想。那位社会学家说，今天的台湾青年希望和父母保持着“端碗汤也不冷的距离”。这是个生动而形象的比喻。它包含有两层意思，第一层意思是，不同居共财，不共同生活，而是分开过。第二层意思是距离要近，以至于端一碗汤过去也不凉，意思是有相互关照的距离和条件。这种家庭理想就是我们所说的家庭网或网络之家。

从社会学的角度上说，所谓“家庭网”是指有亲属关系的家庭之间所组成的社会网络，就多数情况而言，它是由可能组成的联合家庭的几个独立的核心家庭之间所组成的一种特殊的社会组织，具有特殊的结构和功能。作为“社会网”的一种，它源于亲属关系，而区别于其他社会网，其间具有较密切的关系和较强的凝聚力。然而，现代“家庭网”也不同于旧式的封建家族，既不同居共财，也不被置于封建家长统治之下和封建伦理观念束缚之中，处于家庭网中的各个家庭是相互独立的，在保持各自独立生活方式的前提下，以日常生活中的频繁交往和相互救援为主要特征。从两代人的角度说，是既分开过，又相互联系；既保持各自独立的生活方式，又相互帮助救援；既有传统色彩，又有现代特色，何乐而不为之？下面我们以我国城市家庭网为例来说明它的特点和功能。

20 世纪 80 年代初进行的中国五城市家庭调查中就有过关于城市家庭网的有关资料。在上海杨浦区宁国街道双阳里居民委员会随机抽样调查了 98 个家庭，提供交往亲戚情况的 62 名，占 63.27%，说明家庭网对大多数城市家庭具有意义。62 名调查对象共提供有交往的亲戚 112 家，最少的提供 1 家，最多的提供 5 家，平均 1.8 家，大多是与 3 至 4 户人家交往。一般家庭网是由父母和已婚子女的家庭组成，或有其他亲属关系的家庭组成，在北京东河沿街 11 号院共有 5 户有亲属关系的家庭组成一个家庭网，包括一个主干家庭，4 个核心家庭。其本源为一家兄弟二人，老大去世，其妻与已婚的长子生活在一起，并有两个孙子，组成主干家庭；次子结婚后独立成家，已有一子，是分裂出来的核心家庭。老二也去世，其妻与尚未结婚的一儿一女共同生活，是分裂以后的核心家庭。老二的长子、次子已经结婚，分别组成两个小的核心家庭。这个家庭网是由兄弟关系派生出来，由亲子关系联结起来的家庭网。上海双阳里有一对老夫妻与长子长媳、次子次媳、女儿女婿以及未婚的小儿子生活在一起，四对夫妻，四个家庭，往来密切，甚至有时共灶，内部关系复杂，亲疏不等。女儿女婿与老两口关系密切，儿子媳妇与老两口关系一般，大家忙于日常生活，处理家务，协调关系，与外部亲戚往来较少。它类似于联合家庭模式，是由亲子关系派生出来的，包括兄弟姐妹、妯娌关系等在内的家庭网。家庭网在今天中国的城乡带有普遍性。下面我们从家庭网的规模、区位距离、功能等几个方面说明它在今天社会生活中的地位和作用。

1. 家庭网的规模

根据1991年天津社会科学院和广州《家庭》杂志社联合进行的家庭调查，城市家庭平均与5.8户三代以内亲属关系的家庭交往，其中非常亲密的为1.56家，比较亲密的为2.03家，一般交往的1.57家，偶尔往来的0.88家，密切和较为密切交往的约占70.7%。就规模上看比中国五城市家庭调查中发现的家庭网要大。

一个中青年家庭的家庭网主要是由该家庭与其配偶方（或双方）的父母家庭组成，或是与此有关的兄弟姐妹家庭组成。依传统中国的家庭是父系的，一个新的家庭的诞生主要是从父居，与父系家庭往来，然而，今天主张男女平等，更由于人们观念上的改变，开始双系并举，人们不仅同男方父母家庭来往，而且同女方父母家庭来往，在交往中婆家和娘家并重。在一些家庭中婆媳关系处得不好，而母亲和已嫁出的女儿关系密切。今天，在老人的观念中，女儿不再是“泼出门的水”，反而却是“妈妈贴身的小棉袄”，女婿也可能成为家庭网中的重要角色。由于这种改变，尽管中国家庭生育子女的数量大大减少了，但任何一个家庭网都至少有3户的规模，即本家和双方父母家，若再加上其他兄弟姐妹的家庭和其他亲属的家庭，家庭网的规模在5户左右。对于一个老年人家庭来说，主要是和自己子女家庭之间的关系和联系。我国老年人在过去生育子女的数量是比较多的，至少2个或2个以上，如果只考虑这方面的关系的话，家庭网的规模也在3户以上。新近出现的情况是子女的联姻亦可能把两家的老人联系起来，并同时把有关的其他亲属家庭卷入,尽管其间联系有时较少,结构松散,但亦可能扩大家庭交往和家庭网的规模。任何一个家庭网的存在都以日常生活的联系和交流为依据,而这种交流和联系又要以必要的空间距离和其他手段为条件,因此,尽管许多家庭之间有亲属关系,但因为缺少现实联系的根据和条件,其间也不能组成家庭网。因此城市家庭网规模尽管大于 3 户,但目前也仅在 5 户左右。

今后随着人的寿命的延长,有人预测4—2—1式的家庭模式将多起来,家庭网的规模将在 3 户左右。

2. 家庭网的区位距离

区位学中的区位距离原是生物学中用于研究有机体和其环境之间关系的一门学问,现在它已被运用于社会学、人类学,用区位距离去测量社会距离,据此判定人际关系的亲疏。社会学家费孝通说:“居处的聚散多少是关于生活上的亲疏,因之,空间距离给了我们研究社会联系的一个门径。从人和人在空间的分布和移动所发生的距离和接触上去考察它给予社会生活上的影响,是社会区位学研究方法。”①

4—2—1 家庭模式

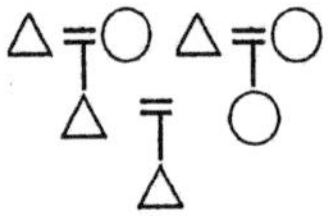

今天我们可以同样用这个方法去测量家庭和家庭之间的关系,分析家庭网的特点。

据 1991 年全国 27 省市的家庭调查资料证明,家庭网中的家庭有

① 费孝通:《生育制度》,天津人民出版社 1981 年版,第 78 页。

17%是在不同省市之间进行的,36.1%是在同省内进行,33.2%是在同市内进行,13.2%是在同区内进行,5.2%是在同街内进行,就是说,同区同街内只占18.4%。下面我们再比较一下非亲属家庭之间的交往。在不同省之间交往的占6.8%,在同省内交往的占23.9%,在同市内交往的占37%,在同区内交往的占19.9%,在同街内交往的占16.9%。相比而言,亲属家庭之网的区位距离大于非亲属家庭之网,具体表现为其不同省、同省、同市之间交往的比例高于非亲属家庭之网,而同区、同街之间的交往的比例低于非亲属家庭之网,是现代社会"亲"与"邻"关系的客观描述。

这说明,目前我国大多数亲属家庭还不具备日常生活交往所必备的区位距离,即如前所说的"端碗汤也不冷的距离"。由于住房条件及其他劳动就业机会的限制,亲属之间近距离居住,守望相助,不易实现。相反,非亲属家庭之间却是近距离交往较多,多是邻里交往,因为距离近有交往的条件和根据。而亲属家庭网交往的区位距离大,是因为他们之间有血缘姻缘关系。换句话说,由于人们的血亲观念重,亲属关系重于非亲属关系,其间的相互联系能克服远距离交往上的障碍,或者说是扩大了交往上的距离。它是亲属家庭网之间关系密切的具体表现。

3. 家庭网的经济功能

最常见的是子女家庭向父母家庭交纳赡养费和父母家庭给子女家庭资助,当然还有其他亲属家庭之间经济上的相互帮助与馈赠。

1984年天津市统计局所做的181户城市父母家庭和子女家庭经济往来情况的调查资料表明,父母家庭给予子女家庭的要多于子女家庭给予父母家庭的,换句话说,资助费多于赡养费。在181户子女家庭中,按月向夫妻双方家的老人交赡养费的占84%,其中每月交10元以下的占 42%，交 10 至 20 元的占 36%，交 20 至 30 元的占 11%，交 30 元以上的占 11%。然而，他们也在不同程度上接受父母的资助，或者是受钱，或者是受物，或者是由父母代交房租水电，或者是到父母家吃饭不交钱、少交钱。据统计有 44% 的户在和父母家庭的交往中收大于支（包括只收不支），有 27% 的户支大于收（包括只支不收），有 26% 的户收支相等，有 3% 的户完全没有经济往来，无收无支。1991 年全国 27 省市的家庭调查，被调查者中的 64.5% 说他们赡养长辈（包括男女双方的父母），并报告每月交纳的赡养费是 30 元左右。有 37% 的被调查者说他们得到过父母家庭的资助，近一年来大约是 300 元（月均 25 元）资助，好像是子女给予父母的多，其实不然，因为被调查者还告诉我们，除去父母给他们钱外，他们还得到过其他形式的资助。比如有 6% 的人说父母为他们代交房租水电费，18.7% 的人说，在父母家吃饭经常不交钱或少交钱，25.5% 的人说父母常常直接给物，有 23.8% 的人说，他们在结婚或遇到一些大事时父母单另给他们资助，有 7.2% 的人说父母给过钱和物。如果我们将这些因素考虑进来，子女家庭从父母家庭处得到的资助就不会少于他们给父母的赡养费。

至于其他亲属关系的家庭之间在经济上的互相支援，一般是在遇到婚、丧、病、生育及其他较大生活事件时才有可能，无论从数量和频率上都比不上亲子家庭之间。

4. 家庭网的生活功能

所谓家庭网的生活功能是指家庭网中的家庭在日常生活中相互帮助，排忧解难，提供方便。仍以 1984 年天津市统计局的调查资料为例，181 户子女家庭成员经常到其父母家庭中用膳，约占 86%。其中每月就餐 20 次以下的占 34%（包括托管的小孩），21 至 40 次的占 21%，41

至60次的占11%,60次以上的占20%。子女家庭到父母家庭用膳大多是为了方便,因为子女家庭多为双职工户,他们到父母家庭中用餐搭伙(一般都是中午一餐),既吃得现成、舒服,也节省开支。另外父母住在子女家庭里,帮助子女家庭买菜、做饭、料理家务,伺候女儿、儿媳坐月子也是十分常见的。同时,老年人遇上买煤、买粮、行路、就医等方面困难时,子女家庭成员会经常过来帮忙。在1991年的家庭调查中,有52.8%的被调查者认为自家所处的家庭网为自己在生活上提供了方便,有21.7%的人认为与亲属之间能在家务上互相分担。这种生活上提供方便和家务上互相分担包括代买菜、拿牛奶、取报纸、洗衣、搬迁、搞卫生、室内装修等。

5. 家庭网的扶病、扶老和托幼功能

扶助老人、病人和照看儿童是家庭网的重要功能之一。一个家庭有病人需要到医院就医,通常由亲属陪伴和护送,病人在家中休养时,大多也由亲属护理,除去同居亲属外,非同居亲属也会过来照料。在一个家庭中若老人生病了,他们的子女(包括那些分出去过,已独立成家的人)往往会轮流来守护,这已经成为家庭中不约而同的事情。1990年至1991年,美国艾奥瓦州德里克大学社会学系教授史奈德先生来华做有关"家庭病床"方面的研究。作为一个社会学家,他研究的重点不是医生怎样入户护理老年病人,而是一个病人卧床后他有怎样的社会护理网和支持网。他共调查17个设立了家庭病床的老人。调查发现,在每一个病床的周围都有一个社会护理网和支持网,主要由病人的亲属组成。其中包括老人的配偶、子女及配偶、孙子女、外孙子女及其他亲属等。这些亲属中有的是和老人住在一起护理,我们称之为"同居护理网",有的是不和老人住在一起,护理时来到老人身边,护理后离去,我们称之为“不同居护理网”。据统计最大的“同居护理”网络有 4 人,最少的有 1 人,平均 2.31 人;最大的“不同居护理”网络有 8 人,最少的有 4 人,平均 5.06 人,是很有中国家庭关系特色的。

托幼也是家庭网的重要功能。子女家庭把孩子送到爷爷奶奶、姥爷姥姥家去看管,不仅省时省力省钱,而且放心。现在有的青年人每天早上把孩子送到父母家,晚上接回来,有的周一送去,周末接回,或长期把孩子托在父母家。据天津市统计局 1984 年提供的资料,181 户子女家庭中有 20% 的家庭这样做了。其中托给男方父母看管的占 12%,托给女方父母看管的为 8%。

在 1991 年的家庭调查中,有 44% 的被调查者说家庭网中有赡老,有 12.7% 的人说家庭网中有托幼,有 24.7% 的被调查者说家庭网中有扶病。

6. 家庭网的“应付危机”和“安全保障”功能

到目前为止,我国的社会保障制度和体系还很不完善,也不发达,在遇到“天灾”和各种“危机”时,人们往往依靠家庭和亲属网络来提供保险。家庭网在“应付危机”和“安全保障”方面发挥了作用。在 1991 年进行的家庭调查中,有 19% 的人说他们的亲属家庭之间相互帮助,包括“应付危机”;有 4.6% 的人说亲属家庭提供了“安全保障”,主要是在有大事件和突发事件时,家庭成员互相帮助,包括出主意、想办法,给予各种具体帮助和心理上的安慰等。

7. 家庭网的感情交流功能

感情交流是家庭功能的重要方面,在家庭中是如此,在有亲属关系的家庭之间也是如此。有“血浓于水”的传统的中国,亲情至上,亲属之间的感情常常强于其他的感情。人们在家庭里希望从亲人身上获得温馨与快乐,在亲属之间也希望得到在他人身上得不到的东西。过去在流行大家庭时,情感交流主要在家庭中进行,现在大家庭分解了,核心家庭越来越多,感情交流不仅在家庭中进行,也在家庭与家庭之间进行,换句话说在家庭网中进行。在1991年的家庭调查中,有76.8%的被调查者说,其亲属家庭之间有感情上的交流。

8.家庭网提供婚丧大事等服务功能

人们在生活中总会遇到一些生活事件。婚事和丧事是中国人家庭生活中的大事。现在婚丧之事有越办越盛、越办越奢靡的趋势,除去和人们的物质生活水平提高有关外,也和社会风气及人的观念变化有关。在婚事和丧事中,一般人都希望办得隆重些、得体些,往往人力或财力方面力不从心,需要他人帮助,而这种帮助多来自亲友,包括捐款、赠物、代办各种事情、主持仪典等。在1991年进行的家庭调查中,有20.7%的被调查者和其亲属家庭网之间有婚丧方面的相互服务和赞助。

以上我们列举了家庭网的各种家庭与社会功能,这些社会功能是在组成家庭网中的家庭独立生活、保持各自生活方式前提下实现的,因此我们说它是对家庭小型化的一种补充。家庭网是在家庭小型化过程中传统模式与现代模式相结合的产物。

总之,中国的家庭结构正在经历小型化、核心化的过程,家庭规模越来越小,核心家庭越来越多,而传统大家庭,包括主干家庭、联合家庭正在解体和减少。在这一变化中出现了传统和现代的冲突,并产生了特殊的家庭生命周期的自我调节和家庭网的必然补充。这些就是中国现代家庭结构变迁的总轮廓和总特征。

第七章 “性”——现代夫妻关系的调节剂

在有关家庭关系和家庭结构的讨论中,我们比较多地谈到了家庭中的亲子关系。本章将主要议论夫妻关系,并以现代夫妻关系中最为重要的“性”关系为中心展开。性关系是夫妻全面合作与互动中包含的特殊关系,是其他家庭关系和家庭成员中所没有的。古人说:食色,性也。把性欲的满足列为人的基本需求之一。过去在家庭中性行为是与生育行为紧密联系在一起的。随着现代社会人们生育观念和行为的变化,性行为越来越成为与生育无关的独立行为,是夫妻进行生理和情感交流的重要组成部分,是夫妻关系的重要标志。要说明这点,我们还得从社会的性观念、性文化说起,从宏观社会到微观家庭展开议论。

第一节 传统性文化中的社会问题

过去“性生活”“性关系”“性问题”对于中国人是讳莫如深的,封建的文化传统使国人谈性色变。从中华人民共和国成立以来,我们对性问题仍然缺少系统、科学的宣传和研究,而且没有公开的报道。从而在家庭和社会生活中仍然保留了一个神秘的领域和空间。我国实行改革开放政策以来,经济得到了迅速发展,社会生活发生了很大变化,人们的观念也有了改变。讳莫如深的性问题终于从台后走到台前。1989

年2月到1990年5月,我国首次大规模性调查和性行为、性观念的科学研究在上海大学社会学教授刘达临的主持下在全国展开。这次研究一共调查了全国15个省,28个地区的23000个案例,取得了大量而宝贵的第一手资料。国外舆论把这次调查比作几十年前美国的金西博士所做的研究,给予了很高的评价。这项研究在进行中也曾遇到过巨大的阻力和困难。在调查过程中屡屡碰壁,甚至在一些学校或有知识、有学问的地方,也被拒绝了,不仅在边远的地区遇到这样的情况,在上海、北京这样很文明开化的地方也是如此。在上海有个中学校长说:“只要我还当一天校长,学校里就不允许搞这种东西(指性教育)。”某省妇联的一位干部因为支持这项研究竟被追究责任。这些发生在20世纪90年代初的事情,提出了一系列让人们思考的问题。事实表明“性禁锢”导致了“性愚昧”,当它走向反面时,“性解放”又带来了“性泛滥”,这是今天中国所面临的现实。

一、“性禁锢”导致了“性愚昧”

事实表明,尽管中国社会自改革开放以来迅速走上实现现代化的道路,但在一些社会观念上还相对滞后,还在封建观念上,最典型的是在男女两性关系上的“性禁锢”和“性愚昧”。

1986年当女性穿起比基尼在深圳的舞台上进行健美操表演时,招来了全国各地的议论和谴责,以致在党报《人民日报》上也不得不开辟专栏进行讨论,这种“赤身裸体”的表演究竟是道德的还是不道德的,它是否会腐蚀和败坏社会风气。这使人们联想起20世纪30年代中国艺术大师刘海粟在上海美专招聘模特,就曾引起社会上的强烈反对,说成是一件诲淫诲盗的事。20世纪80年代的今天,上海的一所高等艺术院校招考模特也遭到非议,一位被录取为模特的姑娘写了一篇《从屏风后面勇敢走出去》的文章在报上发表后,在社会上竟掀起轩然大波,报社收到上千封指责信,其中一封信上说,如果以妙龄少女作为描绘对象的所谓艺术也是艺术的话,那么只不过是一种早已绝迹的野蛮艺术,为中华民族的优良传统和道德伦理所不容,会败坏社会风气,造成社会不安定,指责是相当严厉的。其实这种看法的本身是十分保守落后的。面对现实,"谈性色变"式的性观念正在给社会带来了一系列相关的社会问题。

据新闻媒体报道,某工厂一名女工碰到了流氓,流氓企图奸污她,她不顾赤身裸体和坏人搏斗,坏人被抓住了,周围的人中有的人不仅不赞扬她,反而讥笑她,就因为她的躯体被人看见了。

《案与法》1987 年第 1 期报道了河北省邯郸市一位年轻漂亮的女售货员王某的幸福美满家庭破裂的事情。一个突然闯入家中的流氓,用暴力强奸了她,当那个流氓松开手臂命她拿钱时,她突然跃起,拳打、脚踢、头撞,以死相拼,手上刀口纵横,鲜血淋漓,头部被击成重伤仍和流氓搏斗,最后使流氓落入法网。但她的精神和肉体受到严重摧残。然而,她的不幸和斗争不仅没有得到人们的谅解、同情和赞扬,反而遭到冷遇。当她被送进医院后,人们却像躲避瘟疫似的躲避她。她的那些昔日的好朋友,如今变成了陌生人,流言蜚语不胫而走,据说那些"洁身自好"的高雅女性们,不屑于和这个失身的女人为伍。她回到家里,以往见到她就喜笑颜开的公婆,如今却怒言厉色,好像见了丧门星。爱她的丈夫也变得异常冷漠和生疏。原因只有一个,就是因为"她失去了女人的贞节"。看来只要"失去了女人的贞节",不论是在怎样的情况下发生的,不仅路人不能原谅,连亲人也不能原谅她。

与性观念禁锢相连的是性愚昧,而这种愚昧也带有浓厚的封建主义色彩,对“处女膜”的看法是典型的代表。至今在我们的社会中还有因为“处女膜”问题引起夫妻矛盾和家庭纠纷的。“处女膜”还被一些男人用来检验女人是否忠于自己的标准,在新婚之夜,丈夫一定要看看妻子有无出血和疼痛之感,要求“落红”,如果没有“落红”,就会引起丈夫对妻子的不满和猜疑,有的甚至打骂虐待妻子,“强迫落红”,还有的提出要求离婚。这使人想起世界各地最落后的民族中,至今还沿袭着许多原始的在“处女膜”上对妇女摧残的手段。比如在澳大利亚,一些原始氏族中,多半在女孩的青春期时,先人工穿破其处女膜,或在婚姻仪式前由新郎以外的特定的人来穿破处女膜。在赤道非洲的马萨等地这种蹂躏手术多由她父亲来做。因纽特人某些部落蹂躏新娘是僧侣的特权。在非洲和一些中东地区,至今还施行对妇女婚前和已婚妇女丈夫外出时的切除术和闭合术。切除术即在婚前要割除部分或全部女性的阴蒂或小阴唇。闭合术是切除小阴唇和部分大阴唇后,使阴唇闭合只留一个小孔。做了闭合术的妇女是无法同男性发生性关系的,要在举行结婚仪式的当天或丈夫返回时实行开放术。开放术是极其痛苦的,手术后当天要和丈夫同房,使妇女在心理和生理上受到极大摧残。之所以如此,一是丈夫怕妻子不在家时和他人偷情,发生性关系;二是为增加丈夫性交时的快感。这种中世纪式的落后观念和行为的残余在20世纪80年代的中国还有不同程度的影响,不能不引起人们的深刻思考。它显然是太野蛮、太愚昧、太落后了。

其实,性愚昧在我们社会中不同程度存在着,无论对于已婚或未婚者都是如此。以下是来自未婚者的报告。

某城市一中学举行节日舞会,一个16岁的女学生参加舞会后开始忧虑、紧张，因为在舞会上有几个男同学拉过她的手，扶过她的肩，她真怕如此会生出一个娃娃来。恰巧当月月经又未准时来潮，她更加惶恐紧张，决定弃学“养病”，直到她的母亲带她到医院检查，在医生的开导下，才说出原委。医生向她讲解了性知识，做了宣传和教育，说明和男伙伴跳舞是不可能怀孕的，月经不来潮是由于无知和心情紧张所致。

20世纪80年代中期，上海大学有两名男女同学，发生了婚前性行为，女方怀孕，他们感到事情暴露后压力太大了，在一天晚上，两个人裸着身子拥抱着，打开煤气自杀了。这件事情引起了青年人的愤慨，他们把两名死者精心地打扮起来，在他们身上撒满鲜花，有几百名学生自发追悼他们，实际是对性愚昧和性无知的控诉。

据国家教委“七五”重点科研项目“青春期教育调查报告书”记载，在被调研的城市的10~20岁的青少年中，44%的男生，42.65%的女生对性问题和性知识一无所知，而他们所在的学校谈情说爱很盛行。74.9%人认为学校应加强性教育，否则会导致学生犯错误。

未婚者如此，已婚者也是如此。

一对年轻的夫妻都是清华大学毕业生，结婚两年不知性生活该怎么过，不懂得性交，以为只要两个人身体挨在一起，各自体内的生物分子相互跳动，便可以生育出小孩来，结果不能如愿。

一位妇女结婚后10年未孕，来到妇产科检查，才发现她根本没有阴道，多年来以尿道代替阴道，当然不可能怀孕。

可见，性问题也不是无师自通的。认为性行为是一种本能，到了一定年龄就会自然通的说法是不确实的。“性禁锢”的逻辑结果就是“性愚昧”和“性无知”，这和20世纪末的时代精神与时代要求是不相符的。

二、“性解放”带来了“性泛滥”

在中国社会中,在性问题上,一方面有“性禁锢”和“性愚昧”,而另一方面又出现了“性解放”和“性泛滥”,当社会开始改变在性问题上的保守观念时,一些人却从一个极端走向了另一个极端。

1.“性解放”的真正含义

“性解放”是20世纪70年代美国人发明的,它产生以后首先被一些美国人自己歪曲了。本来“性解放”是美国妇女解放运动的一部分。在20世纪70年代的美国,女性解放运动高涨,女人不仅要求在劳动、就业、受教育和参与社会生活方面和男人平等,而且要求在家庭中平等,特别提出了在性关系和性行为方面的平等,并把它概括为“性解放”,说得准确一点是在性行为方面的妇女解放。美国女性力求通过“性解放”,改变在性行为中的被动、被支配的地位,变被动为主动,有性行为的主动权、享乐权、支配权,取得在性行为中和男人一样的地位。然而,这一运动从一开始就走偏了。具体表现为在社会上出现了一些在形式上追求男女平等的东西,同时也出现了某些性行为方面的混乱。

所谓追求性和性行为方面的形式上的平等,表现在用一种“扭曲”的东西去抵制另一种“扭曲”的东西。比如以往美国社会性产业中的裸体表演都是女性裸体。裸体女人做出各种姿态供男人观看。从20世纪70年代开始,一种男性裸体供女人观看的表演开始兴起,而且生意火爆。在美国首都华盛顿,到过这种场合的人说:“生意兴隆,场场爆满,观众(都是女性)对表演给予热烈掌声。”美国女人之所以花钱去看男性表演,既非“猎奇”,也不都要“刺激”,而是“报复”,是要和男人寻求在性行为方面的“对等”,“过去你们看了我们,今天我们也要看你们”。

美国的新闻媒体曾报道了两条消息:其一是得克萨斯州的一对新婚夫妇结婚不久,女方提出了离婚的要求,原因是男方指责女方在结婚时已经不是“处女”。法庭审理了这个案子,在女方辩护律师的协助下,法院做出了离婚的判决,并判男方赔偿女方2.5万美元的精神损失费,是因为男方“侮辱”了女方。这一案例和判决引起了舆论的关注。其二是纽约一名保守的犹太妇女苏珊要求纽约法院宣告她17个月的婚姻无效,因为她发现,她的丈夫结婚时已经不是“处男”。她丈夫向法院申请驳回她的要求,但遭法院拒绝。以后该法院的法官在一次半公开的讲话中认为最好的办法是让他们分离(离婚),以前法庭对于这样的“案子”从未受理过,另外从医学角度说也没有办法找到证据证明一个男人是不是“处男”。从以上两个事例中我们可以看到美国的女性正在性观念和性行为领域与男性全面“对抗”,这其中有形式上的,也有“扭曲”的。

20世纪70年代美国的经济一度萧条,造成了大量的失业人员,又加上越南战争的失败,对美国人的心理打击是沉重的。在这种情况下,悲观厌世和颓废的情绪在社会蔓延,一些人希望通过两性关系得到宣泄,于是在社会上曾一度出现非常混乱的两性关系,比如未婚同居、一群男女杂居、男女裸体跑步、性病流传以及离婚率迅速增高等。由于它发生的年代恰好和美国妇女提出“性解放”的年代相吻合,因此一些人误认为这就是“性解放”,一些人也利用这种糊除认识,进一步鼓噪起在两性关系上的混乱行为和“开放行为”。

然而在美国,这种混乱的情况很快得到了抵制,人们在性行为上也有所收敛。从20世纪80年代起,人们开始向传统的保守的家庭观念回归,性病的流行也给放纵的人们敲响了警钟,人们开始改变看法,重新认识“性解放”的真正意义。

2. 色情与性愚昧

物极必反。性愚昧带来了性无知,性禁锢解除之后自然是科学不能伸张,色情必然有市场。

从 20 世纪 80 年代以来各种色情的东西兴起,之所以有市场,是因为性无知的人们对之津津乐道。

色情的东西之所以有市场,受到青睐,是与人们的“无知”有关,是恶性循环:由“性禁锢”产生了“性愚昧”,由“性愚昧”产生了“性神秘”,由“性神秘”到“性开放”,发生了“性泛滥”,本来人的形体、生理和男女之事,像衣食那样是极其普通和寻常的,却偏偏让它神秘又神秘,这便自然产生了一种畸形心理。正像鲁迅所说的:“一见短袖子,立刻想到白胳膊,立刻想到全裸体,立刻想到生殖器,立刻想到性交,立刻想到杂交,立刻想到私生子。”这是一种心理变态。从哲学逻辑上说,回避就意味着加强,回避到极端,带来的是病态形式的加强。愿望的力量往往同禁止的力量是成正比的。这种因禁锢而造成的病态,非但不可能使人完善于所谓的道德之下,成仁于禁忌之中,相反会以更加丑陋的心态和病态力量扭曲着社会,它不仅是人的变态,还是社会的变态。因此“性禁锢”再也不能继续下去,而要用科学的性知识、性教育去取代它。

3. 卖淫嫖娼

卖淫现象的死灰复燃,是与性有关的十分严重的社会问题。中华人民共和国成立后,我们曾经花了大量力量与卖淫现象做斗争,取缔娼妓,改造妓女,消灭性病,取得了显著成果,一度在全国范围内卖淫现象基本消失了。然而,卖淫现象在我国又死灰复燃。有关资料证明,在20世纪70年代就有了少量的卖淫现象,到20世纪80年代则比较明显了。据有关部门统计,1984年全国查获的卖淫嫖娼人员有1万余人次,1986年为2万余人次,1987年为6万余人次,1988年第一季度查获6861人次,比1987年同期上升8.7%,上升的速度是很快的。从20世纪80年代开始,我们加大了对卖淫嫖娼活动的打击力度,实行综合治理,出现了以下几个特点:

第一,参与卖淫嫖娼者成分复杂,范围很广。娼妓的年龄从十几岁未成年小姑娘到四五十岁的成年妇女,既包括农村来的无知识,没有文化的女人,也包括女大学生、研究生、医生等,成分十分复杂。

第二,商业化倾向日趋严重。现在宾馆、歌舞厅、夜总会、发廊等地方是卖淫嫖娼活动的主要场所,还有一些住房较宽余的人把房屋出租给妓女或嫖客,从中收取房租和其他费用。

第三,卖淫嫖娼活动网络化。从打击卖淫嫖娼中揭露的事实中看,被强迫卖淫的是有的,然而越来越多的是"自愿"卖淫,一些卖淫女开始被胁迫卖淫,禁不住高收入的诱惑,不仅自己卖,而且还介绍他人也卖,甚至组织卖淫的传销网络和系统。一些从事犯罪研究的人在收容所中访问过被收容教育的卖淫女,发现她们卖淫的收入很高,一些人把赚来的钱寄给老家的父母亲友,使他们盖起了房子,脱贫致富了。一些卖淫女对自己的行为不以为然,还认为她们"养活"了父母亲友,养活了城市中的大饭店和出租司机,提高了他们的效益。她们不仅自己卖淫,还把穷姐妹也介绍来一起卖淫,"脱贫致富",从而形成了卖淫团伙和网络。

第四,出现"包租"等卖淫活动的新形式。近年来出现一些长期

“包租”的卖淫活动，也有所谓“包二奶”的称呼，即租或买下房子，再租下固定的女人，为其提供长期的“性服务”。

从上述情况看，我们对卖淫嫖娼活动的斗争将是长期的、复杂的，绝不可能通过一两次“严打”而彻底根除。

4. 性病威胁着人的身心健康

卖淫嫖娼等社会问题的出现必然带来性病的流行。据《健康报》援引全国性病研究中心的报道，我国性病的年发病报告数已从20世纪70年代末的个例、20世纪80年代中期的数千例、20世纪90年代初的十几万例，上升到1996年的39万多例。1997年上半年，全国又报告187822例病例，较1996年同期增长12.51%，而且8种性病发病率都在上升，应该说以上数字是保守数字，因为一些人患了性病可能还不知道自己有病，还有一些人患了性病碍于脸面不说，也不报告。根据我国性学专家刘达临先生提供的数字，近十年来我国性病年增长率为200%，有的地方达到300%。

现在流行的性病除去梅毒、淋病、尖锐湿疣等过去有的以外，还有兴起的艾滋病。据国家艾滋病哨点监测系统报告，1997年上半年在对性病门诊就诊者哨点监测中，21个哨点有3个发现艾滋病毒感染者，而1996年同期只有一个哨点发现；在16个暗哨哨点中，有4个哨点发现艾滋病毒感染者，而1996年同期此类人群监测哨点中尚无发现。根据埃菲社1997年12月1日援引中国官方的统计资料，截至1997年9月，中国共有艾滋病患者8277人，主要分布在中国南方地区，例如云南、贵州等地方，原因是那里的吸毒人数较多。中国的医生说估计20万人感染了艾滋病病毒，他们中的大部分人是通过性活动感染上的。2001年有关报道说，艾滋病在北方地区也有发现，而且有蔓延的趋势，其中河南省某地艾滋病的高发状况已经引起联合国的关注。

《健康报》援引全国性病控制中心副主任张君炎教授的分析认为，当前我国性病疫情形势严峻。其一，发病猛烈。即使不考虑严重的漏报情况，全国主要性病的人群发病率已高达 34.6/10 万，部分地区性病发病率达 58.72～148.56/10 万，在传染病发病顺位中已前移至第二三位。其二，各种性病种发病均增加，并以危害最大的梅毒增加最多。而且女性患者、儿童患者增多，性病病人中发现艾滋病病毒感染者增多，性病流行地区遍及城乡。其三，许多地区个体医、游医泛滥成灾，造成性病诊疗极不规范，导致了相当严重的耐药情况。张君炎指出，目前艾滋病毒在我国性乱人群和吸毒人群中传播最快，而性病也恰恰在这两类人群中检出率最高，而且性病可以促进艾滋病传播，其中梅毒患者感染艾滋病毒危险比常人增加 4 至 5 倍。若把性病和艾滋病防治紧密结合起来，既可减少投入，提高工作效益，又可通过控制性病达到控制艾滋病的目的。

第二节　“性”——家庭中夫妻关系的调节剂与失衡剂

当我们从“性愚昧”“性禁锢”谈到“性解放”和“性泛滥”时，是从社会的一种极端现象到另一种社会极端现象。中国社会封建的传统影响太深了，而今天中国的社会变化也太快了，因此出现了各种极端现象并存的情况。其实，在“性”问题上，社会上不光有极端现象，它还在影响和困扰千家万户。在有些家庭中它是夫妻关系的调节剂，是家庭和夫妻生活质量的标志，在有些家庭中它则是夫妻关系的失衡剂，是夫妻矛盾和冲突的交点。今天人们对这一问题不再回避了。

一、性生活——家庭的不可分割物

社会学家在阐述家庭功能时认为性功能是重要的组成部分，有人认为性功能是家庭诸功能之首。比如社会学家龙冠海认为家庭的功能可以分为“生物的”“心理的”“经济的”“政治的”“教育的”“娱乐的”“宗教的”，其中“生物的”包括——如性欲的满足、生育传种、小孩的保护及老人的照料。性生活和性欲的满足居诸功能之首①。这种看法和大多数社会学家的看法相同。科学研究认为，人们的性要求并不是从家庭开始，而是从结婚前的青春期就开始了。但是因为种种原因人们还不能马上结婚，从生理的成熟到结婚一般都要十年或更多的时间，有的学者称这一时期为“性的失业”时期，甚至认为这是对人青春时代的“残酷压抑”。医学和心理学研究表明，此时青年的性期待得不到满足，往往有些偷偷摸摸的性行为和模拟性行为，诸如手淫之类，以满足其性期待和对于性的好奇心。医学研究证明，性压抑可能带来失眠、机能低下、兴奋、头疼症状和轻度歇斯底里以及精神病的症状，有时甚至导致盗窃、放火、强奸等罪行。一些社会调查资料证实，青少年中的性犯罪除去跟他们受外界影响，比如听黄色录音，看黄色小说、图片、录像带，导致品行变坏有关外，也跟他们性生理要求长期得不到满足有关。禁欲主义的结果可能带来生理发展的不平衡，心理发展不健康，或性格怪癖等。因此，性对于青年是重要的、不可回避的，满足性要求是现代婚姻的主要动机之一。现代婚姻中最叫人关心的莫过于以性为主的爱情的满足，因为如果仅仅是友情的满足，就不必依赖异性，也不必结婚

① 参见龙冠海《社会学》，三民书局1966年版，第274页

和成立家庭了,心理学家认为,爱情是由感情因素和性本能因素组成的,在友情关系中,感情占有很大比例在恋爱关系中,性的要求占有很大比重。恋爱的直接目的和结果——婚姻也就不能不和性要求有密切的关系。

现在我国规定青年婚前要做身体检查,包括询问身体情况、家族有无遗传病、与配偶有无近亲关系、精神状态、传染病等,要检查生殖器,规定有生理缺陷不能进行性活动的人,以及患性病、麻风病及精神失常未经治愈者不能结婚,患有心、肺、肝、肾等重要器官的严重疾病或传染性皮肤病不宜马上结婚的,待治愈后再结婚。它不仅保证夫妻婚后能合作、生育和繁衍健康的后代,而且能使夫妻之间有必要的性生活,以促进夫妻间在生理、心理、情感上的全面交流和沟通。西方国家许多研究表明,性生活是否和谐是影响夫妻关系的重要因素。性生活的不和谐,不仅会破坏夫妻关系,甚至可以导致离婚。前苏联社会学家 B. A. 瑟先科曾经从社会学角度专门研究了家庭中的“夫妇冲突”,他认为,“婚姻是为了满足多种多样的需求而缔结的。夫妇一方或双方的某些需求部分或全部得不到满足,就会导致争吵,进而发展为持续的冲突,从而损害了婚姻的牢固性。而由于一方或双方的性要求得不到满足而造成的冲突、不和与心情不舒畅是需求不能满足的原因之一”。他认为造成这种情况的原因是多种多样的,如夫妇一方的性要求降低,性欲出现的周期和频率不一致,夫妇对婚后生活的心理卫生问题毫不知情,男方出现阳痿或女方性欲缺失,夫妇患有各种疾病,夫妇中的一方身体或精神上长期过度疲劳等。前苏联社会学家崔科夫不仅认为性生活不协调可以导致夫妇冲突,而且可能导致离婚。它认为导致离婚有三种原因:第一,多半由社会—经济性质的因素和原因的作用而产生的动因;第二,主要由具有心理和生理性质的因素和原因的作用而产生的动因;第三,社会生物方面的动因。其中第二类动因中就包括“生理上不协调”“丈夫或妻子患有不育症,以及其他生理性的原因,如丈夫阳痿,妻子性欲缺失等”。尽管许多人仍然不愿公开说出这些方面的事情,而往往笼统地将其归结为“性格不合”等原因,但越来越多的人现在已直言不讳。

当然,在今天,家庭中的两性生活除去以上我们所谈的人的生理、心理需要,协调夫妻关系、增进夫妻情感交流外,也还有通过性交达到怀孕生育,繁衍后代,绵延种族的目的和功能。

总之,无论从人的生理需要、心理发展,从协调家庭中的夫妻关系,发展夫妻间亲密感情,从生育和繁衍后代上看,两性生活对于现代家庭和社会都是十分重要的。

二、从“妇女热线”中得到的启示

由王行娟女士创办的民间妇女研究所于1992年和1993年在北京先后创办和开通了两条“妇女热线”电话和“妇女专家热线”电话,无偿地为全国各界妇女服务,同时通过“妇女热线”这个窗口,了解当代妇女的心态及其热点问题,开展对妇女的研究工作。根据王女士的反映,在“妇女热线”中有关性问题的咨询和婚姻问题的咨询一样是热点,而夫妻性生活不和谐方面的咨询占全部性问题咨询的52.7%。王女士还研究过北京地区发生的家庭暴力案例,其中包括性暴力。王女士说:“性暴力的严重性和普遍性也令人吃惊。有近一半的妇女在被打后被强迫过性生活,有百分之十几的妇女认为自己受到性的虐待,有20%的妇女因此而厌恶性生活。有的妇女说到她在夫妻性生活中有被强奸的感觉，有的妇女在事后悲愤地撕毁蚊帐以泄心头之恨。”①可见“性”问题是一个困扰夫妻关系的尖锐的问题，而这一问题首先是由女人反映出来的。

王行娟女士认为：中国女性也逐渐认识到，性权利使两性平等，使每一种性别个体不必接受另一种性别个体的支配，女性没有必要按照别人的要求来塑造自己，传统女性的角色标准并不是女性这个性别的意愿，也没有基于女性这个性别的权利考虑，而是传统社会对女性的要求和规范。

中国女性性权利的觉醒具体表现为：第一，认识到女人和男人一样都有性欲，都有性要求；第二，敢于谈性，从“妇女热线”接到的电话中就能反映出来，女性咨询性问题的比例逐年上升，开始100%是男性打来的，现在1/3多是女性来电话，有的月份是男女平分秋色；第三，敢于追求性高潮，知道性生活不只是满足男人，自己也应该从中得到快乐；第四，敢于表达自己的意愿，在性上有了一定的自主性，如在什么时间、采用什么体位，达到什么频率上，女性可以按自己的意愿行事。

王行娟女士在“妇女热线”中得到的启示和刘达临先生在20世纪90年代初在全国进行的大规模“性”问题调查所得到的结论有很多共同点，而刘达临先生的调查更系统、更深入地反映了这方面的问题。

三、中国两万例性调查的报告

20世纪40年代，美国的金西教授花了近十年的时间，在美国做了

---

① 参见刘达临《社会学家的观点中国婚姻家庭的变迁》，中国社会出版社1998年版，第132—141页。

近17000例的性调查,轰动了美国,轰动了世界,为世界性社会学的建立奠定了基础。时隔50年,中国上海大学社会学系教授刘达临在中国做了另一项大规模的性调查。该调查从1990年开始,一共调查了全国15个省,28个地区,23000例,历时一年零三个月。调查对象涉及中学生、大学生、城乡已婚夫妻和性犯罪分子。调查内容包括性生理发育、性观念、性行为、性教育、夫妻关系、计划生育和性犯罪,取得了丰硕的成果。美国《时代周刊》率先称这个调查为“中国的金西调查”,称1992年发表的调查报告为“中国的金西报告”,称刘达临为中国的“金西博士”。全国人大常委会副委员长吴阶平教授写信说:“现在这部奠定我国性文化研究的巨著出版了,不仅是我国的需要,也有全球性意义。翻阅了尊著,我认为是一部很有价值的著作。”在这里我们不能引用《中国当代性文化》(该调查的调查报告)中所列举的全部问题、资料和结论,只想举例说明夫妻性生活对夫妻关系的影响。

1. 性行为中性别角色的认知和冲突

从以上“妇女热线”中我们得到中国女性性权利觉醒的启示。从生理上说,在性行为中男性主动,女性被动,是客观规律。从社会上说,男女不平等不仅是女性的被动,而且造成了女性被压抑、被压迫、被奴役,甚至被摧残。在西方一些国家中,如果妻子不同意或违背妻子的意愿而强迫进行性生活,妻子可以向法庭控告丈夫犯有强奸罪的法律规定,说明对女性性生活意愿的重视和对女性性权利的保护。在我国实行男女平等的基本国策,在家庭中是夫妻平等,它的含义是全面的。虽然我们的法律中还没有关于丈夫强奸妻子的规定条文,但男女平等的含义包括夫妻在性生活中的平等是不言而喻的。应当说,自中华人民共和国成立以来,在我国的家庭中男女平等已经有了很大的进展,女性地位大大提高了,但离真正的平等还有距离,在性行为和性生活方面也是如此。

在刘达临先生主持的两万例性调查中曾就“夫妻过性生活谁主动”“在性交过程中能配合对方吗?”以及“妻子能否主动要求过性生活”等方面询问了被调查者,得到了下列回答:在问到“夫妻过性生活谁主动”时,男人的回答是“丈夫主动”占63.7%,“妻子主动”占3.4%,“双方主动”占20.8%,“说不清”的占12.1%;而女人的回答是,“丈夫主动”占71.9%,“妻子主动”占1.3%,“双方主动”占15.4%,“说不清”的占11.3%。可见在实际性生活中男人占主动是绝对的,在这点上,女人的说法比男人的说法更加肯定。

在问到“妻子能否主动要求过性生活时”,男人认为“能”的,占74.4%,“不能”的占6.7%,“想表示,但难为情的”占18.8%;女性认为“能”的,占65.9%,“不能的”占13.5%,有20.6%的人说“想表示,但难为情”。

从以上两组调查数据中我们能看到性行为和性观念上的差异,在性行为中丈夫是主动的,而在观念上,无论是丈夫和妻子多数都认为“妻子可以主动”。特别是女人,认为可以主动要求过性生活的在65%以上,而在实际过性生活时,妻子主动和双方主动的只占20%左右,即便认识了,但实际并不一定那样做。

在问到“在性交过程中能配合对方吗?”的问题时,丈夫回答“愿意”的占75.3%,“不愿意”的占2.5%,“要看心情而定”的占22.2%;妻子回答“愿意”的占53.3%,“不愿意”的占3.1%,“要看心情而定”的占43.6%。在这点上妻子的表达也是直率而真实的。

这里我们较多地关注妻子是因为性权利对于她们来说特别重要。

从性生理上看,男方一般处于主动地位,而女方性器官的特点是承受。从社会的角度说,人类几千年的社会是男权社会,女人从属于男人,在性行为中只是男人发泄性欲、生儿育女工具。性的唯生育目的历来是中国传统婚姻家庭观念的核心,很少有人注意到女人作为自然人,也有性欲,女人作为社会人,也有要求性满足的权利。尽管在今天主张男女平等的时代,剥夺女子性权利的制度早已经不存在了,但传统文化和观念仍然存在,还在深深地影响着人们。

美国著名性学专家金西在他的报告中说:性行为的“这种单方面的活动绝不是人的生物属性所造成的,是文化所规定的、女性成长于其中的性模式的产物”①。

在中国的传统文化中,“女子无性便是德”仍是一些女子性角色的权威规范,她们从小就被暗示:性生活的唯一目的是传宗接代,正派的女人不应追求性快感而只是为了对丈夫尽义务,如果对性感兴趣,那就是“邪念”,是“污秽下流之事”。这样,她们的心理常反映出性羞耻心、不洁感和抑制欲,于是对性反应的被动、淡漠和倦息逐渐成为妇女性角色的潜意识,从而形成不少女子的“性感受贫乏”的现象。当然,女子产生“性感受贫乏”还有一些其他具体顾虑,如怕怀孕、怕疼、怕被别人看到、听到等。

对于女性来说,“性臣服”现象也成了一种性文化。女性对男性的依附性在女性的心理中铸就了一种心理反射:实现自身性与生育的功用,就是实现了自我价值,而占有了自己价值的人便是自己所依附的对

① [美]阿尔弗雷德·金西:《金西报告——人类男性性行为》,光明日报出版社 1989 年版,第 157 页。

象,有些女子经常说的:“我已经是他的人啦”“生米已成熟饭”等等,都是臣服心理的直接反映。弗洛伊德曾经指出,一个长期自守的女性,一旦由于婚姻或者其他原因与某一男性产生了性接触,便会对这一男性产生百般顺服和高度依赖的心理,仿佛这一男性从此成为她生活的主宰①。这种心理和现象在封建文化影响很深的中国,尤为明显和突出。

在这种心理支配下,在性生活过程中,女子一方面总是把自己置于被动的、受男子支配的地位,对于性生活不敢或不愿表示出任何兴趣和欢乐,另一方面则对性生活又采取逆来顺受的态度,不论自己在情绪上、生理上是否有性兴趣与性需要,只要丈夫需要就要尽“女人的义务”,无条件地奉陪,即使自己要为此忍受极大的痛苦,也认为是天经地义,因为“女人总是这样的”。

2. 性生活满意度的思考

人在社会中生活般有三个方面的基本需求,即物质生活需要,精神生活需要和性需要。以往我们只谈前两种需要,而对性的需要讳莫如深,今天人们不再回避这一需要了。

金西说过:“谁的性生活缺乏协调,谁的婚姻就遇到困难。如果协调性生活的方法不对,也必须有极大精神感召和无比坚毅的决心,才能把婚姻维系下去。因此我们说,性因素在婚姻中毕竟是非常重要的。”②该论述只是从婚姻关系维系的角度阐述性生活对婚姻的影响。现代人更多是从婚姻质量角度,从爱的角度思考性生活的作用。西方人把性生活称为“做爱”,即通过性生活实现爱、表达爱。爱是现代人

① 西 · 弗洛伊德:《性爱与文明》,安徽文艺出版社 1987 年版,第 237 页。

② [美]阿尔弗雷德 · 金西:《金西报告——人类男性行为》,光明日报出版社 1989 年版,第 161 页。

的需要,是精神生活领域的高境界的追求,换句话说,性生活是人的需要,是人的高境界的追求。从某种意义上说,性生活的满意度,标志着一个人的生活质量。以下我们引用中国两万例性调查的有关资料和结论看看中国家庭的性生活满意度。

在这次调查中,中国家庭的夫妻对性生活的满意度较高。据统计,城市夫妻对性生活很满意的占 17.6%,比较满意的占 37.9%,共占 55.5%;农村夫妻对性生活很满意的占 33.8%,比较满意的占 32.8%,共占 66.6%。农村夫妻对性生活满意的比率要高于城市,同时对该问题的回答率也是农村高于城市,农村为 99.2%,城市为 86.5%。这里向我们提出了两个问题:第一,满意率高的标准是什么?是根据性生活本身的质量,还是把其他因素考虑进来,比如根据夫妻关系的总体状况来判断。第二,农村的满意率高于城市,说明生活水平低、质量差的地方反而性生活满意度高,其实也是判断标准的差异造成的。而从性生活本身的有关指标来说,这种高满意度是值得怀疑的。这次调查的其他方面说明了这一点。

在这次调查中,调查者曾做了一些验证性的询问,当询问夫妻在性交前双方亲热多长时间时,城市夫妻有 6.9% 的人回答没有亲热动作,8.8% 的人回答亲热只有一分钟;农村夫妻有 17.5% 的人回答没有亲热动作,有 15.7% 的人回答亲热只有一分钟。说明有相当数量的夫妻在性交前缺乏“性前嬉”,双方(尤其是女方)在性交前不能达到或不能充分达到性兴奋。这种“上床就干”的方式带有相当程度的原始性,是夫妻双方在性交中严重缺乏思想情感交流的表现,也是对性的规律愚昧无知的表现。从统计数字上我们可以明显看出,在性交前亲热多长时间和性生活满意度是有密切关系的。下面我们比较一下城市与农村中被调查的丈夫和妻子性交前亲热的时间与对性生活满意度的关系。

在城市中，性交前无亲热时间的丈夫对性生活表示“很满意”的只占16%，而性交前亲热时间超过20分钟的，对性生活表示“很满意”的达到43.3%。性交前无亲热时间的妻子对性生活“很满意”的只占7.4%，而超过20分钟的，对性生活表示“很满意”的达41.3%。在农村中，性交前没有亲热时间的对性生活很满意的丈夫占27.9%，而超过20分钟的达到57.9%。性交前无亲热时间的妻子对性生活“很满意”的妻子有17.2%，而超过20分钟的对性生活“很满意”的达到66.7%。我们看到了这组统计数字中所表现出的差别，但更重要的是共同点，即无论是城市和农村，无论是男人和女人，性交前亲热时间长短与性生活满意度是相关的，而且是正相关，相当的人性交前没有或很少有亲热时间，却有较高的性生活满意度，显然是性生活质量标准的差异所致。

在这次调查中还询问了夫妻性交时下身是否疼痛的问题，能从生理、心理和医学角度分析性生活质量。城市夫妻回答常感疼痛的占2.6%，有时疼痛的占39.2%，共占41.8%；农村夫妻回答常感疼痛的占2.2%，有时疼痛的占34.4%，共占36.6%。有关专家认为这和性交前性兴奋不足、阴道干涩有很大关系。

另外，在这次调查中也询问了有关夫妻除性交外，平时有无亲热动作的问题，有13.1%的城市夫妻和16.5%的农村夫妻回答从不亲热。有关专家认为，夫妻除性交外，平时再也没有其他亲热动作，这是夫妻性生活质量不高的又一表现，有点类似于动物式的性交，也是夫妻关系的一种客观的折射。

总之，从相关指标的分析中，我们可以认为目前在家庭中所谓对性生活满意度高,因而推论出性生活质量也高是值得怀疑的。对于这个问题我们还可以从农村家庭的满意度高于城市说起,农村的满意度高并不标志农村的性生活质量高,因为农村和城市的评判标准可能是不相同的。比如调查山西省榆次县与祁县的农民夫妻,平时常亲热的占1.7%,从不亲热的占18.3%;可是广州、厦门的城市夫妻,平时常常亲热的占28.2%,高出山西的一倍,而从不亲热的只占11.5%,这和地区的文化发展程度和社会风气的开放程度有很大关系。尽管如此山西省农民的满意度并不低,也是说明问题的。

在中国,关于夫妻之间对性生活不满意而影响夫妻关系的问题,长期以来都是存在的,但是这种矛盾一直被掩盖着。20世纪80年代以来随着社会的改革开放,人们的性观念逐渐更新,性知识不断普及,这个矛盾已逐步暴露出来。1981年至1982年沈阳市中级人民法院和辽宁省社会科学院社会学所分析了1000份离婚案卷,在对婚姻不满的原因中,由于性生活不协调的,男方占47%,女方占17%。据上海市长宁区1983年的统计,在全年受理的离婚案件中,主要由于夫妻性生活不和谐而导致离婚的占23%。以上两组调查数据来自20世纪80年代初,那时人们比今天更为保守,对性生活问题羞于启齿而未暴露事实真相,因此实际数字要远远高于调查中所得到的数字,实际上比率远不止于此。另外,性问题导致不孕症而影响夫妻关系和家庭生活质量也是客观存在的。20世纪90年代初,上海市计划生育技术指导所对五年来四万多人进行的计划生育方面的咨询门诊资料进行分析,发现其中有一万多人都是由于性生活方面问题导致不育,夫妻陷入极大的矛盾和痛苦之中。后来经过医生的帮助和指导,解决了其中一些人的问题,他们感激不尽地称医生为“再生父母”“永远忘不了的大恩大德”。可见夫妻性生活和谐是十分重要的。

第三节　性观念的革命和性行为的科学化价

有一个叫冯·德·魏尔德的美国医生,在他那本著名的《理想的婚姻》中说:“正常的人在夫妻之爱中,如果没有实现肉体的彻底交往,就没有身心上的幸福可言。而同样的,相互之间如果没有心灵上的交往,那么肉体上也不会有理想的结合。”“完美的性交要求双方从心灵上引起性爱,这就只有靠爱情才能做到。”这是现代人对性交和性行为的看法,可是以往并非如此,在一个很长的历史时期中,性即为淫,是“万恶之首”,是不堪言,更不可行的。从古代到今天,人们正在经历一场性观念和性行为的革命。

一、性观念的否定之否定

纵观人类社会的发展,可以知道人们的性观念经历了否定之否定的过程,第一次否定是人的社会性与生物性的对立,是对于性的歪曲,第二次否定是人的社会性与生物性的结合,是一次真正的革命。

在中国的文化史上,曾经有过对性采取一种健康、正常、自然的态度。例如,儒家的老祖宗孔子、孟子就说“食色,性也”“饮食男女,人之大欲存焉”。中国古代最重要的房中术巨著之一的《洞玄子》开篇就说:“夫天生万物,惟人最贵。人之所尚莫过房,欲法天象地,规阴矩阳,悟其理者,则养性延龄,慢其真者,则伤神夭寿。至于玄女之法,传之万古,都具陈其梗概,所未尽其机微。”这是把人类的性生活看得非常重要,而且认为男女之事是和天地、阴阳融合在一起的。古人提出“欲不可绝”“欲不可早”“欲不可纵”等等口号,也十分辩证。因此说中国自古以来就实行性禁锢、性封闭是不确切的。有关专家认为,中国到汉、唐以前社会对性的态度是相当开明的。例如,从敦煌发现的许多资料可以看出,当时妇女的地位并不是很低的,男女社交比较自由。离婚再嫁也比较容易,人们并不以为耻。唐朝是中国历史上强盛时期,社会生活各方面自由度大,性的自由度也比较大。女皇帝武则天当臣下犯颜直谏,劝她不要搞“面首”时,她不但不生气,而且奖励了这个大臣,说明武则天是比较开明的。

中国自宋代中叶以后,程朱理学盛行,封建礼教开始禁锢人们的头脑,性保守、性封闭也越来越严重,唐、汉以前的性观念开始被否定,被说成是“脏唐烂汉”,性为“淫”,为万恶之首。这种性观念的扭曲表现为巨大的男女不平等。明代的性禁锢很严酷,但明朝的皇帝却很淫乱,物极必反,春宫图、性小说流行起来了,此时也是女人在性上最受压抑、最受迫害的时候。女人的贞操观念在程朱理学中被系统化和抬到无以复加的地步。什么“饿死事小失节事大”,女人对男人要“三从四德”“从一而终”。女人普遍要缠足,使之不能出远门,只能在家乖乖侍候丈夫,同时“三寸金莲”也便于被男人玩弄。此时,“男女授受不亲”“男女大防”等观念流行,人们正常的性生活被弄得十分神秘,说成是污秽、下流的,这种状况到明、清时期达到了顶峰。

在西方社会两性观念的变化也经历了同样的过程。古罗马以前性观念是十分开放的,有些史学家认为,古罗马是因纵欲而亡国的,那时古罗马有许多节日,如“酒神节”“花神节”等,一到这些节日,男男女女都涌上街头去狂欢、酗酒,和陌生人性交,很随意和随便。那时社会上流行着一些言语,也说明人们性观念的开放,如:“我们为了享乐而设置娼妓,为了日常保养身体而设置妾侍,至于妻子则是为了生育合法的儿女和忠贞不贰的照管家室。"以后性观念开始禁锢和严厉了，当然也像东方一样首先是对女人严厉。如古巴比伦王朝汉穆拉比在位时颁布了《汉穆拉比法典》，其中第128条规定：丈夫奸污女奴为法律所不禁，相反若自由民之妻与他男同寝而被捕，则应将此两人捆缚而投之河。到了中世纪，欧洲有"黑暗的中世纪"之称，性禁锢又严酷到无以复加的程度。例如，把漂亮女人当作"女巫"大批溺死、烧死；残酷惩罚同性恋者，甚至施以火刑；丈夫出远门，要强迫妻子戴上铜制或铁制的"贞操带"，以防止她们的"不轨行为"等。直到19世纪的维多利亚时代，还实行性禁锢，有的规定夫妻过性生活都要把衣服穿得严严实实，只在双方的裤裆上留一个小洞。

人类对自身性观念的第一次否定是从进步到后退，从文明到野蛮。随着人类社会的发展和进步，必然是对此的再否定，即否定之否定。如果说第一次否定，是"野蛮"对低等文明的否定，第二次否定则是高等文明对"野蛮"的否定。

性观念的革命和性科学的兴起首先是从西方社会开始的，以20世纪40年代美国的金西调查为标志。当时在美国社会金西调查也不为人们所接受，社会对此议论纷纷，指责很多。在调查中许多人不愿提供合作，甚至连金西的妻子也不愿合作，可见当时人的意识的保守程度。然而，金西终于在美国推动了一场性革命，并最终为社会所接受和承认，被称誉为"金西革命"。

进入20世纪后半叶的美国，人们开始用一种科学和开放的态度对待性问题，社会采用教育和疏导的方针，特别是对待刚刚进入青春期的青年人。笔者在访问美国时一个做家长的曾和笔者谈起她怎样对待自己女儿的性行为的。她的17岁的女儿告诉她自己不仅有了男朋友，而且发生了性关系。这位做母亲的不仅没有指责女儿,反而告诉她下次怎样做才能避免怀孕。笔者问她为何如此,她反问:为什么不这样?她说:“我的女儿已经17岁了,她应该懂得这些了。”当然在美国少女未婚先孕的现象还是比较多的,社会对于这些未婚先孕的少女也比较宽容,有社会工作者经常来和她们聊天、谈心,给她们出主意,包括被男朋友抛弃了怎么办,要不要腹中的孩子,怎样堕胎或怎样做未婚妈妈等等,使她们感到问题发生后得到的是社会支持而不是社会压力。这些都表现了社会开放和宽容的性观念。美国总统克林顿和前白宫实习生莱温斯基的性关系和性丑闻被揭露后,美国社会舆论的态度最能说明美国人今天的性观念,一方面社会在性问题上还是比较严肃的,认为性应该在家庭之中,在夫妻之间,而不应溢于夫妻之外,应当是规范化的;另一方面,社会也没有大惊小怪,当共和党的一些议员企图用此事掀起政治风波,弹劾总统时,克林顿的社会支持率不仅没有下降,反而上升了,就是很好例证。

有的学者把西方社会的性革命的成果归纳为六个方面:女性性权利的复归、婚姻改革、生殖方式的革命、性学的兴起、性爱文艺的普及、性的法律与制度的变化。

在中国,对性问题的关注是20世纪80年代的事情。还在20世纪80年代中期,我国的一些医学工作者、社会心理学家和社会学者开始关注性社会问题,主张性教育与性科学。随着我国社会的改革开放和人们生活方式与观念的更新,人们再也不回避性问题,而是把它作为一门科学来对待。20世纪80年代末和20世纪90年代初,我国两万例性调查在全国展开是大规模开展性科学研究的重要标志。我国学者认为这场性革命有以下八个方面的标志:

第一是性生理知识开始普及，比如青春期性教育由国家教委在1978年发文，列入中学的教育计划，又比如性方面的书籍开始出版；第二是医学、性治疗的开端；第三是性学研究的合法化；第四是性工具、性保健品可以出售；第五是性生活在婚姻中的分量加重；第六是性是人们私事的观念更多地被人们接受，比如对情人现象的接受；第七是对性的认识的改变，人们对性的认识，其认同从生育文化，发展到是一种物质文化，又进而认识到它是一种生命文化；第八是有的女性的性权利开始觉醒[①]。

上述议论概括了我国社会性观念的变化和性革命、性科学的开端，这是一个不可改变和逆转的趋势。特别应当指出的是，这场革命不是人为发动的，也不是宣传鼓动和政府行为，但它还是不以人的意志为转移地发生了，说明它有社会需求，有强大的生命力。

无论如何，人类社会性观念的否定之否定的过程，是人类从愚昧走向文明的过程。

二、性爱——身体健康的保健治疗功能

国内外保健专家的最新研究表明，性爱不仅是人的生理和心理需要，而且具有提高人体免疫系统功能、有效防治多种病症的奇特功效，有利于身体健康的保健治疗功能。专家们列举了性爱对几种常见的主要疾病的疗效，及对人的寿命的延长的作用。

（1）心脏病。专家对100名心脏病女患者调查，其中65人声称缺

① 参见刘达临《社会学家的观点：中国婚姻家庭变迁》，中国社会出版社1998年版，第134页。

乏性满足；另对131名男子观察，发现他们的心脏病发作前约有2/3的人受到性生活障碍的困扰。而经常拥有和谐性生活的夫妻，发生心脏病的危险至少比常人减少10%。

(2)牙齿病。美国旧金山研究者对近四万名成年人进行追踪调查显示，爱情生活与牙齿病关系密切。经常获得性满足的人不论男女，牙病发生率较低，即使患有牙病，牙痛也不很严重。

(3)心理病。美国旧金山人类性欲研究院通过对37500名成人分析发现，经常性满足的人很少有心情焦虑、对他人怀有敌意等现象发生；缺乏性爱的人患抑郁症、狂躁症、失眠症等心理疾病的危险要高50%。因为缺乏适当性爱的人，往往会抽烟、酗酒、精神倦怠、心灵空虚，而性爱可使人产生自信心，令身心得到满足、有活力。

(4)神经官能症。科学家在已婚的神经官能症患者中调查发现，有50%以上的患者的婚姻生活不美满、缺乏和谐的性生活。因为性爱能缓解不能抑制的情绪爆发，当心理压力使人紧张时，性爱有意想不到的松弛效果。此外，性爱能促进人体新陈代谢，使人精神抖擞，神采奕奕。

(5)疼痛症。科研人员通过对患关节炎及损伤症妇女的研究发现，性高潮能有效地降低身体各部的痛感。当你患有胃部、背部神经痛等疾病时，阿司匹林固然有效，但是性爱的兴奋能刺激大脑分视出一种叫肢多阶的化学物质，对减弱神经痛相当有效。

(6)皮肤病。粉刺、青春痘、暗斑等皮肤病多与皮肤血液循环不良有关。所以，除了饮食必须节制糖分、脂肪、高蛋白、辛辣食物的摄入外，性爱往往因加速血液循环而使皮肤光洁细嫩，并起到防治皮肤疾病的作用。

(7)癌症。德国癌症治疗专家的一项调查证实,享有幸福美满家庭生活和性爱生活的人,比生活在暴力家庭中的人患癌症的危险减少50%,并且即使患上了癌症,其存活期也较长。因为能够获得性满足的人,体内T—淋巴细胞含量总是处于最佳状态,免疫力增强,对于抑制癌细胞的侵入和扩散自然也最有效。

(8)寿命。日本的人口调查显示,离婚者与家庭和谐、性生活适宜的夫妇相比,男性平均寿命少12岁,女性平均寿命少5岁,中年丧偶者早逝的危险又比同龄非丧偶者大10倍。此外,离异者中得不到适当性爱的人,患病危险还比非离异者高12倍。

三、建立规范化和科学化的两性生活

1. 破除性愚昧是建立科学的规范化的两性生活的前提

两性生活是现代家庭生活的重要组成部分,但长期以来它变得过于神秘了,被人歪曲了,以致使一些人达到"愚昧"的程度。美国著名妇女活动家玛丽·司托波夫人在她的《结婚与爱》一书中曾写道:"有一位受过高等教育的女子对我说,她18岁的时候,因为一个男子在跳舞的时候,突然地吻了她一下,便担了好几个月的心,生怕生出个小娃娃来。还有一个少女对我说过,她非但受了精神上的痛苦,而且由于一个吻便会生小孩的恐惧竟使她的月经停止了好几个月。"美国医学界对此也有反映,一位妇产科医师说,一对夫妇来看不孕症,检查结果证实该妇女是先天性无阴道症,尿道口扩大,长期以来是以尿道代替阴道,还以为是正常的情况,奇怪何以不怀孕才上医院来。另一位妇产科医生说,一个十几岁的少女怀了孕,原来她以为别人结了婚一两年都不一定怀孕,我只性交一两次,当然不可能怀孕,于是她就成了可悲的未

婚少女怀孕者。在性观念和性行为较为开放的西方社会,尚有性无知和性愚昧,在性封闭的我国社会,这种情况会更严重。宣传性知识,开展性教育,破除性愚昧,对于建立规范化和科学化的两性生活是十分必要的。

2. 性生活应该是规范化的、有节制的

在人类文明史上,大多数民族和国家都把满足性欲的方式加以规范化、体系化。据文化人类学者的研究报告,虽然各个社会对性的限制有宽有严,性生活满足的方法也多种多样,但总而言之,没有一个毫无限制的地方。

从人类社会整体上说,限制的本身就是一种满足。人的两性生活需要得到满足,每一个人应有性生活的平等权利。如果没有对两性生活与关系的限制,必然使性关系混乱和不平等,比如说一些人纵欲无度,另一些人可能是性饥饿。人类社会限制两性关系的方法是多样的,比如实行一夫一妻制,把性生活局限在夫妻之间等。这样在男女比例大致相等的社会,客观上保证大多数人可以获得平等的两性生活的机会和权利,保证正常的家庭生活和男女性关系的实现。

限制对于繁衍后代是十分重要的。限制(比如不允许近亲结婚)才能产生优良健康的人种,限制(比如实行一夫一妻制)才能确认子女的父亲和母亲。在人类社会历史上,近亲结婚为劣早已被人们所认识。近亲结婚,由于血缘关系太近,基因遗传容易把双亲的生理缺陷遗传给后代,多出现畸形胎、怪胎、智能低下、残疾之人,降低人口质量,给家庭和社会造成沉重负担,给民族素质带来不利影响。基于优生原理,必须反对近亲结婚,对近亲的两性关系加以限制。我国的婚姻法就有“禁止直系血亲结婚”“禁止三代以内旁系血亲结婚”的规定,以保证下一代的健康,提高人口素质。

限制也有利于人的身心健康。性关系和性行为是人的生理和心理需要。然而,性行为不加以限制,也会危害人的身心健康,带来社会病。性病是流行于世界各国的社会病,它和性生活没有限制和节制有关。根据史料,性病残害了许多君主、后妃、教皇,甚至毁掉一支军队和一个城市。在过去的一百年里最著名的性病受害者包括纳粹德国法西斯头目希特勒。在人类社会上性病也不止一次改造历史。饱受文明熏陶的伊凡四世原来已把16世纪的俄国导向发展和进步的途径,可惜梅毒把他变成恐怖的伊凡,也使他前功尽弃。前面我们曾经谈过我国性病流行的情况,在西方国家也是如此。据美国联邦疾病控制中心估计,美国1986年平均每天有3300人患性病,相当于每年1200万人患性病,比1980年的400万人高出两倍。有人估计,20世纪90年代,15~55岁的美国人,有1/4的人会患性病。一直到几年以前,卫生专家们还认为性病只分为五种,现在他们已知道有二十多种性病,而其中最令人关切的包括艾滋病、淋病、生殖器疱疹、梅毒、花柳病、毛滴虫病以及可能造成不孕的骨盆发炎等。这些性病对人体的健康是十分有害的。

限制可以陶冶性格和情操,促进人的事业。人生活在社会上,需要有理想、性格、情操、精神和追求,对性欲的适当节制在一定意义上可以促进培养人的理想、性格、情操、精神和追求。一些人类学家曾经对一些不限制结婚年龄和性行为的少数民族部落做过研究并得出结论,性行为的毫无节制,不仅降低了民族的素质,而且削弱了他们的创造力和创造精神。现代心理学研究证明,对于人在青年一段时间处于"性饥饿"和"性失业"状态是不能简单加以否定的。青年在这一时期,以巨大的努力抑制自己的性欲,解决性欲需求和现实之间的矛盾,能使人格更内在化、意志化和精神化。在性行为上的自我控制是青年走入社会的“最严厉”的自我控制的机会,对于品质和意志的形成非常重要。弗洛伊德曾经指出,在努力使性欲升华的过程中,出现了灿烂多姿的青春期文化,青年在音乐、戏剧、美术、文学、体育等活动中所倾注的热情产生于性的压抑这一母胎,这是一般人都承认的道理。弗洛伊德的情欲限制概念是把它看作人类文化创造的根源。

总之,使两性生活规范化,实行限制是其主要的方面,不仅包括对象和范围的限制,也包括周期和节律的调节。

3. 建立性生活的自我调节系统

人的性欲应该得到满足,从身心健康的角度看,过分地抑制性欲或纵欲无度都是有害的,建立性欲的自我调节系统十分重要。

根据生物学和生理学研究,人的性欲可以而且应该得到调节。性腺激素的多少是进行性交的主要生理原因。当然除此之外还有营养的好与差、不安的消除、异性的存在等因素,这些都能使动物回复到其生物、生理状态。越是低级的动物,这种状态的决定性意义越是明显,不管是雌是雄,在大量分泌性激素的时期,异性对其最富魅力,自己也容易产生性兴奋。但高级动物,特别是人就不同了,尽管性腺激素对人的影响很大,但不能决定一切。在很多时候,不管周期性的性激素分泌量多少,人能根据情况激起性欲,能经常性地进行不一定与生理因素有关的性行为。相反,人在性激素分泌很多,精力旺盛的时候,也仍然具备禁欲的意志力,它说明人已从生物即本能的自然达到了自律的境地,一些心理学家曾用心理学图式解释这一问题。图式如下:

S(刺激)—○(神经中枢)—R(反应)

对于低等动物来说,○的结构很简单,S 几乎可以穿过神经中枢而产生 R,换言之,由 S 直接招来 R,由性激素(性刺激),可直接招来性行为,S 与 R 的结合与机械相似。但当生物变成高等生物,○的结构变得复杂,○的调节作用和决定性作用亦显得突出了,S 不一定能直接决定 R。因此当 S 产生时,由于○的抑制作用,不一定能出现 R 的效果,相反,当 S 没有产生时,由于○的指令,能产生 R 的效果。可见,人具有性欲调节系统。实践证明,人应该利用性欲调节系统对性生活实行调节。在夫妻生活中经常保持定性生活频率,不仅是生育的前提,而且对增进夫妻感情,提高家庭生活质量也是十分重要的。夫妻性生活过于贫乏,对于家庭和夫妻关系不利。对于人来说,性欲和食欲一样,本来是出自某种生理需求,以后则产生了某种心理状态,哪怕是没有生理需求也要进行。本来快感是伴随性欲的满足而产生的心理状态,以后则变成为了追求这种心理状态而产生的欲望。从摄食上说,可能不是出于饥饿而贪吃暴食,如酗酒和嗜烟之类,于身体是有害的。从性生活上说,单纯为了追求快感而毫无调节地进行性交也是无益的。无论是饮食还是性行为,纵欲式的满足必然损害健康。过去有人对中国历代皇帝的平均寿命做过统计,证明比一般人的平均寿命低,这显然是和他们纵欲无度有关,其中包括对性生活的毫无控制和调节。

因此,人应该主动调节自己的性生活,从自然走向自由。既应摒弃禁欲主义,不做虚伪的“神”,也应摒弃纵欲无度,不做本能的“兽”,而应该做一个自由的“人”。

4. 建立合理的性生活周期和频率

所谓合理的性生活周期和频率是指在单位时间里性生活的次数及性生活低潮和高潮之间的循环。

从频率上说,频率过低,既不能完成新陈代谢的生理过程,也不能实现夫妻间情感的交流,而频率过高,则使人精疲力竭,不能承受,损害人的身心健康。医学上认为,性生活的周期和频率是因人而异,因年龄不同的。比如,对于中青年身体健康者来说,每周行房事1~3次为宜,性交时间最好在入睡之前,便于睡眠休息和体力恢复。在新婚和久别重逢之时,往往会有重复性交的情况,平时则应加以控制。从年龄上说,中青年次数可相对频繁,老年人递减。对老年人的性生活有两种不同看法。一种认为老年人应禁止房事,以保住阳气,益寿延年。另一种认为,“老人也有春天”“发苍苍亦鱼水欢”。实际老年人也有性能力和性要求,老年人需要一定节率的性生活。在瑞典耶特堡的一家医院,针对1600老年人做过一项研究表明,老年人在放弃两性关系之后,很快会智能减退。拉斯·尼尔逊医生在一项访问中告诉瑞典国家新闻社说,由于没有固定的伴侣,使得老年妇女没有性生活而记忆力和智能减退。有关研究人员说,半数的已婚男子和40%的已婚女子,在70岁时仍维持性生活,但以后渐渐减退,到80岁以后,几乎所有的女性和88%的男性已无性生活,主要原因不是生理,而是忧虑、婚姻问题以及神经失调。美国的一些有关研究结论与此相同。美国的一位性学专家在1979年写调查报告说,大约有70%的男人在68岁时仍然有规律地进行性活动,到78岁时还有25%的人继续保持性的活跃,女人亦然。可见并非绝大多数老年人都没有性兴趣和性能力,而是恰恰相反。有的研究认为,女性在绝经之后,由于解除受孕等原因,性兴趣反而可能超过以前。一些老年人之所以没有或较少有性欲是和传统观念有关,比如说老年人有性要求和性生活是“粗鄙不成体统”等,在这种观念影响下一些老年人抑制自己性要求和性活动,久而久之,更加感到孤寂和挫折,从而丧失了性能力。老年人这种生理和心理上的“退休”,其实加速了他们的老化过程。现代性科学的主流派认为老年人具有性方面的兴趣和能力,老年人不应受不符合科学的传统偏见的影响,而应该对自己有信心,保持包括性生活在内的活跃的有利于身心健康的生活方式,使老年生活更加温馨和快乐。正像莎士比亚说过的:“我的晚年像一个精力旺盛的冬天。”

和性生活频率相联系的是性生活周期。像生物钟那样,男性和女性每月都有一次性高潮,此时性交有更多快感,容易进入高潮。问题是夫妻双方性高潮时间常常不一致,甚至矛盾,因此相互理解、沟通、信任和协调也是十分重要的。

5. 建立协调的夫妻性生活关系

性生活牵涉到夫妻双方,建立协调的夫妻性生活关系是十分重要的。在现实的家庭生活中,由于夫妻在年龄、生理、心理及其他方面的差异,性生活不协调的情况常常出现。一般说来,男女都可能有性机能障碍。性欲过盛的情况虽有,但数量较少。绝大多数情况是不同程度的性欲低下,女性表现为对性生活缺乏快感,以至冷漠、厌恶,从生理上说和女性卵巢机能不足、肾上腺皮质和脑垂体等内分泌腺功能失调等有关;从心理上说则和情绪压抑、恐惧和性生活配合不当有关。男性功能障碍主要表现为阳痿和早泄。除去生理原因外,过于兴奋和恐惧、性交时间过长、长期手淫和纵欲过度都可能造成阳痿和早泄。另外无论是脑力或体力劳动者过于疲劳都可能引起性功能低下。在发生性功能障碍时,夫或妻都不应着急或责备对方,而应从语言和心理上安慰对方,帮助对方去就医,以克服性功能障碍。

男人和女人性高潮到来的时间是不相同的,一般说男人快,女人慢,男人达到高潮快,从高潮退去也快,女人正相反。因此在性交时,男方应尽量避免急促和粗鲁,通过耐心的爱抚促使女方也达到高潮,以提高性生活质量。有调查资料表明,在不同国家和地区,未曾体验过或很少体验过“性感高潮”的女性往往占有相当大的比例,是值得注意的。

总之,要建立和谐的夫妻两性生活关系,必须夫妻密切合作才能成功。

第八章 女性解放的新焦点

有关“弱势群体”的概念在社会学界被使用得比较广泛。所谓“弱势群体”是指社会上那些相对于其他群体来说能力较弱、地位较低的群体。这些群体之所以为“弱势群体”，或者是因为他们自身的生理、心理原因（比如性别、年龄的差异）造成的，或者是由于其他社会文化因素造成的，比如生产力发展水平、阶级社会中的奴役和压迫以及性别歧视等。无论如何他们在社会和家庭中处于弱者地位。

世界上公认的社会和家庭中的弱势群体是妇女、儿童和老年人。在2001年4月28日颁布的我国新婚姻法“总则”中又重申了“保护妇女、儿童和老人的合法权益”的基本准则。从本章开始，我们要分别对妇女、儿童和老人进行专门的讨论。妇女、儿童和老人问题包含了很多方面，不可能面面俱到。有关妇女问题的讨论将集中在妇女社会地位的变化引起的家庭角色和地位的变化，以及与此相关的妇女解放问题。儿童问题主要集中在人口的生产和再生产，以及当前面临的较为突出的子女养育和家庭教育问题。老人问题则主要集中在人口老龄化中出现的问题，特别是从家庭养老向社会养老模式转移的问题。本章主要讨论妇女问题。

恩格斯在《反杜林论》中赞成傅立叶的一句名言：“在任何社会中，

妇女解放的程度是衡量普遍解放的天然尺度。”①讨论妇女的家庭问题和讨论妇女的社会问题是分不开的,妇女的社会地位决定了她们的家庭地位。

第一节　工作下岗,婚姻不能“下岗”

改革像大潮,像漩涡,将12亿中国人卷入其中。在改革中,中国的女性比男性面临的问题更多,不仅有学习、生活、就业问题,而且有经济地位的变化所引起的家庭地位的变化的问题。世纪之交的女性是令人关注的。

一、令人瞩目的女性“下岗”问题

中华人民共和国的成立,标志着我国的妇女解放、发展和进步进入了一个新阶段,1949年以来,我们曾有过几次较大规模的妇女解放运动。比如以1950年新婚姻法颁布为契机的在婚姻和家庭领域中的解放,由原来的包办买卖婚姻改变为自由婚姻,由男女不平等变成男女平等,女性在婚姻和家庭中的地位提高了。1958年则是以女性大规模参加社会生产劳动为内容,千百万妇女走出家门,参加生产劳动和各种社会公务活动,形成了女性解放的又一高潮。无论如何,我国妇女的家庭和社会地位有了很大的提高。

然而,自1979年我国实行改革开放,以经济建设为中心以来,情况发生了一些变化,先是出现了局部地区的妇女回家,然后则有大范围的女性下岗待业,妇女的发展和进步面临一些新的问题。还在20世纪

① 《马克思恩格斯选集》第三卷,人民出版社1972年版,第300页。

80 年代中期,天津市静海县(今静海区)大邱庄就出现了所谓“男工女务”的模式,即男人在外做工,女性在家庭里带孩子、做家务,是传统的“男主外,女主内”模式的翻版。根据当时披露的数字,该庄有 84% 的已婚女性退出生产劳动岗位,成为家庭妇女,几乎每家每户都有一名家庭主妇。这一现象以及在其他一些地区出现的类似的现象,引起了社会的强烈反响。在《中国妇女》杂志和《中国妇女报》组织的关于“女人的出路”为主题的大讨论中,一些人赞成妇女回家,或实行阶段性就业,以解决企事业单位效率低下、人浮于事的弊端,同时解决家务劳动、子女教育等相关的问题。否定的看法则认为女性回家是历史的倒退,女性如果放弃劳动就业的权利,就等于放弃了经济独立和生活自立的地位,重新回到寄人篱下、依附他人的老路上去。无论人们怎样认识这个问题,妇女下岗问题在全国范围内不以人的意志为转移地出现了,比男人下岗更为严重,更为突出。比如,山东省某厂为提高经济效益,解决结构性待业,共 121 名职工,其中 120 名为女性;北京某公司因生产不景气,让 680 名职工拿 60% 工资回家息工,其中 90% 是女性;某工业部门试图输出几万名女工,因劳动人事部门提出难以安排而告吹[①],根据全国妇联妇女研究所的调查和统计数字,到 1996 年底,全国登记的 520 万失业人员中,女性占 65% 以上。女工下岗失业周期平均为 6 个月,长的达 3 年以上。与此同时,在入学升学、择业、晋升和劳动报酬等一系列问题上,也都出现不同程度的男女不平等的现象。

一些地方学校招收新学生,要求应考的女性的分数要比男性高方能录取。有人认为这种有差别的录取标准是男女不平等的表现。

---

① 参见潘允康《在亚社会中沉思》,中国妇女出版社 1989 年版,第 125 页。

不少机关、企事业单位要求分配来的大学生是男不是女，或要求男多女少，同样说明用人部门对女性采取了消极的态度。

以上这些现象引起了人们的深刻思考。根据《社会科学报》报道，上海市妇女学会等单位召开了妇女理论讨论会。与会者认为，妇女解放理论曾喊过过激的口号："男同志能办到的事，女同志也能办到"，其实不完全符合实际。在社会主义初级阶段中，妇女就业并不意味着妇女全体就业，而应根据生产商品化、社会化、现代化的需要和妇女劳动力素质具备的情况决定。

无论如何，改革以来我国社会发生的一系列变化给妇女带来了新的情况和问题，使人们开始对我国的妇女地位和中华人民共和国成立以来前30年的妇女解放运动进行反思。

二、婚姻也有"下岗"吗？

今天对于女性来说不仅有下岗问题，还有因此而引起的其他相关问题，事实证明，女性下岗不仅影响了她们的生活，还影响了她们的家庭。

1998年3月14日，《天津日报》以《婚姻不能"下岗"》为题转载了《北京青年报》关于下岗女工由于经济地位的变化所带来的家庭生活和家庭关系的变化的报道：43岁的张小曼看了看表，已经下午3点了，于是急忙从菜市场往家走，给家里的"功臣"们做晚饭。这种生活从三年前下岗时就开始了。家里的"功臣"是指上班的丈夫和上高中的儿子。他们会在晚上6点整回家吃饭。儿子一边吃边说："妈妈你每天就为我们两人做饭，都成家庭妇女了。"火暴脾气的小曼忍忍没吱声。三年前，小曼所在的纺织厂不景气，一直是先进工作者的小曼一下子从三班倒变成了早6晚10的生活:早晨做早点,逛早市,中午洗衣做饭,晚上看看电视连续剧,10点休息。不知从什么时候开始,丈夫不再和她商量大的家庭计划,而是父子二人拿主意了。夫妻两人也不再亲密,甚至夫妻生活的数字也减少。一天,当丈夫一晚上都没有和小曼说一句话时,小曼突然发现她在家里的地位也岌岌可危了。昨天晚上张小曼写完要求上通县(今通州区)分厂上班的报告后,对儿子说:"让妈妈也学学你那个电脑。"小曼相信上苍只会偏爱有准备的人。当夫妻生活艺术在现代社会备受重视的时候,许多像小曼这样的下岗女工发现她们曾经平等的家庭倾斜了,牢不可破的婚姻亮起了红灯。

对于一部分下岗女工来说,困扰她们家庭生活的不仅是经济收入,还有性问题。目前下岗女工大多在三四十岁,她们的丈夫也大多处在青壮年期。为了再就业,有的女工不得不打破原有的生活秩序,但有些丈夫却不能谅解妻子的生理和心理变化。于是,难以说出口的夫妻矛盾更加不可避免。下岗女工黄某诉苦:"我下岗后,在丈夫和亲友的帮助下,经营一家小杂货店,经半年努力,生意渐渐有了起色,但要操持小店的进出货和丈夫孩子一日三餐,每天都累得精疲力竭,躺下就入睡,但有时又要考虑丈夫的需要,否则第二天丈夫就会给我脸子看,还摔盆砸碗。男人就不能克制一点吗?我想离婚,又怕影响到上初中的孩子,而与丈夫这样生活下去,又很难给孩子一个温暖、安宁的家,我甚至于担心丈夫会找其他女人,让我没脸做人。"

2001年7月12日《服务导报》上有"为保饭碗,十名女工申请集体离婚"的消息:广西壮族自治区大化瑶族自治县10名女工因不满单位和她们非法解除劳动合同,向法院提出集体离婚的诉讼请求,一时间引起社会的极大关注。这10名女工是广西水电工程局大化基地的待岗职工，她们年龄在 33 至 44 岁之间。在集体离婚申请书上，她们写道："工作期间我们兢兢业业，把一生中的黄金年龄献给了企业，如今我们正值家庭重担在肩的时候，工程局却把我们当成累赘一脚踢出门外。""工程局文件规定，合同制工人中，没有配偶的可以继续与企业签订劳动合同，为了生存我们决定忍痛割爱，集体与丈夫离婚。如能续签劳动合同，法官恩德，我们永远铭记于心。"记者了解到，与这些女工同时被解除合同的职工共有 108 名，他们都是 1984—1990 年到水电局工作的，95%是女性。据报道，大化县人民法院对这些上诉离婚的女性表示同情，但由于此举不符合集体诉讼的条件，所以法院没有受理这起诉讼。后来这一诉讼上告到自治区劳动仲裁委。

这些报道生动地表现了下岗女工因工作下岗所引起的婚烟和家庭的变化，这种变化是悄然的，开始并不引人注目，然而它发生了。从"工作单位下岗"到"婚姻家庭下岗"，是相关的社会现象。其实，我国五六十年代形成的城乡女性高就业形势，还在 20 世纪 80 年代中期就受到挑战，这里我们先从天津静海县（今静海区）大邱庄妇女回家引起的争论谈起。

三、大邱庄妇女回家激起的风波

20 世纪 80 年代中期，当天津静海县（今静海区）大邱庄在改革的大潮中起飞、一度成为我国北方农村首富，成为一颗耀眼的明星时，人们也注意到大邱庄家庭中出现的另一变化：妇女又回家了。随着生产力的发展和物质财富的积累，千年传统的"男主外、女主内"的分工模式在这里得到复原，一个新的阶层——家庭妇女阶层出现了，引起了社会议论纷纷。

党的十一届三中全会前,大邱庄 95% 以上的妇女参加集体生产劳动,其中有近百名 60 岁以上的老年妇女参加半日和全日劳动。随着该村的经济飞速发展和生活富裕,老年妇女全部退出集体生产劳动岗位,到 20 世纪 80 年代中期,中青年妇女也逐步脱离劳动岗位回家,到 1987 年,45 岁以下有劳动能力的 525 名已婚妇女中,参加生产劳动的仅有 80 余人,占已婚妇女总数的 16%,就是说有 84% 的已婚妇女退出生产劳动岗位成为家庭妇女。面对大邱庄新的"家庭妇女阶层",一些人惊呼并指责说这是历史的倒退,它将使妇女重新回到被压迫受奴役的地位,使已经实现的"男女平等"又丢掉了。一些人则苦苦地思索,我们为妇女走出家门奋斗了半个多世纪,现在又复归了,妇女运动往何处去?妇女解放还搞不搞?男女平等又该怎样理解,怎样争取?

为此,《中国妇女》杂志以《女人的出路》为主题组织讨论,引起了全国各界人士的强烈反响。

否定的意见有多种说法,比如"大邱庄妇女回家了,不要起早贪黑参加生产劳动,生活条件好,孩子送进了幼儿园,清闲自在。但这绝不是社会主义中国妇女的出路。因为在这种生活环境下的妇女不可能真正实现政治上、经济上、文化上、社会上和家庭生活中的平等,只能是回到旧中国的老路上去,成为生育工具、家务工具和性工具。"在我国目前主张妇女回家的有两种情况:一种是部分经济学界的工作者主张搞妇女阶段性就业,让部分妇女回家,以解决目前企业中存在的效率低下、人浮于事的弊端;另一种是一些领导干部希望通过妇女回家,解决家务劳动、子女教育、甚至交通拥挤等社会问题。虽然他们的动机是无可非议的,但是广大女性对"妇女回家"是持否定态度的。她们说:"就业就是社会主义社会女性的最佳方位。""那种离开女性就业而讨论平等权利，只能存在于天真烂漫的童话世界。因为，女性如果放弃了劳动就业的权利，就等于放弃了社会主义经济制度赋予的财产分配和占有的权利，拒绝了社会主义的法律保护，放弃了经济独立和生活自立的地位，重新回到寄人篱下、依附他人生存的老路上去。”“作为一名女同志，我对《中国妇女》所展开的‘女人出路’的专题讨论有一个希望。我认为，讨论‘女人出路’千万不能引导‘妇女回家’，而是要促使女同志摆脱麻木、依赖感，增强紧迫感，在竞争中争得自己的立足之地，妇女回家这个口子绝不能开……女同志在社会竞争中要付出更大的代价，然而，哭泣、抱怨、愤怒、回家都不能解决问题，根本出路在于我们要正视现实，振作精神，自尊自强，不能依赖，也不能乞求怜悯。靠这些，保不住我们的社会地位，也保不住我们的尊严。”可见相当一些人对以大邱庄为代表的回家风潮是忧虑的，强烈否定的。有的省的妇女工作同志甚至不相信大邱庄妇女回家是真的，由领导带队不远千里亲赴大邱庄，看个虚实。事实告诉他们，这是真的。在改革中，大邱庄妇女的命运已经和全国妇女的命运联系在一起了。

对当前的妇女回家问题，人们并不都持反对的态度，有的持赞成的态度。妇女本身对此也有不同看法，对“回家”并不都感忧虑，乐观者大有人在，先看大邱庄妇女是如何说的。据《中国妇女》杂志的报道，大邱庄一位姓李的大嫂回忆起十几年前的日子，拧起眉头说：“那时俺们妇女可跟牲口比，天天顶着星星上工，到了地头，男人们抽一袋烟天才蒙蒙亮。干的那活儿，大小伙子都发怵。可俺们妇女，不管大姑娘小媳妇，年长年少，全都跟男人一样抬大筐。好容易熬到回家，男人们往炕上一躺，俺们妇女还得做饭，侍候公婆孩子，洗洗缝缝，喂鸡喂猪。现在总算好了，男人挣得多，家里也着实用人，俺们乐得过几年清闲日子。”看来,过去那种妇女走出家门劳动并不使她们留恋,现在妇女回家也没有使她们不满。1988 年 10 月 20 日《天津日报》也刊登了大邱庄妇女的专访。42 岁的大邱庄妇女卢某说:“我不会讲什么大道理,什么‘妇女解放’‘男女平等’,那些年我也跟着一块喊过,可究竟是咋回事,我也弄不懂。以前,我一直在生产队干活,不干也不行,吃啥?早起晚睡,看孩子做家务,累死人了。这叫‘妇女解放’?这几年,条件好多了,我啥也不干了,就在家干家务,和过去相比,我轻松多了,家里人也能安心去上班。”当记者问她:“你不出去赚钱,家里事能做主吗?会不会被别人瞧不起?”卢某回答说:“咳!都是一家人,谁说得对就听谁的,没有那么多事。我是不挣钱,可没有我在家料理,他们能安心工作吗?”在大邱庄,不仅中年妇女回了家,年轻妇女婚后也是如此。大邱庄 25 岁的高中毕业生高某说:“结婚前我一直上班,怀孕后,我便一直待在家里。现在孩子已经六个多月了,很可爱。我觉得,我在家里,对孩子的成长和教育,对我丈夫的工作进步,对我个人的健康都有好处。”大邱庄的女人是这样认识的,男人呢?记者在大邱庄街头访问了一个四十来岁的男子。

记者:“您妻子是上班还是在家?”

被访者:“在家。几年前她还干农活,现在不干了。”

记者:“您对‘妇女回家’问题怎么看?”

被访者:“咋好咋办呗,愿意‘回家’就‘回家’,愿意上班就上班。经济条件好,回家看孩子做饭,有啥不好的。你没有经济条件,想回家也不行。”

记者:“对不上班、干家务的妇女,你们会不会瞧不起?”

被访者:“不会的,干家务也是一种劳动,而且很辛苦,谁要是瞧不起她们,那是没有良心。”

看来大邱庄的男人和女人是“同心同德”,观点一致了。

大邱庄人的看法很有自己的特点。但有识的人认为,包括大邱庄在内,女性“回家”对她们社会和家庭地位一点也不发生影响是根本不可能的。经济是基础,经济收入是决定一个人家庭与社会地位的重要指标,女性一旦失去了工作,没有了职业和收入,其家庭和社会地位会发生变化是必然的。大邱庄人之所以有这样的感受和他们的具体情况有关。第一,是大邱庄人富裕了。该村曾是我国北方地区首富,20 世纪 80 年代初,该村人均月收入已过千元,村里给盖房子,住房免费,用水用电免费,吃的粮食由村里免费提供,孩子上学不交钱等。靠丈夫一个人的收入达到家庭生活小康完全没有问题。第二,大邱庄人在很短时间从极穷到很富,一时间家里什么都有了,因此很容易满足。然而,一旦新的生活方式进入大邱庄,女性追求独立人格和自由意识的增长,她们会由满足转为不满足,她们还会再次要求走出家门追求工作,追求生活,追求自我,眼前的满足成会发生很大变化。第三,形成大邱庄人目前这种意识的另一个重要原因就是家务劳动问题。刚刚起飞的大邱庄家务劳动社会化程度是很低的,女性面临“双肩挑”的问题。大邱庄人收入多,但工作也辛苦,每天在外工作时间要 10 个小时以上。对于女人来说,工作了那么长时间,回家还要做饭,洗衣,侍候孩子、丈夫、公婆,实在是太辛苦了。因此变“双肩挑”为“单肩挑”,不失为一种眼前较好的选择。其实不仅大邱庄人有这个问题,几乎所有女性都有这个问题。

四、一百个女人有一百种选择

改革开放给人们带来了多种机会和出路，也给人们以多种选择。“女人的出路”在何方？似乎很难做出统一的回答。有做女强人的，也有继续以往“双肩挑”的，还有回家的。一百个家庭有一百种选择，一百个女人也会有一百种选择。在今天，最好不要主观地说“全体妇女都不赞成息工回家搞家务带孩子”，也最好不要武断地说“妇女都回家才好”。

从家庭走向社会，是妇女人格独立了，经济地位和社会地位提高的表现。然而，耐人寻味的是，近年来公开披露的专职家庭妇女越来越多。她们厌倦了职业妇女和家庭主妇之间的角色转换，以及家庭工作的双重负载，毅然辞去公职，重返家庭，不仅在农村，在城市也是如此。

据《南方日报》报道，今年30岁的屠小姐，原来在一家无线电厂工作，工厂离家较远，每天上下班都要花费两个小时。工厂实行的是计件工资制，生性好强的她不甘心落后于别人，每天上班都拼着劲去做，这倒不是为了钱，家里靠丈夫挣的钱也够花的了，只是在那种环境下她不敢松懈。但这样一来，每天回到家里身子已是散了架一般，还要强撑着烧饭洗碗，照料孩子。最近工厂濒临破产，她每天拼命做，收入仍然很少。在丈夫的怂恿下，她索性辞了职，专心在家料理家务。她说：“丈夫在外地做生意，自然很少能照顾到家里。家庭也确实需要一个专职家庭主妇。我辞职以后，家庭生活有序多了，我也不用一心挂两头。”才30出头的刘女士，原来在公司做会计，自从生了小孩，爱人便隔三岔五地帮她往单位送假条。她请假的理由是：“如今，雇个保姆，连吃带工钱，我一个人的工资都不够。再说，谁的孩子谁疼，交给外人我还真不放心呢。虽然他在单位挣得不多,但也够花的了。我在家带好孩子,他在外边上班也踏实。”她计划等孩子上学后,再考虑重新工作。这段时间,在相夫教子的同时,她想更新知识结构,自我“充电”,为日后重新工作打基础。

据广州社情民意研究中心1999年对500位18~65岁的市民进行调查显示,随着社会的进步,广州家庭的生活方式发生了变化,不少妇女愿做“全职太太”。对于有人提出如有足够的经济依靠,妇女应辞去工作专心于家庭这一观点,表示“赞同”的有13.5%,“较赞同”的有26.6%,就是说有近四成的人能接受这一观点。

值得注意的是,专职家庭主妇中不乏高学历者。她们原先都有固定工作,孩子出生后,就“赋闲”在家,在个人职业发展过程中做暂时的休整。她们的丈夫大多收入可观,这为她们的“引退”奠定了坚实的经济基础。这些新式的高学历的家庭妇女思想解放,她们认为,当家庭妇女不是让丈夫养着,而是一种劳动,劳动就应有报酬。所以,她们向丈夫提出,你给家里的钱中要说清,哪笔是家用,哪笔是我料理家务的工资。可见,家庭妇女如今有了新的含义。

一些社会学家认为要做好新型的家庭妇女,首先,要有相当的经济基础——一定的积蓄或其他稳定的收入,是不再做上班族的前提;其次,夫妻之间要有稳定的情感基础,她们在家庭中的付出才会得到理解、承认和尊重;最后,要有相当的心理素质,像清醒的头脑、恬淡的性情、做人的自信,明白自己的人生需要,安排好家庭关系。在妇女就业意识占主流的今天,这种新型的家庭妇女就显得比较“前卫”了。

五、“双肩挑”的联想

许多理论认为，妇女要想重返社会，必须摆脱繁重的家务劳动。实践表明，我国的妇女已经大规模重返社会了，但却没有摆脱家务劳动，而是陷入工作和家务双肩挑的窘境。

所谓家务劳动是家庭成员用于家庭内部自我服务的劳动消耗。它和每一个人、每一个家庭息息相关。家务劳动的状况如何，它在人们的日常生活中所耗费的时间长短和强度大小，直接关系到人们每天能有多少时间用于文化娱乐、发展体力和智力、提高科学文化水平，也关系到改善劳动者的生活条件和劳动力再生产问题，也关系到劳动资源的合理利用，提高社会劳动生产率，以及每个社会成员和谐发展的问题。对女性来说，则关系到在她们走向社会之时，还有无后顾之忧问题。

在我国，无论在城市还是农村，家务劳动繁重是个普遍的问题，尤以妇女面临的问题最突出。《中国社会科学》杂志曾发表过哈尔滨、齐齐哈尔两市不同职工家务劳动时间数量统计表，说明女性比男性家务劳动繁重的情况，也能反映自20世纪50年代以来我国妇女虽然已大规模参加了社会生产劳动，但实际上是陷入工作和家务双肩挑的两难之中。下面我们来比较一下不同性别职工家务劳动的时间，特别看看女性家务劳动时间。

表 8－1　职工工作日平均每天家务劳动时间　　（单位：小时）

职　业	男	女
工　人	3.5	4.7
商业服务业人员	3.3	4.1
中小学教师	3.4	4.4
大学教师科学技术人员	3.5	4.2
行政机关企事业单位职员	3.3	3.9

表 8－2　职工休息日平均每天家务劳动时间　　（单位：小时）

职　业	男	女
工　人	6.9	9.1
商业服务业人员	7.2	8.7
中小学教师	7.3	9.1
大学教师科学技术人员	6.7	8.9
行政机关企事业单位职员	6.5	8.7

资料来源：《中国社会科学》1982 年第 1 期。

从上述统计数字中我们可以看到家务劳动时间长是男女共同面临的问题，女人比男人更突出。大多数人平时每天除去 8 小时工作外要进行 4 至 5 小时的家务劳动，再加上上下班途中的消耗、教育辅导子女学习时间，工作加家务，真可谓“战斗的早晨，紧张的中午，疲劳的晚上”。星期日本来是休息日，也成为“家务劳动日”，人们从事家务劳动时间平均在 8 小时。星期天起床后就开始忙碌家务，洗一星期积攒下来的衣服，打扫卫生，上街买东西、买粮、买菜，这样，“两眼一睁，忙到熄灯”，有“紧张的星期六，战斗的星期天，疲劳的星期一”之说。家务劳动和人们外出工作形成尖锐矛盾。在我国的大城市——天津从1983年开始连续进行十年的千户居民问卷调查资料证实，在家庭中妻子在购买主副食品、洗衣、做饭、看孩子、照顾老年人等主要家务劳动方面都较丈夫为多，平日妻子比丈夫平均每天多一小时家务劳动，而休息日多两小时，换句话说，每年女人要比男人多400小时家务劳动。这对于既要在外工作，又要操持家务的女人负担是不轻的。因为对于她们来说，在社会上要和男人做同样的工作，在家是家务的主要承担者，是“双肩挑”。这就向我们提出了问题：应当怎样看待改革中出现的妇女下岗问题，当女性由“单肩挑”变成“双肩挑”时，是否意味着男女平等和女性的解放？在当前的社会历史条件下，怎样实现男女平等？这说明，尽管社会主义社会要彻底解放妇女，但妇女的解放、发展和进步需要一定条件，当这些条件还不具备时，女性不可能彻底解放。

第二节　坚持男女平等的基本国策

今天女人面临的问题比男人多多了。在社会上她们面临和男性在工作和就业方面的竞争，在家中承担比男人更沉重的家务。她们出来就业了，有家务和工作双肩挑的问题；她们下岗了，又可能在一定程度上影响夫妻和家庭关系，甚至是离婚。然而，无论前途如何坎坷，坚持妇女解放的方向是不可改变的，妇女终归也要走上彻底解放之路。

一、男女平等的社会现阶段思考

我国正处在社会主义初级阶段，我们思考和分析问题离不开这一阶段的经济和社会发展特点，最根本的是要有生产力观点。

马克思、恩格斯在阐述科学社会主义理论时从来没有离开过生产力第一的观点，同样在阐述妇女解放问题时也没有离开生产力理论。早在19世纪40年代，马克思和恩格斯就在《德意志意识形态》中指出："一切历史冲突都根源于生产力和交往形式之间的矛盾。"他们在谈到妇女重新回到社会公共劳动中去的时候，强调要依靠现代大工业才能办到。因此，我们在理解和运用马克思妇女解放理论时，也不能离开生产力观点，不能离开我国的社会主义初级阶段生产力和经济发展的特点。

应该承认，中华人民共和国成立前30年，我国的妇女解放运动有了很大发展，女性的家庭和社会地位已经大大提高了，但主要是依靠政治手段，依靠计划经济下的政府行为，依赖于一次又一次的社会运动，比如我们有男女平等的宣传教育和法律保障，有在低平均模式和大锅饭体制下对男女在入学接受文化教育，劳动及同工同酬，参加社会生产劳动和社会公共活动等方面的相对平等的安排。无论如何，这些举措在当时的社会历史条件下是行之有效的。然而，那毕竟是在低生产力水平上的初级平等。这种平等正在面临我国发展生产，实行社会主义市场经济，由低生产力水平向高生产力水平发展的挑战，我国的女性正面临着改革以来的新的问题。这不是人为的，而是客观实在的，不了解这点就不能理解今天女性面临的问题所发生的原因是什么，甚至可能误认为，今天我们的妇女发展和进步不是前进，而是倒退了，这不符合我国社会发展和妇女解放的客观实际。实行妇女的彻底解放和完全的男女平等是我们的最终目标，然而我们要善于把握这一目标最终实现的社会阶段性，在当前就是要从社会主义初级阶段的实际出发，确定妇女发展和进步的目标和模式。

虽然今天我们的社会生产力已经有了较大发展,也有了占主导地位的社会化大生产,然而从整体上说,我国的物质生产力还处在由手工工具向普遍的机械化发展时期,不仅在广大农村中仍以手工工具为主,而且在城市中,装备上比较先进的工业企业也只占少数,而且商品化、社会化发展程度很低。13 亿人口,10 多亿在农村,大部靠手工搞饭吃。一部分现代工业,同大量落后于现代水平十年甚至上百年的工业同时存在。少量具有世界先进水平的科学技术,同普遍的科学技术水平不高,文盲和半文盲还占人口近 1/4 的状况同时存在。一部分经济比较发达地区,同广大不发达地区和贫困地区同时存在。在这样的社会条件下,我们逐步建立起市场经济体制,按促进生产力发展和经济规律办事,必然会带来一些其他相关的社会问题。比如市场经济是竞争、效益和优胜劣汰机制,使社会每一个人都面临前所未有的考验。这种竞争包含各种社会角色的竞争,也包含男女性别角色的竞争,在目前生产力还不够发达的社会主义初级阶段,从总体上说,女性在和男性的竞争中不能不处于相对劣势。之所以如此,除去由于历史上社会文化原因所造成的男女差异之外,男女之间的生理差异以及由此而产生的社会分工不同都是重要原因。相比而言男性在体力上(包括握力、臂力和腿力)都胜于女性,女性比较纤弱。妇女负重超过 20 公斤时,子宫颈下垂,子宫位移。另外,女性的生理特征也使她们对外界工作和生活条件要求较高,不宜于从事重体力、高空、野外井下冷水等环境下的作业,也不宜从事化学等工业的生产。调查资料表明,常见的铅、汞、二硫化碳等 6 种工业物对妇女侵害较大。从事含汞、甲醛等有毒作业的女工的畸形胎率为 33.61%,而从事无毒作业女工的畸形胎率只为16.29%。有些接触高浓度铅的女工流产,死产发生率高达 35.3%,女工子女的铅中毒病患率高达45.5%。而二硫化碳对女工性机能有不良影响,受它侵害,女工月经不调发病率可达41.62%,自然流产率、子女天生缺陷发病率也明显高于对照人群,并且二硫化碳还可以通过胎盘和乳汁传递给后代子女。在当前社会生产力还不够发达,大部分工作还要依靠体力,对人的生理条件还有一定要求的情况下,女性和男性的生理差异使她们处于相对弱势或劣势是必然的。另外,迄今人类社会的第二大部类生产(生育)还要由女性来完成,女性因怀孕、妊娠、抚育而中断工作和误工是十分普遍的,从这个意义上说,男女也不能完全站在同一条起跑线上起跑。总之,在当前的社会发展阶段上,女性的发展和进步还不能不在一定程度上受到各种客观社会条件的限制,还要一步一步来。马克思关于妇女解放的理论不是过时了,而是它的实现的社会条件还没有完全具备。据此一些理论家曾提出只有社会发展到具备两个条件:第一,生产力水平发展到一切生产完全不依赖于体力;第二,生育脱离母体,不由女性来完成,而由其他办法来完成时,才有完全意义上的男女平等,从逻辑上说不无道理。以往的一些过激的口号"男同志能办到的事情,女同志也能办到",没有顾及社会主义初级阶段的生产力发展水平和社会特点,只能产生一些不切实际的做法,造成女性解放程度很高的假象。今天社会上既出现了一些女强人、女性成功者,也出现了一些女性暂时回家、阶段性就业和其他一些相关的问题,这是自然和必然的,是社会发展的阶段性产物,它没有改变妇女发展和进步的总趋势。

二、坚持妇女发展与进步的方向

改革开放并没有改变中国社会的性质,而是使中国人民更加明确要建设有中国特色的社会主义。中国社会的社会主义性质决定了它必须继续坚持男女平等,促进妇女的发展和进步。这是因为社会主义社会的本质就是人的进步、发展和解放,包括妇女的发展、进步和解放。根据马克思主义理论,社会历史向社会主义和共产主义发展的客观归宿是人自身的彻底解放。在以往的私有制社会中,社会的发展并不是与人的发展完全同一的,因为社会的本质还是作为人们的异己力量存在着,另一方面则表现为社会规律对人们的盲目统治。社会主义社会之所以成为历史发展的必然,就是因为它能够完成人与社会的统一,社会将成为直接属于人的社会。正如《共产党宣言》所指出的:"代替那存在着阶级和阶级对立的资产阶级旧社会的,将是这样一个联合体,在那里,每个人的自由发展是一切人的自由发展的条件。"马克思在 1877 年说:社会主义应当是在保证社会劳动生产力极高度发展的同时又保证人类最全面的发展。1880 年他说:"人终于成为自己的社会的结合的主人,从而也成为自然界的主人,成为自己本身的主人——自由的人。"1887 年他又指出:"我们的目的是要建立社会主义制度,这种制度将给所有的人提供健康而有益的工作,给所有的人提供充裕的物质生活和闲暇时间,给所有的人提供真正的充分的自由。"综上所述,我们可以认为社会主义社会应当是人们充分发展与进步的社会。

女性占人口的一半。社会主义社会在促进人的全面发展和进步中自然包括女性的进步和发展。由于漫长私有制社会中客观存在的男女不平等,妇女进步与发展又应该是社会主义社会中人的自身发展和解放的重要而显著的部分。恩格斯十分赞赏傅立叶的观点:"某一时代的社会进步和变迁是同妇女走向自由的程度相适应的,而社会秩序的衰落是同妇女自由减少的程度相适应的。""妇女权利的扩大是一切社会进步的基本原则。”[1]在1848年1月，马克思恩格斯发表的《共产党宣言》中明确提出：“消灭妇女被当作单纯生产工具看待的地位。”在该书的第一版序言，第二、三、四、九章用辩证唯物主义和历史唯物主义的世界观和方法论对社会主义取代资本主义中的女性解放、发展和进步做了详尽阐述。总之，社会主义社会的本质是人的发展、进步和解放，是妇女的发展、进步和解放。今天我们要坚持男女平等的基本国策，首先是由我们社会的社会主义本质决定的。

三、为实现妇女的发展与进步奠定基础

恩格斯曾经说：“妇女解放的第一先决条件就是一切女性重新回到公共的劳动中去。”他还说：“妇女解放，只有在妇女可以大量地、社会规模地参加生产，而家务劳动只占她们极少的功夫的时候，才有可能。而这只有依靠现代大工业才能办到，现代大工业不仅容许大量的妇女劳动，而且是真正的要求这样的劳动，并且它还越来越要把私人的家务溶化在公共的事业。”依据马克思主义观点，妇女的进步和解放要依赖于女性大规模参加社会生产劳动和摆脱家务，而它的根本条件是依靠现代大工业和社会化大生产。

尽管我们目前的生产力发展水平还比较落后，但自1949年中华人民共和国建立以来，我国创造了占主导地位的现代化大生产，从而为女性大规模参加社会生产劳动提供了前提。特别是自改革开放以来，我国的社会生产力得到了很大提高，到1997年国内生产总值达到74772亿元，顺利完成了“八五”计划，提前实现了20世纪末国民生产总值比

---

① 《傅立叶全集》第1卷，1841年巴黎版，第195—196页。

1980年翻两番的目标。我们逐步建立了以国有大中型企业为主体的社会化大生产体制。500个特大型国有企业向国家交纳的税收和利润占全国税收和利润的85%。我国社会生产力的发展和社会化大生产规模的初步形成不仅为我国具备跨越资本主义卡夫丁峡谷，直接进入社会主义初级阶段建立了基础，而且为妇女的进步和解放创造了根本条件。应当指出，尽管自改革开放以来我们发展了多种所有制和多种规模的经济，但并没有改变国有企业占国民经济主导地位的格局，没有改变社会化大生产为主导生产方式的格局。而且无论是国有、私营和个体经济，逐步实行联产和规模经营都是主要方向。在中国的改革开放中，过去已经形成的社会化大生产模式不会解体和倒退，只会更加发展和完善。因此，从根本上说，改革开放会给妇女大规模参加社会生产劳动的机会，逐步使她们摆脱家务，实现男女平等，促进她们的发展和进步创造更为优越的条件。

四、妇女发展与进步应有阶段性特点

在当前的社会条件下，为促进女性的发展和进步，我们要坚持政治上的男女平等，法律上保障女性的权益，宣传促进女性进步和发展的基本国策，号召各级党政机关、企事业单位和社会组织、社会团体都来关心和帮助女性，解决包括她们劳动就业在内的各种利益相关的问题，坚持妇女参加社会生产劳动和社会公共活动的方向，创造出多种妇女就业模式。要研究当前社会发展阶段特点，遵循生产力增长和经济发展的客观规律，确定促进女性发展和进步的切实可行的目标和方法。比如，在劳动就业问题上，社会既要关心妇女，在政策上有所倾斜，在办法上也要有所创新，既要考虑妇女的生理、心理、家庭与社会的各种实际

状况，也要注意发挥女性优势和特长，积极稳妥地解决女性下岗问题。不能违背经济发展的客观规律，为照顾而照顾，为安排而安排，只求男女形式上的平等，不讲实事求是，再出现过去那种平均主义、低效律、人浮于事的现象。现在有些地区和部门正在依据女性的生理和生命周期，制定女性阶段性就业办法，就是一种从实际出发的新探索。我们还应当教育广大妇女，使她们认清今天社会发展的特点，树立社会使命感，自强自立，参与竞争，参与改革和开放的伟大社会实践，脚踏实地，不懈努力，适应社会发展和市场经济的需要，一步步争取发展和进步，朝着彻底解放的目标前进。另外，随着我国经济的发展，第三产业的进一步繁荣，我们要进一步提高家务劳动社会化的水平，创造各种条件，减轻女性的家务劳动负担，使她们从家务劳动中逐步摆脱出来。总之，实现妇女的彻底解放和完全的男女平等不能离开今天我国正处在社会主义初级阶段的现实。

五、殊途同归

江河归大海，无论今天的女性有怎样的景况，随着社会的进步，她们总会走向进步，走向解放，而这条路的起点仍然是从大规模参加社会生产劳动和摆脱家务劳动开始。在人类历史上经济地位的变化曾经使女性被抛弃，恢复女性的尊严也必然从恢复其经济地位开始。

原始社会，女性曾经有过被尊敬的时代。那时男人外出狩猎，没有稳定的收入来源；女人在家种植，成为氏族、家庭的收入保障。随着生产力的发展，原始农业和畜牧业成型，男性开始参与家庭内生产，并以其强健的体力，占据了生产中的主导地位，女性逐步被排除于社会和生产活动之外，成为男人的附庸。这种历史性的抛弃，使女性失去了尊严。资本主义大机器生产的出现,需要大量的劳动力,女性自然也被重新卷入社会劳动之中。但资本主义社会初期,女性只是作为廉价劳动力被卷入的,因此,还谈不上女性真正恢复尊严。还有“人类的堕落全在于女工的就业,女性必须回到家庭”“男子的战场在社会,女子的归宿在厨房”等主张,继续毁坏女子的尊严。然而,不论人们的主观愿望如何,妇女们还是从家庭走出来了,在社会劳动中占据了一席之地,工业革命终究给了女性地位变化的机遇,而女性走向社会的潮流不可逆转。

现代高工业、高科技、高情感、高自助的社会,为人们带来了多种多样的选择,带来了新的社会规范、新的心理环境,也带来了两性的平衡和全面对抗,它表现在社会生活的各个领域,主要是经济领域。从现代主要发达国家中人们已经看到这种情况。

在美国,过去女性和男性的角色模式是“互补”型的。男子在外就业、挣钱,女子在家生儿育女、操持家务。现在则变成为“平衡”模式,主要标志是妇女走出家门,广泛劳动就业,有了自己的收入,因此,家务不再是女性的“专利”,男性也被卷到家务中来。1986 年美国劳工统计局曾以《美国职业妇女群像》为题,公布了有关美国妇女劳动就业的情况。据悉全美外出工作的妇女,约 4700 万人,占全国就业人数的 40%,其中 40 岁以下的居多,另外 3/5 是已婚且有子女的妇女。随着现代化设备的启用,某些一度完全由男性承担的工作也越来越多地有妇女参加了。比如在肉类加工业,1970 年以来,屠夫中女性的比例已增加了 1/3 强。美国劳工统计局曾预测,到 1995 年,新成长起来的劳动力中将有 2/3 是女性。直到 20 世纪 90 年代,美国的就业领域还没有实现完全的男女平等。劳工统计局局长洛乌达夫人指出,美国职业妇女地位已大大提高了，但在许多方面仍然受到限制。一名在纽约任消防队员的女人，月薪是1500美元，而和她做一样工作的男消防队员的工资是2200美元。美国劳工统计局发表的数字证明，自20世纪60年代以来美国有严重的男女同工不同酬现象，男性工资多于女性，超过30%。尽管如此，美国女性还是自愿走出家门，因为她们外出寻找工作，不仅要得到经济收入，而且为了争得较高的社会地位，寻找某种心理安慰，表现自身存在的价值。美国著名电影《克莱默夫妇》用艺术的手法，集中表现了这一社会现实。克莱默夫妇原来有一个宁静的家，夫妻相爱，而且都爱他们可爱的儿子。克莱默在外工作，克莱默夫人在家带孩子、管家务，依靠克莱默的收入，维持这个家庭的小康生活是没有问题的。然而，克莱默夫人不甘在这个“安乐窝”中虚度一生，坚持要外出寻找工作，哪怕去餐馆打工，洗刷碗碟也心甘情愿。就这样夫妇冲突发生了，家庭分裂了，克莱默夫人带着矛盾的心理勇敢地走出家门。克莱默先生则陷入工作、家务和子女的一片繁忙中，被搞得焦头烂额。克莱默夫人的出走破坏了一个家，但她却“找到了自身存在的价值”。可见，美国女性迈出家门的一步是艰难的，但她们还是走了出来。

有关专家指出，在现代社会由于女性的崛起，在未来的年代，她们可能在工作方面与男人获得同等待遇。事实上，目前有许多行业，主要是信息产业等方面，男女的起薪点几乎是一样的。美国的女性已经在事业方面占据了重要地位，从20世纪80年代开始已经出现了这种变化。在美国，获取大学文凭是谋求许多职业的基本需求，在这一竞争中，女性略胜一筹，她们在现在注册的大学生中占52%。女性在大学研究生中的比例也有戏剧性的增长，甚至使男青年面临一场艰苦的竞争。从20世纪80年代开始美国律师行业的男性比例已从98%下降到80%左右。在同一时期,广告业中的男性比例也从80%以上降低到50%左右;在银行和金融管理业,则从90%左右下降至60%左右。在美国,妇女们正在广泛学习法律、医学和商科。在最好的法学院里,一年级新生中有50%或50%以上的学生是女性。由于妇女继续进行个人选择,男人选择的机会也将同样增加。一些男人可以自由自在地,或者成为脱产照管孩子和家务的父亲,或者成为大学生,或者成为部分时间工作的工人,或者与自己的女伴共同担任一份工作。这种情况表明,传统核心家庭(这种家庭总是靠妻子过多地将自己的个人利益从属于丈夫和孩子的利益)看来一去不复返了①。

在日本,传统上"丈夫外出工作,妻子操持家务"是一种极为普遍的模式,如今它却遇到了强烈的挑战。日本社会学家对带着刚出生的孩子至15岁子女的日本妇女做过调查,当问到"你们对专门操持家务感到烦恼和不安吗",约有70%的人回答"有烦恼",只有30%的人回答"没有烦恼"。关于烦恼的内容,占第一位的是"社会视野狭窄",持这种观点的人占40%;其次是"需要能够自由支配的零花钱""家务太累""对家务育儿已经厌烦""讨厌单调的家务""为晚年担忧"等。耐人寻味的是,不仅妻子的意识发生了变化,丈夫的意识也发生了变化。在妻子就业的问题上丈夫因妻子就业感到困难的占48.6%,大大低于过去的比例。感到不困难的已达到45.2%,大大高于过去的比例。事实上日本妇女的就业率已经成倍地增长。据统计,日本的妇女劳动力已占总劳动力的40%。从20世纪70年代中期起,日本妇女就业人数一直在增加,就业范围也扩大了。过去妇女在制造业中工作的最多,

① 参见潘允康《在亚社会中沉思》,中国妇女出版社1989年版,第140页。

1960年即日本经济高度发展初期，在制造业（如纺织业）中工作的占全部工作妇女的36.5%。相对来说，从事教育、医疗、保健的比较少，占27.4%，当商贩做小买卖的就更少。但到20世纪80年代以后，妇女在教育、医疗、保健、金融、保险、不动产业等行业中，都已达到50%左右，说明女性正在广阔的社会领域中前进①。

在前苏联，由于工业的发展促使妇女劳动就业，并且采取了鼓励妇女就业，主张男女平等的策略，因此，妇女在公共经济中的比例和作用都大大增加了。据统计，从十月革命后的国民经济工业化开始起，妇女职工总数从2755000人（1928年）到45700000人（1970年）。这一时期，妇女在国民经济工人和职员总数中的比例，从24%上升到51%。在工人和职员总数中，妇女所占比重最高的是保健卫生和社会福利部门（85%），信贷和社会保险部门（77%），商业、公共饮食业、物质供销和采购部门（75%），文化教育部门（72%）。女性在国家经济中已占有重要地位，在某些方面甚至超过男性。据统计，国家机构中的专家，即具有高等或中等专业学校毕业证书的人，每10人中就有6人是妇女。大量妇女高度珍视她们在生产上取得的成就。她们在“业务方面”的兴趣在价值的天平上占了压倒的分量，她们真正全心全意投入了工作②。以上我们介绍了世界上几个有代表性的国家女性走向社会的情况，其他发达国家也是如此。我们从中得到的启示是，经济的发展与现代化，必然最终将女性重新卷入社会，女性从这里失去的尊严也将从这里恢复，这是不以人的意志为转移的。

---

① 《现代外国哲学社会科学（文摘）》1985年第3期，第49页。

② 参见潘允康《在亚社会中沉思》，中国妇女出版社1989年版，第142页。

在中国的改革开放中出现了部分妇女下岗回家的情况。人们对此看法也不尽相同。有的人说,今天是一百个女人有一百种选择,然而无论怎样选择,殊途同归,最终都要走到参与社会劳动和公务活动为主要形式的解放道路上来。就在 20 世纪 80 年代大邱庄妇女回家,该村的大多数女性感到心安理得之时,也有的人这样谈了自己的感想。该村一位已经回了家的 25 岁的女性说:“我还很年轻,不能一辈子待在家里,等孩子大点,我还想去参加工作。这并不是因为经济条件不允许,我丈夫每年可收入 5000 元左右,我只觉得家里的天地太小了。”可以说她的话代表了未来女性思考问题的角度和方式,女性走向社会的潮流是改变不了的。从社会角度说,只要我们坚持发展生产力,坚持为女性的发展和进步创造各种优越的条件,坚持女性走向社会参加社会生产劳动和逐步摆脱家务的正确方向,无论广大妇女有多少差异,要走怎样曲折的路,殊途同归,都要汇集到彻底解放的康庄大道上来,促进妇女发展与进步的基本国策终将得以实现。

第九章　人口生产再生产中的若干启示

人类的家庭是个多功能体。按照历史唯物主义观点,一个事物要在社会历史中产生和存在下去,必然有其功能和作用。人类的家庭源远流长,从古至今一直流传下来,在今天仍然表现了强大的生命力,是因为它对于社会有多种功用和效能,其中有一种其他任何社会组织和群体都不可替代的功能,就是人自身的生产,或者说是传宗接代。

恩格斯在谈到这点时说:"根据历史唯物主义观点,历史中的决定性因素,归根结底是直接生活的生产和再生产。但是,生产本身又有两种:一方面是生活资料即食物、衣服、住房以及为此所必需的工具的生产;另一方面是人类自身的生产,即种的繁行。一定历史时代和一定地区的人们生活于其下的社会制度,受着两种生产的制约:一方面受劳动的发展阶段的制约,另一方面受家庭的发展阶段的制约。"①恩格斯精辟阐述了家庭所承担的人类社会两大部类生产中的一类——生育传种,世代继替,无疑是至关重要的。

俄国民粹主义者米海洛夫斯基认为,强调子女生产对历史发展的重要性就意味着不要历史唯物主义。列宁曾经尖锐地批判了米海洛夫

---

①《马克思恩格斯选集(第四卷)》,人民出版社1972年版,第2页。

斯基的这种观点，他说：尽管生产方式是社会发展的决定力量，但不是唯一力量。子女生产状况如何，是否合理，也对社会发展起巨大作用。

费孝通在谈到家庭的这一功能时不仅谈到了生，而且谈到了抚育，即家庭的基本功能不光要造成新的生命，而且要把他们抚养成人。他说："种族要在这个世界上延续下去，不能不继续不断地有新个体产生出来代替旧个体的位置，有如接力赛跑一般。这样，所以种族延续不能不靠生殖机能。可是我们一定得明白，生殖机能所能做到的是从旧个体中产生新个体而已；新个体产生之后，是否能在这世界上生存，能在未死之前再生新个体，都不是生殖机能分内之事了。"他还说："从概念上，我们可以把生殖和抚育分得很清楚。生殖是新生命的造成，抚育是生活的供养。在事实上，只有用分裂法来生殖的单细胞生物中，这两件事的分界可以划得出来。在其他稍稍高等生物中，两性生殖细胞结合之后，新生命虽已造成，但是这胚胎要能长成一个个体还得靠外来的营养和保护，所以多多少少是要一段抚育时期。"①

这些深刻的论述使我们联想起今天的家庭，许多烦恼和问题都是在世代继替中出现的，不仅有生育问题，还有抚育问题、教育问题，以及与此相关的其他问题。这些问题直接或间接构成了当今中国的社会问题。

第一节　家庭中的生育问题

要说明家庭中的生育问题还得从社会的人口形势谈起，从宏观社会的人口生产来看家庭的生育功能是十分必要的。

生育是家庭的基本功能。由生育带来的人口问题一直是困扰我国

① 费孝通：《生育制度》，天津人民出版社 1981 年版，第 7—8 页。

社会的重大社会问题。今天沉重的人口负担是我国实现现代化的滞后因素。当我们已经送走20世纪，进入21世纪时，我们不仅面临人口的数量问题，而且面临着人口质量问题。

一、巨大的人口基数

由于20世纪五六十年代在人口政策上的失误，中国的人口曾经历了一个盲目迅速增长时期，造成了巨大的人口基数。我国从1954年的6亿人口，增长到1982年的10亿人口，在不到30年的时间里增加了4亿人口，是前所未有的。如果从清朝初期（1760年）的2亿人口算起，到1900年为4亿人口，1969年为8亿人口，中国人口数量每增加2亿的时间间隔分别为140年，54年，15年，13年。20世纪五六十年代是中国的人口盲目增长的最高峰时期。20世纪70年代末当我们意识到这一问题的严重性，开始实行控制人口和计划生育的政策，超生现象像一列疾驰的列车，很难紧急刹住车，而是凭借惯性继续运动下去。1987年中国人口已超过11亿，1988年达到11.2亿，而到了20世纪90年代则达到和超过了12亿，现在是13亿人。

中国巨大的人口基数所产生的惯性是可怕的、难以控制的，即便我们实行新的严厉的人口政策，在未来相当一段时间内，人口还会有一个较大幅度增长。有关人口专家预测，根据20世纪80年代末期中国内地人口的自然增长率是16‰左右，出生率是23‰左右，死亡率是7‰左右计算，中国内地一年将出生2512万人，相当于一个加拿大的人口。如果以这些新出生的人组成一个国家，人口是世界第30位。其次按中国目前人均期望寿命来计算，这些新生婴儿将在中国大地上生活70年，这些80年代末新出生的孩子，在他们长到20岁以后，也就是在2010年前后，如果每对夫妻只生一个小孩,也将要生出 1250 万名小孩[①]。

中国过去的失误的人口政策还产生了人的观念上超生的惯性,无论我们怎样宣传和教育,改变不了一些人多生的想法,甚至不怕舆论、不怕处罚和制裁地去超生。这种情况在农村,在贫穷落后地区尤为严重。新华社曾公开报道过陕西省某县一村党支部书记连生 8 胎,披红挂彩杀猪设宴庆贺的消息。38 岁的杨景春原已生育 7 胎,老婆生下 8 胎是个男孩,儿子满月时,杨景春披红挂彩,杀猪宰鸡,摆 30 桌酒席庆贺。该报道编余的短论指出:庆贺什么呢? 在这位村支书看来,是他总算得了一个儿子。这儿子来之不易……黄土高原上的乾县并不是一个富裕的地方,令人忧心的是,现在越是穷地方,越是愚昧的人群,超计划生育的情况越严重;结果是超生越多,人口包袱越严重,也就越难摆脱贫穷和愚昧。这样的恶性循环,已经成为某些贫困地区愈益落后的重要原因。事实正是如此,由于身为党支部书记的杨景春带头超计划生育,使中景村的 5 个自然村中的计划生育工作无人过问,多胎生育现象严重,一些超生者说:“书记能多生,我也能多生。”在全国像中景村这种情况的并不鲜见。

近年来,超生的情况以不同形式出现。生而不报,生了谎报双胞胎等。20 世纪 80 年代末《人民日报》曾发出警告称我国约有百万“黑孩子”,大多是因超计划生育而未登记入册的。这一状况是部分地区超计划生育现象比较严重,多数父母不给超生的孩子报户口,企图向政府隐瞒,免遭受罚,而一些基层政府为了“完成”计划生育指标,对超生的孩子不予登记等因素所致。1998 年中国长江流域发生特大洪峰,湖北排州湾地段决口,造成洪灾,在抗灾救灾发放救济品中才发现实际人口

① 参见周孝正《人口危机》,中国妇女出版社 1989 年版,第 5—6 页。

比在册的多出了5万，是多年来“黑生”而未登记的人。我国自改革开放以来出现了两个影响人口控制的因素：一是大量流动人口的出现，使得这一人口群体的计划生育失控。二是在农村实行家庭联产承包责任制以来，部分农村基层政权组织瘫痪，甚至解体，计划生育工作没有人去抓、去管，使得人口增长又处于放任自流的状态。少数不法分子利用这种情况和老百姓在生育观念上的愚昧，干起了破坏计划生育的勾当。四川省凉山彝族自治州布拖县就抓获了一个以非法“帮助”摘取节育环，破坏计划生育，诈骗钱财的流氓团伙。这伙人仅在布拖县西溪河地区，在半年左右时间里，就把906个已安放节育环的妇女非法摘除644个，占放环妇女总数的71%。更恶劣的是这伙人野蛮操作，既不顾是否到取环期，又不消毒，竟然用粗劣的竹片、铁丝以及阉鸡用具等摘环，致使被摘环妇女感染，分别造成子宫穿孔，宫颈裂伤，内膜充血，宫颈大流血，乃至死亡等恶果。

无论如何，中国的巨大的人口基数，以及由此产生的惯性，对中国的现代化进程是冲击波。在高科技发展的现代社会，光靠人多，热气高，干劲大是不能得到发展的，人多需要也多，消耗也多，过多的人口并不是件好事情，这是世界大多数国家的共识。过去我们还常常陶醉在中国地大物博之中，其实客观地分析中国的地势和资源，和世界上资源较好的俄罗斯、美国、澳大利亚、南非等国相比，我们可称地大，但其资源，特别是综合资源并不在前列，特别是被巨大的人口基数平均后更是如此。比如中国的人均耕地只有1.5亩左右，不及世界人均耕地5.5亩的1/3；中国人均林地1.7亩，不及世界人均林地的15.5亩的1/9；中国人均草原5.3亩，不及世界人均草原11.4亩的1/2；中国人均淡水2700立方米，不及世界人均淡水11000立方米的1/4。中国自改革开放以来,迅速发展了生产,从20世纪80年代以来国民生产总值曾以两位数的速度连续十几年增长,中国的国民生产总值已经走到世界前列,其钢、煤及某些轻工产品的产量已经居世界第一,然而,我们有居世界第一位的人口,所有这些被巨大的人口基数一平均,就少得可怜。我们的国民生产总值是美国的1/7,而我们的人口却是美国的6倍多。德新社1999年9月15日报道了世界银行当天公布的世界发展报告,美国的GDP(国内生产总值)是77830亿美元,排在世界第一,而中国是10500亿美元,尽管在总量上已排到世界第七,但被人口数一平均,世界前10位榜上无名,人均年收入排到很靠后的位置。在这种情况下,要迅速提高人民的生活水平,实现现代化何等艰难。还在改革开放初期,我们有贫困人口两亿多,经过努力我们使其中大多数摆脱了贫困状态,然而迄今还有五千多万的人属于贫困人口,如果加上脱贫又复贫的人在内,数量还要多,这个数字是惊人的,是巨大的国家负担。人口过多绝不是什么好事,而是灾难,如果我们再看看中国人口的素质和质量,对此能有更深刻的认识。

二、低人口素质

对中国来说,人口多还不是唯一的问题,还有人口的低素质问题。

世界上也有人多地少但发达的国家。以日本为例,日本的面积比我国江苏省略大一点,却生养着1.2亿人口,过着人均收入1万美元以上的生活,是发人深省的。日本堪称“危机意识”最为浓厚的国家,在成为发达的工业化国家之后,国民的“危机意识”分毫未减,每天督促和激励着日本人向前奔跑。日本人从小就听说:“日本没有土地,没有资源,有的只是阳光和空气,外加火山和地震。”“日本人一天不拼命干，第二天就没有饭吃。”或许正是这举国一致的“危机意识”，迫使日本人像工蜂一样，不知疲倦地工作，创造了今天震撼世界的经济奇迹。同时广大的日本人民也享受了当代的各种富裕和文明。日本的发达是多种因素造成的，其中不能不说与国民素质有关，强烈的生存意识和工作上的拼命精神是这一素质的重要组成部分。

人的素质包含有许多相关的指标，先看科学文化素质。据第三次全国人口普查资料，中国以自己申报为标准的文盲和半文盲多达2.35亿，占统计人口的1/3。据全国1987年1%人口抽样调在推算，中国有文盲半文盲2.2亿人。据1988年11月召开的全国扫除文育工作会议披露的情况，中国的老文盲问题没有解决，新文盲还在增加。在和世界其他国家的比较中表现了明显的劣势。比如在1978年，中国每万人口中大学生有8.9人，到1987年，达到每万人口有大学生18.2人，但对比其他国家，澳大利亚从13人增长到203.5人，意大利从11人增长到175人，日本从6人增至205.2人，土耳其从3人增至82.4人，我们的差距有多大！

人的素质还包括生理和身体素质。中国人的残疾人问题就是一大忧患。我国从1987年开始进行第一次残疾人调查，根据调查推算，北京有残疾人41.3万人，即每1000人中有45名是残疾人，数字十分惊人。根据对全国残疾人抽样调查结果推算，中国残疾人总数大约在5164万，占总人口的5%左右。其中听力语言残疾1770万，智力残疾1017万，肢体残疾755万，视力残疾755万，精神病194万，综合残疾673万①。中国光有残疾人就是5000多万，这个数字是发人深省的。

① 以上数字参见周孝正《人口危机》，中国妇女出版社1989年版，第18、35页。

三、生育中的“逆淘汰”

中国不仅人口的数量多，人口的素质低，还有在计划生育中的人口的“逆淘汰”问题。还在20世纪90年代初期，我国的一些学者就提出人口的“逆淘汰”问题。所谓人口的“逆淘汰”即素质高的人少生，素质低的人多生。具体表现为发达地区生得少，落后地区生得多；城市生得少，农村生得多；素质高的人生得少，素质低的人生得多。

1. 发达地区生育率低，落后地区生育率高

有关调查和统计资料显示，越是发达地区，生育率越低。相反，落后地区生育率却高。我国最发达的地区之一上海已经连续几年出现了人口的负增长，而一些落后地区却出现了人口失控的情况。我们很难从公开发表的数据中得到落后地区人口失控的全部真实情况，但能比较出发达地区和落后地区的差别。以下是1997年公布的全国部分省市的计划生育率。

表9－1 全国部分省市计划生育率

省市	计划生育率	省市	计划生育率
北　京	97.77	宁　夏	81.20
辽　宁	99.70	青　海	86.18
天　津	98.27	甘　肃	85.00
上　海	95.22	贵　州	85.58
江　苏	95.10	四　川	93.77
山　东	98.95		

资料来源：国家计划生育委员会主办，中国计划生育年鉴编辑委员会编：《中国计划生育年鉴（年刊）1998》，《中国计划生育年鉴》编辑部1998年版。

从以上数字中我们可以看到左边列举的6个省市北京、辽宁、天津、上海、山东等，是东南沿海相对发达地区，其计划生育率都比较高，生育率低。相反，右边列出的宁夏、青海、贵州等，是西部相对落后的地区，计划生育率都比较低，生育率高。

2. 城市生育率低，农村生育率高

城市人口的素质相对较高，但生育率低，而农村人口的素质相对较低，但生育率高。

以天津为例。1990年天津市中心城区的总合生育率为1.30%，滨海三区为1.37%，四个郊区为1.37%，而周围的5个县为2.3%；1995年天津市区的总合生育率为0.91%，镇为1.43%，县为1.47%，都是城市低于农村。换句话说，高素质的城市人少生，低素质的农村人多生。

一些学者根据人口流动提出了有关生育的新的看法。一方面流动人口有个生育失控的问题，像我们上面所提的“超生游击队”那样；另一方面大多数流动人口，比如从农村进城打工者，多是为了赚钱、淘金，反而不希望多生，甚至不想生。相对于留恋本土的农村人来说，这些人思想观念新，敢于闯荡，年轻力壮，素质较高。他们进城了，少生，而留在家乡的人，多生，是生育的又一种形式的逆淘汰。

3. 文化程度高素质好的人少生，文化程度低素质差的人多生

在现实生活中，往往是那些有较高文化和教育水平，有专业技术特长的知识分子少生育或不愿生育，而文化程度低，素质较差的人反而希望多生。据第三次全国人口普查资料，全国文盲和半文盲妇女的多胎率为40.34%，小学文化程度的为26.91%，初中文化程度的为9.29%，高中文化程度的为3.88%，大学文化程度的为1.6%。又根据20世纪80年代进行的全国1‰人口生育率的调查，中国文盲妇女平均一生生

5.86个孩子,小学文化程度的妇女平均一生生育4.80个孩子,初中文化水平的妇女平均一生生育3.74个孩子,高中文化水平的妇女平均生育2.85个孩子,大学文化水平的妇女平均生育2.05个孩子。妇女受教育程度每提高一个档次,平均就要少生一个孩子。人的素质和生育率正好是相反的。

今天社会上出现了所谓不愿生育的“丁克家庭”,家中只有夫妻二人,不要孩子,而且打算永远不要。这些家庭多为教授、艺术家、作家、工程师等被称为“社会精英”的人。他们之所以决定不要孩子,有的是为了事业有成,有的是为了保证生活质量,宁要自己青春幸福而不为子女所拖累。还有的怕因为有子女而形成“捆绑”婚姻,不能轻易离婚与分手。无论如何,这部分社会素质较高的人,反而少生或不生。

四、人口性别比例失调

20世纪80年代初期,人口性别比失调问题已引起相关学者的注意。人口学家认为,婴儿出生时的性别比在105左右为正常,即男女之比为105:100。我国第三次人口普查的结果,29省、市、自治区和现役军人的人口中男性占51.52%,女性占48.48%,性别比为106.3:100,男性比女性人数多3069万人。该学者认为,总人口性别比例偏高不是主要问题,主要是低龄人口的性别比较高,出生性别比近年越来越高。随年龄的递增,少年人和青年人口的性别比也必然偏高,婚姻性别比将得不到平衡,很可能影响未来社会的稳定。

第一次人口普查0岁组人口的性别比是104.9;

第二次人口普查0岁组人口的性别比是103.8;

第三次人口普查0岁组人口的性别比是108.5。

可见问题是近二十年发生的。又根据1987年全国1‰的人口抽样调查结果：

0岁组人口的性别比是109.5；

1岁组人口的性别比是111.7；

2岁组人口的性别比是109.7；

3岁组人口的性别比是109.9；

4岁组人口的性别比是108.7；

5岁组人口的性别比是107.9；

1981年我国出生婴儿2069万人，其中男婴孩1077万人，女孩992万人，男孩比女孩多85万人。1987年出生婴儿2472万人，其中男孩1304万人，女孩1168万人，男孩比女孩多136万人。性别比失调的现象在部分地区比较严重①。

性别比失调的问题在我国一些局部地区非常严重，而且以溺女婴、弃女婴、生女婴的父母会受到歧视、虐待等现象直接表现出来。上海这样开明先进的城市也发生了28岁的妇女王某当众将自己才生下9天的女儿从二楼产房扔下去的事情。当别人抢救无辜的女婴时，王某却哭喊着："不要抢救！让她去！"王某杀害自己的亲生女儿，以故意杀人罪被上海宝山县人民法院判处有期徒刑2年。据有关报道，在我国的一些公共场所，如火车站、公园等地经常有人拾到被遗弃的女婴。《江苏科技报》报道了泰州某制药厂青年工人史某在工厂附近的街心花园灌木丛中发现一个用红布裹着的女婴，女婴口衔吸空了的玻璃奶瓶，浑身僵硬，估计已冻死数小时。据了解，泰州经常发生遗弃女婴事件。江

---

① 以上参见周孝正《人口危机》，中国妇女出版社1989年版，第47页。

苏六合区一刚出生 20 天的女婴,因肺炎住进南京市儿童医院,当时病情十分严重,其父母表示放弃治疗,从此不再露面。当医院把精心治愈的女婴送到王家时,王某仍拒绝领回孩子,说:“如果你们医院肯签字让我生个男孩,我就抱她回去。”该医院经常收“治”这样的孩子。

另外,一些地方出现的送养女婴现象也使局部地区的性别比例失衡。湖南省桃江县 1987 年一年全县送养女婴数达 3000 多个。部分育龄夫妇重男轻女思想严重,为达到生男孩的目的,不惜将自己的亲生女儿送给他人。由于被送养的女婴一般是二胎或三胎,本来就是计划生育外的人口,加上送养的动机是为了再生一个儿子的潜在生育因素,由此全年全县计划外怀孕、生育达 7200 多人,使计划生育失控。送养女婴的办法,是用一竹篓装着刚刚出生的女婴,夹带着有其出生年月日的字条,于半夜三更送到他人门下。这样,除了有中间人串通外,捡养者一般不知女婴来历,但送养者心中有数,有时还因此发生事后纠纷,增加了社会不安定因素。比如,浮丘山乡村民徐某送走一个女婴后透露,他送走的女婴是有胎记的,等日后生了男孩就多出钱去赎回来,反正不是父母嫌弃她,是政策逼的,相信她会谅解父母的。大栗港乡一村民捡到一个女婴,3 个月以后,女婴患急性肺炎死了,其亲生父亲随即找上门来责骂、闹事,虽经调解暂时平息,但双方互存隔阂,关系紧张。此外,有些人家送上门的女婴或因经济条件有限,或不中意而不愿带养,就转送或转卖他人,卖价仅千元左右。溺婴、弃婴、送婴现象带来的潜在问题使部分地区的性别比例失调。1987 年 8 月 27 日《每周文摘》援引《信息日报》的消息说:浙江省没有户籍的女婴急剧增多。一些人第一胎生下女婴后,采取送人或雇人抚养等手法,不申报户口,以达到再生一胎的目的,直到生下男孩为止。因此,从青田县计划生育表看,男女出生比例严重失调。现抄录1—6月该县出生的数字:男性是1438人,女性是1083人,性别比例是132.78:100,大大超出了正常比率。这个问题亟须重视解决,不然人口生育超计划,没户口的女婴在生育、求学、就业方面都将成为社会问题,对未来的婚姻及其他方面也会产生不可估量的影响。

五、人口问题的社会反思

人口问题既是家庭问题,也是社会问题。生育是把家庭与社会相连的最紧密的纽带,是家庭的基本功能,是家庭在社会中存在并表现强大生命力的主要根据。家庭中的生育问题扩展为社会的人口问题,而家庭中的生育问题又包含了很多社会因素,是由社会原因造成的。我们的人口数量失控,人口质量不高,人口结构扭曲,以及生育中出现的逆淘汰等问题是由许多社会因素造成的。

1. 封建观念的影响

封建主义的观念在中国社会是根深蒂固的。它的影响是今天许多社会问题的重要根源。今天生育和人口中的许多问题都和封建观念的影响有关。

在封建文化中,家庭是重生育、以生育为本的。我国古代有"无后为大"之说。生儿育女香火不能断,传宗接代是家庭中的头等大事。一个女人如果不能生孩子,是最大的缺陷,甚至有被休妻的危险。著名历史剧《钗头凤》中陆游和唐琬的爱情悲剧最根本是由生育问题造成的。他们的爱情和婚姻之所以遭到长辈和家人的反对,主要不是什么生日和姓氏"妨克",而是因为唐琬不能生育。这种观念在今天还有影响。比如,今天一些地方人们富起来了,生活也好过了,但他们不是像发达地区和国家的人那样,希望少生,不要多生,“宁要个人青春幸福,不为子女拖累”,而是仍然追求“多子多福”“人丁兴旺”。有的地方甚至因为富了,反而“偷生”“跑生”“骗生”“强生”。有的富裕后的农民说:“修新房空荡荡,有了票子花不完,财大气粗不怕罚,多生一个不算啥。”今天,封建文化往往是在文化落后、经济落后地区的影响最深,因此那里的人反而多生。而发达地区,人口素质高的人群,封建主义的观念相对较少,崇尚少生或不生,因此产生了生育中的逆淘汰。

在封建文化中,家庭是以父系传递的,男女不平等,重生男,轻生女,一个女人不生育不行,不生男孩也是问题。女孩子长大结婚嫁到男家就是男家的人,是“泼出去的水,收不回来的”,家庭的香火要不中断,一定要生男孩。今天这种观念在人们头脑中还有影响,有些人第一个生的是女孩,就要生第二个,第二个是女孩,还要生第三个,就这样一直生下去,直到生下男孩为止,从而出现新的超生现象。有的家庭慑于计划生育政策,又想生男孩,甚至用溺婴、弃婴等残酷和非法手段行事,并引起相关的各种社会问题。今天在少数地区的家庭中,不仅女婴生下来要被遗弃和虐待,就连她的母亲也会遭到歧视。天津市南开区西营门街法律服务所曾接待过一名来访的二十多岁的妇女,她向该所的人哭诉由于生了女孩,遭到丈夫和家人的歧视和虐待,她不甘忍受,请求法律保护。据反映,这个法律服务所接受当事人婚姻纠纷法律咨询、代写诉讼状、委托代理的其他有关业务中,有许多是因生女婴而遭到家庭不公平待遇的妇女。有的男人逼迫妻子再生二胎,有的从精神上、经济上、肉体上长期折磨妻子,最终将其赶出家门。有的妇女生女婴后受婆家、娘家两头气,被逼得精神失常,问题很严重。1988 年 10 月《中国妇女报》转载了《生活报》关于“生子心切糊涂人干糊涂事,上海一妇女腹中大爆炸”的报道，上海市一位郊县农妇被紧急送往新华医院，其丈夫说妻子腹中发生了爆炸，央求医生救救妻子的命，经医院医生诊断，这是一起望子心切造成的悲剧。这对农民夫妇结婚多年，已有一个女孩，今年7岁，女方早已采取宫内放置节育环的避孕措施。近日来，丈夫突然产生要男孩的想法，求妻子无论如何生一子，于是丈夫便异想天开，胡来蛮干，从附近商店里买了一只“丁烷贮气管”，企图用它来把妻子子宫内的节育环炸掉，不料，“丁烷贮气管”在体内爆炸，把盆腔腹腔炸穿，阴道撕裂，伤势严重，真是生子心切，草菅人命，惨不忍睹。著名社会学家费孝通在谈到中国传统的生育文化时说：“在我们这种父系社会中，女孩子被认为讨债鬼，不但在教育上受不到和她们兄弟同等的注意，甚至在出生时也有即被溺死，或很小时就被抛弃或被出卖的。女子在社会地位上的低落，无疑是导源这种歧视的。”①

2. 早婚早育模式的抬头

自1981年新婚姻法颁布以来，我国的法定婚姻年龄已正式定为男22岁，女20岁，比20世纪70年代一些非正式的不成文的规定有所提前（那时有许多地方规定男女年龄之和必须超过50岁，或男28，女25等）。一些人对此产生片面理解，误认为新婚姻法规定的结婚年龄是最佳年龄，不必再响应晚婚晚育的号召，致使早婚早育现象多了起来，还在20世纪80年代中期这种情况就被发现了。中国科技促进发展研究中心1986年上半年提供的一份“调研报告”证明早婚比例上升，初婚峰值年龄下降。抽样调查结果证实，陕西省20—24岁的已婚妇女中有19.3%的人是在法定婚龄前结婚的。这种情况河北省有13.8%，上

① 费孝通：《生育制度》，天津人民出版社1981年版，第155页。

海市有2.8%。早婚比例上升,导致初婚峰值年龄下降,由24—25岁下降到22—23岁。天津市统计局调查的结果表明,1980年天津的晚婚率曾达到96.97%,到1981年已下降到64.54%,由于早婚人数的增加,20—24岁婚育的旺期青年妇女的生育率由1981年的37.69%,猛升到1986年的138.74%,5年中几乎翻了两番。全市妇女的生育峰值年龄已由1987年的27岁迅速下降到1986年的24岁,由于上述原因,天津市从1981年到1986年5年间多生了13万人。这种情况必然带来了以后的连锁负效应。

3. 社会生活中的实际问题

在我国,特别是农村,生产和生活中的实际问题也是农民多生的原因之一。自从实行家庭联产承包责任制以来,家庭劳动力问题突出了。人多势众,便于联营、兼营,已成为一些地区和家庭的明显优势。相反,缺少人口和劳力,从眼前利益看常常受损失。有些农民做了核算,在农村生孩子十分简单,生了以后所谓“一只羊是赶,一群羊也是赶”,孩子长到十二三岁就可以放猪、割草、做工、下地,成了半个劳动力,从经济上看是划得来的。

另外,社会保障程度低,也带来了家庭生活中的实际问题,主要是养老问题。目前我国农村地区主要实行家庭养老,人老了要由子女赡养,生育当然很重要。从这个意义上说,生男比生女有利,生多比生少有利,因此没有男孩一定要生男孩,生了一个,还要多生。有的专家认为,在我国社会保障问题不解决,养老问题不解决,在生育上是很难控制的。

总之,造成我国人口问题的因素是多方面的,除去上述原因外,还有一些其他原因,比如因地区封闭和观念落后而导致的近亲结婚问题等,十分复杂。1999 年天津《今晚报》以《通婚半径小,后代影响大》为题,发表了天津市民政局婚姻登记处来的消息:天津市少数边远农村因通婚范围较小,造成越来越多的新生婴儿智力低于正常水平。其中宁河县(今宁河区)某村 93.6% 的智力低下者是由于父母血缘相对较近先天所致。一些农村因为位置偏僻,交通不便,与外界接触相对较少。这使得村里的年轻人找对象时选择半径受到很大限制,紧邻的东村西村甚至同村的村东村西之间通婚司空见惯,逐渐形成了一个个在某种程度上独立的通婚群落。和和美美的一对小夫妻,常常是几个转折排下来,就扯上丝丝缕缕的亲戚关系。这些村近年来出生的智力低下的孩子日渐增多,就与近亲结婚有关,要解决这样的问题也非一朝一夕之事。

第二节　新时期的家庭教育问题

家庭教育是家庭的重要功能之一。有的人认为家庭的抚育功能中包含有教育功能,有的人则认为两者是并立的。家庭是人出生以来的第一所学校。父母是儿童的第一任教师。马克思曾经说过,家长的行业就是教育子女。由于父母和子女之间有着不可分割的血缘关系和共同的生活环境,所以他们之间既相互依恋又相互归属。父母作为子女的天然的老师是必然的,是不可选择和替代的。子女对父母也特别亲近、敬佩,乐于听其所言,仿其所行。我国古代教育家颜之推说:“夫同言而信,信其所亲;同命而行,行其所服。禁童子之暴谑,则师友之诫不如傅婢之指挥,止凡人之斗阋,则尧、舜之道不如寡妻之诲谕。”[①]他指

① (南北朝)颜之推著,庄楚点评:《颜氏家训》,中国华侨出版社 2013 年版,第 4 页。

出了家庭教育的特殊作用。在前苏联教育科学院组织的婚姻、家庭问题讨论会上，一些家庭教育专家也指出，家庭教育是儿童个性形成的主要条件，在影响儿童个性形成的各种因素和条件中，家庭和家庭环境创造并调节儿童生活条件，是儿童各种印象和感受的源泉，是儿童生活的支柱，是指导和管理儿童的力量，是儿童首先受到教育的地方。教育的实践证明，家庭中不健全的关系，既是儿童不良行为的，也是儿童高级心理功能畸形发展的首要原因。忧愁烦恼，情绪波动，不满意感，在家中受到双亲的厌恶，被抛弃或受歧视，以及其他各种神经机能病态的反应，所有这些在一定程度上都不利于儿童个性的形成和道德的发展。社会实践表明，家长对于子女有特殊的作用和影响，家庭教育中出现的问题也会带来了一些社会问题。

一、几则新闻报道的启示

新闻报道之一：1999 年《天津日报》从山东省济南发回报道，题目为《众家长围追堵截求培同——济南 40 儿童赴乡下参加活动出现戏剧场面》，该报道说，6 月 18 日，济南市少年宫组织孩子到章丘（今章丘区）刁镇柴家村小学进行“手拉手捐助活动”，可是在去的路上，却发生戏剧性的一幕：众多家长“围追堵截”，为了陪孩子同往，竟然设置了 4 道“封锁线”。据报道，这次去参加活动的 40 个孩子，大都在 6 岁左右，将要上小学。组织这次活动的老师本意一是教育孩子从小要有爱心，二是创造机会让城里娃学习乡下娃的吃苦精神，培养他们的独立意识，所以不让家长前往。可是让人意料不到的事情发生了。先是在少年宫的院子里，二十多位家长坐在预备给孩子坐的大客车上死活不肯下来，他们纷纷表示自己抱着孩子坐在孩子的座位上，不会多占位，老师采取强硬措施将他们“赶”下车后，又有5位家长拍打车窗表示，幼儿园老师让他们帮忙拿演节目的道具，带队老师就考虑让他们在少年宫门口上车，可车子开到门口，黑压压一大群家长，爷爷、奶奶、爸爸、妈妈……车门不能开了；突出重围的车子开到黄台电场附近，一辆汽车载着两位家长飞驰而来，车上带着一些道具，情有“可怜”，老师让他们上了车；可没行多远，又一辆汽车载着7位家长堵在前面，不能开门了；更好笑的是，孩子在章丘刚演完节目，又有4位家长赶来了，理由是：刚才下了雨，孩子没带雨衣，来看看。负责此次活动的济南市少年宫培训中心主任深有感触地表示，现在我们家长对独生子女该松松手了。

其实上述事例在各个城市中并不鲜见，不仅是幼儿园和小学的孩子是如此，中学十六七岁的孩子也是如此。天津市某重点中学组织高中学生到部队中军训，临行前许多学生都是两位家长送，因此学校门口送学生的家长比学生要多。学生到军营里军训仅7天时间，有的学生家长为他们的孩子带上了矿泉水、糕点、肉制品和各种零食，怕他们在军营中吃不好。还有的家长在短短7天时间里为学生送或寄来几十元，甚至几百元零花钱。为此，有些学生不吃军营中的饭，不喝军营中的水，天天到军营附近的小卖部买零食吃，这哪里是军训和锻炼？

新闻报道之二：据来自湖北的报道，湖北某媒体批评高校办“培优班”。每逢周末，湖北大学的四号、五号和七号等教学楼比平时上课还热闹：十余个班的小学生在这里上“培优班”，一个班少则40人，多则120多人。这是湖北大学教学学院办的“奥校”，也是武汉各种培优班中比较有名的。之所以班上人多，是因为许多学生的家长陪听、陪读。该新闻报道者到课堂观察学生的反应，能够跟上教授思路的很少，以致大多数学生注意力无法集中，上课睡觉在每个班都不是个别现象。尽管家长与学生同桌以督促提醒,但孩子们仍摆脱不了困倦而满脸痛苦。教三年级的一名教师,据家长说最有名,他的班上有一百多个学生,尽管他用一把大圆规作为“惊堂木”,每隔三五分钟就“通通通”地敲打讲桌,但很多孩子仍然无法集中注意力。

新闻报道之三:天津市河东区香山道中学初一五班的同学孙凯,一个学校里有名的“淘气包”,见到 4 位中学生落水遇难,毫不犹豫用弱小之躯连续救人,最终救活两人,实在令人称赞和敬佩。而做了大好事的少年却因此挨了妈妈一顿打,要知道他是妈妈的“命根子”。他妈妈听到儿子下水救人后哭了,对儿子说:“儿子,你爸爸去世了,妈妈不能再失去你,你救人,要是淹死了,妈妈也不活了。妈妈后怕啊!”说完她急得打了儿子一顿。人们可能要问,被打了的儿子下次再要遇到有人溺水或其他紧急情况,会不会再“见义勇为”呢?

以上我们引了三则新闻报道,都是家庭教育中的问题,牵涉到怎样培养孩子,把孩子培养成为什么样的人。从中我们可以看到它既是家庭问题,也是社会问题,是一个关系一代人发展方向的社会问题。

二、从人的社会化角度看家庭教育中的问题

刚从母体降生的婴儿还只是一个生物的人,不是一个社会的人。每个人从胚胎时期到参与社会生活,都需要一个发育、成长的过程。一个人从不识不知的生物个体,成为一个社会成员,必须学习那个社会长久积累起来的知识、技能和规范,发展自己的社会性,取得一个社会成员的资格,成为一个社会的人。这个过程就是人的社会化过程。

从人的成长规律上看,人有一个较长的依赖生活期,即有一个较长的不能独立生活的童年时期。相对于其他动物来说这个依赖期很长,

人从婴儿期一直要延长到少年期,甚至青年期,特别是人脑的结构,要到十三四岁才基本成熟,才能进行较完备的高级脑力劳动,从而积累大量的知识,为继承社会事业,从事新的创造奠定基础。

人在依赖生活期中主要面对父母,由父母养育、教育和监护。由于父母和子女有共同的生活环境——家庭,由于子女在婴儿、幼儿和童年时期对父母的依赖,以及家庭成员在日常生活中的面对面的互动特征,使得父母对子女的教育在人的社会化中有特殊的地位和作用。家庭教育对人的品质个性,对人的理想和世界观的形成是最基本的。

每一个家庭的父母都在以自己的言行影响和教育子女,自觉的或者是不自觉的。有的社会学家做了一个生动的比喻:一个两三岁的孩子在一天被父母管教、干涉、引导的次数可能比一个成年人几十年被人干预的次数都多,说明了家庭教育经常性、潜移默化性、艰难性和不可替代性。几乎每一个家长都在日复一日、年复一年地进行子女教育和儿童社会化工作,尽管他们本人可能没有意识到。因此,家长的言行、家庭教育的方式和思想,对于儿童有十分重要的影响。像我们以上列举的几个事例所说明的那样,儿童和青少年中出现的种种问题都和家庭教育有关。以下我们从人的社会化所包含的几个基本内容上,即从教导基本生活技能、教导社会规范、指点生活目标、培养社会角色等几个方面阐述当前家庭教育中存在的一些问题。

1. 教导基本生活技能

新生婴儿呱呱坠地后,适应环境和生存能力很差,有衣食的需要,而无获取衣食的能力,因此要帮助他们,教给他们吃饭穿衣等技能,增强他们自理生活的能力,以后还要教他们自谋生活的能力,即职业能力。以教育子女以生活自立为内容的家庭教育是不可缺少的。然而在一些家庭中,父母过于溺爱子女,监护与爱护过多,包办代替过多,导致子女生活自立能力差,带来了许多潜在的问题。

今天类似于我们引述过的济南市“众家长围追堵截求培同”的事太多了。几年前某新闻记者报道了中日夏令营中的见闻,反映了中国的孩子生活自理能力差,不如日本孩子的事例,引起了社会的反响。像这样的报道我们能经常从有关的新闻媒体中看到。中国新闻社 1999 年 7 月 13 日从广州发回了报道说:“已经是小学高年级的学生,但上完厕所后不会擦屁股,洗完衣服之后不知可以挂起来晾干,起床后头发不懂得怎样梳。这是昨日开营的广州儿童军事夏令营里令人啼笑皆非的事情。有关方面认为,由于不少家庭不知不觉采用过度保护的教育方式,造成许多儿童的生活自理能力十分低下。”该报道说,由一个儿童心理训练基地组织的这次军事夏令营,共有一百三十多名来自广州市多家小学的三年级到六年级的学生参加,内容是到位于花都的某军营接受为期一周的军训。据《广州日报》介绍,这是广州市第一次以小学生为对象的外出军训活动,许多学生的生活能力问题也因此明显暴露出来。在开营之前,一名放心不下的家长打来电话,详细询问军营的厕所是蹲式、坐式还是大坑式。这位家长说,她的孩子长这么大,还不会在大便之后自己擦屁股,所以担心孩子去了以后无法保持卫生。一些学生在家里从来就没有洗过衣服,最多也只是帮助父母操作一下洗衣机,现在必须靠自己手洗时,问题就出现了,不知该从哪儿着手洗衣服,而在洗完之后提起来,却不知如何拧干,甚至还有的不明白湿衣服拧过以后还可以挂在屋外晾干,因为在他的经验里,当衣服从洗衣机取出来时已经自动烘干了。今天孩子们的生活能力如此之差,难道不发人深思吗？家长的责任是不能推卸的,家庭教育中的问题是值得分析的。

从以上报道中我们可以看到,在一些家庭中由于家长过于溺爱子女,对子女的生活包办过多、监护过多,而忽略了向子女教导基本生活技能,培养他们生活自理和独立生活能力的一面,从而造成了他们在社会化过程中的缺陷,即缺少基本生活技能,或者说基本生活技能差,这对他们走入社会,独立生活,适应各种变化的社会环境,和他人展开竞争等都是不利的。

2. 教导社会规范

在一个社会里,有一套维持这个社会秩序的工具,这就是社会规范。教导和学习社会规范是人的社会化的另一个主要内容。它通过社会各种形式的教育与社会舆论的力量,使人们逐渐形成一种信念、习惯、传统,用来约束人们的行为,调整个人与社会、个人与个人、团体与团体之间的关系。社会规范是人类精神文明的一个部分。社会规范一般是调整人与人之间社会关系的,如法律规范、道德规范和各种各样的生活规则等。其中的法律规范是带有强制性的规范,在今天实行法制、依法治国的情况下,法律规范带有根本的意义。道德规范调整的范围最广,它表现在风俗、习惯、礼仪、时尚等许多方面。社会生活规范则表现在各机关团体规定的各种规章制度上面,如各种考勤制度、作息制度、休病事假制度等。

人们学习社会规范是通过各种场合、各种途径不间断进行的,最早是在家庭中进行的。儿童学习社会规范是在父母的指导下进行的,首先学习的是家庭生活规范,从家庭生活规范扩展到社会生活规范。今天在一些家庭中关于规范教育被家长忽略了,因此造成了一些孩子不懂规矩和没有规矩的情况,并从家庭生活中的失范扩展到社会生活中的失范。比如儿童最早的尊敬他人和服从权威的习惯是在家庭里培养的，首先是热爱父母，尊重长辈和老人，然后再扩展到社会去尊重、服从和热爱他人。但是在一些家庭中，家长因为各种原因忽略了这方面的教育和引导，比如在某些新闻报道中有关于一些家庭中父母（包括爷爷奶奶）为了哄孩子玩，为了取悦子女，自己跪在地下让子女当马骑的报道。人们有理由认为这样教育出来的孩子将来走入社会是容易失范的，一个在家里不懂得尊重父母、尊重长辈的人，将来到社会中是很难尊重他人的。一个缺少家庭道德的人，很难具有较高的社会公德水准。从上海发回的一则新闻报道说：某家庭为了让女儿学习和发展，专门给女儿设置了单独的房间，对女儿的各种要求也是百依百顺。在这个家庭中爹妈已经跨不进孩子屋门了。女儿要求她的居室只配一把钥匙，言外之意爹妈不得自行入内。女儿还在门上贴了条子，规定爹妈早上7点15分之前不得入内，晚上7点到10点不得干扰；进门前，请敲门，进屋不得翻任何东西。人们从这个事例中能得到什么启示？这种父母与子女关系的颠倒和家庭生活规则的颠倒失范，会给子女带来思想、伦理和道德方面的问题，对他们的成长十分不利。

实践证明，家长行为的越轨和失范，会直接导致子女行为的越轨和失范，在有关青少年犯罪行为中表现得最为明显。据1990年6月23日《法制日报》报道，某市148名违法犯罪青少年中，由于家长行为不轨的影响，子女走上歪路的约占1/3。在天津市某工读学校120名学生中，父母行为不端的家庭就有23个，占学生总数的20%。在这种家庭环境中成长，使他们同正常家庭的同龄孩子相比，缺乏自我控制力，习惯用污秽语言，特别是受到父母的不轨言行、犯罪行为耳濡目染，久而久之便渗入到他们的品德结构中，并表现在他们的行为上。

更有少数家长，自身道德水准低，是非不清，对子女的错误言行纵容默许，逐步将孩子推上犯罪的道路，以致断送了孩子的性命。夏某长得矮小机灵，父母从小对他娇纵溺爱，他从小开始偷鸡摸狗，十二三岁就打劫抢钱，父母对这种行为不仅不管，反而夸奖儿子"小小年纪本事大"邻居们说，这孩子偷什么，家里就吃什么，用什么。吃不完，用不完，就拿出去卖。偷回了钱，他娘帮助数票子。他在家做火枪，他娘夸他了不起，逢人便夸儿子聪明绝伦，可以办兵工厂了。一次夏某拦路抢了一位来走亲戚的邻居家的客人，邻居将这件事告诉了他的父亲，他父亲说："现在就是这样的潮流。"他母亲因为邻居告状还骂了人家一顿。就这样，父母把子女一步步推向犯罪的深渊。这是家庭教育直接导致子女走上反社会绝路的典型事例。

3. 指点生活目标

人为什么活着，为什么工作，这是人生观问题，也是生活目标问题。人总是为着一定的理想而生活的。一个人如果没有理想，整天混日子，思想空虚，意志消沉，精神萎靡不振，这样的人无异于行尸走肉，是一个社会化程度不完善的人。一个人从小就应当培养树立生活的理想和目标，培养健康、科学的价值观、有远大理想，有生活的目标，有发奋图强、拼搏进取的动力，对生活充满信心和期望。但是在今天的部分家庭中，由于家庭教育的方式和方法不当，忽略了对孩子进行思想方面的启迪，缺少对孩子进行世界观、人生观、价值观的教育，使得今天的部分青少年没有树立正确的生活目标，目光狭隘短浅，生活方式不健康。

1999 年 7 月 13 日中国新闻社从杭州发来报道说："杭州的小学生毕业赠言挺酷——词句多是祝福爱情及发财，家长看了都会脸红。"该报道采集了学生的赠言："管好老公方显巾帼风采，相夫教子尽显女性温柔""愿你和梦中情人红尘做伴，活得潇潇洒洒""俗话说有钱能使鬼推磨,愿你早日成为能使鬼推磨的……”以上这些词句摘自一些杭州小学生毕业离开学校前的相互赠言。有些家长偶然翻看到自己孩子的《毕业留言册》不禁愕然。一位家长说:“全班学生都给我儿子留了言,竟有一半多是祝福爱情和发财的。有的话我看着都脸红,他们才是13岁的孩子呀!”更让他生气的是,当他指出儿子的留言有欠妥当时,儿子却不以为然地说:“我们是跨世纪的一代,赠言当然应当有点时代特点,前卫一点有什么关系。”一个学生说,给同学留言写“学业有成”“身体健康”之类的话显得太土气了,要创新,要“语不惊人死不休”。于是他买了许多杂志,在上面找到“酷”的语言后照搬给同学。从这个事例中我们可以看到今天部分青少年思想混乱,从小就缺乏正确的价值观,没有远大的理想,把人类社会中科学、进步、奋斗等永恒的事物看成是落后和过时的。从小就为爱情和发财而奋斗,连他们的家长看后都脸红,社会能不为此敲响警钟吗?家长平时忽略了对孩子进行理想教育,进行科学价值观和世界观的教育,才出现了这样的情况。

当然有的家长自己就有生活目标、理想、世界观、价值观方面的问题,不能不对孩子产生消极影响。比如有人曾对一所小学进行了一次特殊的“考试”,要求学生填写父母在家庭日常谈得最多、关心最多的问题,结果在部分学生的答案中反映出,父母谈话涉及最多的,一是社会关系,二是送礼,三是金钱。难怪这些家庭中的孩子在回答“你最喜欢什么?羡慕什么?追求什么?”的问题时,毫不隐讳地说:“最喜欢的是钱,最羡慕的是吃得好穿得好,能走后门,追求的是有钱有权。”事实上年幼的孩子对钱、权关系都是陌生的,之所以这样认为和回答,无疑是受到父母倾斜的价值观念的影响。同样从正面我们也能找到家长影响孩子的例子。有人分析过全国十佳少年的家庭状况,概括其中主要的经验是，家长自身品德高尚，有理想、有目标，工作上有作为、有成就，对孩子产生无形的影响，在全部家长中有80%曾先后获得过各级先进称号。

4. 培养社会角色

人的社会化的最后的成果，是为社会培养一个符合社会要求的社会成员，使其在社会生活中担当一定的角色，这个角色要按社会结构中为他规定的规范行事。社会化的内容是人类社会长期积累的文化成果，社会化就是把社会的文化传递给下一代。由于人们所处的文化环境不同，社会化的内容也会有很大的差别。就社会化的内容的差别而言，过去和现在不同，中国和外国不同，甚至自然环境不同，社会化的内容也互相不同。例如，山区的孩子从小学习登山，海边的孩子从小学习打鱼。在这里特别应当指出的是家庭在孩子的培养目标，或者说培养未来社会角色上，一定要从社会的实际出发，或者说从社会的需要出发；一定要从孩子的实际出发，或者说从孩子能力、特长、身体等各种实际情况出发。

然而，今天家庭在为社会培养社会角色方面的问题是比较突出的，主要表现在家长对孩子期望值过高，脱离社会和孩子本身的实际。从社会实际出发，社会是一个大而复杂的社会，是一个千万种不同社会角色交织搭配组合而成的复合体。社会需要不同的人担任不同的社会角色，从事不同的社会职业，实行不同的行业分工，做各种不同的事情。从社会的整体出发，能安心做好本职工作，也能“行行出状元”，不可能千篇一律。从孩子的实际出发，由于他们之间在能力、智力、身体、环境和机遇（常常和社会的实际需要有关）的差别，是不可能充当千篇一律的角色的。尽管家长都“望子成龙”，但出类拔萃的终究是少数。现在家庭教育中出现的问题是一些家长既不能从社会的实际需要出发,也不能从孩子的实际出发,而产生期望值过高,培养孩子的方法和目标千篇一律,其结果不仅达不到目标,而且对孩子、对自己、对社会都带来一定的问题。

今天,像我们以上引述的湖北某高校办培优班,家长陪读,学生睡觉之事并不少。一些家长把对子女的期望寄托在进重点学校、上大学,在学业期望上则是高学历。在对北京 1500 名家长的调查中,有 87.42% 的家长希望孩子具有大学本科以上的学历,其中有 1/3 期望是硕士和博士。在这种期望值之下,要求孩子考好分数,进重点校,升重点大学,为"智育第一"、升学大战推波助澜,忽视了对孩子的素质教育和能力培养,不能适应未来社会对各种社会角色和各种人才的需要。

三、家庭教育的社会思考

当前家庭教育中存在的问题是有目共睹的,许多家长也意识到了教育中的一些问题:但并没有改变教育方法和方式,修正教育目标。比如,做家长的明知现在孩子学习负担重,仍然逼迫孩子学习学习再学习,继续用错误的教育方式教育和引导孩子,这些是有其深刻的心理、家庭和社会原因的。

在中国的历史上,"龙"是人们崇拜的偶像,"龙"是至高无上的。封建帝王以"龙"自居,以"龙"饰物,将其后代冠以"龙子""龙孙"。一般老百姓也"望子成龙",希望自己的孩子"有出息""成材",成为超越他人的人。从古至今,"望子成龙"是家长的期望,是一种普遍的社会心理,这和中国的家庭结构和家庭传统有关。

中国的家庭结构是纵向的,中国的家庭传统重视生育、重视传宗接代。在儒家看来,“天地不合,万物不生,大昏(婚),万世之嗣也,君何谓已重焉?”儒家思想告诉人们,结婚就是传宗接代,这是比自我重要得多的事情。在儒家的文化里,中国人结婚向来是把生活的享受除外,把感情的满足撇开,甘愿挑起一副人生的担子,忠实地履行家庭义务,对上孝敬父母,对下抚养教育子女,含辛茹苦而毫无怨言。生儿育女、传宗接代是家庭中的头等大事,子女长大能成功成材,是本人成功的重要标志,不仅本人这样认为,社会舆论也这样认为。从古到今中国的家庭发生了巨大改变,但家庭的传统、家庭的价值观念在很大程度上仍保留了下来,直到今天,人们仍然重视下一代,依然“望子成龙”。这种对孩子过于溺爱、过高期望的心理,产生了家庭教育中的一系列问题。

从 20 世纪 50 年代到 20 世纪 90 年代我国社会发生了巨大的改变,社会变迁中出现的一些问题从不同角度、不同方面,对家庭和家庭教育也产生了影响。也使家庭教育的方式和方法发生了变化。家长以更多的精力关心、教育和帮助子女,但也出现了“关注”过多,“保护”过多、“包办”过多,从而产生了今天家庭教育中的一些现象和问题。他们最希望子女学业有成,为此而不惜一切代价和努力,有为子女升学而牺牲自己的工作和事业的。上海沪东有一所中学,教学质量差,年年高考“剃光头”,1997 年终于有一名学生考上了大学。原来该学生的家长是高校的讲师,为了孩子,六年来孩子的父亲不开新课,也不接新的科研题目,孩子的母亲不写论文,谢绝了参加辞典的编纂工作。两口子几年来不敢出差,为的是每晚帮孩子弄清每一个知识的难点。还有的父母为子女出人头地而不择手段的。1992 年《党建文汇》以《阴影之下的望子成龙术》为题刊登了国家计委原生产调度局副局长王秀英犯罪始末。1988 年,出国留学热席卷大陆,王秀英禁不住已是助理工程师的儿子的软磨硬泡,拉关系找门路,打通了让儿子以自费公派的方式去英国留学的路子。王秀英一家 4 口,靠有限的国家薪俸生活,儿子自费出国的钱从哪里来呢？于是利用工作之便,向某厂一次索款 9 万元,以此作为儿子自费出国的担保,使儿子留学愿望得以实现。此事案发后,国家监察部认为,王秀英利用手中权力,以借款为幌子让企业为儿子提供担保金的行为是一种受贿的行为。王秀英于 1991 年 4 月 27 日被捕,并受到撤销行政职务和开除党籍的处分。值得指出的是,以上事例并不是个别现象,而是在不同家庭中不同程度存在着,家长对子女期望值过高,倾注过多,是十分普遍的。天津市耀华中学开办的智力早期开发实验班招生每年都创纪录,尽管只招几十人,但每次仍有数千人来报名,一些家长不论自己的孩子是什么水平,都要送来“试试”,碰碰运气。有人把这种每年一度百里挑一的实验班招生现象称为“耀华现象”。

应当指出,我们的教育制度中的一些问题也为上述现象“推波助澜”。比如,中小学教育应当是义务普及教育,但在许多城市都设置了小学重点校、中学重点校,即便够不上重点校的也设置重点班,学校和班级分成三六九等,由此刺激了人们的心理,引发了一轮轮升学大战。人们争先恐后地把子女送往重点学校,而重点学校毕竟是少数,从而形成众人挤进狭路的局面。尽管今天我们也在强调素质教育,号召要把学生培养成为德、智、体全面发展的接班人,但从根本上改变不了家长拼命要求孩子读书,而忽略其他方面对孩子教育和培养的情况。因为无论是家长还是子女都要面对社会现实和社会问题。从未来的角度说,我们的社会已经逐步建立起竞争和优胜劣汰机制,没有受过较高等级的教育,没有学历,在社会找到较好职业,取得优越地位是比较困难的，因此现实告诉人们的是“拼命读书”才有出路。但这样也产生许多现实的问题，比如青少年一代视力减弱、体质下降、思想品德教育存在缺陷等。

事实表明，现在部分家长的教育思想和教育方式不仅对孩子的全面成长不利，而且使亲子关系发生了变化，有些变得紧张甚至对立了。新华社曾经报道了青海西宁市的吴玉霞因“望子成龙”之心过切，又不能掌握正确的教育方法，将 9 岁的儿子夏雯活活打死的事例。夏雯是吴玉霞的独生子，吴酷爱其子，她担心独生子受到委屈，把小夏雯从江苏金坛老家接到身边照料。那时，她随丈夫住在大武煤矿，为了让孩子上学，她不惜辞去工作，母子俩搬到大武镇居住。在吃穿方面，她总是尽力照料，也不让孩子干家务活。然而，她对孩子的学习成绩却异常苛求。她把自己未竟的愿望全部寄托在孩子身上，并一心期望将来“考到好学校，找个好职业，分配个好工作”。她笃信“孩子不打就不会好好学”。夏雯做作业时写了错别字或写得不整齐、不干净，她就像眼中扎了刺，不能容忍。夏雯考试成绩没上 90 分，她更是像被捅了心肝一样暴跳如雷，操起棍棒，毫不留情。但她没有意识到，这种愚昧野蛮的教育方法，使夏雯幼小的心灵受到伤害，一个原本天真活泼的孩子，在沉重的精神压力下整日惊恐不安，有时用说假话来蒙骗母亲。母子之间产生严重对立情绪，以致吴玉霞一怒之下，用棍棒将儿子活活打死。其本人也因此锒铛入狱，以后在狱中自杀身亡，这种教训是深刻的。这是“望子成龙”之下老子杀儿子的事情，反之也有儿子杀老子的事。

在华东工学院发生的王林杀死亲生父母王克充夫妇的惨剧轰动了金陵古城。王林的父母均为华东工学院教授，“望子成龙”心切，认为“书香门第”的孩子，就得有“书香弟子”的样子，因此对之严格要求。

王林从上托儿所、幼儿园,到进小学、初中、高中,都没出过华工宿舍大院。他们给孩子定下规矩:放学就回家,回家就看书,不许外出。王教授的自行车、摩托车,平时不让儿子骑,怕他出事故。夫妇俩每天下班回家,除一日三餐外,又钻进各自的书堆、研究课题中去了,实际上是上班的继续。对于儿子,他们除了在功课上帮助答疑,查找学习资料外,从不多言,尤其是做父亲的很少和儿子谈心。渐渐地王林从小养成一种与众不同的孤僻且内向的性格。王林高中毕业没有考上大学,王克充夫妇既反对王林改报考文科,又反对王林想学开汽车,参加公交公司招工,而是以一年学费 1500 元的代价让儿子进入南工成人教育学院自费走读班。父母的良苦用心并未改变王林,反而加深了亲子之间的冲突,乃至王教授和王林"立约":"如果王林当年期终考试各科成绩在 70 分以下,或虽 70 分以上但有一门功课不及格,家里将不再负担下一年学费,应弃学就业。"这协议订立之后,王林在另一次考试中因作弊嫌疑而被记零分,自此压力更加沉重,精神崩溃,乃至仇恨父母,他亲手用棉纱绳勒死父母,自己也被判了死刑。

四、家庭教育的时代要求

家长的任务是教育子女。家长对子女的教育是其他教育所不可替代的,过去是如此,今天是如此,未来也是如此。做家长的要搞好家庭教育,必须认清今天时代的特点,调整自我发展和子女发展之间的关系,从过度对子女的保护到引导子女自立,按照人的社会化目标把子女培养成全面发展的人才。

1."牺牲自我"和"两代人共同成长"

以牺牲自我为代价去换取新一代人的成长是一部分家庭中的现

象，我们可以从多方面看到这点。比如从家庭消费角度看，近年来相关的调查资料表明，家长把培养孩子的费用放在首位，是重中之重。1999年《天津日报》发表了上海市城调队的调查结果：新的一年里，居民消费投资新的热点摆在首位的是对孩子的教育，比重为50.4%。消息说，随着市场经济的发展，人才竞争的加剧，人们对子女教育越来越重视，智力投资金额不断增加，与上年相比，1998年申城市民教育投资一项又上升了5.8个百分点。又据天津的调查资料，一项居民储蓄投资意向调查结果证实，靠工薪收入的家庭积蓄，有41.6%用于义务教育之外学费补偿，期望子女得到更多接受良好教育的机会，这个比例远远高于用于买房、储蓄和投资的比例。1995年和1996年天津的两项关于居民消费意愿的调查，当问道："如果你有足够的钱，你准备用它来做什么时"，在所列二十几项需求中，"为子女上学"和"为子女结婚"总是排在前两位。在当前多数人靠工资为生的情况下，要保证子女的需要无疑要以牺牲家长个人为代价，包括降低个人的生活质量，牺牲个人的发展和进取等，这对个人和社会都是不利的。从社会的角度说，这种模式应转变为在子女发展的同时兼顾个人的发展，使自我发展和子女发展并举。

从社会的角度说，自我生存和发展与子女生存和发展之间，有一个提高现有劳动力质量和提高未来劳动力质量的关系问题。经济学研究的结果表明，必须保证对现有劳动力质量的提高。在保证现有劳动力质量提高的基础上努力提高未来劳动力的质量，因为现有劳动力质量的提高有投资少、见效快、能迅速转化为生产力的特点，从社会的总体效益上讲是合算的。以牺牲本代人去谋求下一代人发展的模式，从家庭伦理上说没有可批评之处，但从我国社会已经落后于发达国家，现在需要加速发展，赶超世界先进水平的角度说，就是不合算的。

另外，未来劳动力质量的提高和现有劳动力质量的提高有一个直接的相关关系。现有劳动力的质量直接关系未来劳动力的质量，家长的素质和子女的素质是正相关，一个素质不高的家长，是很难完成对子女遵守社会规范、训练生活技能、指点生活目标和培养社会角色等任务的。为了子女的教育和发展，家长必须不断地充实和提高自己，以自我发展促进与带动子女发展，实现两代人发展并举。

2. 从"过度保护"中解放出来

家长对子女的"过度保护"是当前家庭教育中的一个带有普遍性的问题，"过度保护"表现在物质供给和生活自立两个方面。近年来在社会新闻中经常报道儿童肥胖症是令人关注的，它和家长对孩子提供过量的食品消费有关。近年来儿童食品日新月异，不断更新。各种花色的糕点饼干、巧克力、奶糖、饮料、鱼片、肉片、虾条、果冻等充斥市场，吸引了无数孩子。家长们出于对孩子的疼爱之心，无休止地满足孩子的需要，过多地给孩子买零售食品、佐餐食品，有的孩子零食不离口，破坏了正常的饮食规律。据上海一家市级医院的儿科统计，在近 5 年住院的患儿中，经胃镜和 X 射线检查确诊为 12 指肠溃疡病较前 5 年增加两倍，而且有低龄化趋势，在 4 ~ 6 岁的学前儿童中，也时有发生。临床医生认为其因素之一是此类幼儿大多有吃零食、偏食、挑食和饮食不规律的习惯，一日三餐不能定时定量，却以奶油蛋糕、冷饮等代替正常饮食，久而久之形成了胃病。家长对子女的过度保护还表现在替代子女过多，使他们不能生活自立。像上述所举事例中，一个小学三年级的孩子解手后还要由家长擦屁股，这样的孩子生活怎么能自理自立，怎样到社会上去经风雨见世面？

中国家长对孩子保护过多,使他们不能较早地生活自立,造成了子女对父母的依赖时间过长,和西方社会形成鲜明对照。一般来说西方国家的孩子自立较早,依赖父母的时间短,他们在 13～14 岁就到社会上去打工赚零钱花,一种自己赚钱自己花,找父母要钱花羞耻的观念就产生了。而到上高中或大学时一般都住到学生宿舍或在外边租房子住。以后劳动就业,结婚成家,也都自立,不和父母住在一起。在中国,孩子不仅在幼儿和中小学阶段要依靠父母,就是上了大学、结婚成家也要依靠父母,还要"沾父母的光""揩父母的油",甚至伸手向父母要钱。这种模式培养出来的孩子自立意识差,竞争能力弱,依赖性强,不适应现代社会的需要。无论如何,中国的亲子关系模式应当由两代人相互依赖过多,向互相独立、自立转变。这是时代对家庭和家庭关系的要求。

3. 造就全面发展的一代新人

使孩子"德、智、体"全面发展是我们在 20 世纪 50 年代和 20 世纪 60 年代全社会青少年教育的目标,今天我们应当重新确立这个目标,建立起家庭教育的正确指导思想。

使学生从分数第一、升学大战中解放出来,是今天社会教育与家庭教育面临的问题之一。从社会的角度说,随着对教育投入的增加、孩子数量的减少以及对素质教育的强调,"智育第一"的状况会有所改变,"升学大战"也将有所缓解。从家庭的角度说,应注意孩子发展的全面性,根据他们的实际状况和社会的需要,把他们培养成德,智、体全面发展的人。特别应当指出的是中小学是学生学知识的时期,也是他们长身体和形成世界观时期,切不可用学习知识将他们压垮。访问过美国学校的人做过一个生动的比喻:美国的小学生是在做游戏中度过的,中学生是在锻炼身体中度过的，大学生是在参与社会活动和学习中度过的。那里从小学到大学是一辆越开越快的车，到了大学本科和研究生阶段，才真正是学习的拼命和竞争阶段。从某种意义上说，符合孩子成长和社会要求的客观规律。而我们的学生从进小学开始就搭上学习竞争的快车，被卷入升学大战，显然是违背客观规律的。它不仅损害了青少年的身心健康，而且造成许多问题。注意学生道德品质的培养和科学世界观的形成是家庭和社会教育面临的又一个带有普遍性的问题。我们今天正处在社会转型时期，正在由一个封闭的社会变成一个开放的社会，由一个价值观一元的社会变成价值观多元的社会，由低速流动社会变成高速流动社会，在这样的时期容易出现理想和世界观真空和混乱的状况，过去的价值观体系解体了，新的价值观体系还没有建立起来，于是很多封建迷信、歪理邪说容易影响人们，占据人们的头脑。青少年是世界观正在形成时期，他们缺少社会经验和在不同价值观体系中的辨别能力，最需要教育和引导。另外，我们正处在发展生产力，由计划经济向市场经济转变时期，人们物质生活水平的提高，以及市场经济的一些现象、规律和要求，都会出现一些“误导”，影响青少年的思想和品质。比如，我们应当从小就培养孩子艰苦朴素的作风，可近年来，美容化妆热也波及了孩子。在一所幼儿园中，约有 1/3 的女孩买有化妆品，有的孩子戴耳环、项链上学，因幼儿园明令禁止，才不得不摘下。在一些家长的心目中，金银珠宝首饰是财富和富有的象征，自己有的孩子也得有，却没有想到这些会给孩子们带来怎样的影响。现在社会上的人情消费也影响了青少年。“礼尚往来”这句成年人待人接物的俗语，被不少孩子效仿。据报载，一个“大款”的儿子，为拉选票当班干部，请四个小“哥们儿”吃了一顿，花了近 200 元。今天在小学生中请客送礼之风很盛,1998 年 4 月 1 日《天津教育报》刊登的一份调查报告中称:“65% 的小学生为同学送生日贺礼。送 20 元以上的约为 15%,最高额为 50 元。中学生有 51% 的人送过生日贺礼。一般金额为 10 元,最高的超过 100 元……学生间祝贺生日讲求聚餐,有的家长在家里下厨为他们操办,还有的学生到饭馆去过生日,操办过生日的钱,大多是由参加者‘随分子’凑的,掏的却是家长的腰包。”从以上事实中我们可以知道,家长不注意自己的行为对学生产生的负面影响。在家庭中对子女的教育常常不能靠说教,而是由日常生活的一言一行进行的,家长应该把握这一规律,事事处处为人师表,达到潜移默化教育的目的。

第十章　家庭面对人口老龄化问题

除去妇女儿童外，老年人是家庭中的又一“弱势群体”。美国人有句口头禅：美国社会是儿童的天堂、中年人的战场、老年人的坟墓。老年人是值得关注的。

20 世纪末、21 世纪初，世界人口结构的一个突出变化是人的老龄化，老年人所占人口比例越来越高。日益庞大的老年人群体，不仅面临许多社会问题，还要面临家庭问题。

第一节　人口老龄化

什么年龄的人称为老年人，古今中外的标准是不同的。我国有句俗话“人到七十古来稀”，过去人的寿命是较短的。我国历史上 50 岁的人被视为老年人，有年过半百之称。现代社会有了新的老年人标准。联合国在 20 世纪 80 年代初期，吸收世界各国的意见，分别把 60 岁和 65 岁作为老年人的标准。在评判一个社会能否称为老龄社会时，采用两个标准：一个是 60 岁以上的人口占总人口 10% 以上的为老龄社会；另一个是 65 岁以上人口占总人口的 7% 以上为老龄社会。

统计数字表明，世界老年人在总人口中的比例正在增加。1900 年 65 岁以上的人口为 1700 万左右，不到总人口的 1%。但到 1992 年，65

岁以上的人口为3.42亿,占总人口的6.2%。预计到2050年,65岁以上的人口将达到25亿,约占那时全世界总人口的25%,那时全世界人口中,4个人中就有一个65岁的老年人。从全世界的人口资料中,可以看到一种“两快现象”:即老龄人口增长速度快于总人口增长速度;高龄(80岁及以上的人口)人口增长速度又快于老龄人口增长速度,出现了一个家庭中有两代老人的情况,子代在60岁以上,亲代在80岁以上。

世界上发达国家,由于经济发展,生活水平高,各种卫生健康医疗设备好,人的寿命较长,老龄人口增加速度更快,老龄国家更多。欧洲、北美洲、大洋洲都已全洲化地成为老龄化地区。欧洲、北美洲65岁以上人口占该洲总人口的13%,瑞典已占到18%。世界上第一个老龄国家是法国。法国于1866年时,65岁以上的老年人就占到总人口的7.2%,到19世纪末,瑞典、挪威成为老年型国家。1950年,全世界有15个人口老龄化国家,到1995年,全世界已有66个国家和地区成为老龄化国家和地区。亚洲的日本是世界上平均寿命最长的国家。

中国也在经历了人口老龄化的过程。1953年时,65岁以上老年人口的比重是4.41%,1982年是4.91%,30年只增长0.5%。从20世纪80年代开始,由于有效地推进了计划生育工作,再加上生活条件的改善,医疗卫生日益进步,死亡率大幅度降低,老年人口比重逐渐上升,人口趋于老龄化。1980 1990年,中国60岁以上的老年人口从7364.4万人增加到10115.8万人,增长率为37.4%,而同期人口增长率为12.8%,同期全世界老年人口增长率为27.2%。20世纪80年代以来,我国老年人口增长速度比总人口增长快24.6%,比世界老年人口增长速度快10.2%。2000年中国60岁以上的老年人口1.3亿,约占总人口的10%左右。预计2025年,老年人口为2.8亿,占当时总人口的18.4%;2050年总人口为16亿,60岁以上的老年人口为4亿人左右,即4个人中就有一个60岁以上的老年人①。

第二节　家庭养老模式面临的挑战

在人口老龄化的过程中,老年人面临的问题很多,有的理论把老年人的需要概括为“四老”,即“老有所养”“老有所用”“老有所学”“老有所乐”,其中“老有所养”最为重要,是根本。在当今世界上有两种“老有所养”的模式:一为“社会养老”,另一为“家庭养老”。所谓家庭养老模式是指家庭承担了对老人的赡养、生活上的照顾关怀、精神上的慰藉,以及对老年人体弱多病时所提供的帮助和支持的主要责任和主要方面。中国社会实行的是家庭养老模式,据邬沧萍主编的《社会老年学》一书透露,1992年我们曾进行了老年人供养体系的社会调查,所得结果证明城市中98.47%的老人,农村中74.05%的老人没有从城市街道居民委员会和农村村民委员会得到过经济方面的帮助。他们得到的日常生活的帮助和照料主要来自家庭,来自配偶、子女和其他亲属,其中来自配偶的占1/3—1/2,甚至更多,而来自志愿者和居委会、村委会帮助的不到1%。这些都说明家庭养老的决定性作用。而目前这种模式正面临着来自各方面的挑战。

一、多子女养老模式的衰落

以往的家庭是崇尚多子女的,有“多子多福”“养儿防老”“早生儿

---

① 参见潘允康《新世纪干部书库——社会知识系列　下》,科学出版社、法律出版社1999年版,第615—616页。

子早得益”之说。在密切的亲子关系中,子代靠亲代建家,亲代靠子代养老。梯形(或金字塔型)的人口结构是这种双向依赖的亲子模式的人口基础。今天家庭生育数量和生育观念的改变,以及控制人口政策的实行,使家庭的人口结构发生了变化,特别是亲子数量比发生了变化,过去一对夫妇多生子女,生七八个乃至十几个的并不鲜见,这显然是家庭养老的重要的人口基础。子女多,到父母年老时,子女分担养老责任和费用是比较容易的,不会给少数人带来过重的负担。特别是在年老父母体弱多病需要守护时,多子女分工也有保障。今天生育子女数量大大减少,多子女家庭几乎消失,它所产生的亲子数量关系的变化给家庭养老提出了新的问题。

1993 年在天津市进行的“市区代际关系状况”的调查中,得到了 5 个年龄段人的亲子比的情况:

61～70 岁的人的亲子比为 2:4.1,即一对夫妻平均有 4.1 个子女;

51～60 岁的人的亲子比为 2:2.7,即一对夫妻平均有 2.7 个子女;

41～50 岁的人的亲子比为 2:1.56,即一对夫妻平均有 1.56 个子女;

31～40 岁的人的亲子比为 2:1.1,即一对夫妻平均有 1.1 个子女;

21～30 岁的人的亲子比为 2:1,即一对夫妻平均有 1 个子女。

由于城市中已婚夫妻主要是在 21～50 岁这个年龄段的人,所以 2+1的家庭已成为今天主体的家庭结构[①]。

上述调查所得的数据和我们接触的社会的经验事实相符,它说明多子女养老模式将不复存在,传统的家庭养老模式正面临新的问题。

---

① 参见潘允康《新世纪干部书库——社会知识系列　下》,科学出版社、法律出版社 1999 年版,第 623 页。

从20世纪80年代以来一些人根据家庭生育状况的变化，提出了未来家庭结构的“四二一”模式，即：由两对老年夫妻和他们的独生子女结成一对中（青）年夫妻，以及这对中青年夫妻的独生子女组成的亲属网络。见下图。

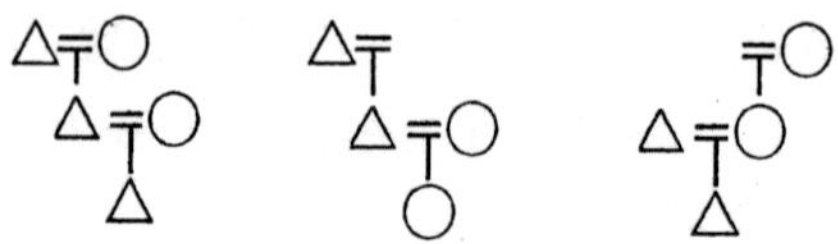

图10－1 “四二一”格局家庭网络图

从上图中我们可以看出未来家庭亲属关系大大简化了，但从养老角度会出现一种超负荷养老关系状况。一对四五十岁的中年夫妻上要赡养两对六七十岁的老年夫妻，下要照顾自己的未婚独生子女；或一对二三十岁的青年夫妻上要照顾六对中老年夫妻，还要哺育自己的婴幼儿。

这种超负荷状况对老年人家庭生活的最直接的影响在于它将大大降低已婚子女与其父母的同居率，而由于各种主客观条件的影响，从下世纪初开始，数代同堂的家庭比例可能会大大低于它的理论极限。这样一来家庭养老方式就部分（甚至是大部分）失去了它客观基础。

与此同时，随着兄弟姐妹关系的消失，老年人从家庭以外亲属中寻求帮助的可能性也将变得越来越小。

二、家庭结构和观念的改变

在有关家庭关系和家庭结构的章节中，我们谈到过当代家庭的小型化与核心化趋势和当代人们家庭观念（特别是关于世代同堂观念）

的变化。现在我们再从专门的老年人家庭调查资料说明这点。

1988 年 4 月至 5 月由“七五”国家哲学社会科学重点课题“中国城市老龄问题及对策研究”课题组进行了中国九大城市老年人状况抽样调查，该调查共涉及 7000 个老年人，所得到老年人家庭结构如下：

表 10－1　九大城市老年人家庭结构

家庭类型	频数	%
单　身	530	7.6
夫妻家庭	1230	17.6
核心家庭	1111	15.9
男主干家庭	2300	32.9
女主干家庭	631	9.0
轮居家庭	12	0.2
隔代家庭	506	7.2
联合家庭	164	2.3
其他家庭	477	6.8
不　详	39	0.6
合　计	7000	100.0

资料来源：胡汝泉主编：《中国城市老龄问题研究》，天津教育出版社 1991 年版，第 16—17 页。

从表中可见，到 20 世纪 80 年代末，我国城市中的老年人的大部分是与子女生活在一起的，其中男主干家庭、女主干家庭、轮居家庭和联合家庭的比例为 44.4%，这些家庭是老年人和已婚子女生活在一起的模式。如果我们分析他们和子女生活在一起的原因,得到的回答是:第一,子女婚后无房,不得不和老年人挤在一起的占28.3%;第二,需要子女照顾的占23.4%;第三,帮助子女料理家务的占15.7%;第四,靠子女赡养的15.1%,其他各项合计共占17.5%。从这些回答中我们可以知道老年人之所以比较长时间和子女(特别是已婚子女)生活在一起不都是出于养老的原因,比如子女因婚后无房的有近30%,可以设想如果他们有了住房是会和老年人分开的。这一调查资料和我们前面引用的其他资料说明了相同的问题,即家庭正在小型化、核心化。

从养老角度说,老年人以各种方式和子女住在一起是有利的,同居共处是两代人互相关照的有利条件。然而,今天老年人在思考这一问题时不仅从养老这一个问题去考虑,而是从家庭生活的各个方面考虑。因此,尽管他们面临着养老问题,但仍有自己对家庭模式的不同选择。

关于老年人与已婚子女的同居意向,一般认为,由于"养儿防老"的传统观念,中国老年人的大多数是愿意与子女生活在一起的。然而,这次调查的结果却向我们展示了明显的多样性。特别值得注意的是有近50%的老年人主张和子女分开过。这是20世纪80年代末的数字,如果今天再询问相同的问题,老年人持分开过观点的人会更多,这是和老年人越来越多的追求生活质量和自我生活方式有关,也和现实生活中存在的问题有关。

表 10－2　九大城市老年人与已婚子女同居意向

同居意向	人　数	%
都在一起过	866	13.3
只留一个儿子	1054	16.2
只留一个女儿	349	5.4
只留一个,儿女均可	361	5.6
好的一起过,不好的分开过	496	7.6
都分出去单过,住的近些,经常来往	2460	37.8
都分出去过,最好少接触	337	5.2
无所谓	432	6.6
其　他	153	2.4
合　计	6508	100.0

资料来源:同上表。

三、家庭养老模式中的实际生活问题

家庭养老一般要以同居共财为条件。以往无论城市和乡村一般缺少住房,子女婚后无房,不得不在父母处同住,这种事实客观上促成了家庭养老模式。现在的情况不同了,人们的住房条件大大改善了,特别是城镇有了足够的商品房,子女婚后搬进新房,使家庭养老在一定程度上失去了存在的基础。除去住房情况的变化外,家庭生活中的其他问题也对家庭养老模式提出了问题。

在前面家庭结构和家庭关系的章节中我们曾经谈到过家庭中两代人经济上交往的情况,尽管这种交流是双向的,但总是亲代吃亏,子代占便宜。在9大城市老年人的调查中也证明了这点。该调查证明，由于大多数城市老年人都有较稳定的退休金收入，他们经济上一般不依靠子女的赡养，相反，收入较高的还采取不同的形式资助子女的生活。以本人或配偶退休金、工资等收入为主要生活来源的老年人占总数的81.8%，而以子女赡养为生活费主要来源的仅占13.6%。该调查还证明，和老年人在一起生活的子女有的每月交一定数量的生活费，由老人统一支配，作为共同生活的支出。其中已婚子女交钱大多集中在40～100元之间，占55.2%，未婚子女大多集中在60元以下，占78.3%。从表面上看，已婚子女交的钱高于未婚子女，但实际上，由于他们是以小家庭为单位加大家庭的生活（换句话说是一家子吃住在父母家），平均到每个小家庭的成员头上交的钱就很少了。另外，在该调查中有2914个与已婚子女同住的老年人中，有1034个人的已婚子女是不交生活费的，占总数的35.5%。收入较高的老年人往往出一部分钱来资助子女，如帮他们交托儿费、房水电费，资助他们买大件东西等。在7000个老年人中有1418人每月向不在一起生活的子女提供经济资助，金额大体在10～60元之间。还有一些老年人帮助子女看小孩，免收或少收托儿费，这实际也是用自己的辛苦和劳动对子女的资助。

在家庭日常生活和家庭关系方面，老年人也经常遇到矛盾和问题。以下是9大城市家庭调查中老年人在家庭事务中的作用的有关统计资料。

表 10－3　九大城市被调查的老年人在家庭事务中的作用

家庭事务	起决定作用		有发言权		不起作用		合计	
	人数	%	人数	%	人数	%	人数	%
经济开支	3759	54.1	2219	32.0	968	13.9	6946	100
处理大事	2980	43.0	3023	43.7	922	13.3	6925	100
子女婚姻	828	12.2	3859	56.9	2090	30.9	6777	100
子女学习和职业	758	11.2	3125	46.2	2877	42.6	6700	100

资料来源：胡汝泉：《中国城市老龄问题研究》，天津教育出版社 1991 年版，第 18 页。

从上表统计数字中我们可以看到，老年人在家庭生活中有一定决定作用和发言权，但许多事情显然要和子女们商量。在家庭中亲子两代因家庭事务所产生的矛盾和纠纷是不可避免的。在上述老年人调查中，有 7.6% 的老年人感到自己的家庭关系不太和睦或很不和睦（这是个相对保守的数字）。其中，因夫妻冲突引起的占 31.5%，由亲子不和引起的占 27.6%，因婆媳不和引起的占 31%，因翁媳不和引起的占 10%。可见大多数家庭矛盾来自两代人之间，合计共占 68.6%。换句话说，大多数家庭矛盾是来自老年人和子女同居家庭。家庭矛盾的增多，往往给老年人晚年生活带来许多苦恼和不幸，一些老年人开始对家庭养老模式进行反思。家庭养老模式受到了现实生活的挑战。

第三节　养老模式的社会选择

无论如何，养老问题是我们面临的社会问题。首先，人口老龄化，人的寿命延长，老年人越来越多，高龄老人越来越多，养老问题越来越突出。其次，和其他人群相比，老年人终究较弱，且多病，需要家庭与社会的护理和帮助。再次,我国有一部分老年人,特别是农村的老年人在失去了工作和劳动能力后,经济上还没有可靠的保障,而我们的社会保障体制还没有真正建立和完善起来,因此问题较多。

在城市中,老人失去工作和劳动能力后,不能依靠自己的各种收入来维持生存的仍有一定数量,约占15%左右。在农村这一问题更为突出,由于绝大多数农村还没有退休金制度和其他对老年人的经济支持和保障制度,因此老年人必须靠子女或他人赡养。《老龄问题研究》上曾报道天津市静海区一个农户的情况:户主男80岁,配偶73岁,夫妇共生育5个女儿,都已出嫁,不在本村。这对老人耕种4亩田,管理和收获极差;家住两间小的土房,因长年无人维修,茅草丛生,破烂不堪;为了维持两口人的生活,已80岁的户主每天需走半里路从村边挑水吃,柴草、粮食、蔬菜也需走8里路去购买,靠肩担、车载、手搬运回家里,而这些活计在当地都是由青壮年来做的。在该村其他"老来无子"或身边无子女照顾的老年人的家庭生活,都不同程度地显出某些孤独潦倒、破败凄凉的迹象。这是老年人面临的日常生活问题,在老年人体衰多病需要就医时,情况就更严重了。

现在的问题是家庭养老模式面临着挑战,社会养老模式尚未确立,于是又有人提出自我养老的模式。所谓自我养老模式就是自己依靠自己的力量养老。在1996年进行的"跨世纪的城市老年人情况"调查中在问到"您愿意采取哪种养老方式"时,得到的回答是:"愿意靠子女养老"的占13.1%,"愿意靠夫妻养老的"占33.6%,"愿意靠自己养老"

的占19.7%①。这一调查说明老年人的养老观念正在发生改变，但毕竟老年人因年老体衰多病属弱势群体，无论他们的主观愿望如何，客观上总是需要关照、需要赡养的，需要他人、家庭和社会共同提供支持。以往的赡养模式可以改变、发展和前进，但不能消失。

从中国目前的国情出发，在今后一个相当长的时期内，家庭养老仍然是养老的主要模式，与此同时，社会养老也会较快地发展起来，逐步实现以家庭养老为主，社会养老为辅，家庭养老和社会养老结合的模式。这种模式的形成是由以下几个方面情况决定的。

一、社会养老的补充地位

西方一些发达国家实行社会养老，发展起了高福利、高保险的社会养老保障制度，而低收入国家只有极少数建立这种制度，原因是经济发展和实力方面的差距较大。现在随着人口老龄化，老年人口的增加，即使是发达国家也面临越来越大的财政压力。西方许多国家用于福利的支出已占国民生产总值的20%～30%，占财政支出的50%上。因此从20世纪70年代末，许多国家开始对福利政策进行反思，进行非福利化的改革，首要是重新考虑国家和家庭的关系，逐渐把责任向家庭转移，以减轻国家的财政压力②。

西方国家尚且如此，中国呢？中国的经济目前尚比较落后，按目前的高发展速度，我们要到21世纪中叶，才能达到世界中等发达国家水

---

① 参见潘允康《新世纪干部书库——社会知识系列　下》，科学出版社、法律出版社1999年版，第623页。

② 参见张健、陈一筠主编《家庭与社会保障（国际学术研讨会论集）》，社会科学文献出版社2000年版，第13页。

平。何况中国的人口基数大,有近13亿人口,人口老龄化的速度已赶上西方发达国家,老年人口日益增多,要让社会承担起这样巨大的养老任务是不现实的。从20世纪80年代以来我们开始发展了社会养老,但受各种条件限制,规模很小,远不能满足社会的需要。根据20世纪80年代初公布的数字,我国城乡设立的养老院、敬老院大约9000多所,供养着14万老人,只占我国老龄人口的0.18%,还不到1%①。尽管以后我们要有新的建设和发展,但远不能满足日益增长的老龄人口的需要。

除去经济和财政方面的原因外,社会养老还面临文化方面的原因。从广义上说,赡养老人绝不仅仅是经济上的供给和生活上的照顾,还包括情感和精神上的慰藉,以及家庭成员间的交流与互动。在中国由于代际关系是双向的,是双向反馈模式,因此老年人不仅从经济上、生活上对子女依赖较多,而且从精神上对子女依赖也较多。它已经成为一种中国人心中的文化蕴含。人到年老有"儿孙绕膝之乐",对老年人常常是一种巨大的精神享受和精神安慰。近些年来"精神赡养"一词出现了,表现了老年人在中国特有的养老文化中的突出的需求。这种"精神赡养"只能在家庭成员和家庭中实现。从某种意义上说,社会养老是没有也不能取代家庭的这一功能的。以下是中国九大城市老年人调查中得到的老年人与共同生活子女交流的情况,从中我们可以看到,许多功能是社会养老所不能取代的。

① 参见潘允康《家庭社会学》,重庆出版社1986年版,第269页。

表 10－4　老人与共同生活的子女交流情况

	经　常	较　多	偶　尔	没　有
一起议论社会上的事	12.8	14.9	35.5	36.8
共同商量家庭事务	18.1	25.8	29.3	26.8
一起谈谈心里话	16.9	21.8	33.8	27.5
一起进行娱乐活动	8.9	10.9	29.4	50.9
彼此关心和照顾	48.3	33.1	10.3	8.2

资料来源:胡汝泉:《中国城市老龄问题研究》,天津教育出版社 1991 年版,第 19 页。

从以上两个方面情况看,社会养老在短时间内还不能成为养老的主要模式。一是我们还没有力量建立起足够的社会养老设施,提供足够的社会养老物质条件;二是假设我们有了足够的养老设施和物质条件,也有一部分老年人可能不想去。当然,正如我们前边多次说过的那样,今天老年人的观念终究在变化,一部分老年人开始向往社会养老模式,或者说是家庭养老和社会养老相结合,因此,发展一定程度的社会养老事业,建立一定规模的社会养老设施,作为家庭养老的补充,是十分必要的。

二、家庭养老的主体地位

家庭在现实和未来仍然承担养老的主要任务。它可分为同居赡养和不同居赡养两种模式。就目前来说,同居赡养的多,未来随着人们生活方式的改变,生活观念的更新,不同居赡养的会越来越多。

1. 同居赡养模式

无论如何,中国的大多数老年人现在都生活在家庭养老模式中。

从老年人的居住方式上可说明这点。根据第四次人口普查资料,我国老年人的居住方式如下表所示。

表 10-5 老年人家庭居住方式分布(%)

年龄组	合计	单住户	夫妻户	共住户	其他户
总体	100	8.10	16.90	74.40	0.60
60 岁~64 岁	100	4.82	16.74	77.82	0.62
65 岁~69 岁	100	7.35	20.06	71.96	0.63
70 岁~74 岁	100	9.99	18.19	71.22	0.60
75 岁~79 岁	100	12.55	13.99	72.84	0.62
80 岁~84 岁	100	14.32	9.29	75.78	0.62
85 +	100	15.10	4.02	80.50	0.38

资料来源:查瑞传等:《中国第四次全国人口营查资料分析》(下),高等教育出版社年版,第 169 页。1996 对两代户三代户做了合并。

老年人的居住方式可分为一人单住户、一对夫妇户、与子女共住户(二代户、三代户和三代以上户)和其他户(一代户),我们将上述模式简称为单住户、夫妻户、共住户和其他户。表中显示,老年人居住方式主要有三种:①单住户;②夫妻户;③共住户。其中,与子女共住是老年人选择最多的居住方式,并有随着老年人年龄的增高增多的趋势。当然同时我们也发现,年龄越高的老年人单住户者也多了一些。这说明两个问题,第一,大多数老年人是家庭生活与养老。第二,从居住方式上看,那些分开住,但离得较近的模式出现了,这就是我们所说的“家庭网”。正是在这点上,家庭赡养表现了新的生命力。

2. 不同居赡养模式

在有关家庭关系和家庭结构的章节中我们多次谈到今天家庭中的两代人的理想居住模式是分开住，但住得近点。这样两代人可以既保持各自独立的生活方式，又可相互支援。对于许多老年人来说，这是未来最理想的赡养模式。家庭养老也正是在这点上表现了它在未来的生命力。换句话说，未来的家庭养老正在由家庭内部扩展到有亲属关系的家庭之间，即家庭网中。平日里老人和子女之间是独立生活的，保持着各自的独立的生活方式，但和子女频繁交往，有需要时子女会过来帮忙，到了自身行动不便或不能独立行动时，则子女搬过来或搬到子女那里一起生活，这种灵活的养老方式是现在许多家庭向往并实行的。

以下是1998年中国九大城市老年人家庭调查中得到的老年人与分居子女交流的有关情况数字。

表10-6　老年人与分居子女交流的情况（%）

	经　常	较　多	偶　尔	没　有
子女来看老人	59.6	20.9	16.6	2.9
老年人去看子女	9.8	10.5	48.4	31.3
一起进餐	26.5	26.0	35.8	11.7
商量重大事情	11.4	17.5	36.3	34.7
一起进行娱乐活动	5.3	6.7	29.8	81.8

资料来源：胡汝泉：《中国城市老龄问题研究》，天津教育出版社1991年版，第19页。

从上表的统计数字看，即使老年人和子女分居，但其间的交往仍很频繁，说明分居赡养模式是可行的、有效的。当然老年人和子女间的交往主要在日常生活方面,如用餐、互相看望、商量一些重大事情,而一起进行娱乐活动较少。这显然和两代人兴趣爱好的差异有关。

第四节　艰难的老年婚姻

老年婚姻问题是今天老年人所面临的又一较为突出的家庭问题。中国2001年颁布的《中华人民共和国婚姻法》第三章第三十条规定:"子女应当尊重父母的婚姻权利,不得干涉父母再婚以及婚后生活。子女对父母的赡养义务,不因父母的婚姻关系变化而终止。"这一增加的新条款表明老年人婚姻(主要是再婚)是合理合法的,是受法律保护和社会支持的。我国婚姻法基本准则中的"婚姻自由"原则包含老年婚姻自由。这些条款针对了近年来老年人再婚要求增加,再婚事实增多,而常常遇到来自家庭和社会阻力的现实,表明了对老年人再婚的支持和保护。新婚姻法还从亲子关系不能解除的角度,规定了子女要继续赡养再婚的老年人,是从另一个角度对老年人再婚的肯定。

一、老年人婚姻现状

要说明老年人再婚问题,需要从老年人婚姻现状说起。婚姻生活是老年人晚年家庭生活的一个重要的组成部分。夫妇在长期的共同生活中所建立起来的深厚感情以及在实际生活中互相帮助、体贴和关照是其他社会关系所无法比拟和取代的。那么老年人婚姻生活的现实如何,我们先从中国九大城市老年人状况调查说起。

表 10－7　九大城市被调查老年人婚姻状况

	人数	%
从未结婚	99	1.4
原配夫妻	4217	60.2
离婚再婚	176	2.5
丧偶再婚	424	6.1
感情不好分居	24	0.3
离婚未再婚	75	1.1
丧偶未再婚	1980	28.3
不详	5	0.1

资料来源:胡汝泉:《中国城市老龄问题研究》,天津教育出版社 1991 年版,第 19 页。

以上资料说明,我国城市老年人的有配偶率大约在 70% 左右,大多数老年人都继续保持婚姻生活,因性别年龄不同,婚姻生活的状况有一定差异。从性别上看,老年男性有配偶率为 83.8%,女性为 55.5%,男性大大高于女性,这和男人寿命较女人短有关。同时年龄的差异也十分明显,60～64 岁老年人有配偶率为 80.4%,65～69 岁为 73.8%,70～74 岁为 62.1%,75～79 岁为 49.9%,80～84 岁为 35.6%,85－89 岁为 21.3%。随着年龄增长,老年人有配偶率逐渐降低。

从再婚情况看,离婚再婚的只占总体的 2.5%,丧偶再婚的高一点,也只有 6.1%,两者合占不到 10%。相反,有 28.3% 的人丧偶未再婚,有 1.1% 的人离婚未再婚。如果我们分群体统计,发现离婚再婚率高于丧偶再婚率,男性再婚率高于女性再婚率。据统计,离婚再婚率为 70.1%,男性为 81.6%,女性为 53.9%;丧偶再婚率为 17.6%,男性为

37.1%，女性为8.8%[①]。

老年再婚率低和传统观念影响及其他社会因素有关。上面我们引述的是1988年的调查资料，到今天应该说老年人的再婚观念有了进一步变化，变得更开放了，而干扰老年人再婚的各种客观因素还存在着。

二、老年人再婚的必然性

这里所说的老年人再婚的必然性不是说老年人在丧偶和离婚后必然要再婚，或必然能再婚，而是说老年人再婚的愿望和需求增加了，这种愿望和需求的增加带有必然性。老年人再婚的必然性有其生理基础、心理基础和社会基础。

第一，人的寿命延长了。因此和年龄延长有关的问题，包括婚姻问题就出现了。过去如果一个人到70岁就是高寿了，中国古语中有“人到七十古来稀”之说，今天可能活到90岁。如果我们假设人在65岁时出现丧偶和单身现象，过去到死亡只有5年，现在却有25年，因此，重新择偶的必要性显然增强了。

第二，今天人们的身体和体质比过去更好了，表现在性能力上也更强了，性行为能力和性的需求的增强是老年人再婚的又一推动力。医学研究表明，男性大致50～60岁开始循环血睾酮水平下降，但性能力并未丧失。女性更年期约为40～52岁，但不意味性欲的减退。美国的金西研究了14084名男子的性活动，其中60岁以上的白人男性87人，黑人男性39人，发现人们在16～20岁时性活动最为活跃，以后就逐渐下降，但是到了老年后，性活动下降的速度并不比前几十年来得快。60

① 胡妆泉主编:《中国城市老龄问题研究》，天津教育出版社1991年版，第15页。

岁时阳痿者只占20%,65岁时达到25%,75岁时为50%,80岁时达到75%。金西还研究了56名60岁以上妇女,发现她们直到很老,性的能力都不会降低。[①] 美国杜克大学老年与人类发展研究中心的波费弗等人1979年的调查统计表明,大约有70%的男子在68岁时仍旧有规律地进行性活动,甚至在78岁的年龄组内还有25%的人继续保持了性的活跃。他对这种情况总结说:“除了某些特殊的疾病之外,生理变化并不会强制性地在性行为四周降下帷幕。这一点无论对男性还是女性高龄者来说,都是一样。”[②]以往的老年人之所以对性行为讳莫如深或抑制性行为,多是因为传统的保守的性观念的影响,也有些人认为老年性生活有损于身体健康,现在他们的观念也发生了很大变化。以下是刘达临教授主持的两万例性调查中得到的关于老年人对性生活的看法。

表10－8　对老年人过性生活的看法

性别	总人数	能过就过		少一些		不该过	
		人数	%	人数	%	人数	%
男	2008	791	39.4	1088	54.1	129	6.4
女	5087	1714	33.7	2849	56.0	524	10.3

(P＝0.001)

资料来源:刘达临主编:《中国当代性文化——中国两万例"性文明"调查报告》,上海三联书店1995年版,第405页。

---

① [美]阿尔弗雷德·金西著,潘绥铭译《金西报告——人类男性性行为》,光明日报出版社1989年版,第63—76页

② 参见[美]鲁斯·米吉雷等编《性的实用手册》,纽约1982年版,第247页。

表 10－9　对老年人不过性生活的看法

地区	总人数	老不正经		难为情		伤身体		滑性能力		未答或不详	
		人数	%	人数	%	人数	%	人数	%	人数	%
城市	485	15	3.1	46	9.5	279	57.5	145	29.9	0	0
农村	246	15	6.1	8	3.3	146	59.3	75	30.5	2	0.8

资料来源：刘达临主编：《中国当代性文化——中国两万例“性文明”调查报告》，上海三联书店 1995 年版，第 405 页。

从以上资料中我们可以从两个侧面看到老年人性观念的变化。老年人也有性生活要求。

第三，老年人也有感情(爱情)要求。老年人再婚的心理学基础是“成双性”。社会心理学者认为，“成双性”是人的自然本性，寻找配偶是人的心理的重要组成部分，这对老年人也不能例外。因此，丧偶就成为一种压力，会造成一系列身心失调和疾病。上海的一项对退休工人的调查表明，60 岁以上的老年鳏夫死亡率不仅比同龄有妇之夫高，而且比同龄从未结过婚的单身汉更高。老年人的婚姻状态影响其生活的满意感，有婚配的老人比丧偶老人生活满意感高 4.3 倍。

第四，老人再婚和家庭结构的改变有关。家庭的小型化、核心化，家庭中两代人分离，使老年人对子女的依赖降低，无论从日常生活的角度或养老的角度，夫妻关系都变得更为重要。一些老人通过再婚来维持和提高“自立”的能力，老两口相依为命，共度天年是很现实的。

总之，今天的社会不同了，人们的观念也不同了，老年再婚理所当然，势不可挡。现在不仅在发达国家，就是发展中国家老年再婚也十分普遍。纽约出版的《世界日报》以《百岁寿星初乘龙，娶得寡妇做娇妻》

为题报道了独身百岁，桃花运照的119岁的华德·美罗终于和57岁的新娘伊莉西玛·拉德结成夫妇的新闻。华德·美罗于1867年出生，10岁由一个巴西人把他买回巴西为奴。里约热内卢制厂老板科士达说：“我祖父买了他回来，1888年巴西取消了蓄奴制，我父亲带着华德·美罗一起离家出走，我父亲成家立业，他也为他工作，我父亲去世后，他就替我在一个农场和工厂工作。”华德·美罗没有结过婚。八年半前寡妇伊莉西玛到科士达老板家来做女佣却成了他生活中的第一个女人。伊莉西玛说：“这可说是一见钟情，我给华德·美罗的单纯、谦恭和魅力征服了。”她说他每天都给她送两朵玫瑰或一些巧克力，一天说要送我一件礼物，叫我闭上眼睛，他吻了我。华德·美罗可能老，但精壮得要叫好些青年都要脸红呢。老板科士达给两口子安排了一次大婚喜庆，新娘和新郎一起坐上马车到里约热内卢佐治巴西教堂去，有几百人在街道旁挥手向他们祝贺。百岁以上为乘龙快婿，虽然是个例，却反映了社会对老年人婚姻的态度和老年人婚姻的普遍性。

三、甜蜜的事业，艰难的处境

尽管老年人婚姻是合理合法的，一些没有配偶的老年人再婚是必然的。但事实表明，老年人婚姻的成功率是很低的，再婚的老年人婚姻亦不稳定。老年人再婚后离婚的很多。有关统计说，20世纪80年代我国再婚老年人离婚的达70%～80%，20世纪90年代也在60%以上①。老年婚姻艰难的原因是多方面的，主要有：

① 参见潘允康《新世纪干部书库——社会知识系列　下》，科学出版社、法律出版社1999年版，第631页。

1. 择偶难,婚后调适亦难

老年人再婚择偶也要受婚姻择偶规律的制约。在前面的婚姻择偶章节中,我们列举了婚姻择偶的客观规律,指出在这些客观规律的制约下择偶难,或者说择合适的配偶难。老年人择偶不仅要受到这些规律的影响,而且又加上老年人特殊的年龄、生理和心理特征,使得择偶就更加困难了。另外即使老年人择偶成功,也有一个婚后的调适问题,比如生理上的逐步衰竭,使老年人不能像年轻人那样进行正常的夫妻生活。老年人在长期的生活中已经形成了很难改变的生活习惯和秉性,使对方难以适应。从心理上说老年人不如年轻人那样富有激情外,原配偶对于他们也常常有先入为主的影响,一些再婚的老年人说:“新配总不如原配好。”就是例证。因此,婚后从生活、心理、性格、爱好难以调适的老年人是不少的,这是老年婚姻不成功的原因之一。

近年来中国的老年婚姻增多,有人称之为“短平快”,所谓“短”是指相识时间短,有的第一次见面就提出结婚,时间长的也不过几个星期、几个月,一般都了解不深,结婚后,双方才发现脾气性格各异。“平”即老年人婚前了解不够,婚后在共同生活中,往往缺乏共同语言,感情平淡。上海徐汇区 67 岁老人岳某,家庭经济富裕,住房宽敞,妻子去世后,经人介绍,认识了一个 62 岁的老太太,两人交往三个月后,男方付给女方 1000 元,就结了婚。婚后,岳某发现王老太太平时花钱大手大脚,他从看不惯到不能容忍。老太对老头的某些要求也十分不满,常常发生口角,因此离了婚。所谓“快”是为了某种目的而快结合,结果出了问题。上海卢湾区一个姓夏的老人,前妻病故后与徐某结婚。徐原在外地住,想将户口迁到上海,并为此目的而尽快结婚。夏某认为徐某是老姑娘,经济条件好,婚后可以补贴家用。为了各自的目的,双方都很“满意”，见了两次面就草率结婚，婚后不久，徐某办了退休手续，户口迁到上海，目的达到，就和夏某分居，夏某也向法院提出离婚诉讼。

2. 来自家庭的阻力

老年婚姻的外在阻力主要来自老人原家庭，来自老人原有的子女。之所以一些家庭中的子女反对父母再婚，一是传统观念影响，在中国的家庭中十分重视血缘关系，对于“亲生”与“后生”分得很清。一些做子女的认为，父母再婚，自己的上边多了“后父母”，很不光彩，很不习惯，因此反对。二是房屋财产问题。按照我国法律有关规定，夫妻关系和亲子关系都有财产（包括房屋）的继承权。比如我国 2001 年颁布的婚姻法第 24 条规定：“夫妻有相互继承遗产的权利。父母和子女有相互继承遗产的权利。”老年再婚客观上就意味着父母的原有财产中的一部或大部要被新的配偶继承，做子女的自然有一种相对剥夺感，因此反对父母再婚。

社会上常常有子女反对老人再婚的报道。1988 年 1 月 14 日《今晚报》报道家住福建省福州市五十多岁的妇女某某，由于老伴逝世，准备再婚。儿女们极力反对，不让她回家。老人在亲戚家漂流了半个月后，于 1987 年 12 月 29 日来到天津，住在某招待所，于元月 1 日晚吞服了大量安眠药，生命垂危，后被解放军驻津某部抢救脱离危险。这说明在一些子女反对下再婚困难。

面对上述实际情况，近年来有些学者提出社会对老年婚姻应采取宽容的态度和做法，比如，允许老年人不结婚，但同居生活在一起，这样可以减少来自家庭子女的阻力，对于老年人的子女来说，老年人的这种变化，既没有“亲父母”与“后父母”的问题，也没有财产继承方面的纠纷,是有一定道理的。但实行起来也会有社会与法律方面的问题。一是允许老年人这样做的年龄不好确定,如果遇到再婚的一方是老年人,另一方是中年,甚至是青年人将怎样把握?二是同居缺少法律依据,实行起来较难。

以上我们谈到了老年再婚难所面临的自身和家庭中的问题,当然还有社会观念方面的问题,比如主张老年妇女“守节”,说老年结婚者是“老不正经”等,在这样的情况下,一些老年人也急流勇退,放弃了再婚的打算。“甜蜜的事业,艰难的处境”这句话表达了老年婚姻的现状。

第十一章　家庭伦理道德的现实思考

从社会控制的角度说，社会干预和控制婚姻、家庭的方法是多样的，除去法律外，还有伦理道德、习俗、舆论、宗教等多种方法，其中伦理道德是十分重要的。人类社会从有家庭以来，家庭伦理道德问题一直是社会和家庭中的十分重要的问题，也是今天的重要问题。2001 年 10 月 25 日，各大新闻媒体上都转发了中共中央关于认真贯彻执行《公民道德建设实施纲要》的通知，该纲要就公民道德建设的主要内容做了说明，家庭道德是主要内容之一。纲要说："家庭美德是每个公民在家庭生活中应该遵循的行为准则，涵盖了夫妻、长幼、邻里之间的关系。家庭生活和社会生活有着密切联系，正确对待和处理家庭问题，共同培养和发展夫妻爱情、长幼亲情、邻里友情，不仅关系到每个家庭的美满幸福，也有利于社会的安定与和谐。要大力倡导以尊老爱幼、男女平等、夫妻和睦、勤俭持家、邻里团结为主要内容的家庭美德，鼓励人们在家庭里做一个好成员。"

第一节　家庭伦理和社会伦理

家庭是人类社会生活的组织形式，家庭伦理和道德是调整家庭成员之间的关系的准则。家庭伦理是社会伦理的基础。

一、家庭伦理

伦理也叫道德。从伦理学上说,“伦”同“类”,类是具有共同特征的个体结合的意思,因此,“伦”含有相互关系的思想在内。理是“整治”“修理”的意思。“伦”和“理”合起来就是整治和修理人与人之间的关系,也就是人与人相处应遵守的道德。古希腊哲学家亚里士多德管用伦理来表示德行,中国古代也多把伦理解释为道德。“道”是万物普遍具有的规律,“德”是一种好的品质,一个人如果把握了客观规律,按客观规律办事,就有了“德行”,有了好品质。道德是调整人与人之间关系的行为规范和准则。

家庭伦理也叫家庭道德,它是调整家庭中人与人之间关系的行为规范和准则,是社会伦理道德的一个组成部分。研究家庭伦理道德的使命是解决现实家庭生活中摆在人面前的实际道德问题,包括如何处理家庭成员之间的关系,家庭与社会之间的关系;什么样的家庭行为是善的、美的、道德的;什么样的家庭行为是恶的、丑的、不道德的等。

如同一切伦理思想一样,家庭伦理的原则不是哲学家们建立的,而是在人们社会实践中创造出来的。建立在经济关系基础上的家庭伦理反映着许多世代大量的生活经验。因此,它在概括地、系统地阐述家庭生活的道德原则时,既是抽象的,也是具体的;既有思想,也有行为;既表现家庭生活的精神方面,也表现家庭生活的物质方面。把家庭伦理仅仅理解为关于家庭中的道德说教是片面的、不科学的。

二、家庭伦理和社会伦理

家庭伦理是社会伦理的直接组成部分。家庭的社会细胞地位使家庭伦理成为社会伦理的基础，而社会经济基础和上层建筑，又在各个方面制约和影响家庭伦理。

1. 家庭伦理是社会伦理的基础和组成部分

家庭伦理历来为社会和人们所重视。家庭伦理是社会伦理的基础和组成部分。中国古代儒家把人与人之间的关系称为“人伦”，把君臣、父子、夫妇、兄弟、朋友五种关系称为“五伦”。《孟子·滕文公上》中有这样一段话：“人之有道也，饱食、暖衣，逸居而无教，则近于禽兽。圣人有忧之，使契为司徒，教以人伦：父子有亲，君臣有义，夫妇有别，长幼有序，朋友有信。”这是说人若只知吃饭、穿衣、睡觉，不知伦理，则和禽兽就没有区别。因此，必须教以人伦。儒家所说的“五伦”中就有三伦，即父子有亲，夫妇有别，兄弟长幼有序是家庭伦理，可见，家庭伦理在全部社会伦理中的分量。在谈到“五伦”之间的关系时，儒家经典《大学》中提出“修身，齐家，治国，平天下”的思想。在儒家看来，修身为修炼个人的品德、情操是第一位的。修身之后便是齐家，使家庭和睦，然后才能治理国家，平定天下。他们认为“修身”“齐家”居人伦之首，是形成全部社会关系和秩序的基础和起点。近代德国哲学家黑格尔也表达过类似观点。他认为伦理是一个发展过程，第一是家庭，第二是社会，第三是国家，家庭伦理是全部社会伦理思想的基石。

中国封建社会发展的历史充分说明封建的家庭伦理是整个封建社会伦理的基石。《易·序卦》中说：“有男女然后有夫妇，有夫妇然后有父子，有父子然后有君臣，有君臣然后有上下，有上下然后有礼义。”可见封建社会的君臣、上下、礼义等一整套政治典章制度都来自家庭中男女、夫妇、父子的伦理道德。在封建社会中，一方面封建统治者利用手中的政治权力为封建的家庭伦理树碑、立传、扬威，另一方面又极力将封建的家庭伦理上升和发展为社会伦理。比如说历代封建王朝都将孔、孟奉为“至圣”，将《论语》《孟子》等奉为儒家经典编成经书，规定为开科取士的必读书。他们还利用树立“忠孝祠”“烈女牌坊”等，大力宣扬封建的家庭道德。在封建社会中，包办买卖婚姻、夫权统治、男尊女卑、家长制、一夫多妻都是天经地义的，合乎道德的。在封建的家庭中要实行家长制，要求家庭成员绝对服从，即妻从夫，子从父，全家要服从家长。于是在道德观念中，就形成了一整套伦理信条，如“天下无不是的父母”“父要子亡，子不得不亡”“三从四德”“仁爱孝悌”等。而封建伦理的炮制者们又极力利用扩大的封建家庭伦理来维护封建社会的统治和秩序，把封建的家长制扩大为维护皇帝的封建集权式统治。在封建社会中有“君君、臣臣、父父、子子”之说，家庭中父子关系的放大，就是社会中的君臣关系，就是上自皇帝，下至百姓的关系。东汉末年的董仲舒就是通过宣扬“三纲五常”等封建的伦理道德来充当封建社会的卫道士的。所谓“三纲”，即“君为臣纲”“夫为妻纲”“父为子纲”，主张臣对君、子对父、妻对夫的绝对服从。这样小至家庭，大至国家形成了一整套适应封建统治需要的伦理。在封建社会里，当官的统治者被称为老百姓的“父母官”，换句话说，老百姓要视当官的为父母，形象地表述了家庭关系向社会关系，家庭伦理向社会伦理的直接扩大，移孝作忠，维护封建统治。《孝经》中曾直言不讳地说：“以孝事君则忠。”“君子之事孝亲，故忠可移于君。”这样就把家庭中的“孝”推衍成以“忠君”为中心的整个封建社会的伦理。

家庭伦理向社会伦理的扩大是人类社会的普遍规律。在社会中人与人互相爱护，互相尊敬，讲服从、守秩序的道德，都是来自家庭，来自家庭成员间的友爱、爱护、尊敬、服从、秩序。人们最早的爱心、敬服、克制等品质都是在家庭中培养的。以上我们曾讲到中国封建社会伦理是封建家庭伦理的直接扩大。直到现代社会仍能看到家庭伦理和关系直接向社会影响和渗透的情况。它不仅有正面效应也有负面影响。比如,在今天的中国我们就能经常看到家庭关系向社会关系直接扩大所带来的影响。一些共产党员、国家干部为了亲友的利益,利用职权,拉关系,走后门,违反政策,甚至贪赃枉法,营私舞弊,严重危害国家、社会、人民的利益,造成了腐败和不正之风,已经引起了社会的强烈关注(关于这个问题我们在"家庭未来"一章中还有详细论述)。今天,我们要建设精神文明,消除腐败,争取党风和社会风气的根本好转,就要制止狭隘的家庭关系向社会关系的直接渗透与扩大。1982 年第 10 期《红旗》杂志上发表了朱岩的文章,该文围绕共产党员在家庭问题上要讲原则指出:"家庭是社会的细胞,家庭关系总是反映社会历史发展一定阶段的生产关系。在我国,随着人民革命事业的胜利和对生产资料私有制的社会主义改造的基本完成,要求建立社会主义新型家庭关系。在这样的家庭里,不但要打破以生产资料私有制为基础的在一个家庭内部一些成员从属或依附于另一些成员的落后状态,而且要重新调整家庭同整个社会的关系,就是说要把自己家庭的快乐、幸福同其他千千万万个家庭的前途和命运以及我们社会主义祖国的前途和命运紧紧地联结在一起。""共产党员要不要讲家庭之爱呢?当然要的。不过,这绝非'夫荣妻贵''泽被子孙''一人得道,鸡犬升天'一类封建宗法关系的爱,也不是以享乐为中心和金钱为中心的资产阶级的低级庸俗之爱,而是一个共产主义者在党性原则指导下,把家庭成员的亲属之情同无产阶级革命事业融为一体的爱。他同配偶、父母、子女和其他亲属之间,应当互相关心、体贴、帮助、谅解,但谁也不能把小家庭狭隘的亲缘之情置于党、国家和人民利益之上,更不能以此去破坏党和政府的政策法令。”朱岩的文章阐述了家风、党风和社会风气之间的辩证统一关系,反对把狭隘的亲属关系向社会的直接扩大。他指出共产党员讲原则首先要在家庭问题上讲原则,这既是对党员的要求,也是对国家干部,对社会中的每一个人的要求。只有家风好转了,党风、社会之风才能有好转。有了家庭文明,才会有社会文明。

2. 家庭伦理的社会性

家庭伦理的社会性不仅表现在家庭伦理向社会伦理的直接扩大,而且表现在社会因素对家庭伦理的影响。伦理道德属意识形态,是上层建筑范畴。马克思曾说:“物质生活的生产方式制约着整个社会生活、政治生活和精神生活的过程,不是人们的意识决定人们的存在,相反,是人们的社会存在决定人们的意识。”[①]我们能从许多方面找到社会因素对家庭伦理的决定和影响。

家庭伦理受生产方式的影响。人们不同的社会存在决定了人们有不同的意识,不同的生产方式也决定了不同的家庭伦理。比如说封建社会有过“男尊女卑”,可是在原始母系社会,妇女却享有崇高的地位,这一切都是由当时的生产方式决定的。在原始母系社会时期,男子在外狩猎,女子在家播种。男子狩猎所得收获常常不稳定,有时满载而归,有时空手而回。相比而言,女子所付出的劳动,收获有保障。不仅如此,女人还把男人的猎获物圈养起来,让其繁殖,并逐步发展起畜牧业。这样无论男人狩猎回来有无收获,家庭生活都有一定的保证,那时,女子的劳动是家庭生活的主要来源。另外,当时的婚姻还不是后来

① 《马克思恩格斯选集(第二卷)》,人民出版社 1972 年版,第 82 页。

的一夫一妻制，而是群婚或偶婚，孩子往往只知其母，不知其父，家庭（或家族）以母系传递。这样使妇女在社会的两种生产中都起着决定性作用，她们是领导者、组织者，是氏族部落议事会的首领，在社会中地位很高。与此相应的家庭伦理是女子受到普遍尊敬。后来生产力发展了，男子由狩猎转为从事农业和畜牧业，一方面，在劳动中男子比女子体力强健；另一方面，女子还要生育子女，要有妊娠期、抚育期等，这样，男子便逐渐取代了妇女，成为生产的主要承担者和组织者，男子的劳动收获也成为家庭生活的主要来源。从此，男女的社会地位发生了相反的变化。以后一夫一妻制家庭的出现，私有制的产生，处于家长地位的男子，不仅有家庭财产的支配权，而且要求对财产实行父系传递，以保证男子在家庭中的地位，过去的"女尊男卑"变成了"男尊女卑"。男女不平等，"夫唱妇随"式的男女不平等，曾经统治了人类社会一个很长时期，而且走向了极端。比如在封建社会，封建的士大夫阶级可有三妻六妾，可任意罢妻休妻，嫖妓宿娼，荒淫无耻；另一方面女人却要遵守"从一而终""守贞守节"的道德。汉朝的曹大家在《女诫》中就主张"夫有再娶之义，妇无二适之文"。宋朝的程颐则宣扬"饿死事极小，失节事极大"，封建的道德伦理像刀子一样扼杀着妇女。家庭伦理不仅受生产方式的影响，而且受政治、法律、阶级、宗教等各种因素影响，还与社会风俗相关。风俗是社会上人们的共同习惯，这些习惯被人们在社会生活中渐渐习得。假如社会上仅有个人，是无所谓风俗的。人多了，大家都承认某种习惯，就形成了风俗。风俗如同语言一样，因地区不同、民族不同而有所不同。《晏子》说："百里异习，千里殊俗。"是说不同的地方有不同的风俗。在任何社会中，凡符合社会风俗的行为一般都被认为是道德的，反之是不道德的。比如我国和一些国家的风俗是要敬老养老,因此,若父母有疾,竭力照顾、侍奉是道德的。在巴西的一些部落中则不然,依社会风俗,若父母老病,只有让其速死,才是道德的,之所以如此,是因为这些部落很穷困,他们认为让病老者占有食物,就会威胁年轻力壮者生存,因此必须让病老者死去。又比如在许多民族地区,婚姻以外的性关系被认为是不道德的,但在古巴比伦,女子每年要有一次到茉莉塔庙献身给男子。前亚细亚各民族也常常把自己的女儿送到阿娜伊蒂斯庙去住几年,让她们在那里自由性交和恋爱。在我国西南一些少数民族中,男女未婚也可以自由性交,有些地方还举行自由的春事社交活动,一些地区和村庄盖有专门供自由性交活动的"公房"。这些行为之所以被认为是道德的,是因为它与社会习俗相一致,为社会习俗所认可。

总之,家庭伦理道德不仅为经济基础所决定,也和上层建筑中的其他范畴联系密切,受各种社会因素的影响和制约。

第二节 家庭伦理的批判与继承

一、家庭伦理与家庭生活

家庭伦理对于家庭是不可缺少的。家庭是日常生活的场所,是人的终生栖息之地。人人都希望家庭温暖、和睦、幸福,然而有一个幸福的家庭必须具备两个条件:一是物质条件,一是精神条件。物质条件提供了家庭成员生存的基础,没有起码的物质条件,家庭生计不能维持,当然就谈不上家庭生活幸福。此外,家庭中的精神条件和精神生活也很重要。所谓精神条件和精神生活就包含家庭道德和伦理。对于一个家庭来说,物质条件和精神条件都很重要,从某种意义上说,精神条件更重要。《红楼梦》中贾府的物质生活可谓优越，可说是荣华富贵，锦衣玉食，然而大观园中到处充满着封建剥削阶级的空虚、腐朽、荒淫、堕落、钩心斗角、尔虞我诈。正如林黛玉哀叹的那样："一年三百六十日，风刀霜剑严相逼。"生活在这样的家庭中的贾宝玉、林黛玉虽然有优越的物质生活条件，但没有真正的幸福，就连他们之间的纯真的爱情也被封建主义残酷扼杀了。这说明只有优厚的物质生活条件，并不一定有家庭幸福。相反的，家庭虽然贫困，但精神高尚，却能给人幸福感。18世纪80年代，维也纳一个寒冷的早晨，音乐家莫扎特正与夫人翩翩起舞，这是因为他们无钱买炭取暖，借起舞以御寒，与他同甘共苦的妻子用淳厚的爱抚慰他心中每一个音符。尽管生活悲惨，莫扎特却坚持了事业上的追求，成为举世闻名的音乐大师。"人生所贵为志趋"，在家庭中除了衣食住行，还有丰富得多、崇高得多的精神生活，如互助友爱、互相尊敬、理想的追求、以及爱情等。这些色彩绚丽的花朵，是幸福境界不可缺少的组成部分。因此，要使家庭幸福，就必须有家庭伦理和家庭中的道德建设，精神生活是家庭生活不可缺少的组成部分。

二、家庭伦理的批判与继承

中国是文明古国，礼仪之邦，在五千年悠久文明历史的发展过程中创造了社会文明与家庭文明，并对今天的社会与家庭产生深刻的影响。历史唯物主义认为，今天中国的家庭是昨天中国的家庭的合乎逻辑的发展。新旧家庭之间既有本质的区别，又有不可分割的联系。那种只强调两者区别，否认两者联系，认为中国的家庭传统都是坏的，没有什么可继承的东西的看法是不正确的。同样，那种只强调两者联系，否认两者区别，认为中国的家庭传统都是好的，只要照搬过来就行了，没有什么可批判的东西的看法也是不正确的。列宁曾经指出:“无产阶级文化应当是人类在资本主义社会、地主社会和官僚社会压迫下创造出来的全部知识的合乎规律的发展。”[①]毛泽东也指出:“从孔夫子到孙中山,我们应当给予总结,承继这一份珍贵的遗产。”“清理古代文化的发展过程,剔除其封建性的糟粕,吸收其民主性的精华,是发展民族新文化,提高民族自尊心的必要条件。”[②]因此,对几千年中国传统家庭伦理进行批判和继承,不仅是必要的,也是可能的。

1. 传统的家庭道德也包含人类家庭的公德

恩格斯曾经指出,在资产阶级社会除了存在两个对立阶级的道德,还同时存在着“用来调节人对人关系的简单原则”。[③] 列宁在《国家与革命》中也曾指出:在阶级社会里存在着一种“数百年来人们就知道的,数千年来在一切处世格言上反复谈到的起码的公共生活规则。”“人类一切公共生活的简单的基本规则。”[④]在中国的历史上社会与家庭的传统属封建传统,就是封建的传统中也包含有以上所说的“简单原则”“基本原则”“起码的公共生活规则”,是今天的家庭可以借鉴的。

比如在亲子关系上,中国的家庭传统中有“父慈子孝”,主张爱护后代和赡养老人,这和我们今天提倡的尊老爱幼是一致的。今天的家庭中我们仍要提倡抚养和教育子女,尊敬和赡养老人。传统家庭关系中包含的基本原则对今天的家庭道德建设有正面意义。毛泽东同志就主张今天仍要尊敬老人,赡养父母。他在1959年回湖南故乡时,特地

---

① 《列宁全集 第4卷 1898—1901年》,人民出版社1984年版,第348页。
② 《毛泽东选集 第二卷》人民出版社1952年版,第499、668页。
③ 《马克思恩格斯选集(第二卷)》,人民出版社1972年版,第399页。
④ 《列宁选集 第3卷》,人民出版社1995年版,第247、259页。

邀请了一些亲友长辈起吃饭。他还特地去父母墓地吊唁，献上一束野草捆的松枝，然后鞠了一个躬。后来，他对陪同他的罗瑞卿同志说："我们共产党人，是彻底的唯物主义者，不相信什么鬼神，但生我者父母，教我者党、同志、老师、朋友，还得承认。"在尊老方面，毛泽东同志为我们树立了榜样。

再比如在传统家庭伦理道德中，夫妻关系中也有"相敬如宾"，兄弟关系中则有"兄友弟恭"，讲夫妻之间相亲相爱，兄弟之间爱护与帮助。总之，在家庭成员中讲互相尊敬与爱护，这些也是今天要提倡的。在夫妻关系上有梁鸿、孟光举案齐眉的故事。据《后汉书》载，东汉名士梁鸿因不满时弊，和妻子孟光，以耕织为生。后来梁鸿穷得当了用人，孟光仍与他互敬互爱如初，荆钗布裙，毫无怨言，每次吃饭，她都将食盘举到眉毛一般高，送到丈夫面前，夫妇相敬如宾。以后梁鸿、孟光举案齐眉的故事传为佳话。《今古奇观》中则有"紫荆树下还家日"的故事，形象地说明兄弟之间"分型连气""同气相连""同气连枝原不解"的道理，主张兄弟合作，不主张兄弟分家。这个故事是说古时有一家姓田的，兄弟三人，田大、田二早已娶妻，唯田三年小，随着哥嫂度日，大家一锅煮饭，一桌同食，相亲相爱，和睦相处，十分快乐。田三长大后娶妻成家，但妻子为人不贤，日夜在他面前搬弄是非，撺掇分家，终于把田三说动了心。田大、田二被逼无奈，只得依允。于是，将所有的房产、钱谷之类分成三份。对庭前一棵正在开花的大紫荆树，他们商议将它砍倒，主干分为三截，每人各得一截，其余零枝碎叶，论秤分开。谁知次日砍树之时，只见树木枝枯叶萎，毫无生气。田大以此教育弟弟们说：此树枝枝叶叶，连根而生，根生本，本生枝，枝生叶。昨日议将此树分为三截，它不忍活活分离而死。我们兄弟三人若分离了，岂有荣盛之日？

田大的话使两个弟弟深受感动,兄弟三人不再要分家。这时,其树枝枯再活,花叶重放,更加灿烂。这个故事主张兄弟和睦,从内涵上说也有积极意义。

从以上列举的事例中我们可以知道,中国传统的家庭道德中包含有社会与家庭的公德,人与人相处的美德,因此是有继承可言的。

2. 批判地继承传统家庭道德

毛泽东同志在谈到对古代文化的态度时,曾说要“剔除其封建性的糟粕,吸收其民主性精华”,这是历史唯物主义的“扬弃”观点,是批判地继承的观点。继承传统家庭道德不是要把它原封不动地搬过来用于今天,而是要去其糟粕,取其精华,加以改造。我们在本书前面的章节里已经列举了我国的婚姻法规定的今天婚姻家庭生活的基本准则,也是家庭道德的基本准则。它告诉我们,要批判地继承传统家庭道德,一定要有民主自由的原则、平等的原则,以及现代化的原则。

传统家庭道德中既有精华,也有糟粕,剔除糟粕,才能保留精华。坚持民主自由、平等、现代化等原则,批判地继承传统家庭道德,就应有抛弃,有改造,有更新。

比如坚持民主自由的原则,对于原封建婚姻家庭中的不民主、不自由的东西,像包办买卖婚姻,结婚不自由、离婚不自由等应抛弃取缔,坚决贯彻结婚自由、离婚自由的原则。传统的夫妻关系中有“相敬如宾”“白头到老”“从一而终”的内容,是今天要提倡的,但也不是照搬。比如我们主张夫妻互爱,相互忠实,相互负责,认真履行婚姻家庭义务。但我们也应看到现实社会中还有婚姻家庭质量不高的情况,以及人们要求提高婚姻家庭质量的正当愿望,对于那些情感已经破裂,婚姻已经死亡的,还要求其“从一而终”,显然是形而上学的。用离婚的办法解决问题,符合今天的道德原则;离婚后再婚,也是符合道德要求的。

坚持平等的原则,就要对传统家庭道德中的不平等的东西实行取缔和改造。在传统的封建家庭中是不平等的,亲子不平等、夫妻不平等、男女不平等、嫡庶长幼不平等、家庭中的所有成员不平等,是封建家长制,是应当彻底取缔的。实现家庭成员的平等,这是现代家庭伦理道德的基本要求。传统家庭道德中应提倡继承的内容,也要加以改造。比如尊老养老在今天是应提倡的,但我们应当看到过去尊老养老中有“不平等”的一面。以“孝”道为例,在封建社会“孝”道是以子女对父母的服服帖帖和唯命是从为前提的。有一次,弟子向孔子问孝,孔子说:“无违。”又说:“三年无改于父之道可谓孝矣。”孟子也说过:“顺之为孝。”在他们看来,孝就意味着晚辈对长辈的绝对服从,即使是父要子亡,子也不得不亡。《二十四孝图》里有孝女曹娥为觅父尸而投江,淹死后抱父尸而出,实属荒诞无稽。汉朝人郭巨为了博得“孝”名,借口子分母食,为了不使三岁的小女儿同奶奶分东西吃,竟活埋自己的亲生女儿,也属骇人听闻。对此,鲁迅曾挖苦说:“我已经不但自己不能再当孝子,而且怕我父亲再做孝子。”“倘使我的父亲竟学会了郭巨,该埋的不正是我吗?”可见,如果我们把封建的孝道原封不动地搬过来,是有害且愚蠢的。今天家庭中两代人的关系和地位是平等的,父母抚养子女,子女赡养父母仍然是家庭道德对亲子关系的要求。但子女孝敬父母不是对父母的盲从,不是老子可以无条件地支配儿子,不是盲目牺牲一代去保全另一代,而是建立在两代人相互平等,互相帮助,共同生存和发展基础之上的。

坚持现代化的原则就是家庭伦理要符合现代人的思想、生活习惯和生活方式。比如传统家庭伦理主张家庭成员互相尊敬,互相爱护,互相帮助,“兄友弟恭”中就包含此义。但我们如果把“紫荆树下还家日”的模式照搬到今天来,就不适宜。因为今天人们讲求个性、讲求自立、讲求独立的生活方式,大家庭正在逐步演变为小家庭,一定要求人们按传统道德,在一起住,一起生活,不分家,是不实际的,不符合今天的道德原则。

总之,今天要对传统家庭道德予以继承,但应当是批判地继承,改造地继承。拒绝继承,就会使我们失去了一份珍贵的文化遗产。不加分析批判地继承,完全照搬,不仅无益,而且有害。

家庭伦理是家庭中人际关系的准则,是家庭精神生活层面。没有家庭伦理,必然是家庭中无大无小,无老无少,每个人不能依自己的角色行事,生活缺少应有的规矩和秩序,家庭生活不会有序与和美。没有家庭伦理,人与人之间不能相爱,不能互相关心,互相帮助,使家庭缺少高尚的情操与精神生活,这样的家庭也不会幸福。弘扬亲情、友爱、民主、平等、互尊、自立、友爱、互相帮助等精神,建设好家庭伦理道德,对于今天的家庭生活十分重要,不可缺少。

第十二章　家庭生活方式及变迁

家庭生活方式问题是人们普遍关心的问题。它是和家庭的日常生活联系在一起的。从某种意义上说,它表现了家庭的职能。因此家庭生活方式及其变迁,关系到家庭的职能及其变化,关系到家庭在社会中的地位与作用,关系到家庭的前途与未来。

第一节　生活方式与家庭生活方式

“作为科学范畴的生活方式,是指在一定社会历史条件下为人们价值观所制导的满足其生存和发展需要的整个生活活动的稳定形式和典型特征。也就是说,生活方式是特定历史条件下人类生命的生产和再生产的基本形式。”①所谓家庭生活方式则是指:“以婚姻为基础以血缘关系为纽带而建立起来的共同生活的社会群体,为满足其整体和每个成员个体的需要而进行的活动方式。家庭生活方式主要包括夫妻的婚姻生活,家庭的物质与精神消费生活,家庭的闲暇生活,家庭的宗教生活,家庭的交往生活,家庭的子女教育和老人赡养,以及进入每个家

① 贾稚岩主编:《生活方式小百科》,天津人民出版社 1990 年版,第 16 页。

庭习惯的家风。"①"作为整体系统的生活方式，是由相互联系、相互制约各个方面的要素构成的。既包括内在方面的要素，又包括外在方面的要素；既包括现实方面的要素，又包括历史方面的要素。""生活方式内在方面的要素，是指主体由需要、利益引起的生活活动的主观动机和制导它的生活观念。""生活方式的外在方面的要素，既包括主体的能动活动，又包括一定的客观条件。但是，这一定的客观条件，只限于构成生活方式内容的客观条件。""生活方式的内在方面与外在方面是不可分割地结合在一起的，并且存在着辩证的交互作用的关系……例如，只有出现某种消费资料，社会上才会形成某种消费心理、消费意识，进而在生活中形成某种消费结构。而某种消费结构形成后，又会刺激、推动某种消费心理、消费意识的发展，由此可见，生活方式的内在方面与外在方面是相互作用、相互制约的，两者是在这种相互作用、相互制约中结合在一起的。"②

从上述议论中我们可以知道，家庭生活方式涉及家庭生活的各个方面，既包括物质方面，也包括精神方面；既有人的主观愿望与动机，又有家庭生活的客观活动，和家庭结构、关系、伦理有关，和家庭功能更相关。在本书的有关章节中，我们已经从不同角度多次涉及了家庭生活方式问题，比如在婚姻的有关章节中我们谈到过人们的结婚、离婚、择偶等观念和婚姻成立的各种仪式，是家庭生活方式中的婚姻生活方式。在有关家庭结构和关系章节中我们谈到过，在现代社会人们向往小家庭，两代人主张分离，保持各自独立的生活方式，但又密切往来，互相帮

---

① 贾稚岩主编:《生活方式小百科》,天津人民出版社 1990 年版,第 87 页。

② 王玉波等编:《生活方式》,人民出版社 1986 年版,第 5—8 页。

助与支援，表现了在由传统社会向现代社会变迁中，家庭结构和关系的改变，是现代家庭生活方式的重要组成部分。另外，我们还涉及养老、家庭教育、夫妻关系、亲子关系等，都是家庭生活方式的重要组成部分，也是家庭的重要职能方面。而家庭伦理一章主要谈到家庭成员交往中的精神层面，是家庭生活方式的又一个侧面。本章我们将不重复上述内容，而是从消费、闲暇和家庭管理等三个方面，展开对家庭物质生活、精神生活和生活建设等方面的分析，从家庭生活方式角度进一步探讨家庭，探讨家庭与社会的关系。

第二节　现代家庭消费生活方式

现代家庭消费生活方式的特点主要表现在家庭正在由一个复合的生产单位向单一的消费单位转变，由温饱型消费向小康型消费转变，由保守存储型消费向超前借贷型消费转变，由重物质消费向重精神消费转变。

一、由复合的生产单位向单一的消费单位转变

在传统的农业社会，家庭曾经是一个复合的生产单位。所谓“复合的生产单位”是说在家庭的生产功能中包含有“生产”“分配”“交换”“消费”等多要素。家庭曾经是生产资料占有单位，人类社会最初的私有制是和原始公社解体、生产资料归家庭占有同时发生的。家庭曾经是生产劳动的组织单位，原始社会末期，当生产力发展到能以家庭为单位组织生产时，家庭出现了。家长是家庭劳动的组织者和领导者。家庭也是劳动产品的分配和交换单位，以家庭为单位从事劳动，也就决定了以家庭为单位参与对劳动产品的分配与交换。家庭又是消费单

位，家庭人口和收入的数量决定了家庭的消费水平，家庭的支出方式、项目和比重表现了家庭的消费方式。以家庭为单位消费是社会消费的一个基本特点。

资本主义社会实行了社会化大生产，家庭的职能发生了变化，由复合的生产单位向单一的消费单位转变。人们广泛走出家庭，到社会上去劳动就业，以雇佣劳动中所得的报酬和工资收入为生。多数家庭不再是生产资料的占有单位，也不再是生产劳动的组织单位，因此不再承担分配和交换的职能，只保留了消费的职能。当然应当看到，直到今天仍然有一部分家庭有生产职能，仍然是复合的生产单位，包括发达国家也是如此。这些家庭多从事农业生产或从事小型个体手工业、小型个体经商。以农业生产为例，在日本和美国都已经实现了农业的现代化，但是他们的农业大多数还是家庭经营。美国的韩丁就是一家人经营一个农场。在日本电影《远山的呼唤》中也反映了以一家一户为单位，租用机器进行农业生产的现象。美国和日本的家庭经营规模是不一样的，美国家庭农场经营面积比较大，一般在两千亩左右，采用大型农业机械耕作。日本70%的农户家庭经营的耕地为一二百亩左右，采用小型农业机械为主的耕作。我国的情况在20世纪后50年发生了两个变化。1949年中华人民共和国成立后，我们先后进行了农业合作化和对资本主义工商业的社会主义改造，消灭了私有制，实现了完全的公有制。在农村，农民不再以一家一户为单位占有土地，土地归公；不再一家一户去生产，而是参加生产队的劳动。在城市，个体工商户消失了，实现了公私合营，成立了各种合作社。家庭不再是生产资料占有单位，也不是生产劳动的组织单位，只是消费单位。事实证明，这种生产关系的快速变革，并不适合我国生产力发展的要求。因此，从改革开放以来,我们又实行了家庭联产承包责任制,其特点是,在保持土地、大型农机具、大牲畜等生产资料公有制的前提下[①],以家庭为单位组织生产劳动,实行包产到户,包干到户。每个农民家庭承包集体土地,并拥有少量自留地和经常使用的小型生产工具。农村的家庭联产承包责任制贯彻了分工负责、按劳分配、劳动所得和个人与家庭的利益挂钩的原则,调动了积极性,解放了生产力,发展了农业生产,使许多地方在短短时间里迅速改变了贫穷落后的面貌。以安徽省凤阳县为例,中华人民共和国成立以来一直没有改变“十年倒有九年荒,身背花鼓走四方”的贫穷局面。实行承包责任制以后,农民的生产积极性大大提高了,1979年全县粮食产量比1978年增长49%,1980年遇到严重的洪、涝、虫灾,粮食产量仍比1979年增长14.2%。凤阳县的变化,说明在目前生产力条件下,家庭承包责任制对于解放农村生产力,发展农业生产,改善人民生活的重要意义。无论如何,农村的家庭联产承包责任制,使农村的家庭部分恢复了生产职能。在城市,一部分个体工商业者出现了,因此也出现了部分家庭恢复生产职能的情况。然而,现代社会家庭这种生产职能的恢复和保留,只是部分家庭,从社会的发展看,这种职能一旦和市场经济对接,也会有变形与弱化的可能。比如有人预言,一旦在农村农业实行集约经营后,家庭的生产职能还要改变,也许会重新消失。无论如何,对于所有家庭来说,消费职能是不会消失的。

在现代社会,家庭作为一个基本的社会群体是社会的基本消费单位。以家庭为单位提出消费需求,制订消费计划,核算支出与收入,仍然是现代社会消费的一个主要特点。家庭的群体特征决定了家庭作为

① 家庭对这些资料有使用权,没有所有权。

一个消费单位，具有与个体消费者不同的特点。这些特点有：

(1)在消费行为过程中，家庭作为一个消费单位其决策属群体决策，家庭规模、家庭权力结构等对家庭决策都会产生影响。个体消费者的决策属个体决策。

(2)在消费行为过程中，家庭消费是其成员的共同消费，如对所拥有的住宅的使用，对洗衣机、电视机等的共同使用等等。个体消费者的消费品只限于个人使用。

(3)在消费行为过程中，家庭的世代更替特征表现上一代代际层的收入可被下一代代际层消费，下一代代际层的收入也可供其他代际层的家庭成员使用。对消费者有决定性影响的家庭财产还可以继承和转让。[①] 这是个体消费中所不存在的。

家庭消费是指以家庭为单位进行的对各种商品或劳务的消费，它的主要内容是：

(1)满足家庭成员衣、食、住、行、用等方面的物质生活需要；

(2)组织家庭文化娱乐活动；

(3)抚育子女及赡养老人；

(4)安排家庭成员接受各种教育培训；

(5)安排家务劳动。[②]

总之，现代社会家庭已经由复合的生产单位向单一的消费单位转变。由于人类社会是由无数的家庭组成的，家庭乃是社会最基本的消费单位，其消费水平和结构的变化会影响到社会整体消费的结构和水

---

① 参见彭华民《消费社会学》，南开大学出版社 1996 年版，第 80 页。

② 参见彭华民《消费社会学》，南开大学出版社 1996 年版，第 80 页。

平。因此,家庭消费是社会消费的基础。

二、由"温饱型"家庭向"小康型"家庭转变

现代发达国家的家庭生活水平都已经实现了普遍的"小康型"。像中国这样的发展中国家,也在由"温饱型"向"小康型"转变,

"温饱型"和"小康型"表明了不同的家庭消费方式和水平。由于不同国家和地区的家庭收入、物价和消费指数有很大差异,我们不能用单一的家庭收入指数来说明"温饱家庭"和"小康家庭"。德国经济学家、统计学家E.恩格尔所提出的恩格尔系数对于辨别"温饱型"和"小康型"家庭具有普遍的意义。恩格尔根据对德国工人阶级的社会状况所做的调查统计,归纳出一条关于工资收入和生活费用关系的法则。这一法则说明,随着家庭收入的增加,用于食品的支出所占的比例下降,用于衣着、住宅、取暖和照明等支出所占比例变化较小,而满足文化等需要的支出所占的比例则越来越大。由此可以得出,在其他条件大致相同的情况下,收入中用于食品的部分可作为该类居民福利水平的指数。一般认为,食品支出占总收入60%以上的,是贫困水平;食品支出占总收入50%以上的,是温饱水平;食品支出占总收入40%以下的,是富裕的"小康水平"。恩格尔法则被经济学界和社会学界广泛运用,是分析横断面消费数据的经验之一。

经过改革开放,人民的生活水平大大提高了,家庭的收入大大增加。在发达地区,已经是较为普遍的"小康水平",而欠发达地区还在"温饱水平",我国在总体上还处在由温饱向小康的过渡之中。

三、由物质消费向文化消费转变

现代家庭消费的重点正在由物质消费向文化消费转变，这是和家庭由温饱向小康转变相关的。所谓文化消费包括用于文化、娱乐、休闲等方面的消费，也包括用于学习和智力方面的投资。

改革开放以来，随着人民物质生活水平的提高，文化生活水平也在不断提高；随着温饱问题的解决，向小康迈进，人们用于文化方面的消费也逐年增多。我们可从许多方面看到这一变化。比如天津 2000 年由市委宣传部主持的万人调查资料证实，城市居民家庭中的电视机、影碟机的拥有率分别为 99.4% 和 30.1%，农村居民家庭的比例分别为 99.2% 和 30%；城市家庭中电话、照相机和订阅报刊的比例依次是 84.9%、43.5% 和 49.9%，农村家庭的比例依次是 52.8%、22.7% 和 27.2%。城市家庭电脑的拥有率为 11.2%，农村为 2.7%。事实表明中国家庭中文化用品和设施的拥有比例正在迅速向发达国家靠拢。

今天中国家庭的文化消费还表现在迅速增长的学习和教育投资上，其中包括向本代人和下一代人的投资，特别是向下一代人投资。今天由于各种原因，家庭用于子女教育方面的投资都在迅速增加。从某种意义上说，这既是家庭的负担，也是社会问题，值得关注。

四、由保守型消费向超前型消费转变

这里所说的保守型消费也叫存储消费，或者说是重存储，抑制消费，是传统的消费方式。英国作家狄更斯的著名小说《大卫 · 科波菲尔》里的密可白先生，曾经制定了一个快乐和忧愁的消费公式：进款 20 镑，支出 19 镑 19 先令 6 便士，结果快乐；进款 20 镑，支出 20 镑 6 便

士,结果忧愁。这是一个典型的“量入为出”,略有节余的消费方式。不仅密可白先生是如此,就连古典资产阶级经济学家也是如此,比如亚当·斯密就主张节制消费,认为节制消费能推动财富的增长。中国封建社会则是“崇俭抑奢”。古籍《盐铁论·散不足》中有:“诸侯无故不杀牛羊,大夫无故不杀犬彘。”至西汉初期也有除祭祀节日外,平时仍不食肉饮酒的记载。在《汉书·食货志》上曾记载了李悝所言5口人之家的收支情况,年总收入为粟一百五十担,其中十五担用于交税,九十担用于吃,其余还要用于穿着、拜宗庙社稷及疾病死丧之费。在生产力低下、生活水平不高的情况下,消费只能是量入为出,崇俭抑奢的。这种消费模式变成了一种消费文化,即便有了钱,也是崇尚节俭,重视存储。我国封建社会一些土地主,平日节衣缩食,过着十分寒酸的生活,却把攒下的钱装入瓦罐,埋入地下,就是崇俭重储的例子。到了新中国计划经济时代,宏观社会的计划经济,必然会影响家庭,家庭消费自然也是量入为出的。总之,保守型的消费方式,是以生产力发展水平和传统文化为基础的。现代社会生产力的发展,财富的增长,人们生活水平的提高,以及由计划经济向市场经济的转变,人们的消费观念和方式都发生了很大变化,由保守型消费向鼓励消费、超前消费发展。今天“消费主义”“享乐主义”开始流行,刺激消费的理论出现了。“奢侈被列入资本的交际费用”“炫耀成为取得信贷的手段”,特别是现代的金融贷款制度进入家庭后,家庭的消费发生了很大变化。银行机构为了赢利的需要,将借贷的原则和企业促销原则相结合,使家庭在没有足够的现期收入的情况下,可以借款、分期付款或贷款,提前消费某一商品,大大刺激了家庭消费。如今在各个发达国家,包括中国,买房子借钱,买汽车借钱,经营借钱,上学借钱……贷款的方式多种多样,从银行、政府、企业、私人……寅吃卯粮,明天的钱,今天花,十分普遍。这种超前的消费方式正在取代保守的消费方式,进入并统治家庭。

第三节　现代家庭闲暇生活方式

闲暇生活是现代家庭生活的重要组成部分。随着家庭生活水平的提高,人们对生活质量的追求,家庭闲暇生活方式越来越得到广泛的关注。

一、闲暇时间是一种宝贵的社会财富

今天,闲暇时间是一种社会财富的观点正在人们的心目中形成。一个人、一个家庭是不是真正富有的,不仅要看他拥有多少物质财富,有多少钱,还要看他拥有多少闲暇时间。

对于闲暇时间,存在着不同的理解,有的人把闲暇时间理解为"业余时间"或"非工作时间",这样从事"家务劳动"的时间和"满足生理需要"的时间都可以包括在内。这显然失之过宽。今天人们追求更多的闲暇时间显然不是用于家务劳动,也不是满足生理需要,而是用于娱乐、享受和自我发展。马克思提出的"自由时间"概念可以作为今天人们要求的闲暇时间概念的基础。马克思说:"'自由时间'就是可以自由支配的时间……这种时间不被直接生产劳动所吸收,而是用于娱乐和休息,从而为自由活动和发展开辟广阔天地。"他又说:"但是自由时间,可以支配的时间……一部分用于消费产品,一部分用于从事自由活动,而这种自由活动不像劳动那样是在必须实现的外在目的压力下决

定的,而这种外在目的实现是自然的必然性,或者说社会……怎么说都行。"[①]从马克思的上述议论中我们可以得到三点启示:第一,闲暇时间所从事的活动不是来自任何外在压力、目的和义务,而应当出于自我,为了自我之目的;第二,闲暇时间所从事的活动的内容主要是娱乐和休息;第三,闲暇时间的使用为自由活动和发展开辟了广阔天地。

早在一百多年前,马克思在《以李嘉图理论为依据反对政治经济学家的无产阶级反对派》一文中说:"自由时间,可以支配的时间,就是财富的本身。"他又说:"这里,可以自由支配的时间以及对别人劳动时间里创造出来的东西的享受,都表现为真正的财富。""显然,小册子的作者本人对这一点是不清楚的。不过下面这段话无论如何仍不失为一个精彩的命题:一个国家只有在劳动 6 个小时而不是劳动 12 个小时的时候,才是真正富裕的。财富就是可以自由支配的时间,如此而已。"[②]马克思的论述精辟地概括了自由时间(即闲暇时间)的真实含义与价值,指出闲暇时间本身就是一种社会财富。可以从三个方面来理解闲暇时间是社会财富这一观点。

首先,闲暇时间是劳动创造的。从历史上看,人类的闲暇时间和社会财富是同步增长的。在远古时代,社会生产力很低,人们为了生存不得不终日辛苦劳动,天天都要为获得食物而奔波,那时是很少有闲暇时间的。随着生产力的发展,人们能用较少的时间生产较多的食物及其他产品,为劳动时间的缩短和闲暇时间的产生与增多提供了可能。这时人们才谈得上休息、娱乐及其他。生产力越发展,人们就越能用较少

① 《马克思恩格斯全集　第 26 卷　第 3 册》,人民出版社 1972 年版,第 281—282 页。
② 《马克思恩格斯全集　第 26 卷　第 3 册》,人民出版社 1972 年版,第 281—282 页。

的时间创造较多的财富,得到的闲暇时间也越多。在阶级社会里,除去物质财富的分配不平等,也存在闲暇时间分配上的不平等。马克思在谈到资本主义制度下,一部分人为另一部分人创造物质财富的同时,也创造闲暇时间时指出:“这种奴隶劳动为其他人,为社会的另一部分,从而也为(整个)雇佣工人的社会创造余暇,创造自由时间。”“如果把资本创造的生产力发展也考虑在内,那么,社会在6小时内将生产出必要的丰富产品,这6小时生产的比现在12小时生产的还要多,同时所有的人都会有6小时,可以自由支配的时间’。”①现代社会的发展证明,劳动生产力的提高为闲暇时间的增多开辟了广阔的前景。比如当今一些发达国家(包括我国这样一个发展中国家在内)的闲暇时间已经有了较大的增长,实行每周5天,每天7小时工作制。工作时间的缩短,意味着闲暇时间的增多。

其次,闲暇时间是满足人们日常生活需要,提高人民生活质量的不可缺少的条件。闲暇时间作为一种社会财富与其他社会财富有不同点,即它不被直接的生产劳动所吸收,而是用于娱乐和休息,从而为自由活动和发展开辟了广阔天地。从某种意义上说,一个拥有物质财富而没有闲暇时间的人并非是真正富有的人。闲暇对于我们如何安排自己生活的其他方面,比如家庭生活有很多影响。

第三,闲暇时间是发展才能,激发人们去创造新的社会财富的有效途径。联合国《消遣宪章》对“消遣时间”(即闲暇时间)的这种作用有过很好的说明:“消遣和娱乐……通过身体放松,竞技、欣赏艺术、科学和大自然,为丰富生活提供了可能性。无论在城市和农村,消遣都是重

① 《马克思恩格斯全集 第26卷 第3册》,人民出版社1972年版,第281—282页。

要的，消遣为人们提供了激发基本才能的变化条件（意志、知识、责任感和创造力的自由发展），消遣时间是一种自由时间，但在这时间里，人们能掌握作为人和作为社会有意义成员的价值。”联合国宪章的这一阐述，表达了现代人自我发展、自我实现的需求，是一种符合实际的科学的人本位的表述。

无论如何，闲暇时间是社会与人的一种宝贵的财富，它对于现代家庭与家庭生活是不可缺少的。

二、闲暇时间需求的增长

今天当人们从温饱奔小康时，表现了对新的社会财富——闲暇时间的需求增长。1998 年对中国大城市天津、上海、哈尔滨进行了城市居民闲暇生活状况的调查，在问到“假定你现在每周工作 5 天（即使你实际上不是每周工作 5 天，也做这样的假定），根据你目前的工资待遇，你愿意选择下列那种情况？”在天津、上海和哈尔滨得到的回答是：

表 12－1　居民闲暇生活状况调查

	（天津）		（上海）		（哈尔滨）	
	人数	%	人数	%	人数	%
1. 每周多干一天工作，同时多挣一天工资	91	34.9	83	27.7	227	32.9
2. 每周少干一天工作，同时少挣一天工资	8	3.1	18	6.0	27	3.2
3. 保持现状不变	105	40.2	122	40.7	323	38.3
4. 不好说	57	21.8	77	25.7	216	25.6

从上述统计数字中我们看到天津和上海回答的趋势是相同的，同时看到以下几个主要的事实，以天津为例，其一，有最多的人表示“保持现状不变”，占40.2%，说明对双休日制度的实行，增加了个人闲暇时间的认可，把增加时间和得到工资看成同等重要。其二，有相当数量的人，占21.8%，对两者孰轻孰重拿不准主意，回答“不好说”，我们也可以理解为两者同等重要。其三，有少数人，占3.1%，认为时间比钱还重要，为多要一天时间少要一天钱。其四，有相当数量的人，占34.9%，认为钱比时间重要，希望多干一天活，多挣一天钱。这些数字说明，今天人们不仅有了物质财富观念，而且有了时间财富观念，有了对闲暇时间的需求。

有关统计数字表明，改革开放以来，随着人们物质财富的增长，人们的闲暇时间拥有量也在增长。自20世纪90年代中期以来，我国开始实行每周5天工作制，一些单位还实行每天7小时工作制，从这两个指标上看，人们的闲暇时间拥有量得到了增长是无疑的。从每周5天工作制上看，每周比过去增加一天时间，每年就增加50天个人自由支配的时间，其中自然包括闲暇时间。现在我国的一些单位还有带薪休假制度，据上述调查，约占16%左右。又据有关消息透露，我国在未来五年内将全面实行带薪休假制度，国家人事部负责此项法规制定的工资福利与退离休司的官员说，该司正在从事带薪年假法律法规的修订工作。带薪休假的说法在国内早就已提出。1991年国务院下发了恢复休假制度的通知。1995年实施的《劳动法》明文规定：国家实行带薪休假制度，劳动者连续工作一年以上享有带薪年假。国家有关主管部门的政策建议如下：全国工薪阶层每年平均可享受两周的带薪假期，工作1—3年、3—5年和5—10年的劳动者分别可享受6天、10天和14

天的带薪假期。工作10年以上的每年增加1天,最多可达30天。此外,国家还打算推行奖励旅游制度等政策。

无论如何,今天人们拥有的闲暇时间已经有了较大的增长。我们从每个人每天的时间分配上,比较一下1985年在天津进行的"千户居民户卷调查资料"和1988年在天津进行的"中国大城市居民闲暇生活状况调查"资料,就可说明这点。

1985年得到的资料是:人们拥有的闲暇时间,工作日平均为每天213分钟,休息日为平均每天375分钟,用加权平均的方法计算,平均每周内任何一天(包括周日和平日)享有的闲暇时间为236分钟,约占每天每人拥有时间量的16.4%。

1998年得到的资料是:人们拥有的闲暇时间,工作日平均每天为274分钟,比1985年多61分钟,一个小时多;休息日为平均每天404分钟,比1985年多29分钟,半小时左右。用加权平均的方法计算,平均每周内任何一天(包括周日和平日)享有的闲暇时间为311分钟,占全天拥有量的21.5%,比1985年平均每天多75分钟。这些数字表明,在过去的十多年时间里,人们拥有的闲暇时间有了较多的增长。

调查数据还反映了人们在时间分配方面的其他变化,从中我们也能看到今天人们家庭生活方式的变化和生活质量的提高。比如1985年的资料用加权平均数得出的计算结果是,平均每人每天工作时间是373分钟,占全天的26%,1998年为282分钟,占全天的20%;1985年的家务劳动时间为平均每人每天242分钟,占全天的17%,而1998年为198分钟占全天的14%;1985年的满足生理需要的时间为平均每人每天490分钟,占全天的34%,而1998年为631分钟,占全天的44%。数字说明,在近十多年的时间里,人们不仅闲暇时间增多了,而且工作时间减少了，平均每人每天减少 90 分钟，即一个半小时左右；家务劳动时间也减少了，平均每人每天减少约 43 分钟；满足生理需要时间增加了，平均每人每天增加约 141 分钟。工作和家务劳动时间的减少，表明人的家庭内外负担的减轻，而闲暇时间和满足生理需要时间的增加，则是人生活方式和生活质量变化的重要标志。今天，当我们说人们富裕了，不仅应看到他们比过去有钱了，吃、喝、住、穿、行等生活条件改善了，而且应看到他们比过去有了更多属于自己的闲暇时间，有了更多的用于满足享受、休息、娱乐和自我发展的时间。

三、闲暇生活面面观

家庭闲暇生活的目的是休息、享受娱乐和自我发展。事实表明，今天的中国人家庭已经开始有了满足闲暇生活所需要的设施，并开展了以享受、娱乐、社交和自我发展为主要内容的闲暇生活。

1. 家庭已经有了日益增多的娱乐休闲设施

以下是在 1998 年进行的中国大城市居民闲暇生活状况调查中得到的有关家庭娱乐和休闲设施的资料（天津资料）。

从表中我们可以看到，各种家庭娱乐和休闲设施已经比较普及，特别是彩色电视机、收录机、照相机、电子游戏机等。在我国彩色电视机的普及只用了不到二十年的时间，而在发达国家都用了五十年左右。这些设施为家庭的娱乐和休闲，为家庭成员的享受和自我发展提供了基础条件。

表 12－2 家庭的娱乐和休闲设施

设施	人数	%	设施	人数	%	设施	人数	%
彩色电视机	293	97.7	摄像机	7	2.3	电脑	26	8.7
黑白电视机	53	17.7	录放机	94	31.3	健身器	14	4.7
家庭影院	31	10.3	收录机	191	63.7	体育器材	27	9
影碟机	88	29.3	照相机	174	58	乐器	53	17.7
音响	73	24.3	电子游戏机	109	36.3	其他	3	1

注：被调查总共 300 人。

2. 休闲、娱乐和享受式的闲暇生活

事实表明，中国家庭的闲暇生活已进入休闲、娱乐和享受式。闲暇生活内容已由单一变得丰富多彩，由户内走到户外，由地方走向全国，走向世界。

就目前来说，家庭闲暇生活单调仍然是个较为普遍的问题。比如绝大多数家庭的闲暇主要用于看电视、打麻将牌等。客观上说，在家庭内，这类活动比较容易实现和操作，但过于单调，也影响了闲暇生活质量。以看电视为例，绝大多数家庭于此耗时较多。1985 年（根据天津千户居民户卷调查资料）人均看电视所用时间为平日 94 分钟，周日为人均 130 分钟；1998 年时（根据中国大城市居民闲暇生活状况调查）为平日 140 分钟，占拥有闲暇时间的 51%，周日 183 分钟，占闲暇时间的 45%，就是说，闲暇生活的一半时间是在看电视中度过的。看电视时间过长是个世界性的问题，包括发达国家。正如美国历史学家阿伦指出的那样，现在存在着这样一种景象：千百万的闲暇者责任心不强，没有受到良好的教育……从中午到午夜,在无法胜数的电视机屏幕前,人海茫茫,他们看得目瞪口呆,只有在吃广告节目所介绍的罐头食品时,才略事休息。这种“电视热”常常导致了“电视病”。所谓“电视病”常见是尾骨病,是因为看电视时间过长,使坐骨神经和臀神经经常受压所致。“电视病”还与不正确的坐姿有关。一般人看电视时坐在椅子上不是将背的下半截向内弯,而是向外弯,使尾骶骨的中段紧压在椅子上,时间一长必然引起疼痛。在英国,患有电视病的人常表现有癫痫、头痛、消化不良等。在德国,医生诊断最多的病人是“电视病”的患者,包括癫痫、腹胀、新陈代谢障碍、神经官能症等。在美国加利福尼亚州森维尔市,居民们举行了一场别开生面的葬礼,把一部电视机放在灵柩上,用车拉着它徐徐前进,灵柩后跟着一支送葬的队伍。他们的目的是在哀乐声中埋葬这个使父母失去儿女,儿童失去童年的“魔鬼”,电视机已经成为家庭的“一霸”。

现在人们正在用多种形式的较为丰富的闲暇生活改变闲暇生活过于单调的状况。比如近年来兴起的旅游热就是一个显著的标志。中国大城市居民闲暇生活状况调查资料表明,已经有相当数量的家庭到市区及附近的风景区、郊区度假村、省内风景区、国内风景名胜区,甚至出国旅游。除去旅游外,一些人还去影剧院、体育场馆、公共娱乐场所、饮食场所、商场、超市或夜市、图书馆、公园、广场、街道、户外庭院、绿地、茶座、咖啡屋等地消磨时光。每到周末,一些到饭店、体育场馆的人员就会爆满,有的还要预定。总之,随着中国人生活水平的提高,生活方式的改变,闲暇生活也在由单调变得丰富多彩起来。丰富多彩的闲暇生活可以是艺术型的(如唱歌、跳舞、吟诗作画、书法、摄影等);可以是体育型的(如打球、赛跑、登山、游泳、滑冰、赛艇等);可以是观赏型的

(如看电视、电影、戏剧、各种表演,听广播、听音乐);可以是鉴赏型的(如集邮、藏画、剪辑、装潢、搜集古玩等);可以是学习型的(如看小说、读报);可以是游艺型的(如下棋、打牌、猜谜语);可以是消遣型的(如养鱼、养花、散步旅游)。多种兴趣爱好,不仅可以大大丰富人们的闲暇生活,而且可以开阔人们的视野,培养人们的意志,陶冶人们的情操,使人们的身心得到全面的发展。

3. 以家庭成员为中心的社会交往

社会交往仍然是人们进行闲暇活动的主要内容之一。今天人们在闲暇中进行社会交往主要是和家庭成员,并由家庭成员向其他社会关系(主要是业缘关系和兴趣相投的人扩展)。在1998年进行的中国大城市居民闲暇生活状况的调查中得到的关于人们在闲暇中的社交情况如下:

表12-3 您在家外通常和谁在一起进行闲暇活动

对 象	%	对 象	%	对 象	%
单独与配偶	40.7	同学朋友	17.3	兴趣相投的人	44.3
家 人	47.3	邻 居	15	其他人	0.2
亲 属	22.7	同事业务伙伴	15		

从数字中我们可以看出,人们多是和家人亲属进行闲暇活动,也在向兴趣相投的人、同学、朋友、同事、业务伙伴和邻居扩展。

从家庭成员、亲属之间交往的情况看,主要在当事人的父母、配偶的父母、儿子、女儿和兄弟姐妹之间,交往的频次如下:

除去和家人、亲属交往外,人们还和其他人交往,以邻里交往为例,

"经常往来的"占25.7%,"较常往来"的占27.7%,很少往来的占32%,从无往来的占11.7%。中国人有句俗话"远亲不如近邻",从某种意义上说,今天依然如此。除去邻里外还和其他非亲属关系的人交往,交往的范围和规模大致是:1至5人的占47.3%,6至10人的占18.3%,11至15人的占6.7%,16至20人的占4.0%,21人以上的占3.3%,没有交往的占14.3%。

表12-4 在过去的一年里,您和您家住在本市的亲戚是否经常走动

亲戚类别	每周3次以上		每周1-2次		每月1-3次		每季1-2次		每年3次以下		不适用	
父母	37	12.3%	43	14.3%	35	11.7%	5	1.7%	7	2.3%	171	57.0%
配偶父母	28	9.3	19	6.3	34	11.3	22	7.3	13	4.3	182	60.7
儿子	30	10.0	14	4.7	7	2.3	4	1.3	6	2.0	237	7.9
女儿	26	8.7	15	5.0	15	5.0	5	1.7	3	1.0	232	22.3
兄弟姐妹	29	9.7	41	13.7	64	21.3	29	9.7	50	16.7	84	28.0
其他												

社交和交往是现代人与现代家庭生活方式的重要组成部分。农业社会的人际关系的特点是人际交往少,大多只在户内交往,社交很少,有"鸡犬之声相闻,老死不相往来"之说,这是和农业社会自给自足的自然经济相适应的。现代社会则不同,社会化大生产,发达的社会分工,以及市场经济,使每个人相互连接紧密,相互依赖性强。从某种意义上说,农业社会是"没有他人我能活",现在是"没有他人我不能活",因此,今天社交对于个人与家庭都很重要。"公共关系"在今天很热。

一些人利用闲暇时间，开展广泛的社交，发展各种关系，一方面交往的本身就是一种娱乐和寄托；另一方面，通过交往，发展各种公共关系，以利于生存与发展，何乐而不为？

4. 闲暇生活的知识化

人们在闲暇生活中除去休息、享乐外，还有自我实现和自我发展的目的。因此今天一些人利用闲暇参与各种学习和进修，实现体力和智力的储备和提高。在1998年进行的中国大城市闲暇生活状况的调查中，有近20%的被调查者在闲暇时参与过各种专业和技能的学习。他们通过“自考”“电大”“业大”“函授”“职大”“辅导班”“老年大学”等途径，学习包括“计算机”“外语”“驾驶”“各类专业知识”“生活技能”“音乐、绘画、书法、健身”等知识。学习的主要动机或者是“提高知识和技术水平”，或者是为“获得文凭”，或者是为“改善工作条件”，或者是为“增加工资收入”，或者是为“出国”，或者是为“寻找就业门路”，或者是为“提高生活能力”，或者是为“增加生活情趣与品位”，有的干脆是“随大流”。各种目的都在驱使人们在闲暇中参与学习，这些活动都提高了闲暇生活的知识化水平。

丰富多彩的闲暇生活应当是知识化的。人类的科学知识在19世纪是每50年增加一倍，到20世纪中叶每10年增加一倍，而现在是每3年就翻一番，在知识和信息“爆炸”的时代，人们必须利用各种机会抓紧学习，才能适应时代的要求。

第四节　现代化的家庭管理

在现代家庭生活中，家庭管理是不可缺少的。家庭管理是指家庭中的组织和建设，它以提高家庭物质生活和精神生活质量为中心，包括组织、决策、指导、协调和实施家庭生活的一切方面。

一、家庭管理和家政

家庭管理也叫家政,家庭管理的学说也叫家政学。在美国,从 19 世纪 60 年代起,一些大学就开设家政学课程,讲授家庭管理知识。在其他一些国家还出版了大量有关家庭管理和家庭生活的杂志,以研究家庭管理的规律和方法。

美国 1977 年出版的《韦氏大学词典》对家政的解释是:“家庭主管特别是主妇应知应会的理论与实践。”

英国 1978 年出版的朗文对家政学的解释是:“对家务、特别是购买食品及烹饪、洗涤等技巧的研究。”

我国出版的《辞源》关于旧的家政学的解释是:“研究治家种种事项之学。凡家事经济、交际、饮食、房屋、装饰、卫生、侍疾、育儿及家庭教育、交际、礼仪、役使婢仆等皆赅之。”

因此,所谓家庭管理或家政就是组织管理家庭中的日常生活,其中包括家庭经济管理、家务劳动管理、家庭饮食管理、家庭物资管理家庭环境和卫生管理、家庭安全管理、家庭娱乐管理等。

实行家庭管理搞好家庭建设十分重要。它有利于家庭职能的发挥、家庭关系的和谐、家庭结构的稳定,有利于提高家庭生活质量,有利于家庭生活的幸福。家庭是社会的细胞,使家庭细胞进行正常的新陈代谢,保持旺盛的生命力,必然有利于社会肌体的健康和发展。

二、现代家庭管理的社会化原则

家庭是一种社会生活组织,如同其他社会组织一样,有其自身存在发展的客观规律性,也受社会发展的环境和各种因素制约。所谓家庭管理的社会化原则是指现代社会的发展变化为家庭管理提出的一些新的原则。

(1)现代机关、企事业单位管理中有节约时间,讲求效率的原则。争取在单位时间里做更多的事情,一些人把它运用到家庭管理中。美国《基督教科学箴言报》登载过密歇根州格兰拉匹兹的苏珊·凯·琼斯女士关于家庭管理的主要目标就是有效率地做一切事情。她提出许多建议,比如:

一星期制作一张日程表,将这星期每天应做的家务都排在上面,把它挂在厨房内,利用每天发现的空隙时间将这些家务做完。

每月制作一张一览表。在每个月的第一天填上所有的常规活动,如看芭蕾舞和电影,参加学生家长会,出席社会团体的聚会,拜会亲朋。还要记下这月中某些较重要的事情,如亲朋的生日祝贺等。也可以用一本记事日历来代替一览表。

尽可能先做生活中必做的事务。在保证工作和学习时间的条件下,再做其他次要的事。

避免在高峰时间外出购物、就餐、上影剧院。

平日里保持饭菜简单。

为了使你自己有时间来学习和工作,对那些关系不大、兴趣不大的社交活动必须婉言谢绝。

琼斯女士的建议很多,我们只列举上述几条。她在运用行政管理方法管理家庭方面是卓有成效的。

(2)现代社会重信息的原则。所谓信息就是关于生活主体同外部客体之间有关情况的通知。人离不开信息,家庭离不开信息,社会离不开信息。未来学家预测,21世纪是"信息时代",信息的发达必将提高人的社会化程度。在现代家庭管理中也必须贯彻重信息的原则,保证家庭成员之间,家庭与社会之间的信息畅通。在国外有许多家庭利用计算机、电话、电视等工具搜集和分析市场情报、社会服务信息以及各种娱乐休闲设施的服务状况,来确定购物、出行、旅游、娱乐的时间、路线和方法等,都是值得借鉴的。

(3)现代社会把握市场经济规律的原则。现代发达国家普遍实行市场经济,把握市场经济的规律,对搞好家政和家庭管理是十分重要的。比如,家庭购物要根据物价规律和供求关系,掌握购物时机,并根据商品的效用决定购物态度。市场学告诉我们,任何一种商品,都有它的生命周期,都受物价规律支配,都要经历"出现—成长—成熟—饱和—衰落"的历史过程。如今百业俱兴,商品琳琅满目,日新月异,加之社会宣传媒介发达,一个人每日要接受成百上千个商品和广告的信息刺激。因此,购物要审时度势,掌握行情,抓住时机。随着商品的成熟、饱和及工效的提高,价格自然比以前便宜,货源会更充足,甚至过剩而降价出售。所以一般说,购物的最佳期是产品的成熟期,而不是出现期和衰落期。因为出现期的产品幼稚、价格高;饱和衰落期的产品则要更新换代,物失其值。

精明的管家不仅能抓住购物时机,而且善于根据商品的效用决定购物态度。从商品心理学角度来说进入流通领域的消费品,按其功用,大体可分为日常消费品、耐用消费品和特殊消费品三大类,人们在购买这三类不同消费品时应持不同的态度。购买日常消费品,为的是满足基本生活需要,不必花费很多时间,不需太认真挑选则可决定购买,如柴米油盐等,价格比较低廉,规格比较固定,供求弹性不大,一般属日常生活不可缺少,必须重复购买的低值易耗物品。购买这些商品,只求不坏、不损、不短秤、不变质,便可迅速决定购买,就近购买,即买即用;凡属价格昂贵的耐用消费品,如各种家具、电视机、电冰箱等,价值较高,使用期较长,既有耐久的使用价值,又有较高的欣赏价值,选购时应对它的外观、造型、色彩功能、价格进行综合比较,择优购买;特殊消费品,如首饰、化妆品、室内陈列品、珍贵工艺品,购买时要持慎重态度,量力而行。

以上我们列举了一些现代社会的变化为家庭管理的革新提出的一些可供参考的新原则、新方法。除此之外还有另一些,比如今天是高科技时代,家庭管理也应科技化、现代化,增设现代化的家用电器和设备,既可减轻家务劳动负担,也可节约时间;再比如在家庭管理中实行民主的原则,实行家庭成员(不分年龄、性别、角色)平等,家务事民主协商与分工合作,既能提高家庭管理效率,也能增进家庭成员之间的情感,密切家庭成员之间的关系等。总之,现代家庭管理是要把现代社会发展和管理中科学的、富有生命力的东西和准则引入家庭,用于管理家庭,目的在于提高家庭生活质量,实现家庭生活的幸福与和谐。

第十三章 家庭的未来

人类的家庭已经有几千年的历史。家庭有它的历史和现状,也必然有它的未来。摩尔根说:"如果承认家庭已经依次经过四种形式而现在正处在第五种形式中这一事实,那就要产生一个问题:这一形式在将来会不会永久存在?可能的答案只有一个,它正如过去的情形一样,一定要随着社会的发展而发展,随着社会的变化而变化。它是社会制度的产物,它将反映社会制度的发展状况。既然一夫一妻制家庭从文明时代开始以来,已经改进了,而在现代特别显著,那么至少可以推测,它能够有更进一步的改进,直至达到两性的平等为止。如果一夫一妻家庭在遥远的将来不能满足社会的需要,那就不能事先预言,它的后继者将具有什么性质了。"①

家庭是人类社会历史发展到一定阶段上的产物,要讨论家庭的未来离不开家庭与社会的关系,在当前主要是家庭与社会的经济关系,即家庭与工业化、现代化的关系。这是微观家庭与宏观社会关系的核心问题。它关系到家庭的前途,包括它在未来的存在形式、职能以及它的生存与覆灭。

① 《马克思恩格斯选集(第四卷)》,人民出版社 1972 年版,第 79—80 页。

第一节　家庭与工业化、现代化

一、"家本位"与"人本位"

在当今世界上，从家庭和个人关系的角度上说有两种代表性的文化："人本位"和"家本位"。所谓"人本位"是说在个人和家庭的比较中更重视个人，强调个人的生存、个人的利益、个人的意志、个人的发展，主张人的个性和独立性，以家庭服从个人。在西方社会，大多是"人本位"。但"家本位"不同，它在个人和家庭的比较中更重视家庭，强调家庭的利益、家庭的生存、家庭的意志和家庭的发展，以个人服从家庭。一个社会实行"家本位"还是"人本位"跟社会的经济发展水平有关，也和文化传统有关。如果我们比较美国和中国的情况，就能了解这一点。

从经济发展的角度看，以往落后的小农经济是以家庭为基本的生产单位，也是人们赖以生存的基本团体。在生产力低下的小农社会，依靠个人的力量是不足以维持生产的，要以一家一户为单位进行生产，个人对于家庭的依赖性强，要服从家庭的利益与安排，"家本位"是适宜的。现代社会的发展，以大工业的社会化生产代替以家庭为单位的小农生产，它需要自由的劳动力，需要高度的社会流动，人们淡化了家庭和乡土观念，确立"人本位"的价值取向。换句话说，在一般的规律上，工业化水平越高，经济越发达，越容易实行"人本位"，反之则是"家本位"。了解中国和美国工业化和经济发展水平的差异，就能知道为什么美国更容易是"人本位"，而中国则是"家本位"的。

在这里我们暂且不比较"人本位"和"家本位"的利弊优劣，而是面对中国的现实,由于中国刚刚开始由小农生产向现代化大工业生产的转变过程,由于中国几千年文化传统的根深蒂固的影响,中国人今天在个人与家庭的比较中还是较为重家的。今天在中国的语言中,还是以"一家人""亲兄弟姐妹"来表示社会关系中最亲密的一层,家庭结构的重心在纵向,不在横向。亲子关系比夫妻关系重要,以亲子关系支撑夫妻关系,夫妻为子女而相互维持,不轻易离异。人们以家庭利益为重,牺牲个人服从家庭,是"家本位"的。

二、中国"家本位"的主要特点

在家庭关系章节里我们曾经谈到社会学家孙本文认为:"中国社会组织,以家族为中心。一切制度风尚,几无不由家族扩而充之。"[①]他列举了家族制度的8个特征其内涵十分丰富,特别是在主张家长制、强调亲属关系的重要性以及家庭关系的等级秩序方面更具有其特点。

一般而言,东方文化更多是实行"家本位",然而同称"家本位",其间有较大差异事物往往在比较中能得到鉴别,如果我们把中国的"家本位"和日本的"家本位"做比较,就能更了解中国。

和中国社会相比,日本社会属东方文化传统,也是"家本位"的。但其内涵与中国不完全相同。在日本社会里,潜在的集团意识是根深蒂固的,其要素源于日本人传统的普遍存在的"家"的观念。这种观念无所不在,几乎遍及整个日本社会。日本人常把自己工作的地方称为"我家的",日本的企业家也用"家"的精神办企业,把企业办成一个大"家",把企业职工视为家庭成员。日语"家"一词的含义要远胜过英语

---

① 孙本文:《现代中国社会问题》,商务印书馆1943年版,第48页。

中的 household 或 family 的含义。日本人的集团意识重,集体意识强,是“家本位”。过去人们在分析日本“家”的观念时,主要认为它同封建的道德训诫有关,而没有从社会结构的基本单位“家庭”方面加以探讨。日本社会学家中根千枝则从社会结构基本单位方面做了十分深入的分析。她认为日本家庭结构的基本因素,不在于长子及其妻子与老父母住在一起这种形式,也不在于由家长当权主事等这种权威结构,而在于家庭是一个聚居体,而且从农业和其他类似生产来说,家庭又是个经营集团。一个家庭要包括它的成员(在绝大多数情况下,即是这个家庭的成员,但其他非血缘关系的成员亦可包括在内),这些成员在一起,构成一个独特的社会集团。换句话说,居住就是组合的基础,往往是由经营组织基础建立起来的社会集团。这里重要的是,这种家庭里的人情关系被认为较之其他任何人伦关系都重要。因此从外边娶进来的妻子、儿媳,要比家里嫁出去的亲姐妹、亲女儿重要得多。这种组合式的家庭集团能把相同属类的成员排除出去,把不同属类的成员包括进来。这种情况在世世代代从事农业或商业的家庭中是十分普遍的。在家庭的形成过程中,不仅毫无血缘关系的外来人可以被请来做后嗣和继承人,甚至仆役和管家也可以被吸收为家庭的成员,并以家庭成员相待。而且这种接纳是毫无保留的,以确保这个管家同这家的女儿结婚后(变成被招的女婿时),家庭财产得以完整继承①。美国社会学家林楠也曾撰文比较过中日家庭。他认为和中国相比,日本家庭传统规则有两个特点,其一是长子继承,其二是领养制度。长子继承是由一个儿子(往往是长子)来继承权威和全部财产,因此比较有利于财产的传

① 参见[日]中根千枝著,许真、宋峻岭译《日本社会》,天津人民出版社 1982 年版,第 5 页。

续和累积，这对于工业化初期的资本积累有利。由于长子的权威和对财产的支配权，使他很容易做出投资的决定，有利于资本的增值与扩大再生产。日本家庭的领养制度可以把非血缘关系的家庭成员包括进来，冲淡原有的血缘关系，废除儿子继承权，提高被领养者地位，有利于没有血缘关系而有才能的年轻人被提拔。林楠还认为日本人重视家庭更重视国家。作为一个日本人也要效忠父亲，但其制度的封建帝王主义的色彩比家庭主义色彩更浓。在日本“孝”和“忠”仿佛是一条连续不断的链条，通过父亲和父亲的上司或领主，通过一级级更高的阶层，将个人和诸侯帝王联系起来。对于人们来说，上边来的命令有家庭的压力做后盾。在日本明治时期，国家领导人号召人们做更大的牺牲，例如可以让昔日的武士参加工作，或让他当警察，使家与家、家与国之间的孝、忠锁链牢固地保留下来①。在日本，家庭的地位很重要，但却是附属在其他社会因素之下的，人们效忠的首先是他的主人，然后才是家庭。日本人也崇拜神灵，祭祖也祭神，而祭神超过祭祖。这种崇拜大结构的关系远远超过崇拜家庭祖先和亲属小结构关系。它表明日本的“家本位”是一种放大了的“家庭主义”。

比较中国和日本的“家本位”，可以看出以下几个明显的区别。

（1）中国家庭的“家本位”以家庭中的血缘关系为纽带，最重视血缘关系，重视历史的根据。而日本的“家本位”虽以血缘关系为基础，其中包括有许多业缘关系，更重视业缘关系，重视现实的联系。

（2）在小结构“家”和大结构“国”的比较中，中国的“家本位”以“家”为重，比较狭隘，而日本的“家本位”则以国为重，比较开阔。

---

① 参见林楠《从家庭结构看中国社会》，《中央研究院民族学研究所集刊》1988 年第 65 期。

(3)中国的“家本位”比较重伦理方面,是务虚的,比较讲求“孝道”“兄友弟恭”等伦理方面,而日本的“家本位”比较注重经营和财产等经济方面,更为务实。

(4)中国的“家本位”更重视祭祖,日本的“家本位”更重视祭神。

从以上可见,虽然都是“家本位”,但其间的差异很大,对今天的社会也会发生不同影响。孙本文曾深刻地阐明在中国这种家族根深蒂固的社会“但知有家,不知有国,几成为一般人的中心态度”,他说:“在家族本位的社会中,凡人之一切事业,不在于增进国家社会之幸福,而在于养成家族中的优良的子弟。不宁唯是,家族本位的模型,影响社会其他组织。商店工厂,犹如一个家族组织,店主、场友与伙友工人的关系,犹如父子兄弟的关系。政治制度,亦犹如一个家族的组织。君臣与父子夫妇,并称三纲。故君主时代,君臣关系,犹父子夫妇关系。且地方官吏,尝有为民父母之称,即为家族之义所扩充。爱他人之子,则养为义子,爱朋友过深,则结为兄弟。此皆由家族本位精神所推广的结果。”[①]正如孙本文所说的,中国这种以家族扩展到社会的文化,对今天的社会仍然在产生影响。

三、“家本位”对中国工业化、现代化的影响

家庭在中国社会中的地位使它对中国的社会进程,在目前主要是对工业化、现代化的进程发生了影响,而这种影响在不同的地域有不同的表现。在香港和台湾是私有制为基础的社会,“家本位”对社会的影响共同方面较多。黄绍伦在《香港家庭与企业社会学》一文中说:“家

① 孙本文:《现代中国社会问题》,商务印书馆 1948 年版,第 49 页。

庭与企业之间存在直接的关系，两者的有机结合，反映出传统的活力。我认为在香港社会里，家庭是主要经济竞争单位，创业精神遍及各阶层。香港的华资企业，不论规模大小，行业的异同，都是以家族企业为支柱的。”黄先生认为香港的家族企业有四个特点：第一，企业由家族拥有，但拥有方式和企业的管理手法及人事制度之间，存在着相对独立性；第二，家族企业的盛衰强弱，在结构上是受家庭生命周期的影响，大致按照创业雏形期、高度集中期、内部分割期、衰落解体期这四个阶段发展；第三，香港的经济秩序，是建立在个人信任和系统信任的有机结构上，而个人信任的基础主要是依靠家庭的影响；第四，家庭关系虽然是华资企业内部的凝聚力量，但企业之间的生意往还并非依靠生意网络来维持，而是有赖于其他的个人关系，如同乡和同学关系①。

在台湾，家庭和家族企业吸收了社会劳动力的80%左右。其企业的“家本位”特征更为明显，不仅家庭具有所有权，而且家庭有经营权。林楠在《从家庭结构看中国社会》一文中指出：台湾工业企业都是由家庭来经营的。我们称之为“家庭企业”。进一步说，企业的所有权和经营权不分。每一个企业的董事长又兼该公司的经理。企业权威系于创业者自身和其继承人（儿子或配偶）。企业成功之路是顺袭家庭传统的。家庭和家庭经营没有区别。企业经营依赖于家庭的扩大与延伸。企业中都是家庭成员在那里起作用。林楠还引用台湾的《天下杂志》所披露的事实：台湾的一些主要的大型企业都已经确立了创业者的亲属接班体制。如“大同”“远东”“声宝”“味全”“裕隆”“台湾玻璃”等都是儿子接班，而“中兴”等继承人是妻子。可见台湾的“家本位”对经

① 黄绍伦：《两岸三地社会学的发展与交流》，台湾社会学社1996年版，第130页。

济和企业的影响更直接,更带有传统中国文化特色。

从香港、台湾地区推及整个世界各地华人社区、社会,"家本位"和家庭文化对工业化、现代化都产生了不同程度但十分明显的影响。新加坡总理吴作栋在强调家庭因素对经济发展的重要性时说:"如果我们丢掉了传统文化,失去了家庭的力量和凝聚力,我们就失去了我们的活力,就要败落。这(家庭观念)是东亚经济成功的一个无形保障。"

华夏大地是中国文化的发祥地,是中国传统文化的大本营。"家本位"对于中国的工业化和现代化的影响是肯定的,然而,当我们讨论社会因素对经济发展的影响时,必须和它的经济与社会发展的实际状况联系起来,就好比香港和台湾同是中国人,但其社会差异却客观存在那样,台湾在家庭文化对经济发展的影响方面比曾在英国治理下的香港表现得更为明显,更具有中国特色,而香港则兼具中西方色彩。我们要讨论在中国"家本位"对经济发展和现代化的影响,必须要注意到它的历史和社会发展的现实,值得指出以下几个方面:

第一,自1949年中华人民共和国成立以来,无论是城市还是农村,实行的都是社会主义公有制。在这点上,与其他华人社区不同。

第二,1979年中国实行了改革开放,开始了多种所有制并存的局面,然而公有制仍占有很大比重。

第三,中国的改革在城市和农村的速率不同,方式和方法也有很大差别,因此它所表现的经济与社会发展的相互作用的机制和影响也不同,不能简单概括为一种模式。

据此,我们在讨论"家本位"对中国经济发展和现代化的影响时,分为两个方面来讨论,一是自农村实行联产承包责任制以来,以及个体经济和私营经济出现以来的影响;二是在城市国有企业、事业单位和国家机关所发生的情况，然后再来做些综合的思考。

1. "家本位"在农村及个体私营经济中所表现的传统活力

在中国的经济改革中，"家本位"表现了传统的活力，促进了经济发展和工业化进程。它具体表现为在中国这样一个社会中，"家本位"在一定的范围中有利于调动人们的社会生产劳动积极性，有利于提高生产的效率，有利于建立企业精神和道德。

(1)有利于调动人们的社会生产劳动积极性

中国还处在社会现代化发展的初级阶段。改革前的经济发展机制不利于调动人的积极性，"一大二公""平均主义""大锅饭"，无论从人们对生产资料的关系和人的利益认同方面都抑制了人的劳动热情。改革以来中国及时调整了人和生产资料的关系，调整了生产组织方式，建立起新的利益共同体，从而使改革取得突破性进展。改革从农村开始，改革的中心是实行以家庭为单位的生产承包责任制。自从安徽十几户农民解放思想，实行包产到户之后，立即被推向全国，并表现了强大的生命力。今天从社会学角度分析这一问题，不能回避"家本位"的问题。这一改革之所以是成功的，是因为它顺应了中国的具体国情，抓住了人们重家和对家庭利益认同这一点，把家庭作为社会利益的基本共同体、作为生产的基本组织单位，是符合今天的社会现实的。这一改革虽然还没有从公有制倒退到私有制，但在生产关系上有了很大调整，以家庭为生产劳动的基本组织单位，家庭拥有对生产资料(主要是土地)的使用权和支配权；在对劳动产品利益的分配上也有了很大调整，以家庭为劳动产品和利益的基本分配单位，家庭对劳动产品也有支配权和分配权，因而调动了人们的积极性与热情。事实表明，由于中国人重家以及家庭成员和亲属关系的天然的内在联系和特殊的互动关系，且他们有共同的生活环境和共同的利益，在分散的农业、手工业、零售商品业，在个体和私营企业，以家庭为社会生产的基本组织单位是适宜的。

(2)有利于提高生产效率，建立起高效运行机制

"文革"以前的中国是依靠理想和信念，依靠"思想政治工作"，依靠组织纪律来维持生产运行机制和效率。自"文化大革命"拨乱反正以来，以前的那一套办法不灵了，需要建立起新的提高生产效率的机制和企业运行机制。"家本位"在此时起到了弥补和替代作用。家庭关系和其他社会关系相比，常常表现了更直接、更密切、更可依赖、更有效的特点。比如，丈夫、妻子和孩子之间打交道要比他们与外人打交道更守信用。家庭成员因联系密切，交往便利，不必经过中间媒介传递信息，使相互之间的合作更加容易。在现代社会交往和交换活动中，特别是带有传统家庭主义色彩的中国社会，无论是获得帮助和忠告，还是得到资助和贷款，人们从亲戚那里都比从效率不高的官僚机构或公司企业那里更容易得到，代价也要小一些。也就是说，在相对落后的社会经济条件下，家庭结构所具有的优越性是现代官僚制度和公司企业所望尘莫及的。

事实表明，发挥"家本位"中亲属关系的特殊性和优越性，不仅在中国的家庭联产承包责任制中发挥了直接而明显的作用，而且在一些依靠集体力量致富的地方也发挥了作用。天津市静海区大邱庄是中国北方农村改革以来致富的一颗耀眼的明星，也曾是北方各省首富村。1979 年时，该村只有一个工厂，以后依靠发展乡镇企业而发达起来，到 1988 年已发展到 117 个工厂，只有 9 户人家从事农业生产。1987 年该村生产总值达 2 亿多，超过了中国许多贫穷县的总产值。到 1996 年，该村已扩建成镇，发展起"万全""尧舜""津美""津海"等 4 个集团总公司，年产值达 106 亿。这里不赘述它的发展历程，只是想指出，该村

有一个发达的亲属网，而这一网络曾在发展初期起到了提高效率的作用。该村包括禹、刘、李、张、马五大姓，由他们延伸出来的家庭家族和亲属关系分别控制几个公司集团。以前大邱庄农工商总公司经理禹某为例，他在任总经理和董事长时，他的大儿子、小儿子先后任该集团总公司的副总经理、团委书记等，而他的女婿则任总公司下属一个集团公司的总经理。在另一个公司里，丈夫是经理，妻子是会计，儿子是办公室主任。而大邱庄早期的工作效率在一定程度上是靠亲属关系来维持的。比如说，上级对下级下达命令不通时，有时可转换角色，变成父亲、叔叔、大爷向儿子、侄子讲话，反而变得有作用、灵便。这种情况在大邱庄有，在其他地方也有。应当指出，由于农民有分散性、无组织纪律性和落后性等特点，依靠现代规章制度、科层组织有时并不能提高和维持效率。在一定历史发展阶段上，依靠亲属之间的关系和认同，亲属角色等级秩序和影响，以亲属关系的身份发令和指挥，反而灵验，反而能产生较高的效率。

(3)有利于建立起企业精神和道德

现代社会企业的生存与发展也需要精神和道德。从历史发展的角度看，家庭伦理道德是社会伦理道德体系的基础与核心，是社会道德体系中最为成熟的部分。家庭的凝聚力、亲和力、互助友爱、尊老爱小，家庭的有序、角色分工的确定性，都能为现代企业注人精神活力。对西方工业化早期的一些研究表明，亲属网络不仅为新兴的企业带来源源不断的劳动力，而且也带来了服从的习惯和整合精神。在西方尚且如此，在“家本位”的中国就更是如此。

2.“家本位”在国有企事业和国家机关中的干扰力量

如果说在改革初期，“家本位”在农村和个体私营经济中表现出了传统的活力，促进了经济的发展，而在城市，在国有企业和国家机关中，却出现了许多相反情况。我们首先注意到在国有企业和国家机关中无论从所有制形式、经营机制、分配机制上都难以形成以家庭为单位的利益共同体。其次，在国有企业和国家机关中已经形成了一套和西方社会科层制不完全相同，但相类似的企业和机关管理机制。第三，国家企业和国家机关人员素质较农民和个体私营者为高，他们长期以来不断接受社会主义和集体主义教育，自改革开放以来他们又对西方资本主义的方法和意识形态有较多了解，相比而言，传统观念较少。在这种情况下，“家本位”的张扬，常常不是大团体的利益的认同，而是小家庭利益的扩展；带来的不是企事业机关的整合力，而是离散力；带来的不是效率，而是扰乱了它的秩序；带来的不是现代道德和精神，而是不正之风。今天，我们可以在城市企事业单位和国家机关中找到“家本位”的影子，也能时常体验到它的干扰力量。

(1)裙带关系和不正之风

在中国近十几年来人们对党风和社会风气不正深恶痛绝。仔细分析起来，亲属意识过强、裙带关系过重，是党风、社会风气不正的根源之一。

所谓裙带关系旧时是指与妻子姐妹有关系的，这里泛指一般亲属关系，在中国社会里是颇受重视的。中国有句成语叫“沾亲带故”，亲是亲戚，故是朋友，相比而言，亲总是第一位的。正如孙本文所说的，凡宗族戚党之人皆休戚与共分子。自改革开放以来，党风与社会风气不正，其表现之一就是裙带关系盛行。所谓“夫人参政”和“父子兵”是常见的。

以“夫人参政”来说，她们不是那种依靠自己的能力和才智走上领导岗位的现代女性，而是靠丈夫的权势行事，她们有时在幕后，以特殊的方式参政，比如刮“枕头风”，对身居帅位的丈夫施加他人所无法达到的影响。有的则从幕后走到幕前,公然代表其丈夫,直接参政。从人事的升降任免,到大政方针的拍板敲定,甚至收受索要礼金财物,为子女搞特殊化打通关节,甚至为犯罪子女说情包庇等,都在干预之列。

再看“父子兵”“子女接班”“子女顶替”的事情在国有企业和国家机关中是不少的,一些人利用手中的权力和机会,把子女提拔到领导岗位上来或安插到自己的部门中来,以增加自己的势力和“耳目”,致使一些能力平庸者身居要职,抢占工作条件好、生活福利待遇较优越的单位或岗位。一些人在父兄的庇护下,以权谋私,侵占集体和国家的利益,少数人甚至为所欲为,为非作歹,有恃无恐,这样的事例有很多。

1984 年 5 月,营口新建鲅鱼圈区。李某从筹建到任区委书记期间,利用职权安排、重用子女亲友十多人,把自己的儿子、大女婿、表妹夫分别提拔为区工商局副局长、区团委副书记和城建局副局长,还将两个女儿及堂弟、表弟、儿媳等人调来区里,到公安、人事劳动、物资等部门掌管分配大权。又比如安徽省某县医药公司经理兼支部书记李某,利用职权将其儿子、女儿、儿媳等 11 人安排在公司工作,同时还安排了另外 5 个亲戚到该公司工作。李某利用职权很快将其女儿提拔为副股长,以后又提拔为该公司的副经理。据统计李某的亲属中先后有 6 个人被提拔到领导岗位,分别把持了业务、财务、人事等大权。该公司的职工气愤地说,这里哪里是什么国有公司,而是李某的“家天下”①! 可见,在城市国有企事业中、国家机关中,由“家本位”带来的负面效应是十分明显的。

(2)亲属网络和“科层制”的冲突

由“家本位”带来的社会不正之风,也使一些企事业单位中亲属关

---

① 参见潘允康:《在亚社会中沉思》,中国妇女出版社 1989 年版,第 13—20 页。

系盘根错节。它和“科层制”发生了冲突。

中国在改革开放中,不仅学习国外的先进的生产技术,而且引进了科学管理方法,以提高政府机关和企事业单位的效率,根据中国国情,建立和完善“科层制”是企事业单位和国家机关改革的重要方面。所谓科层制也称为分部制、分责制,此种制度是指机关内部分别负有专责处理事务的行政体系的一种名称。其特点是在行政机关内部各等级的单位负责人,有固定的职务,有划分的权限,有例行公事的一定程序,有对上对下负责任的范围。换言之,是机关内部刻板方式的行政组织。现代社会里的大规模组织,如政府、工厂、公司、大学、工会、教会等,几乎都有这类科层制的存在。科层制的目的是要提高机关和单位的行政与工作效率。它是以业缘关系为基础的,排斥业缘以外的其他关系。马克斯·韦伯曾指出实行科层制的有利方面在于效率高、正确、迅速、专家控制、连续、谨慎、协调和避免私人感情[①]。科层制的一些主要原则与亲属至上的“家本位”的原则是不相容的。

应当指出,由于“家本位”所带来的不正之风,在一些国有企业单位和国家机关中已经出现亲属网络盘根错节的情况。比如山西省某县粮食部门的83名干部中,有直系亲属关系的占30%,如果加上用“弯头”连接起来的关系相连的人,竟达70%。这些人中父亲当局长,儿子是主管会计,女儿是现金出纳,纪检书记是亲家,从而在企业内部形成了一个严严实实的亲属关系网。在这样的单位中科层制的一些主要原则都无法实行。比如按科层制,机关内职员的地位,依照等级划分,下

---

① 参见中国大百科全书出版社编辑部编:《中国大百科全书》,中国大百科全书出版社1991年版,第81页。

层对上层负责,服从上层命令,受上层监督。上级对属下的指示与监督,不能超过规定职权的范围。而亲属网络的客观存在,事实上打乱了等级秩序,形成了一种超越等级的外在力量,使科层制的原则无法实行。再比如,依科层制的要求,用人要根据专门的技术资历,升级按个人的工作成就决定,即我们常说的"任人唯贤"的原则,而以亲属关系为重,不能不是"任人为亲"的。据有关资料披露,某县常委开会时,7个委员总是6个人意见一致,反对另一个常委意见。经调查,这6个常委有亲戚关系,开会时相互之间不以职位和职务相称呼,而以"叔舅"之类家属之称相称呼①。这样的领导班子很难实行处理事务一切按法规所规定的条文,不能渗入个人因素,用以维护统一标准的原则。因为亲戚之间要严格区分哪些意见和决定是排除了个人因素的,依法办事,秉以公心,恐怕是困难的。总之,"家本位"的原则和科层制的原则有许多冲突和不相容的方面,它的客观存在不是提高效率,而是降低效率,甚至带来混乱,形成干扰和破坏因素,对现代企业和机关建立起科学的管理方法和秩序十分不利。

从以上分析中我们可以知道,在中国目前的发展阶段上,"家本位"对中国工业化和现代化进程发生着两种十分明显的相反的作用。这和中国的具体国情是相关的。我们在研究"家本位"对中国工业化和现代化的影响时必须顾及以下几个方面的差别。第一,生产资料的公有和私有的差别。1949 年以来,曾有一个大规模的社会公有化过程,在公有制体制下是很难建立起家庭在生产和经营中的利益共同体的。自改革开放以来,中国出现了部分个体私营经济,就有可能在部分

① 参见潘允康《在亚社会中沉思》,中国妇女出版社 1989 年版,第 22—23 页,

领域中建立起和生产、经营相关的家庭利益共同体。“家本位”作为一种客观存在的社会文化现象,在上述两个领域中会发生不同的影响和作用:在私有经济中多整合作用,在公有经济,特别是大中型国有企业中,在国家机关和事业单位中,多消极作用。第二,在农村和城市的差别。中国改革开放的突破口在农村,以家庭联产承包责任制为中心的改革,虽然并没有从公有制转变为私有制,但在很大程度上调整了生产关系。因此,“家本位”在农村的作用比较明显,不仅起到了一定程度的整合作用,而且对相对分散、组织不发达、不健全的农村也起到了提高效率的作用,在城市则相反。第三,现在和未来的差别。中国还处在工业化和现代化的起步阶段上,各种封建社会的残留意识仍然较浓厚,经济与社会发展也很不平衡,在现实阶段,传统的“家本位”的作用比较突出。随着社会的发展和工业化、现代化,“家本位”的负面作用将明显暴露出来,它的影响力必然会被削弱。在中国未来的社会,像发达国家一样,高度的社会流动、严密的科层组织、社会性的经营运作机制的形成已不可避免。因此,“家本位”的影响将逐步减弱。

四、现代社会对“家本位”的再认识

从人类社会的发展规律上看,不发达的社会总是有发达和强化的血缘关系和弱化的业缘关系,血缘关系是对业缘关系的取代与合一。发达的社会,则是强化的业缘关系和弱化的血缘关系,业缘关系削弱血缘关系,和血缘关系分离。因此,我们可以认为,在未来社会的发展中,家庭的经济职能将变化与消失,“家本位”将弱化,家庭也将淡化。对此人们也有不同看法。

2001 年 10 月 30 日英国《金融时报》曾以《家族企业可以应付最糟

糕的情况》为题著文说，作为意大利最大的制造企业，菲亚特汽车公司今年的产量将减少 10 万辆，但是现年 80 岁的菲亚特汽车集团创始人阿涅利对家族企业信心十足，他说："长远看来，家族企业似乎是世界经济的避风港和力量的源泉。"面对经济衰退和打击恐怖主义的战争，工业化国家中规模最大的公司匆忙调整经营活动，而家族企业似乎能经受考验。伊利诺伊州凯洛格研究家族企业的专家约翰·沃德说："家族企业天生就能在危机中更顽强地生存，因为它们的本性使之可以适应外部环境。"家族企业在传统上眼光长远。即使在混乱时期，它们也维持相对较高的研究开发费用。它们很少放弃自己的战略，通常继续对企业进行投资。家族企业都有渡过难关的历史。沃德强调说，家族企业可能不止一次丧失最重要的客户，不止一次失去家族领导人，不止一次承受更沉重的打击，乌拉圭蒙得维的亚大学的教授阿尔瓦罗·比拉塞卡认为，家族企业与其他公司的重要区别在于家族企业的连续性。他说："连续性来源于把企业当成需要保护并传给后代的遗产的信念。这是每一代人对下一代的义务，也是每一代人对上一代人的承诺。""就目前来看，家族企业可能把此次经济衰退当成一种威胁，或者是一次机遇。但是它们足以承受外来的打击。"

美国《财富》杂志评出的 500 强企业中大约有 1/3 是家族企业。意大利最大的 100 家公司中有 43 家家族企业。法国最大的 100 家公司中有 26 家家族企业……工业化国家的家族企业雇用了 50% ~60% 的劳动力。

从以上报道中我们可以了解人们对未来社会"家本位"的又一种认识，即家庭和家庭关系在现代经济发展中的活力。这是一个值得继续探讨的理论和实践问题。

第二节　家庭的未来

家庭经济职能的消失,家庭在现代社会出现的动荡和不稳定性,引起人们对家庭的各种议论和猜测,有关家庭的前途与未来既是一个现实问题,也是一个理论问题,现在有关家庭未来的各种议论非常之多。

有的议论是从哲学上的抽象思维出发的。比如,根据事物有生有灭的规律,认为既然家庭是人类历史发展到一定阶段上的产物,它必然伴随历史的发展而消失(消灭);又比如根据事物由低级到高级螺旋式发展的规律,推论未来的家庭只能是对原始群婚制的否定之否定,是向现代群婚制的演进。

有的是从生产力和科学技术的发展上预测。托夫勒在《第三次浪潮》一书中对未来的电子家庭做了描述。他认为,未来社会人们将重归家庭。电子时代的家庭工作的任务是计算机编程、写作、远距离监测生产过程,或者电子通信打字,那么一个人的生活立刻会起变化。人们在家庭中就可用计算机操纵工厂中的一切生产,无须离开家庭,劳动又脱离了工厂和办公室,而重新回到家庭,家庭在人们生活中享有重要地位,而且这一变化,即"工作家庭"的大规模发展,不仅影响家庭结构,而且会改善家庭内部关系。简单地说它能提供共同的体验,使夫妇彼此再次对话,使夫妻关系随着共同劳动由"冷"变"热"。它也给爱情赋予新的定义,并由此产生"丰富爱情"的新观念①。

有的是从生育上推论。认为人类之所以需要家庭,是因为要生育

① ［美］阿尔文·托夫勒著,朱志焱、潘琪、经焱译《第三次浪潮》,新华出版社 1996 年版,第 283—284 页。

子女、繁衍后代、绵延种族与社会，生育技术的创造与发明，包括“试管婴儿”“无性繁殖”“人工制造蛋白质”“克隆技术”等将改变人类的生育和传宗接代方式，家庭生育功能的弱化与消失，将改变家庭在社会中的地位。

有的从家庭的“性爱”功能上推论。认为爱情是现代和未来家庭的基础，“性爱”是未来家庭的基本功能，这一变化将导致家庭末日的到来。齐默曼著有《家庭与文明》一书，称家庭正朝着个人主义、平均主义的世俗化方向发展，他认为现代核心家庭是垂死的文化的附属物。他说，绝大多数家庭社会学家仍然是地地道道的进化论者，他们错误地欢迎家庭的上述发展趋势。他赞同索罗金的论断：“家庭的主要社会文化功能会进一步削弱，直到家庭变成一个男女纯属偶然同居的场所，而家则变成一个主要是两性关系的非常短暂的居所。”①

无论如何，所有的人都认为家庭正处在巨大的变革之中，未来的家庭和今天的家庭会有所不同。

一些西方学者认为，西方传统的一夫一妻制正在被连续的“多配偶”制所代替，就是说，一个人一生中可以多次与不同异性建立婚姻关系。他们提出十分尖锐的问题，人类的本性需要一夫一妻制吗？他们认为未来婚姻将是一种全然与现在不同的新型的婚姻制度。那将是一对自由、平等的男女灵肉的高度和谐的结合。它既不受罪恶和良心的折磨，亦不担心舆论和法律的惩罚。未来将是人性自由和人间道德之间达到和谐和统一的境界。在将来，男女结合都是为了得到感情上的

---

① 参见魏章玲《家庭社会学与现代化》，《社会科学战线》1981 年第 1 期。

满足,感情上相互满足,才是双方结合的真正基础[①]。

托夫勒在《第三次浪潮》一书中指出,第二次浪潮摧毁了现有的家庭形式,第三次浪潮则带来了无穷多样的家庭形式。“这种反映在个人生活受到创伤的过程,正把我们的家庭制度,改得超出人们认识的程度。”[②]

索伦蒂诺的《道德革命》一书则对这种“改得超出人们认识的程度”的家庭做了具体描述:

其一,异族联姻。这是种族融合的结果。1971 年美国梅里特出版公司征询了 23000 名学生领袖(来自 18000 所公立、私立和教会中学)关于选择对象的意见:你在未来是选择同族人还是异族人结婚?结果有 73% 的人回答要找异族人联姻,53% 的人同意异族联姻。它说明种族界限在家庭领域将进一步被打破。

其二,无婚姻关系同居。有些社会学者认为,这种同居往往是爱情的结合,这是一种“见习婚姻”,而不是对婚姻的真正背叛。米德等人甚至建议修改法律,以承认这种结合,但青年人认为没有必要,他们根本不在乎社会舆论。

其三,试婚。认为婚姻有两个阶段,一是“试婚”,不要孩子,离婚也容易;二是举行庄严的婚礼,不能轻易离婚。

其四,法律上承认可以重婚。

其五,单身户[③]。

---

① 参见赵淦珊《婚姻家庭的未来》,《国外社会科学》1981 年第 6 期。

② [美]阿尔文·托夫勒,朱志焱、潘琪、张焱译《第三次浪潮》,新华出版社 1996 年版,第 273—274 页。

③ 参见魏章玲《家庭社会学与现代化》,《社会科学战线》1981 年第 1 期。

无论人们从哪一个角度,从怎样的观点出发,对家庭的未来提出何种设想,都围绕一个基本的问题:家庭在未来社会的基本职能是否会改变和消失。家庭对于社会的基本职能的存在是家庭存在和保持现有形态的根据,一旦这一职能消失,家庭就会改变现有的形态,甚至彻底灭亡,不复存在。因此讨论家庭在未来社会的基本职能问题,是讨论家庭的未来的切入点。为此我们还必须回到我们曾反复说过的最基本问题上去:人类社会为什么要有婚姻和家庭?家庭社会学的最重要观点之一就是人类社会之所以有婚姻,要家庭,主要不是为了满足人的情感需要和两性关系需要,而是为了满足社会的需要,是要确立一个社会单位来履行一种社会功能,即生育和人种的传递,完成人类社会第二大部类生产。因此社会才对婚姻与家庭有诸多的限制和规范,包括法律、道德、习俗、宗教、舆论等多种手段,把婚姻家庭变成种社会行为。今天我们讨论家庭的未来仍然离不开这一基本问题。换句话说,未来家庭的这一基本职能是否会改变,是否会消失。

报端上曾披露了这样一条消息,题目为《百年后俄罗斯没了》,是说今天的俄罗斯许多家庭都不想生孩子,出生率在死亡率之下,会引起严重的后果,俄罗斯人口学家发出警告说:“1999 年,俄罗斯出生人口只有 121.58 万人,但死亡人口却高达 214.03 万人。如果照这样继续下去,到 21 世纪末,俄罗斯民族将从地球上消失,整个俄罗斯将变成坟墓。”可见在未来对人类社会真正构成威胁的是家庭功能的丧失,是家庭不再能完成人口的生产和再生产而不是男女之间要不要情感,家庭中有没有爱之类的问题。正因为如此,迄今为止世界上各个国家都致力于保护家庭,而不是消灭家庭。美国是一个极力主张“人权”和“幸福主义”至上的国家。但克林顿的婚外情并没有被同情,反而使他差点丢掉了总统位子，是因为克林顿和莱温斯基的个人情感需求不应当得到满足吗？不是的。而是因为他们的行为挑战了美国的家庭制度。还在20世纪70年代，美国一度享乐主义盛行，有人借用"性解放"的口号，乱搞两性关系，离婚率大大增长了，美国的家庭处于动荡之中。时任美国总统卡特曾三次召开白宫家庭问题会议讨论美国的家庭问题，这在美国是空前绝后的。卡特说："政府显然需要制定一项和睦家庭的政策……再也没有比这个问题更紧急的了。"[①]总统出来干预家庭问题，要维护家庭的稳定与秩序，就是要维护社会的连续性和稳定性，保持人口生产的传续链条不致中断和破坏。我们可以断言，在未来社会还没有新的办法和制度来代替家庭进行人口的生产和再生产时，换句话说，当家庭还在发挥其基本的社会功能时，婚姻家庭仍将保持它的基本形态，是不会消失的。

一些人断言，未来一定会有新的人口生产方式代替现在家庭的职能，代替婚姻家庭中男女交媾的办法，主要依据是现代科学技术的新发展为解决这一问题提供了前景。从人工蛋白质的合成和试管婴儿的诞生，人们就预想到生育在未来可能脱离母体，被其他方法所代替。在克隆羊多利出现之后，已经很少有人对克隆人类表示怀疑，而克隆人类并不需要性器官，用母体身上的某块切片就可以再造一个新的个体。照此推理，人们可以完全按照自己的理想和意愿造出人的自身，包括体格、相貌、心理、性别。这些都为人类自身的生产描绘了一幅"十分美好的前景"，但如果我们把它放在社会发展的层面上来思考，这一"美

① 参见[美]阿尔文·托夫勒，朱志焱、潘琪、张焱译《第三次浪潮》，新华出版社1996年版，第274页。

好的前景”并不诱人，而且值得怀疑。

首先，人在社会发展中不能不更多考虑“人类自身生产的生态平衡”问题。20世纪经济和社会的发展给人的最大启示是必须保持“生态平衡”。人类如果完全按照自己的主观意愿行事，违背客观规律，过度开采自然资源，污染环境，破坏大自然的“生态平衡”，必将受到大自然的惩罚。而为了更好地生存，实现可持续发展，必须尊重客观规律，保护环境，实现生态平衡。今天这一观点应该被引用到人类自身生产和再生产中来。天体造物，自然演化，有男有女，男女交媾，父精母血，孕育了新的生命，这是不可抗拒的自然规律。世上之人，有高有矮，有胖有瘦，千差万别，构成了丰富多彩的大千世界，构成了人类自身生产的生态结构与平衡，也是不可改变的。我们可以改造人的自身，使未来的人种更健康、更漂亮，但我们绝不能把未来的人都变成一个模样，绝不能从根本上摧毁人的遗传方式和链条。还在十几年前，当社会上传出人们试图用科技手段检验和控制生育的性别时，社会上就有忧虑，即如果每个人都按自己的意愿行事，只要男孩，不要女孩，会造成男女性比例失调的灾难。今天当人们想用克隆技术和其他新技术、用工厂生产物质产品的方式去生产人类的自身，被“克隆”出来的人，一样的高矮、一样的谈吐、一个长相、同样的思维方式，那将会组成一个怎样的人群和社会？这种挑战人类自身生产的客观规律，破坏人类种群结构的“生态平衡”是更为可怕的。它同样会遭到客观规律的惩罚。在这条路上人不能不“望而却步”，乖乖回到按客观规律办事的道路上来。

其次，人类自身生产和再生产的内涵也对“新的生育方式”提出了质疑。人们用“生育”的概念来说新生命的造成。生育有生殖和抚育两重意义。从概念上，我们可以把生殖和抚育分得很清楚，生殖是新生命的造成,抚育是生活的供养。在事实上,只有用分裂法来生殖的单细胞生物中,这两件事的分界才可划分出来,在其他高等动物中,两性生殖细胞结合之后,新生命虽已造成,但是这胚胎要能长成一个个体还得靠外来的营养和保护,多多少少是要一段抚育的时间。还应当指出的是人与动物的抚育也不相同,在抚育之中还包含有教育,只有这样才能使一个生物的人变成一个社会的人。可见人的生产和再生产即生育,是一个有深刻特殊内涵的系统工程。它不仅包括生,还包括养,包括教,而教是从胎教就开始的。所谓"新的生育方式"是不能建立起这一系统工程的。家庭作为人类社会的初级社会群体,其成员具有亲密互动,面对面合作的特征。迄今为止,家庭中的影响和教育对人是终生的,是没有其他方式可取代的,社会学家常说的话是:缺少家庭教育的人,常常是心理和人格不健全的人,是社会化不完全的人,男孩子不能在母亲那里获得他所需要的全部生活方式,女孩子单跟父亲一样得不到完全的教育;全盘的生活教育只能得之于全盘生活的社会单位,即一男一女的合作团体——家庭。从这个意义上说,家庭的功能是不可被轻易取代的。人类在漫长的社会发展中创造了家庭文明。人们把家庭中的欢乐称为"天伦之乐","天伦"即天地伦理纲常,有如日月经天,不可改变。如果人类一定要挑战和毁灭"天伦",最终毁灭的只能是人类自身。从这个意义上说,对家庭的未来不必过于悲观。家庭在时代的发展和变迁中会改变自身,但只要家庭还承担生育、抚育任务,有人的生产和再生产功能,家庭就不会消失(在一段相当长的历史时期中会是如此),这是不以人们的主观意志为转移的客观规律。

主要参考书目

1. 潘允康:《家庭社会学》,重庆出版社 1986 年版。

2. 潘允康主编:《中国城市婚姻与家庭》,山东人民出版社 1987 年版。

3. 费孝通:《生育制度》,天津人民出版社 1981 年版。

4. 五城市家庭研究项目组编:《中国城市家庭——五城市家庭调查报告及资料汇编》,山东人民出版社 1985 年版。

5. 潘允康:《现代家庭生活方式》,天津人民出版社 1989 年版。

6. 潘允康、柳明主编:《当代中国家庭大变动》,广东人民出版社 1994 年版。

7. 潘允康主编:《社会学者对社会的警告》,中国妇女出版社 1989 年版。

8. 潘允康:《中国家族之变迁》,日本东京岩波书店 1994 年版。

9. [美]J. 罗斯·埃什尔曼著,潘允康、张文宏等译《家庭导论》,中国社会科学出版社 1991 年版。

10. [美]威廉. J. 古德著,魏章玲译《家庭》,社会科学文献出版社 1986 年版。

11. 徐安琪主编:《世纪之交中国人的爱情和婚姻》,中国社会科学出版社 1997 年版。

12. 中共中央马克思 恩格斯 列宁 斯大林著作编译局编:《马克思恩格斯选集》,人民出版社 1972 年版。

13. 孙本文:《社会学原理》,商务印书馆 1935 年版。

14. [日]中根千枝著,许真、宋峻岭译《日本社会》,天津人民出版社 1985 年版。

15. [美]阿尔文·托夫勒著,朱志焱、潘琪、张焱译《第三次浪潮》,新华出版社 1996 年版。

16. 王辉主编:《天津市千户城市居民户卷调查》,天津社会科学院出版社 1995 年版。

17. 刘达临主编:《中国当代性文化——中国两万例“性文明”调查报告》,上海三联书店 1995 年版。

18. [美]马克·赫特尔著,宋践、李茹等译《变动中的家庭——跨文化的透视》,浙江人民出版社 1988 年版。

19. 汉学研究中心编:《中国家庭及其伦理研讨会论文集》,台湾汉学研究中心 1999 年版。

20. 刘锡霖、郭康健主编:《蜕变中的中国家庭》,香港广角镜出版社有限公司 1997 年版。

21. 祝瑞开主编:《中国婚姻家庭史》,学林出版社 1999 年版。

22. 沈崇麟、杨善华主编:《当代中国城市家庭研究》,中国社会科学出版社 1995 年版。

23. [日]桥爪大三郎:《性爱论》,百花文艺出版社 2000 年版。

24. 秉寅:《两岸社会变迁中的家庭》,台湾五南出版公司 1999 年版。

25. Johnr. Logan and Glenna D, *Families spitze*, Temple University-Press, 1996.

26. Bill Barke and July Shaw, *Marriage and Family*, Allynand Bacon, Inc, 1987.

27. Carol D. H. Harvey, Walking a Tightrope: *Meeting the challenges of work and Family*, Athe naevm press, 1999.

后 记

我是1980年开始从事社会学研究的,是1979年中国恢复社会学研究以来最早投入社会学研究的学者之一。在从事社会学研究二十多年的生涯里,我涉猎了社会学理论、方法和有关社会问题的许多领域,其中最多的是婚姻与家庭。从1981年我陪同美国纽约市立大学人类学教授伯顿·帕斯特奈克在天津河西区尖山街红星里进行家庭生育调查开始,我就对家庭问题产生了兴趣。1982年我参加了中国五城市家庭研究项目,以后对中国的婚姻家庭连续做过多次大规模的实地调查研究,积累了大量第一手材料。1986年我的第一本著作《家庭社会学》出版了,以后又陆续出版了许多关于婚姻家庭研究的论文和著作,并和国内外学者进行过广泛交流,在大学里给社会学系的本科生、研究生讲课,在此基础上写了这本书。从1986年到现在已经15年过去了,无论从资料的积累上还是理论的钻研上都有了很大的进展,已经有条件再写一本水平较高的《家庭社会学》,献给社会学界同仁,献给对婚姻家庭有兴趣的热心读者。用现在的眼光看1986年的那本书是不够成熟的,这是和当时的资料积累不够有关,也和当时的研究水平有关,但无论如何那本书已经建立起了家庭社会学这门社会学分支学科的理论框架,在这点上是经得起推敲的,而且为今天这本书的出版奠定了基础。

本书的主要特点和取得的进步在雷洁琼老先生为本书写的“序言”中已经给予了充分肯定。我特别感谢雷老对我的关心、爱护和帮助,她老人家已是近百岁的老人,仍然为本书的修改提出了中肯的意见和建议,这是我们这些做学生和晚辈的永远不能忘记的。我也感谢社会科学院设立院级课题和出版基金支持学术研究,感谢院学术委员会批准资助该书的出版,感谢天津社会科学院出版社郭栋等诸位编辑为出版该书所付出的辛勤和努力。我希望该书既可以用于大学社会学系本科教材,又能成为对婚姻家庭有兴趣的理论工作者和实际工作者的好朋友。希望广大读者都来关心婚姻家庭问题,普及家庭社会学知识,为建设现代中国文明家庭而努力。